凝心聚力
共同抗击疫情

物流人勇担重任，争当“先行官”，维护“生命线”

2020年，一场突如其来的新冠肺炎疫情来势汹汹、扩散蔓延，党中央领导全国人民开展了一场波澜壮阔的“人民战争”。

在这场没有硝烟的战争中，物流人勇担重任，全行业紧急行动，积极投身于伟大抗疫斗争，争当“先行官”，维护“生命线”。

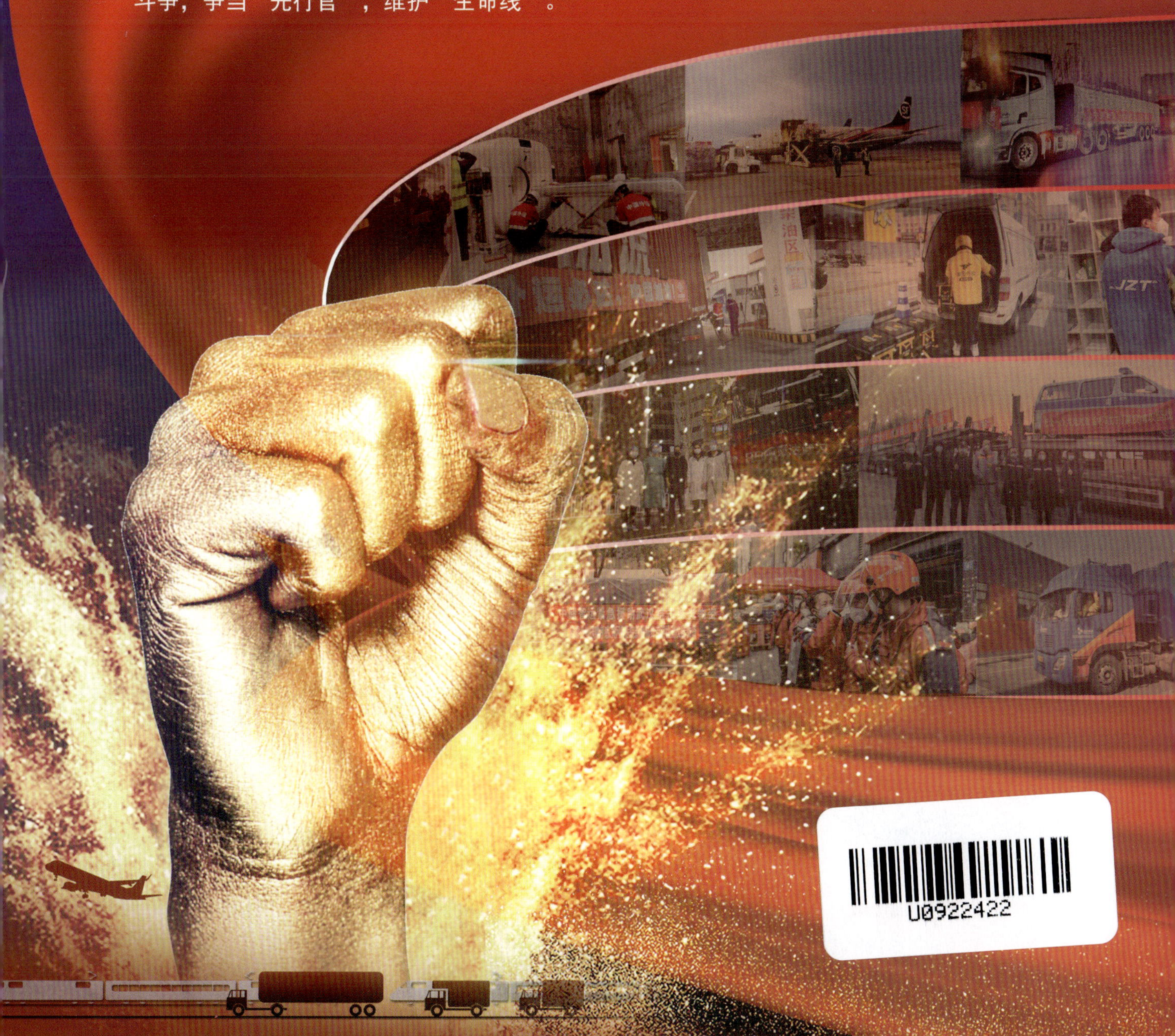

1. 区位优势突出，拥有独具特色的平台

园区是集“水、陆、临空、铁、管”五元化网络交通运输优势于一体的综合性现代物流园区，拥有国家多式联运示范工程，其中长沙国际铁路港是中南地区多式联运综合枢纽，长沙新港是上海港的内河喂给港，长沙传化公路港是规模大、服务功能齐全的现代化城市物流中心。依托上述平台，园区的传化智联商品车及集装箱铁水公联运示范工程获批国家多式联运示范项目。长沙金霞保税物流中心是湖南省先进海关特殊监管场所，效能在全省特殊监管区域及场所中排名前列。长株潭城市群中国石化油品管道运输的枢纽也布局在园区内。

2. 外贸优势明显，拥有多元开放的通道

园区拥有长沙和湖南立足“一带一部”区域定位、融入“一带一路”、连接湘粤港澳不可缺少的对外开放大通道。长沙新港年吞吐量达1200万吨，外贸出口集装箱占湖南省的60%以上。长沙国际铁路港年货物吞吐量近期为1670万吨，远期将达到3000万吨。启用了“无水港”，开通了“中欧（长沙）班列”。金霞联检大厅实现了“一次报关、一次验收、一次放行”。湖南跨境电商生态产业园内人才、企业、商品、金融、渠道、平台等要素集聚，为企业打造了完整的产业生态。

3. 产业特色鲜明，拥有活力迸发的产业集群

园区坚守“一主一特”产业定位，“一主”即智能物流，重点发展医药物流、冷链物流、快递物流、国际物流和跨境电商；“一特”即以物流为支撑、具有开放型特征的智能制造，重点锁定可穿戴设备、汽车电子、IoT、手机终端、移动智能终端等消费类电子产品制造。在智能物流方面，已经形成医药、能源、粮食、商贸等优势板块，特别是医药物流，2020年医药物流完成销售额约295亿元，占长沙市的1/2、占湖南省的1/3。在智能制造方面，按照长沙市委、市政府部署，在园区规划面积10.25平方公里，高起点规划、高标准建设长沙（金霞）消费电子产业集聚区，重点引进和培育消费电子类产业，包括智能终端、可穿戴设备、汽车电子、电子医疗器械等领域的头部企业、产业链中高端企业，打造“高端制造+创新研发”为一体的全球智能电子制造和创新资源要素集聚高地。

4. 发展空间充裕，拥有较为完善的城市配套

园区内规划的经营性用地主要有商业、住宅、工业和物流仓储用地3560公顷（53400亩）。园区内有“一带”即湘江风光带，“三山”即鹅羊山、秀峰山、太阳山，“三水”即湘江、浏阳河、捞刀河，组成了“山水洲城”原生态自然环境，森林覆盖率达45%。青竹湖湘一外国语学校、周南中学、湖南省政府机关第一幼儿园等名校集聚，生活配套服务设施齐全。

5. 服务企业贴心，拥有优无止境的营商环境

园区坚持“一个目标”，即入园企业与园区共生共赢；两个“真”原则，即真心实意服务、真金白银扶持；“三个中心”理念，即以企业为中心、以企业家为中心、以人才为中心；“四到”服务标准，即随叫随到、不叫不到、服务周到、说到做到。深化“一件事一次办”改革，在长沙市省级园区中率先设立行政审批服务局，创设“重点办”“产业项目落地办”等机构，建立企业服务专员、领导联点项目等制度，打通“书记见面日”“书记信箱”“主任直通车”等渠道，致力于营造国际化、法治化、便利化营商环境。

德邻陆港
DELIN LAND PORT

共创、共享、共赢

创新 求实 拼争 奉献

德邻陆港供应链服务有限公司（以下简称“德邻陆港”）是鞍山钢铁集团在做精、做强钢铁产品网上销售的同时，以延伸产业链、提升价值链为发展主线，依托互联网、物联网、大数据等全新技术手段，打造的钢铁产业现代智慧供应链服务平台。德邻陆港为国家5A级网络货运平台企业、辽宁省智慧园区示范企业、辽宁省雏鹰企业和辽宁省服务型制造示范企业。德邻陆港自主打造了德邻陆港智慧供应链服务平台，面向鞍钢及社会客户开展贸易、供应链金融、网络货运、仓储、加工等业务，提供贸易供应链“全流程一站式”服务。德邻陆港注册地址为鞍山市经济开发区鞍刘路3号，目前在鞍山管理三个物流园区，注册资本60000万元，总资产20.84亿元。

荣誉

“5A”级物流企业、“5A”级网络货运平台企业
中国金属材料流通协会副会长单位
中国物流与采购联合会公路货运分会副会长单位
中国物流与采购联合会智慧物流分会副会长单位
辽宁省道路运输协会会长单位
鞍山市钢铁服务业协会会长单位
中国智慧物流十大创新引领企业
改革开放四十年智慧物流企业特别贡献奖
中国物流信息化十佳服务商

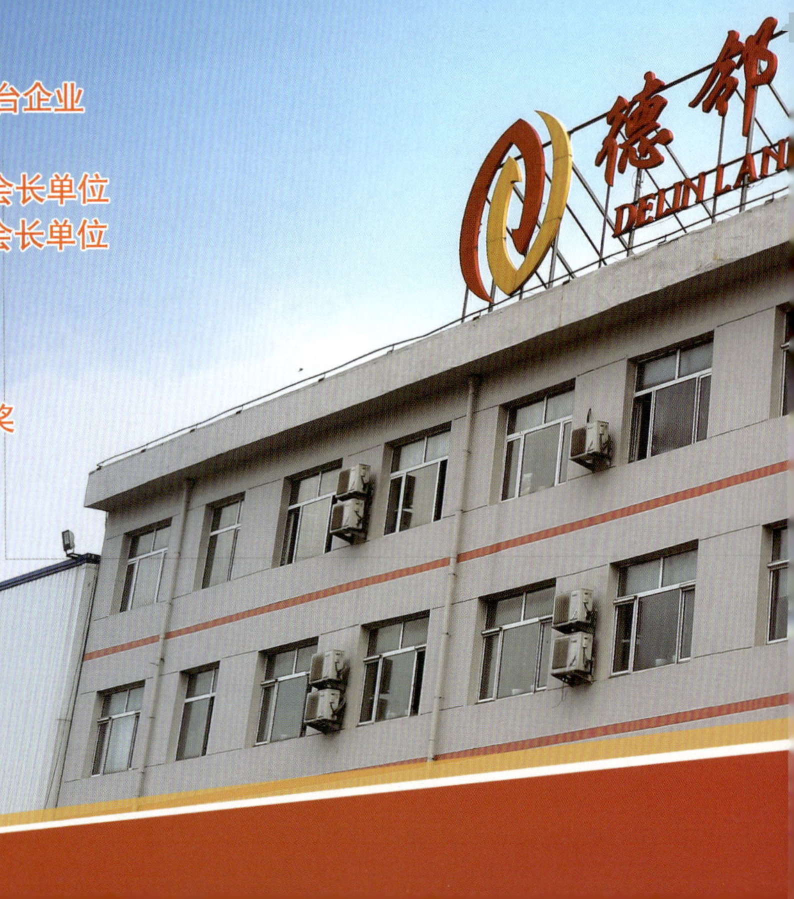

德不孤，必有邻

德邻陆港秉承“开放、赋能”的智慧供应链发展理念，紧紧抓住鞍钢物流产业变革有利时机，通过在国内业务重点城市布局园区网点，积极为客户提供方便、快捷的服务保障。同时还依靠高素质的业务专员、丰富的管理和实践经验，积极为客户提供全过程的物流解决方案；通过整合内、外部资源，为客户提供组织钢材销售、仓储服务以及门到门的货运服务等多维立体服务。

德邻陆港以降低钢铁物流成本为使命，基于供应链模式，打造高效、精准、敏捷的全链条服务；通过技术创新，实现智慧化的供应链服务体系。通过智能化布局的仓配物流网络，努力为客户提供仓储、配送、客服、售后的正逆向一体化供应链解决方案。

德邻陆港具有完备的仓储安全管理制度，通过德邻云仓模块，客户可实现手机微信端收发货物、智能盘点、信息在线查询等功能。另外，远程智能监控可随时为客户传递货物信息，客户可以足不出户实时了解货物的物流动态，让物流变得更加可视透明。

目前，德邻陆港已在全国重要物流节点城市部署了超100个协议库、仓储库和协议码头，初步构建了覆盖全国主要节点城市的仓储、运输和加工业务网络。并大幅提升在电商平台上的物资采购以及供应链金融运作能力，创新推出了德邻E宝、德邻玛特、德邻循环等多个个性化服务产品，以互联网平台经济为社会客户及业务合作伙伴赋能。近年来，德邻陆港在以信息化为支撑的全链条供应链服务领域取得丰硕成果，已发展成为引领东北区域的钢铁电商和智慧供应链服务平台。

未来，德邻陆港将继续发扬“创新、求实、拼争、奉献”的企业精神，秉持“守法诚信、用户至上、安全高效、互利共赢”的经营理念，为广大客户提供专业、方便、快捷、放心的高质量供应链服务！

“德不孤，必有邻。”德邻陆港将始终坚守平台宗旨，以优质的服务与同行的伙伴共创、共享、共赢未来！

www.dllg56.com

电话：400-9855-888

地址：辽宁省鞍山市经济开发区鞍刘路3号

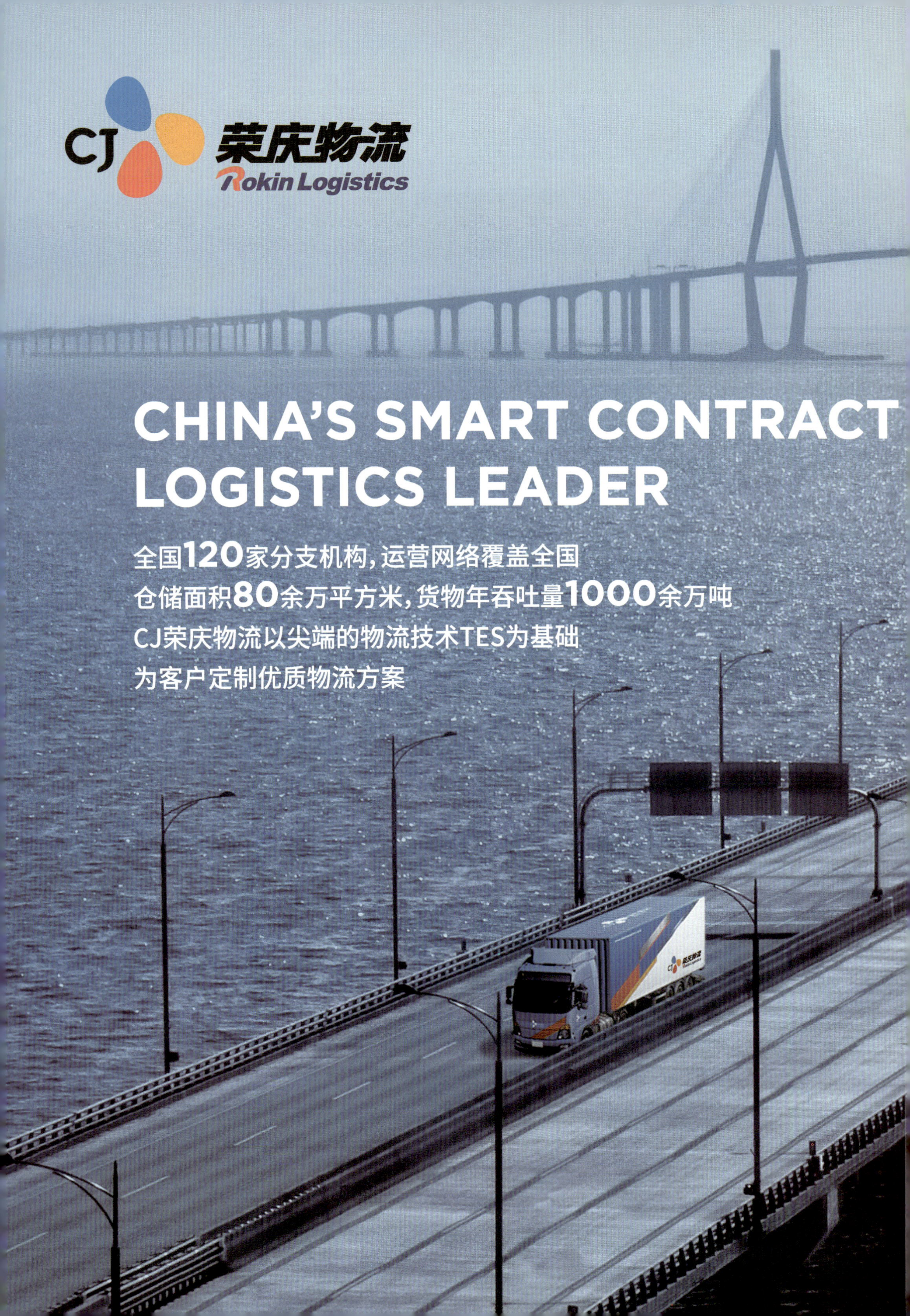
CJ
荣庆物流
Rokin Logistics
CHINA'S SMART CONTRACT LOGISTICS LEADER
全国120家分支机构，运营网络覆盖全国
仓储面积80余万平方米，货物年吞吐量1000余万吨
CJ荣庆物流以尖端的物流技术TES为基础
为客户定制优质物流方案

TEL：400 000 5656

商业模式 与时俱进
全球在线销售增长28%*
通过全球递送服务
赢得更多在线商机
*2020年6月同比数据。来源：ACI Worldwide
Where now meets next
FedEx
Express
Small Box

XSMLP
秀山（武陵）现代物流园区
XIU SHAN (WULING) MODERN LOGISTICS PARK

秀山（武陵）现代物流园区

XIU SHAN (WULING) MODERN LOGISTICS PARK

★ 国家示范物流园区
★ 国家电子商务示范基地
★ 重庆市重点物流园区
★ 中国物流示范基地
★ 全国优秀物流园区
★ 中国农村电子商务产业发展示范基地
★ 重庆市干部教育培训现场教学基地
★ 中国五星级仓库
★ 中国应急物流实践基地

园区概况

秀山（武陵）现代物流园区（以下简称“园区”）是重庆市率先挂牌的市级重点物流园区、中国物流示范基地，2014—2020年连续七年被评为“全国优秀物流园区”，2018年被国家三部委联合评定为“国家示范物流园区”，2020年获评“国家电子商务示范基地”。

园区自2009年7月启动建设以来，坚持“立足秀山，服务武陵，辐射全国”的发展理念，以“买武陵、卖全国，买全国、卖武陵”为总体思路，充分发挥地理区位和公铁联运优势，加快建设武陵山区商贸物流中心。

园区建设发展情况

构建起武陵山区商贸物流中心基本框架

园区规划占地面积6平方公里，已累计完成投资105亿元，基本完成一期3.5平方公里项目建设，建成了专业市场区、铁路物流区、仓储配送区、会议展览区、化工品园区。建材、家居、汽摩等10大专业市场入驻经营商户3300余家，市场经营面积达80万平方米，引进居然之家等知名品牌入驻，鼓励市场商家借助淘宝、京东、村头等平台拓展销售渠道，成为武陵山区百亿级批发市场集群，重点辐射周边300公里范围内的18个区县市，推动县域外消费增长到60%以上。在商贸与物流的联动发展下，园区商气、人气、财气迅速集聚，催生出电子商务、休闲娱乐、文化旅游、食品加工等产业行业集群，连续举办九届武陵山商品交易博览会，已成为武陵山品牌展会，创建了国家4A级旅游景区、市级文创产业园、中国特色小镇、网红打卡地等一批新的商业聚集区。

武陵山区铁路物流中心

武陵山区快递物流分拨中心

武陵山区化工品物流中心

武陵山区保税物流中心

武陵山区冷链物流中心

黔江海关秀山办事处

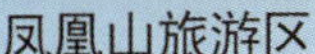
凤凰山旅游区

中国微电影城

居然之家秀山店

不断放大物流优势 打造智慧物流园区

园区6平方公里规划蓝图一步步落地见效，逐步形成武陵山区“五大物流中心”。铁路物流中心，先后投用了渝怀铁路300万吨战略装卸点、集装箱站和长大笨货场，铁路综合运力达到600万吨/年。与成都铁路局共建秀山铁路集装箱货场扩能升级工程，2022年年初投用后周转能力将提升至10万标准箱/年。快递、快运分拨中心，投用电商云仓和韵达快递快运分拨中心，开通了秀山至重庆、秀山至长沙快递快运专线，秀山快递单票全程时效降至51.4小时，居西部前列；快递首重包邮降至3元以内，最低至1.8元，零担快运件发送价格普遍下降20%以上，低至600元/吨。化工品物流中心，依托11公里化工品铁路专线、12万立方米成品油仓储设施等，建设占地面积700余亩的化工品园区，汽油、柴油、硫酸等化工品年周转能力达到135万吨，成为武陵山区储油量大、储备品类齐全的化工品仓储集散基地。冷链物流中心，投用冷链物流加工中心、华南生鲜批发市场，一期3.3万吨低温库和高温库建成投用，启动冷链物流中心（二期）工程；常态化开行秀山至广州、至重庆冷链物流专线。保税物流中心，建成投用渝东南保税仓库，黔江海关秀山办事处入驻物流园区，预计2021年武陵山保税物流中心（B型）获批投用。

电商大厦

民生会展中心

电商产业发展提速 融合发展程度不断提高

秀山按照“集中、集聚、集群”思路发展农村电商，让被重山阻隔的“边城”，成了网货流通集散的电商中心。“十三五”期间，全县农村电商卖出50多亿元农特产品，带动武陵山区100万名贫困群众增收致富。“T+1”“1+T”破解两个一公里难题。在农村建立了以武陵生活馆为主的300余个配送网点，组建云智速递，与社会快递“门对门”接力配送，形成了覆盖县域农村的“T+1”“1+T”城乡双向物流模式（即通过T天到达秀山的快递包裹经云智速递1天内共同配送进村，农产品1天内经武陵生活馆收购进城再通过T天运送至全国各地）。“一体化产业链”推进产品开发。打造2000余个电商产业基地，让农户成为电商产品供应商。建成电商产品加工线56条，本地生产休闲食品销量居全网前十。“专业化全过程”推进人才培训。设立全日制专科层次电商学院，组建云智电商培训学校，建成武陵山电商人才服务中心。累计培训7万余人次，创造22种全新就业岗位，电商从业人员超过3万人。“全方位无死角”提供电商服务。建立资金扶持、一站服务等机制，帮助电商企业发展壮大。全县电商企业达2300家、网络店铺达21500个，100余家生产企业、1200多家批发零售商户“触网”经营。“线上线下融合”构建电商平台。自主研发“村头”平台，实现与重庆市消费扶贫馆“双平台合一”，建成200个农村电商服务站点，让电商真正扎根服务农村，成为重庆市消费帮扶主渠道。随着跨境电商破题发展，预计每年秀山电商班列出口自热方便食品、农特产品等1万标准箱，冷链班列进口东南亚杧果、香蕉、火龙果、车厘子等水果超30万吨、2万标准箱。

大数据中心

直播带货周

微信朋友圈
秀山物流园

物流园区
官方微信公众号

秀山物流园
官方网站

招商热线：023+76895888 023+76895123(传真)

地址：秀山土家族苗族自治县秀山（武陵）现代物流园区

打造一流物流品牌 做供应链管理专家

四川安吉物流集团有限公司（以下简称“四川安吉物流集团”）是五粮液集团公司下属全资子集团公司，是以公铁水空多式联运、仓干配一体化服务、供应链管理、国际物流为核心，以汽车后市场服务为辅的国家5A级综合物流企业，具有长江干线及内河航运资质的公铁水联运物流企业，全国供应链创新与应用示范企业，全国数字化仓库企业试点单位。依托成熟的物流运作模式，为海内外客户提供现代化、专业化的全程供应链整体解决方案。2020年，四川安吉物流集团实现销售收入75.23亿元，利润总额1.52亿元。

物流网络 拥有各型现代化专业物流设备1900余台/套，2500吨集散两用船舶10艘，仓储面积37万平方米。在上海、成都、宜宾、天津、广州、武汉、西安、沈阳、郑州、重庆、南京、长沙、杭州、济南、厦门、兰州16个城市建立了中心仓，辅以500余个二级、三级配送站点，构建起了遍及全国、货物通达全球的物流网络体系。

企业荣誉 获得“全国物流行业先进集体”“中国服务业企业500强”“中国物流企业50强”“中国物流杰出企业”“中国危化品物流安全管理先进企业”“中国绿色仓储与配送标杆企业”“西部物流百强企业”“四川省优秀服务业企业”“四川百强企业”“四川省企业数字化创新发展先进单位”等百余项荣誉。

未来发展 “十四五”时期，四川安吉物流集团将积极融入国内国际双循环相互促进新发展格局，坚持将企业发展与“一带一路”倡议及“长江经济带”“成渝双城经济圈”等国家战略有机结合、同频共振，加速发展冷链物流、航空物流、保税物流等高端物流市场，重点拓展酒水、饮料、生鲜、医药等基础物流客户和散酒、汽车、大宗物资等供应链客户，将四川安吉物流集团打造成为国内先进的食品饮料物流服务商和综合型供应链集成商。

港珠澳大桥

助力钢铁基地“物畅其流 通江达海”

马钢集团物流有限公司（以下简称“马钢物流”）于2015年9月组建，为马钢集团全资子公司，注册资本3亿元，是将原马钢股份采购中心、制造部、销售公司所属采购、生产、销售物流实施归口管理和协调，实现“三流归一”；2016年将马钢集团汽运、航运、仓储、港口等15家经营单位进行资本性整合，实现集团化管控、板块化运营，成为全国钢铁行业第一家物流资源资本性整合、全流程运营的物流企业。2020年纳入中国宝武管理体系，目前马钢物流拥有汽运、航运、仓储三大物流板块。主要从事公路、水路货物运输、仓储配送、全程物流及物流供应链服务等。主要服务客户为钢铁、矿山、煤炭、建筑等企业。

马钢物流公司自成立以来，经营业绩大幅提升（资产口径），2016—2020年营收、利润翻了三番，净资产收益率从10%提高到14%，劳动效率显著提高，人均营收从82万元提升到253万元。

近年来，马钢物流一直致力于培育马钢物流品牌，品牌建设年年有斩获。2017年，马钢物流牵头申报的“依托长江黄金水道，立足皖江城市带马鞍山多式联运示范工程”成功入选全国第二批多式联运示范工程项目；2018年，马钢物流获国家5A级综合服务型物流企业；2019年，马钢物流成功举办“马钢杯”第六届全国大学生物流设计大赛，获评国家高新技术企业、安徽省“专精特新”企业。2020年，“以多式联运助推钢铁物流生态圈建设的创新与实践”获得中钢协管理创新成果一等奖。

经过五年多的发展，马钢物流完成了内部物流资源整合，优化了钢铁主业物流服务保障运行模式，加强了板块实体间的市场联动，积极开拓了外部物流市场，企业健康稳定发展，取得了良好的经营业绩，品牌影响力持续提升；马钢集团对物流资源要素归并重组，实现集中管控、高效管理、专业化运营，在保产、降本、创效三个方面实现新突破；充分利用国家对物流行业的政策支持，抢抓国家发展长江经济带机遇，实现企业物流向物流企业转变、运输企业向物流产业转变，钢铁物流产业化发展的实践基本达成，为推进专业化整合，全面融入中国宝武管理体系提供了坚实的基础！

在斩获辉煌成果的同时，马钢物流积极谋划、科学布局，编制未来五年规划发展目标，一是打造基地产成品物流“天地融合”的“三明治”服务模式，成为中国宝武基地物流新模式的实践者、可复制的示范者；二是建设布局安徽及周边区域仓港站园运体系，为钢铁生态圈提供支撑，成为综合物流服务体系的先行者；三是发挥物流及资产优势，拓展社会业务，提升资产效率，成为区域物流市场的开拓者。

中物华商集团股份有限公司

中物华商集团股份有限公司(以下简称“集团公司”)是一家经国家工商总局核准成立的全国性集团公司，注册资本10亿元。集团旗下拥有6家子公司，分别是中物华商国际物流有限责任公司、北京中物华商新能源科技有限公司、合肥运创空间科技有限公司、唐山曹妃甸中物杭萧绿建科技股份有限公司、中物华商（香港）有限公司、中物动产信息服务股份有限公司，业务覆盖物流与供应链、金融物流、物流地产、绿色装配式建筑、港口运营、投资等行业。

集团公司是国家发展改革委、商务部、中国物流与采购联合会和北京市商务委重点联系企业，是中国物流与采购联合会副会长单位、北京物流协会副会长单位、河北省改革战略研究会副会长单位、国家5A级物流企业评估委员会成员单位、《现代物流报》专家组成员单位、北京交通大学物流专业教学指导委员会专家指导组成员单位、中国物流学会副会长单位、中国物流产学研基地。“中物华商 让世界更流畅”被央视网评为国内最具号召力的企业口号。

集团公司拥有一支物流理论与实践丰富、职业素养出众、富于创新精神的专家管理团队，拥有具有雄厚的理论功底和丰富的实践经验的高管团队，还有国内知名的专家顾问团队以及由国内行业协会领导、国内知名专家组成的独立董事团队。

集团公司拥有包括危险化学品经营许可证在内的一系列资质，且技术力量雄厚，有较强的诊断分析能力，供应链综合解决方案的制定能力，综合一体化的物流、商流、信息流、资金流的运作实施能力，多种资源的整合能力，先进物流技术实施能力，物流服务创新能力，流程管控和风险防范能力。

中物华商
让世界更流畅！

集团公司注重研发，不断创新，走可持续发展之路。坚持破除边界，联合包括金融、制造、流通等多行业，多业联动，共同发展。集团公司已与多家央企、地方国有企业、国内知名龙头企业、境外上市公司、知名学府及研究机构签订了战略合作协议，为客户和合作伙伴不断提升价值。

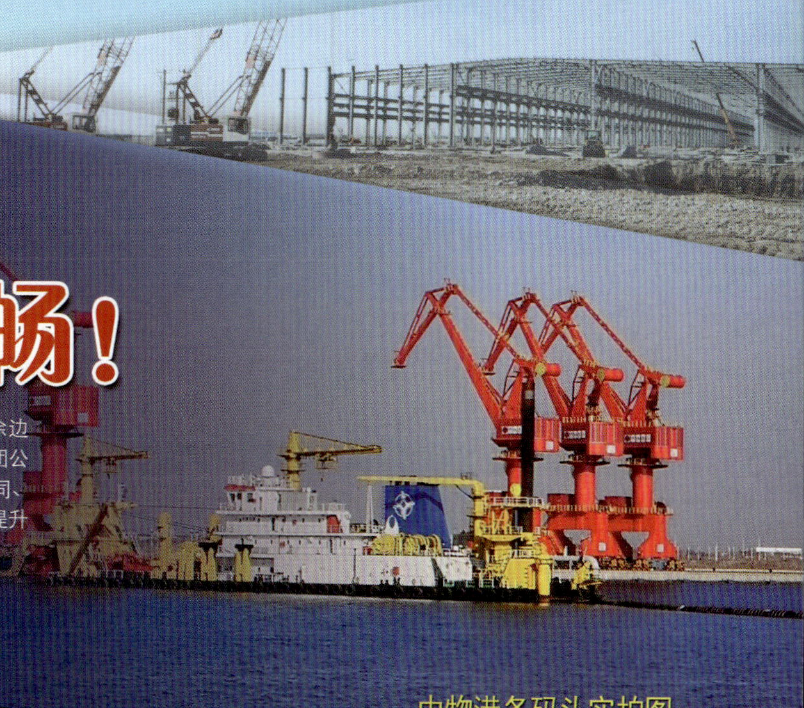

中物港务码头实拍图

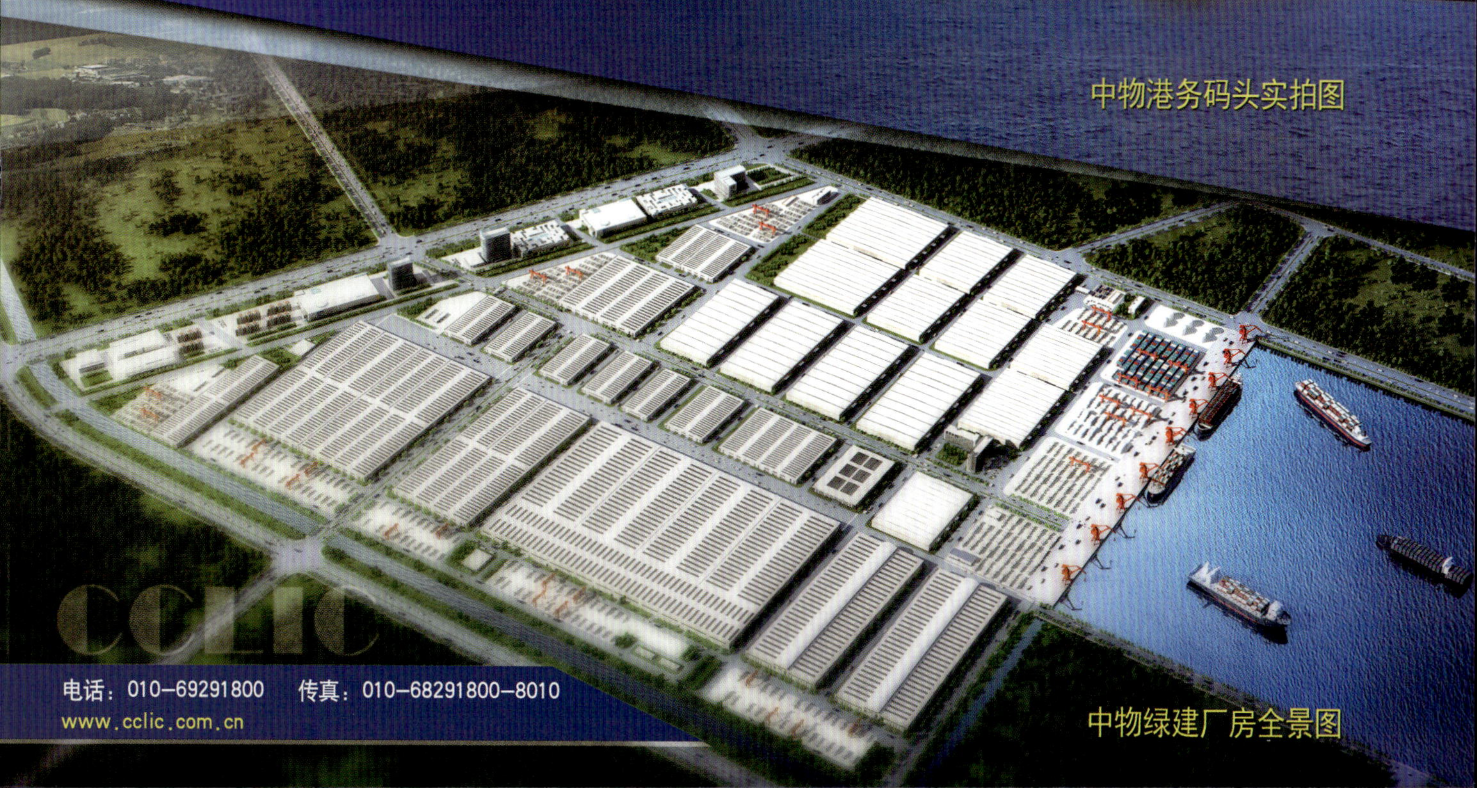

CCLIC

电话：010-69291800　传真：010-68291800-8010
www.cclic.com.cn

中物绿建厂房全景图

中国物流年鉴

2021（上册）

CHINA LOGISTICS YEARBOOK 2021

中国物流与采购联合会编

图书在版编目（CIP）数据

中国物流年鉴 . 2021. 上册 / 中国物流与采购联合会编 . —北京：中国财富出版社有限公司，2021. 10

ISBN 978 - 7 - 5047 - 7559 - 7

Ⅰ. ①中…　Ⅱ. ①中…　Ⅲ. ①物流—中国—2021—年鉴　Ⅳ. ①F259. 22 - 54

中国版本图书馆 CIP 数据核字（2021）第 210917 号

策划编辑　郑欣怡　　**责任编辑**　白　昕　张宁静

责任印制　梁　凡　　**责任校对**　杨小静　　**责任发行**　敬　东

出版发行　中国财富出版社有限公司

社　　址　北京市丰台区南四环西路 188 号 5 区 20 楼　　**邮政编码**　100070

电　　话　010 - 52227588 转 2098（发行部）　　010 - 52227588 转 321（总编室）

010 - 52227566（24 小时读者服务）　　010 - 52227588 转 305（质检部）

网　　址　http：//www. cfpress. com. cn　　**排　　版**　宝蕾元

经　　销　新华书店　　**印　　刷**　北京欣欣和一印刷厂

书　　号　ISBN 978 - 7 - 5047 - 7559 - 7/F · 3383

开　　本　880mm × 1230mm　1/16　　**版　　次**　2021 年 12 月第 1 版

印　　张　40. 75　**彩　　页**　2. 25　　**印　　次**　2021 年 12 月第 1 次印刷

字　　数　1069 千字　　**定　　价**　480. 00 元（全 2 册）

《中国物流年鉴》（2021）编委会

袁美仪 香港物流协会会长
徐劲松 马钢集团物流有限公司党委书记、董事长
徐胜明 四川安吉物流集团有限公司党委书记、董事长
黄有方 上海海事大学原校长、教授、博士生导师
龚 琰 玖隆钢铁物流有限公司总经理
董礼华 国家统计局贸易外经统计司司长
韩 骏 中远海运物流有限公司董事长、党委书记
雷钧友 秀山华渝物流投资有限公司总经理
裴 亮 中国连锁经营协会会长
薄世久 北京长久物流股份有限公司董事长

特别支持单位

中远海运物流有限公司

长沙金霞经济开发区
CHANGSHA JINXIA ECONOMIC DEVELOPMENT ZONE

长久物流
CHANGJIU LOGISTICS

北京长久物流股份有限公司

荣庆物流供应链有限公司

联邦快递（中国）有限公司

中物华商集团股份有限公司

四川安吉物流集团有限公司

《中国物流年鉴》（2021）编撰者

主　　　办　　中国物流与采购联合会

承　　　办　　《中国物流与采购》杂志社

主　　　编　　何黎明

副　主　编　　崔忠付　蔡　进　贺登才

编辑部主任　　刘乃杰

编　　　辑　　崔　冬　朱贝特　杜　林　贾　丽

发　　　行　　高　威

广告设计　　阳光设计工作室

编辑部电话　　010－83775835

邮　　　箱　　gwrshk@126. com

发　　　行　　010－63738995

传　　　真　　010－63738995

《中国物流年鉴》（2021）供稿者

（按姓氏笔画排序）

马增荣　王　沛　王方春　王国文　王国清　王思雨　王继祥　王婧锟　田　征　白　甜　冯耕中
庄　陇　刘长庆　刘汉才　刘伟华　刘宇航　刘陶然　刘馨允　闫　鸣　孙熙军　李　鹏　李　潇
李红梅　李新波　张　洁　张晋姝　张晓东　金妲颖　周　媛　周增宝　孟　圆　赵　方　赵东月
赵培源　胡　焓　姜　旭　秦玉鸣　秦华侨　袁超伦　顾宁军　晏庆华　徐　勇　高　珉　郭肇明
戚丽丽　韩兆轩　焦　飞　谢文卿　谢雨蓉　谢宝贵　樊一江　穆宏志

国家发展改革委、国家发展改革委综合运输研究所、内蒙古自治区发展改革委、黑龙江省发展改革委、山东省发展改革委、河南省发展改革委、湖南省发展改革委、海南省发展改革委、四川省发展改革委、乌兰察布市发展改革委、南昌市发展改革委、郴州市发展改革委、山西省工业和信息化厅、福建省工业和信息化厅、甘肃省工业和信息化厅、青海省工业和信息化厅、内蒙古自治区统计局、河南省统计局、四川省统计局、郴州市统计局、青岛市交通运输局、中国粮食行业协会、河北省现代物流协会、内蒙古物流协会、安徽省物流协会、浙江省物流协会、河南省物流与采购联合会、四川省现代物流协会、重庆市物流与供应链协会、宁夏现代物流协会、中国仓储与配送协会、中国国际货运代理协会、郴州市物流与采购联合会、宜昌市物流业发展中心、西安市道路货物运输行业协会、中国物流信息中心、中物联网络事业部、中物联行业事业部、中物联教育培训部、中物联标准化工作部、中物联评估办、中国物流发展专项基金“宝供物流奖”办公室、中物联汽车物流分会、中物联危化品物流分会、中物联医药物流分会、中物联冷链委、中物联托盘委、中汽研（天津）汽车信息咨询有限公司、中国工程机械工业协会工业车辆分会、上海国际航运研究中心、蜂网投资、北京物资学院、北京交通大学、天津大学、大连理工大学、西安交通大学、《物流技术与应用》杂志社、《中国出版传媒商报》社、北京兰格电子商务有限公司、供应链管理专业协会（CSCMP）、长沙浩通国际货代有限公司

《中国物流年鉴》（2021）
广告提供单位

上册

长沙金霞经济开发区管理委员会
北京长久物流股份有限公司
德邻陆港供应链服务有限公司
荣庆物流供应链有限公司
联邦快递（中国）有限公司
秀山华渝物流投资有限公司
四川安吉物流集团有限公司
中铁物资集团有限公司
青海省物资产业集团有限公司
马钢集团物流有限公司
中物华商集团股份有限公司
玖隆钢铁物流有限公司

下册

中国铁路广州局集团有限公司
青岛铁路经营集团有限公司
《中国物流与采购》杂志社
中国物流与采购联合会物流信息服务平台分会
《中国储运》杂志社
万联网

第八部分

宜昌三峡物流园有限公司
中远海运物流有限公司
北京长久物流股份有限公司
广西玉驰智联科技有限公司
广东秦粤物流股份有限公司
我的法务

编辑说明

一、《中国物流年鉴》（以下简称《年鉴》）是中国物流与采购联合会主办、《中国物流与采购》杂志社承办的大型文献性工具书。自2002年创办至今，已经连续出版发行二十年。二十年来《年鉴》的编纂质量不断提升，赢得了业界广泛好评。《年鉴》具有的权威性、可读性和资料性，使其成为业界人士查询、引用、论证、存档不可或缺的工具书。

二、2020年是极不平凡的一年，既是我国全面建成小康社会和“十三五”规划收官之年，也是全国人民共克时艰、团结抗疫、努力拼搏的一年。

在新冠肺炎疫情的冲击下，我国物流业一方面积极应对自身发展所面临的考验，另一方面紧急行动投身抗疫前线，用专业与责任筑起了生命的补给线。

2020年，全球暴发的新冠肺炎疫情减缓了世界经济的发展，却激发了我国内需增长，驱动了民生物流。在国内国际双循环的战略指引下，电商快递、冷链物流、即时配送、物流装备制造业等领域保持较快增长，全国快递服务业务量累计完成833.6亿件，业务收入累计完成8795.4亿元。同时全球受新冠肺炎疫情影响停工停产情况严重，加大了对我国商品的需求。据国家统计局数据显示，截至2020年年底，我国货物进出口总额达到321557亿元，比上年增长1.9%，其中，出口179326亿元，增长4.0%，从而实现了工业品物流总额269.9万亿元，按可比价格计算，同比增长2.8%，占我国社会物流总额的90%。取得如此成绩，有赖于国家将“保产业链供应链稳定”纳入“六保”工作，同时各相关部门相继多次出台保供、保畅政策，加开国际航线，全货机起飞超过3万架次；中欧班列开行超过1.2万列；市场集中度进一步提升，截至2020年年底，全国A级物流企业达到6882家，企业间通过联盟合作、重组整合等方式共同抵御新冠肺炎疫情风险。新冠肺炎疫情加速了我国物流行业数字化转型，推动传统物流向线上线下融合转变，智能化装备渐成主流模式。

面对新冠肺炎疫情对人民财产生命安全造成的损害，广大物流企业积极投入人力、物力、运力，全力参与国家抗疫保卫战。全行业同心同志，为各地运输疫情防控物资提供物流服务，2020年2月下旬开始复工复产。中国物流与采购联合会（以下简称“中物联”）第一时间响应中共中央号召，配合有关部门积极组织并密切联系重点物流企业，保障疫情防控物资和生活物资的应急运输，同时向国家有关部门及时反映保通保畅和复工复产的政策诉求，提出建议，制定《新型病毒流行期间公路货运企业运营防控指南》和《骑手心理防护手册》等指南。在此次抗疫保卫战中，物流人用专业和爱心向党和国家提交了优秀的答卷，其中有230家企业被中物联授予“全国物流行业抗疫先进企业”称号。在历史的重大事件面前，物流业勇担重任，成为抗疫生命补给线上的“筑造之星”。

2020年我国物流业的发展虽受到了新冠肺炎疫情的严重影响，但却在完成历史重任的同时，实现了新的发展飞越，加大海外仓建设力度、中欧班列稳步增长、批量规模型骨干物流企业形成、数字化转型和智能化改造走在世界前列。在中共中央、国务院的坚强领导下，我国物流业经受住了考验，还探索了新的发展路径，加快了传统物流业的转型升级。

三、2021 版《年鉴》的组稿、编纂工作得到了国家发展改革委、商务部、交通运输部、国家统计局等中央部委和部分省（直辖市、自治区）政府部门，物流行业团体，相关行业协会，中国物流信息中心、全国物流标准化技术委员会等机构，以及中远海运物流有限公司、中铁物资集团有限公司、长沙金霞经济开发区、中国铁路广州局集团有限公司、中物华商集团股份有限公司、荣庆物流供应链有限公司、鞍钢汽车运输有限责任公司、联邦快递（中国）有限公司、北京长久物流股份有限公司、青海省物资产业集团有限公司、四川安吉物流集团有限公司、秀山华渝物流投资有限公司、广东秦粤物流有限公司等企业的大力支持，对此我们表示衷心的感谢。

四、对不符合《年鉴》编辑要求的来稿，编辑人员做了谨慎认真的删改，由于时间原因这部分稿件来不及请作者核校，希予见谅。

五、因编辑部人员水平有限，如有不妥之处，恳请批评指正。

六、2021 版《年鉴》在框架结构和主体内容上将继续 2020 版的风格，力求真实地展示行业发展变化的全貌，继续加大数据和图表的内容，继续扩充地区物流的篇幅，使《年鉴》更具可读性、资料性，成为社会了解行业发展的窗口。

欢迎大家继续对 2022 版《年鉴》的组稿和编辑工作给予支持！

《中国物流年鉴》编辑部

二〇二一年八月三十日

前　　言

2020年，在全面建成小康社会决胜之年和“十三五”规划收官之年，一场突如其来的新冠肺炎疫情来势汹汹，扩散蔓延，中共中央领导全国人民开展了一场波澜壮阔的“人民战争”。物流行业紧急行动起来，积极投身于伟大抗疫斗争，争当“先行官”，维护“生命线”。全行业紧跟中共中央决策部署，扎实做好“六稳”工作、全面落实“六保”任务，统筹推进抗击新冠肺炎疫情和现代物流体系建设，为抗疫保供、复工复产作出了重要贡献。

一、总体运行指标转正回稳

2020年，我国社会物流总额实现300.1万亿元，按可比价格计算，同比增长3.5%，增速比上年回落2.4个百分点。其中，1—2月，全国社会物流总额同比下降11.8%；2月中国物流业景气指数跌至26.2%，7月起主要指标由负转正；11月中国物流业景气指数达57.5%，升至年内最高点；12月中国物流业景气指数为56.9%，继续保持高位运行，公路物流、仓储、快递物流、电商物流等各项指数均处于扩张区间，物流业具有的强大韧性为我国经济运行率先由负转正做出了重要贡献。2020年，我国物流业总收入达到10.5万亿元，比上年增长2.2%。社会物流总费用与GDP的比率为14.7%，与上年基本持平，物流市场运行基本恢复到正常水平。

二、积极投身抗疫斗争

物流是国民经济发展的动脉和基础产业，面对2020年突发的新冠肺炎疫情，物流业迎难而上，积极投身抗疫斗争。

（一）保通保畅，冲锋在前

疫情初期，全国多地封城断路，物流运行严重受阻。中物联积极响应中共中央号召，向全国物流行业发起了《关于做好新型冠状病毒肺炎防控工作的紧急倡议》。广大物流企业争当逆行者，全力打赢武汉保卫战、湖北保卫战。有关部门委托中物联提供疫情防控和生活物资应急运输保障重点物流企业名单，增强应急物流运力储备。物流企业纷纷组建应急运输车队，投身一线抗疫物资保供。多家骨干物流企业开通疫情防控物资“绿色通道”，航空货运企业增开抗疫物资全货运航班，一批国家物流枢纽、示范物流园区无偿开放应急仓储与中转服务，一批公路货运企业驰援雷神山医院建设，湖北物流企业协助武汉红十字会分发社会捐赠物资。全行业群策群力，为各地疫情防控物资提供物流服务，有效筑起了应急保供的“生命线”。

（二）复工复产，坚强后援

随着疫情逐步得到控制，各部门及时出台一系列保通保畅政策，坚持“一断三不断”，阶段性免收收费公路车辆通行费，设立应急转运中心，取消对货车通行和司机隔离的限制等政策措施，物流业从 2 月下旬开始复苏。邮政快递业率先复工复产，到 3 月 10 日复工率达 92.5%。货运物流企业到第二季度末复工率达到 99.6%，陆续推出铁路运输“七快速”、公路运输“三不一优先”、水路运输“四优先”、航空运输“运贸对接”等措施。示范物流园区到 2020 年上半年基本全面复工复产，减免物流租金政策切实有效，区域物资调运配送保障供应。物流业保供保畅坚强有力，成为各行业复工复产的“先行官”。

（三）使命光荣，责任担当

行业社团组织勇担社会责任，配合有关部门带动行业加大物流保障力度，为打赢疫情防控阻击战提供坚实基础。中物联与企业联系密切，积极反映保通保畅和复工复产政策诉求，提出的政策建议被政府有关部门采纳，转化为政策措施；制定《新型病毒流行期间公路货运企业运营防控指南》和《骑手心理防护手册》等指南，帮助行业企业在新冠肺炎疫情期间规范防控措施；联合 200 多家物流企业、行业协会及有关单位共同发起《驰援疫情防控阻击战一线卡车司机的倡议书》；组织应急物资运输需求对接与援助，搭建信息平台完成超过数万项全国运力的调配；组织开展疫情援助捐款捐物活动，协助数千家爱心会员企业落实捐赠对接。各地方行业协会纷纷成立抗疫应急办公室，密切联系企业，积极配合政府，做好应急物流保障协调工作，涌现了一批先进典型案例。招商局集团“灾急送”应急物流志愿服务队等先进集体、湖北顺丰速运有限公司分部经理汪勇等先进个人受到中共中央、国务院和中央军委表彰。九州通医药集团物流有限公司等 230 家企业被中物联授予“全国物流行业抗疫先进企业”称号。广大物流人和全国各行各业的伟大抗疫精神将永载史册，成为我们进入新阶段，迎接新挑战的宝贵精神财富。

三、大灾之年取得新进展

（一）民生物流、产业物流呈现新亮点

内需驱动的民生物流成为新冠肺炎疫情下增长亮点，助力国内市场发展。无接触配送、社区电商物流、统仓统配，共同化、多频次的物流模式才能适应消费即时化、个性化、多样化的需求转变。电商快递、冷链物流、即时配送等民生物流领域经受住了新冠肺炎疫情考验仍保持较快增长。全年单位与居民物品物流总额同比增长约 13.2%，超过社会物流总额增速近 10 个百分点。全年全国快递业务量达到 833.6 亿件，同比增长达到 31.2%。冷链物流市场规模超过 3800 亿元，同比增长 10% 以上，冷链需求总量约 2.65 亿吨。

实体经济推动制造业等产业物流需求稳步增长。疫情影响下，全球对中国商品的需求上升，12 月进出口额 3.2 万亿元，创单月最高纪录。工业品物流需求稳步增长，仍然是社会物流需求的主要来源。全年工业品物流总额同比增长 2.8%，其中，高技术制造、装备制造等中高端制造物流需求全面回升，增速超过 10%。制造业服务化提速，带动制造业物流一体化、精益化、集成化发展，支撑实体经济稳定向好。进口物流需求增势良好，原油、钢材、农产品、机电产品等重要原材料和零部件市场保持较快增长，大宗商品物流全力保供，有力保障生产供应和国内经济正常运转。

（二）国际物流保障能力开辟新路径

受贸易霸凌和疫情阻断冲击，国际供应链“断链”风险增加。新冠肺炎疫情初期，国际客运航线停飞，腹仓资源大幅缩减，国际航空货运短板凸显，严重影响国家防疫物资运输保供。随着新冠肺炎疫情全球蔓延，境外港口压港情况严重，舱位紧张和空箱不足导致价格大幅上扬。中共中央和国务院及时决断，将“保产业链供应链稳定”纳入“六保”工作，交通运输部等部门共建国际物流工作专班，畅通国际物流大通道。航空货运全货机加开国际航线，中欧班列逆势增长。全年国际航线全货机起飞超过3万架次，中欧班列开行超过1.2万列，同比增速均超过50%。航空货运枢纽、中欧班列集结中心、海外仓获得政策支持，快递物流企业加大航空货运枢纽规划建设力度，5地区获批铁路集结中心建设许可，海外仓超过1800个，有力支撑产业链供应链安全稳定。

（三）物流企业分化调整显现新格局

2020年年初，受新冠肺炎疫情影响，部分中小微物流企业抗风险能力不足，生存困难，因此退出市场。一批骨干物流企业迎难而上，市场集中度有所提升。截至2020年年底，全国A级物流企业达到6882家，其中规模型5A级企业367家。50强物流企业的物流业务收入合计1.1万亿元，占物流业总收入的10.5%，进入门槛提高到37.1亿元，比2019年增加4.5亿元。首批网络货运平台企业和供应链服务企业评估工作启动，星级冷链物流、星级车队逐步形成规模。电商快递、零担快运、合同物流、航空货运、国际航运、港口物流等细分市场集中度有所加强，涌现出一批规模型骨干物流企业。企业间形成多种形式的联盟合作、重组整合，共御疫情风险，一批物流企业上市发展。传统物流企业逐步从物流提供商向物流整合商和供应链服务商转变，物流核心竞争力显著增强。

（四）数字化转型智能化改造迈开新步伐

新冠肺炎疫情加速行业数字化转型。实物商品网上零售额占社会消费品零售总额的比重首次超过25%。传统企业积极向网上转移，带动传统物流发展方式向线上线下融合转变，全程数字化、在线化和可视化渐成趋势。头部物流企业加大智能化改造力度，物流机器人、无人机、无人仓、无人配送、无人驾驶卡车、无人码头等无人化物流模式走在世界前列。连接人、车、货、场的物流互联网正在加速形成，物流数据中台助力企业“上云用数赋智”。网络货运日均运单量13万单，车货匹配向承运经营转变。运力服务、装备租赁、能源管理、融资服务等借助互联网平台服务中小物流企业，助推中小物流企业数字化转型。物流业作为现代信息技术应用场景最多的服务业，迎来数字化转型的加速期。

（五）现代供应链创新应用取得新进展

受国际贸易摩擦和新冠肺炎疫情影响，对供应链弹性和柔性化提出更高要求。全球产业格局深化调整，现代供应链出现短链、内生、协同、智能新局面。一些发达国家推动制造业回流计划，倒逼国内制造业向中高端延伸，提升国内配套能力。中间投入产品转向国内生产，缩短产业供应链长度。国内市场消费能力提升，推动本土市场替代国际市场。供应链核心企业带动产业链上下游协同发展，与物流、采购、金融等服务业深化融合，助力模式创新和价值增值，拓展产业链供应链深度。数字供应链加快发展，广泛应用现代信息技术，结合智能制造实现大规模定制，提升产业链供应链运行速度。现代供应链试点城市及企业创新驱动，供应链金融规范发展，在新冠肺炎疫情阻击战中发挥重要作用。中物联首批A级供应链服务企业出炉，引导供应链内部管理向供应链外部服务转变，创新企业增长新范式。

（六）物流基础设施建设引入“新基建”

传统物流基础设施和物流新基建投入保持高位运行。2020年全年完成交通固定资产投资

34752 亿元。全国铁路固定资产投资完成 7819 亿元，投产新线 4933 公里，其中高速铁路 2521 公里，新改（扩）建高速公路约 1.3 万公里，智能快递箱超 40 万组。针对疫情防控中暴露出来的物流短板，我国发布了首批 17 个国家骨干冷链物流基地建设名单，农产品仓储保鲜冷链物流设施得到支持，国家冷链物流网络开始搭建。第三批示范物流园区工作组织开展，铁路专用线建设得到政策支持。国家物流枢纽再添新成员，第二批 22 个国家物流枢纽建设名单发布。国家物流枢纽联盟组建运行，45 家枢纽运营主体单位加入。智慧物流基础设施建设发力，智慧物流园区、智慧港口、智能仓储基地、数字仓库等一批新基建投入，促进“通道 + 枢纽 + 网络”的物流基础设施网络体系加快布局建设。

（七）行业基础工作得到新提高

物流标准化工作有新突破。自 2003 年 9 月全国物流标准化技术委员会建立以来，已制定并发布国家标准 77 项、行业标准 57 项、团体标准 23 项，国际标准推进实现实质性突破。教育培训工作有新提升。目前，全国已有 698 个本科物流专业点和 2000 多个中职、高职物流专业点，五年培养物流毕业生近 80 万人。全国已有 60 万人参加了物流、采购等职业能力等级培训与认证，高素质物流人才队伍成长壮大。统计信息工作有新成绩。自 2004 年 10 月物流统计制度建立以来，已形成中国及全球制造业采购经理指数、物流业景气指数、公路运价指数、仓储指数、电商指数、快递指数等指数系列。

（八）行业营商环境展现新风貌

面对新冠肺炎疫情冲击，中共中央、国务院建立联防联控机制，各部门及时推出一系列保通保畅、援企稳岗、复工复产政策，助力物流企业纾困解难，轻装上阵。疫情带动电子政务、数字监管发力，各类政务服务“网上办、在线办”便民利民。国务院办公厅发布多条降低物流成本的政策措施，继续推动降低各项物流成本。安全、环保、技术等政策措施和标准规范陆续出台，引导强化行业合规发展，环保治理、超限超载、非法改装、货车通行等政策措施出台，努力创造公平竞争物流市场环境。

总体来看，2020 年我国物流业经受了严峻考验，顶住了冲击挑战，取得了不凡业绩。但是我们也要清醒地认识到，物流发展不平衡、不充分、不协调问题依然存在，物流业整体发展水平和应对不确定因素的能力有待提高，国际物流、应急物流、绿色物流等方面尚有短板，运行规模和质量方面表现出“大而不强”，与人民群众日益增长的美好生活需要和经济高质量发展的要求还有一定差距，“物流大国”向“物流强国”转变任重道远。

《中国物流年鉴》是中国物流与采购联合会主办、《中国物流与采购》杂志社承办的大型文献性工具书。二十年来，《中国物流年鉴》坚持用数据和事实反映物流业发展变化的轨迹，记录我国物流业发展的历程，赢得了业界好评。面对我国物流业不断发展变化的新形势，《中国物流年鉴》将继续以求真务实、严谨负责的态度做好资料收录工作。同时，真诚地希望业界同人提出宝贵意见，使其越做越精、越做越好。

何黎明

二〇二一年八月三十日

目　　录

上　册

第一部分·物流政策法规

第二部分 · 物流统计

第三部分 · 物流产业

第四部分 · 行业物流

下 册

第五部分 · 地区物流

第九部分 · 物流综合

第一部分

物流政策法规

国务院和国务院办公厅发文

国务院办公厅转发国家发展改革委等部门关于加快推进快递包装绿色转型意见的通知

(国办函〔2020〕115号)

各省、自治区、直辖市人民政府，国务院各部委、各直属机构：

国家发展改革委、国家邮政局、工业和信息化部、司法部、生态环境部、住房城乡建设部、商务部、市场监管总局《关于加快推进快递包装绿色转型的意见》已经国务院同意，现转发给你们，请认真贯彻落实。

国务院办公厅

2020年11月30日

(此件公开发布)

关于加快推进快递包装绿色转型的意见

国家发展改革委　国家邮政局　工业和信息化部　司法部
生态环境部　住房城乡建设部　商务部　市场监管总局

为贯彻落实党中央、国务院决策部署，进一步加强快递包装治理，推进快递包装绿色转型，现提出以下意见。

一、总体要求

(一) 指导思想。以习近平新时代中国特

色社会主义思想为指导，全面贯彻党的十九大和十九届二中、三中、四中、五中全会精神，深入践行习近平生态文明思想，认真落实党中央、国务院决策部署，坚持以人民为中心，落实新发展理念，强化快递包装绿色治理，加强电商和快递规范管理，增加绿色产品供给，培育循环包装新型模式，加快建立与绿色理念相适应的法律、标准和政策体系，推进快递包装“绿色革命”。

（二）基本原则。

——坚持绿色发展。以绿色理念推动电商和快递行业高质量发展，建立健全市场主体激励约束机制，打造统一规范、竞争有序、监管有力的营商环境，推进快递包装管理制度和治理体系现代化。

——坚持创新引领。以技术创新和模式创新驱动快递包装绿色转型，开发应用新技术、新产品，培育发展快递包装新业态。以标准化和规范化为主线，优化快递包装产品供给结构，推动产业链、供应链转型升级。

——坚持协同共治。压实企业主体责任，强化政府监督管理，加强政策引导，形成法律、标准、政策相互协调，产业链、供应链前后贯通，政府监管、行业自律、社会参与三位一体的快递包装协同治理体系。

（三）主要目标。到 2022 年，快递包装领域法律法规体系进一步健全，基本形成快递包装治理的激励约束机制；制定实施快递包装材料无害化强制性国家标准，全面建立统一规范、约束有力的快递绿色包装标准体系；电商和快递规范管理普遍推行，电商快件不再二次包装比例达到 85%，可循环快递包装应用规模达 700 万个，快递包装标准化、绿色化、循环化水平明显提升。到 2025 年，快递包装领域全面建立与绿色理念相适应的法律、标准和政策体系，形成贯穿快递包装生产、使用、回收、处置全链条的治理长效机制；电商快件基本实现不再二次包装，可循环快递包装应用规模达 1000 万个，包装减量和绿色循环的新模式、新业态发展取得重大进展，快递包装基本实现绿色转型。

二、完善快递包装法律法规和标准体系

（四）健全法律法规体系。推动电子商务、邮政快递等行业管理法律法规与固体废物污染环境防治法有效衔接，进一步明确市场主体法律责任和政府监管责任，加快形成有利于完善快递包装治理的法律法规体系。研究修订《快递暂行条例》，细化快递包装生产、使用、回收、处置各环节管理要求。制定《邮件快件包装管理办法》，进一步健全快递包装治理的监管手段和具体措施。（商务部、交通运输部、国家邮政局、生态环境部、司法部按职责分工负责）

（五）加强标准化工作顶层设计。建立快递绿色包装标准化联合工作组，统一指导快递包装标准制定工作。制定覆盖产品、评价、管理和安全各类别以及设计、生产、销售、使用、回收和循环利用各环节的标准体系框架图。统一快递绿色包装、循环包装的核心关键指标要求，解决部分标准引用层次复杂、关键指标不清晰、内容互不衔接等问题。清理一批与行业发展和管理要求不相符的现行标准。强化标准实施效果评估，形成动态反馈、及时修订机制。（市场监管总局牵头，国家发展改革委、工业和信息化部、生态环境部、商务部、国家邮政局等部门参与）

（六）升级完善快递包装标准。抓紧制定

快递包装材料无害化相关强制性国家标准，提高标准约束力。建立健全可循环快递包装、产品与快递一体化包装、合格包装采购管理、绿色包装认证等重点领域标准。研究制定可降解材料与包装产品标识标准，进一步完善可降解快递包装标准，加快实施快递包装绿色产品认证和可降解包装产品标识制度。开辟绿色通道，提高标准制修订效率。（市场监管总局牵头，工业和信息化部、生态环境部、商务部、国家邮政局等部门参与）

三、强化快递包装绿色治理

（七）推进快递包装材料源头减量。加强快递领域塑料污染治理，推动重点地区逐步停止使用不可降解的塑料包装袋、一次性塑料编织袋，减少使用不可降解塑料胶带。推动全国快递业务实现电子运单全覆盖，大幅提升循环中转袋（箱）、标准化托盘、集装单元器具的应用比例。推广使用低克重高强度快递包装纸箱、免胶纸箱。鼓励通过包装结构优化减少填充物使用。（国家邮政局和各地方人民政府按职责分工负责）

（八）提升快递包装产品规范化水平。统一规定快递封套、纸箱、包装袋等的规格尺寸、物理和安全环保性能，推动快递包装产品实现标准化、系列化和模组化，提高与寄递物的匹配度，防止大箱小用，减少随意包装。全面禁止电商和快递企业使用重金属含量、溶剂残留等超标的劣质包装袋，禁止使用有毒有害材料制成的填充物；违规生产、使用问题突出地区人民政府要对有毒有害的劣质快递包装生产企业、违规使用的电商和快递企业开展专项整治。（国家邮政局、商务部、市场监管总局和各地方人民政府按职责分工负责）

（九）减少电商快件二次包装。加强电商和快递企业与商品生产企业的上下游协同，设计并应用满足快递物流配送需求的电商商品包装。选择一批商品品类，推广电商快件原装直发，推进产品与快递包装一体化，减少电商商品在寄递环节的二次包装。（商务部、国家邮政局、工业和信息化部按职责分工负责）

四、加强电商和快递规范管理

（十）严格快递操作规范。完善快递行业末端网点分拣、投递工作流程和封装操作规范。推动快递企业完善内部规章制度，建立快递包装治理工作体系和管理台账，将快递包装有关规范纳入从业人员上岗培训，提升快递员业务技能。支持快递企业推行智能化、集约化作业方式。将不规范分拣、投递、包装操作等行为纳入快递行业抽查事项目录，推动解决被动式过度包装问题，畅通公众投诉举报通道，规范快件投递“最后一公里”。（国家邮政局负责）

（十一）完善快递收寄管理。推动快递企业将包装减量化、绿色化等要求纳入收件服务协议，加强对电商等协议用户的引导。推动快递企业进一步规范散收件交付管理，引导用户使用合格包装产品。鼓励电商和快递企业在网络零售和快件收寄中为消费者提供绿色包装产品，并通过积分激励等方式引导消费者使用。（国家邮政局、商务部按职责分工负责）

（十二）推行绿色供应链管理。推动相关企业建立快递包装产品合格供应商制度，鼓励包装生产、电商、快递等企业形成产业联盟，扩大合格供应商包装产品采购和使用比例。快递企业总部要加强对分支机构、加盟企业的管理，建立针对分支机构、加盟企业采购和使用包装产品的引导和约束机制。（国家邮政局、

商务部、工业和信息化部按职责分工负责）

五、推进可循环快递包装应用

（十三）推广可循环包装产品。在电商和快递业务中，结合相关应用场景和商品种类，组织开展公开征集、设计大赛等遴选推广一批快递包装减量和循环利用的新技术、新产品。鼓励在同城生鲜配送、连锁商超散货物流中推广应用可循环可折叠快递包装、可循环配送箱、可复用冷藏式快递箱，减少一次性塑料泡沫箱等的使用。（国家邮政局、商务部、国家发展改革委和各地方人民政府按职责分工负责）

（十四）培育可循环快递包装新模式。鼓励电商平台选择部分商品种类，设立可循环包装商品专区；支持快递企业和第三方机构通过信用质押、超期扣款、回投返款等多种模式，扩大可循环快递包装的使用范围。鼓励电商和快递企业与商业机构、便利店、物业服务企业等合作设立可循环快递包装协议回收点，投放可循环快递包装的回收设施，丰富回收方式和渠道。推行可循环快递包装统一编码和规格标准化，建立健全上下游衔接、平台间互认的运管体系，有效降低运营成本。鼓励通过股权合作、第三方运营等方式，开展可循环快递包装投放和回收设施共建联营。（国家邮政局、商务部、国家发展改革委、市场监管总局和各地方人民政府按职责分工负责）

（十五）加强可循环快递包装基础设施建设。各城市人民政府要结合智慧城市、智慧社区建设，在社区、高校、商务中心等场所，规划建设一批快递共配终端和可循环快递包装回收设施；在城市更新和存量住房改造提升、城镇老旧小区改造时，支持快递共配终端和可循环快递包装回收设施建设；破解相关设施进社区和公共场所的政策障碍，实行保障设施用地、减免设施场地占用费等支持政策。选择一批有条件的城市开展可循环快递包装规模化应用试点示范。（国家发展改革委、教育部、商务部、国家邮政局、住房城乡建设部和各城市人民政府按职责分工负责）

六、规范快递包装废弃物回收和处置

（十六）加强快递包装回收。鼓励在校园、社区等场所的快递网点开展快递包装纸箱集中回收，适度提升复用比例。推进快递包装材料和产品绿色设计，鼓励同类别产品包装使用单一材质材料，减少使用难以分类回收的材料和包装设计，提升快递包装可回收性能。鼓励发展“互联网＋回收”新业态，推进快递包装废弃物中可回收物的规范化、洁净化回收。（国家邮政局、教育部、工业和信息化部、商务部和各地方人民政府按职责分工负责）

（十七）规范快递包装废弃物分类投放和清运处置。推动已实施生活垃圾分类的城市在住宅小区、商业和办公场所合理设置分类收集设施，规范居民分类投放行为，保障快递包装废弃物及时得到清运。推进快递包装废弃物分类处置，提高资源化能源化利用比例，加强垃圾焚烧发电企业运行管理，确保污染物稳定达标排放。降低快递包装废弃物的填埋比例。（住房城乡建设部、生态环境部和各地方人民政府按职责分工负责）

七、完善支撑保障体系

（十八）加强监督执法。加大快递包装治理的监督执法力度，开展“双随机、一公开”

检查和定期摸底调查，强化刚性约束。将快递包装相关标准实施情况纳入电商和快递行业管理。对违反相关法律法规和强制性国家标准的行为，依法依规进行查处。（国家邮政局、商务部、市场监管总局、生态环境部等部门和各地方人民政府按职责分工负责）

（十九）完善综合性支持政策。对绿色快递物流和配送体系建设、专业化智能化回收设施建设等项目，中央预算内投资予以适当支持。研究将绿色、可循环快递包装生产和规模化应用企业列入绿色信贷支持范围，在债券发行等方面予以支持。落实快递绿色包装政府采购需求标准，发挥政府采购引导作用。落实现有税收政策。中央财政通过现有部门预算资金支持开展快递包装生产、使用和回收处置统计监测分析平台、执法和监管能力建设。（国家发展改革委、财政部、住房城乡建设部、商务部、人民银行、税务总局、银保监会、证监会、国家邮政局等部门按职责分工负责）

（二十）强化科技支撑。开发智能打包、胶带与纸箱分离等新技术，加快绿色环保、功能包装材料研发应用。开发应用快递包装操作和分拣配送自动化、信息化、智能化设施，提升快递行业集约化管理水平。加强产学研衔接，加大快递绿色包装技术攻关和成果转化力度。（科技部牵头，各有关部门参与）

八、强化组织实施

（二十一）加强部门协同。各有关部门要加强协同配合和政策衔接，形成齐抓共管的工作合力，及时总结推广快递包装绿色转型的有效管理措施、商业模式和制度成果，协调解决实施中的问题，重大情况及时按程序向国务院请示报告。（各部门按职责分工负责）

（二十二）落实地方责任。各地要提高政治站位，进一步增强做好快递包装绿色转型工作的责任感和紧迫感。各省级人民政府要加强对本地区快递包装治理工作的统筹指导，细化任务措施，有力有序推进快递包装绿色转型。各城市人民政府要结合本地实际，加强日常管理，抓好组织落实。开展可循环快递包装规模化应用试点示范的各试点城市人民政府要组织编制试点实施方案，建立健全工作机制，及时总结可复制、可推广的制度和模式。（各地方人民政府负责）

（二十三）加强宣传引导。通过报纸、广播电视、新媒体等渠道，大力宣传快递包装绿色转型的典型做法和工作成效，营造良好社会氛围。充分发挥消费者、新闻媒体、行业协会等的监督作用，广泛凝聚社会共识，构建人人有责、人人尽责的快递包装社会治理体系。（各有关部门按职责分工负责）

国务院办公厅关于组织做好疫情防控重点物资生产企业复工复产和调度安排工作的紧急通知

（国办发明电〔2020〕2 号）

各省、自治区、直辖市人民政府，国务院各部委、各直属机构：

为做好新型冠状病毒感染肺炎疫情防控重点物资生产企业的复工复产和调度安排工作，经国务院同意，现就有关事项紧急通知如下：

一、各省（区、市）人民政府要切实履行主体责任，迅速组织本地区生产应对疫情使用的医用防护服、N95 口罩、医用护目镜、负压救护车、相关药品等企业复工复产。要做好生产人员、技术人员和相关设备、原辅料、资金等各方面保障工作，帮助企业及时解决生产经营中遇到的困难和问题，并根据需要及时扩大相关产品产能。

二、国务院应对新型冠状病毒感染肺炎疫情联防联控机制物资保障组负责对上述重点医疗应急防控物资实施统一管理、统一调拨，地方各级人民政府不得以任何名义截留、调用。物资保障组将向重点企业选派驻企特派员，负责监督物资的统一调拨，帮助企业及时反映困难和问题，配合有关部门抓好产品质量监管。

三、生产重点医疗应急防控物资的有关企业，要按照国务院应对新型冠状病毒感染肺炎疫情联防联控机制物资保障组要求，抓紧组织原材料采购和产品生产，及时完成生产任务，并加强产品质量管理，确保物资符合相关安全标准。有关企业要根据物资保障组要求，及时上报产能产量、产品库存等数据。

四、为确保做好重点医疗应急防控物资的及时生产、调拨、运输和配用等方面协调工作，建立有关工作衔接机制，确保 24 小时联络畅通。各省级人民政府要确定一名厅（局）级负责同志牵头对接联系物资调拨工作。

各地区、各部门及有关企业要统一思想，提高站位，充分认识做好重点地区应急防控物资供应工作的重要性，切实增强紧迫感和责任感，按照本通知要求扎实做好各项工作。

国务院办公厅

2020 年 1 月 29 日

（本文有删减）

国务院关于支持中国（浙江）自由贸易试验区油气全产业链开放发展若干措施的批复

（国函〔2020〕32 号）

浙江省人民政府、商务部：

你们关于支持中国（浙江）自由贸易试验区（以下简称浙江自贸试验区）油气全产业链开放发展若干措施的请示收悉。现批复如下：

一、同意《关于支持中国（浙江）自由贸易试验区油气全产业链开放发展的若干措施》（以下简称《若干措施》），请认真组织实施。

二、《若干措施》实施要以习近平新时代中国特色社会主义思想为指导，全面贯彻党的十九大和十九届二中、三中、四中全会精神，按照党中央、国务院决策部署，坚持稳中求进工作总基调，坚持新发展理念，坚持高质量发展，以供给侧结构性改革为主线，加强改革系统集成、协同高效，推动油气全产业链开放发展，以开放促改革、促发展、促创新，把浙江自贸试验区建设成为新时代改革开放新高地。

三、浙江省人民政府要承担主体责任，细化完善配套政策，落实工作任务，切实履行对油品交易主体和市场运行情况的监督责任，以风险防控为底线，确保各项政策措施落到实处。

四、商务部要会同有关部门加强指导和服务，按照职责分工，积极协调解决浙江自贸试验区发展中遇到的困难和问题，不断提升浙江自贸试验区发展水平。

附件：关于支持中国（浙江）自由贸易试验区油气全产业链开放发展的若干措施

国务院

2020 年 3 月 26 日

（此件公开发布）

附件

关于支持中国（浙江）自由贸易试验区油气全产业链开放发展的若干措施

建设中国（浙江）自由贸易试验区（以下简称浙江自贸试验区）是党中央、国务院作出的重大决策，是新时代推进改革开放的战略举措。党的十九大报告强调要赋予自贸试验区更大改革自主权。为贯彻落实党中央、国务院决策部署，发挥好自贸试验区改革开放试验田作用，支持浙江自贸试验区围绕战略定位深入开展差别化探索，加强改革系统集成、协同高效，推动油气全产业链开放发展，进一步提高建设质量，制定以下措施：

一、引进油品贸易国际战略投资者

（一）积极整合各种资源，发挥国际知名交易所作用，引入纽约、伦敦、新加坡、迪拜等地经验丰富的交易所作为战略投资者，并引进国际油品贸易商资源。

（二）充分发挥各类企业积极性，招引油品贸易相关的中央企业、地方国有企业、民营企业在浙江自贸试验区集聚。

二、加快推进石化炼化产业转型升级

（三）加快舟山绿色石化基地建设，利用国际先进的化工生产技术，聚焦高端化学品和化工新材料，发展化工下游精深加工产业链。加速油气进口、储运、加工、贸易、交易、服务全产业链发展。

三、进一步完善油气全产业链，打造液化天然气接收中心

（四）支持打造液化天然气（LNG）接收中心，为国内天然气供应提供保障。以国土空间规划及海岸带综合保护与利用规划为空间布局依据，按照全国海洋经济发展“十三五”规划、国家天然气“十三五”规划、全国LNG码头布局规划等规划，开展LNG接收中心功能定位论证和前期研究工作。提升航道管理技术水平，推进LNG罐箱水上运输，提高LNG船舶通航能力。在安全论证基础上，支持并积极开展LNG罐箱多式联运工作。统筹管网规划布局，加强与国家天然气管网体系对接。

（五）支持制定浙江自贸试验区船用LNG加注管理办法和操作规范，试点开展船用LNG加注业务。

四、提升油品流通领域市场化配置能力

（六）支持浙江自贸试验区适度开展成品

油出口业务，允许浙江自贸试验区内现有符合条件的炼化一体化企业开展副产的成品油非国营贸易出口先行先试，酌情按年度安排出口数量。

（七）支持浙江自贸试验区搭建成品油内贸分销网络，探索完善成品油流通领域事中事后监管模式。

五、健全船用低硫燃料油供应市场

（八）支持浙江自贸试验区建设船用低硫燃料油生产基地，允许通过保税混兑等方式丰富低硫保税油供给。

（九）创新大宗商品保税混兑政策，制定浙江自贸试验区大宗商品物理混兑贸易管理办法，开展保税状态下油品、铁矿石等大宗商品物理混兑，切实降低企业成本，满足市场需求。

六、支持航运业务创新发展

（十）创新国际船舶供应与保税货物管理业务模式，推行通关便利化改革，提升国际海事服务竞争力。制定浙江自贸试验区国际航行船舶物料供应管理办法。探索对保税仓库内专用于供应国际船舶的保税货物试行“批次进出、集中申报”的出库分送集报模式。允许经主管部门认定的外供企业在相关锚地开展国际船舶供应业务，对其在保税仓库内的食品、船用备件、物料等外供产品，允许在规定时间内集中申报、统一核销。

（十一）支持以舟山江海联运服务中心为载体，充分发挥海、陆、空等多种运输方式组合效应，创新多式联运模式。在有效监管、风险可控的前提下，统筹研究在宁波舟山港实施启运港退税政策的可行性。

七、推动大宗商品期现市场联动发展

（十二）支持浙江自贸试验区与上海期货交易所等国内期货现货交易平台合作，共同建设以油品为主的大宗商品现货交易市场。制定浙江自贸试验区大宗商品现货交易市场管理办法，以“期现合作”为纽带，开展原油、成品油、燃料油等大宗商品现货交易。条件成熟时向铁矿石等大宗商品拓展，并与有对应品种的期货交易所开展合作。

（十三）在风险防范措施完善的前提下，允许境内外行业内企业进入浙江自贸试验区大宗商品现货交易市场开展交易业务。

（十四）建设国际能源贸易与交易平台，促进浙江自贸试验区加快发展国际油气贸易，打造天然气交易平台，做大做强 LNG 国际贸易。做好与国内已有交易中心衔接，明确战略定位，实现协调发展。

八、提升大宗商品跨境贸易金融服务与监管水平

（十五）支持浙江自贸试验区内银行按照展业原则，探索开展油品贸易跨境人民币结算便利化试点。建立油品贸易跨境人民币结算优质可信企业“白名单”，支持优质可信企业凭支付指令直接办理油品贸易跨境人民币结算，支持参照国际惯例探索开展油品转口贸易跨境人民币结算。

（十六）支持浙江自贸试验区内银行为自贸试验区企业开展高水平的贸易投资便利化跨境人民币结算创新业务。支持浙江自贸试验区内金融机构在宏观审慎框架下为优质可信企业办理本外币跨境融资相关业务；探索开展油品

贸易企业本外币结算资金按实际需求进行兑换；探索拓宽油品贸易企业本外币结算资金使用渠道。

（十七）支持浙江自贸试验区与上海自贸试验区联动发展。在浙江自贸试验区探索开展本外币合一账户试点。

（十八）支持浙江自贸试验区内银行对守法经营、信用优良企业开展对外贸易优化服务，保障真实合法贸易资金的结算。

（十九）支持资本项目外汇支付便利化，允许浙江自贸试验区内非投资性外资企业在真实、合规的前提下，按实际投资规模将资本项目外汇收入或结汇所得人民币依法用于境内股权投资。

（二十）积极推进大宗商品贸易人民币结算。支持在浙江自贸试验区开展合格境外有限合伙人（QFLP）试点，允许以人民币进行大宗商品贸易结算的相关国家机构投资者在完成资格审批和外汇资金的监管程序后，将境外资本兑换为人民币资金投资于国内的私募股权投资基金（PE）以及创业投资（VC）市场。

（二十一）加强国家有关部门数据信息共享，在浙江自贸试验区建立企业、银行、政府部门和交易平台之间信息共享的第三方油品仓单公示系统。

（二十二）鼓励保险公司以油气为中心，积极探索有效方式，为油气勘探、炼化、运输、仓储等提供保障。

九、实施有利于油气全产业链发展的财税政策

（二十三）对照国际通行税收政策，探索研究推动油气全产业链发展的政策措施。支持国际船舶供油业务发展和石油、天然气仓储项目建设，研究对船用低硫燃料油从燃料油中作技术区分并提高出口退税率。

十、加强信息互联互通

（二十四）依托浙江国际贸易“单一窗口”，实现涉海、涉港、涉船监管数据共享，推动舟山江海联运服务中心信息平台与浙江国际贸易“单一窗口”信息交换共享。

（二十五）构建国际海事服务网络电子商务平台，推动北斗系统应用，建设跨境电子商务线上综合服务平台，打造海事服务互联网生态圈。

十一、加强海洋生态文明建设

（二十六）以质量改善为目标、以风险防控为底线，切实加强海洋生态环境保护。把海洋生态文明建设纳入海洋开发总布局之中，坚持开发和保护并重、污染防治和生态修复并举，积极探索自贸试验区海洋绿色发展新模式，建立健全油气产业环境治理体系，提升溢油环境风险防范和应急处置等环境治理能力。加强海洋渔业资源保护，实现健康可持续发展。

十二、切实做好组织实施

坚持和加强党对改革开放的领导，把党的领导贯穿于自贸试验区建设的全过程。强化风险意识，完善风险防控和处置机制，加强消防安全保障能力建设，全面提升各类事故应急处置能力，实现区域稳定安全高效运行，牢牢守住不发生系统性风险的底线。浙江省、各有关部门要高度重视、密切协作，在国务院自由贸易试验区工作部际联席会议统筹协调下，抓好

任务落实，不断提升浙江自贸试验区发展水平。浙江省要把握基本定位，强化使命担当，贯彻新发展理念，切实履行对油品交易主体和市场运行情况的监督责任，精心组织实施，推动工作取得实效。各有关部门要加强指导和服务，及时制定相关实施细则，下放相关管理权限，积极协调指导浙江自贸试验区解决发展中遇到的问题。需调整有关行政法规、国务院文件和部门规章规定的，要按法定程序办理。重大事项及时向党中央、国务院请示报告。

国务院关于促进国家高新技术产业开发区高质量发展的若干意见

（国发〔2020〕7 号）

各省、自治区、直辖市人民政府，国务院各部委、各直属机构：

国家高新技术产业开发区（以下简称国家高新区）经过 30 多年发展，已经成为我国实施创新驱动发展战略的重要载体，在转变发展方式、优化产业结构、增强国际竞争力等方面发挥了重要作用，走出了一条具有中国特色的高新技术产业化道路。为进一步促进国家高新区高质量发展，发挥好示范引领和辐射带动作用，现提出以下意见。

一、总体要求

（一）指导思想。

以习近平新时代中国特色社会主义思想为指导，贯彻落实党的十九大和十九届二中、三中、四中全会精神，牢固树立新发展理念，继续坚持“发展高科技、实现产业化”方向，以深化体制机制改革和营造良好创新创业生态为抓手，以培育发展具有国际竞争力的企业和产业为重点，以科技创新为核心着力提升自主创新能力，围绕产业链部署创新链，围绕创新链布局产业链，培育发展新动能，提升产业发展现代化水平，将国家高新区建设成为创新驱动发展示范区和高质量发展先行区。

（二）基本原则。

坚持创新驱动，引领发展。以创新驱动发展为根本路径，优化创新生态，集聚创新资源，提升自主创新能力，引领高质量发展。

坚持高新定位，打造高地。牢牢把握“高”和“新”发展定位，抢占未来科技和产业发展制高点，构建开放创新、高端产业集聚、宜创宜业宜居的增长极。

坚持深化改革，激发活力。以转型升级为目标，完善竞争机制，加强制度创新，营造公开、公正、透明和有利于促进优胜劣汰的发展环境，充分释放各类创新主体活力。

坚持合理布局，示范带动。加强顶层设计，优化整体布局，强化示范带动作用，推动区域协调可持续发展。

坚持突出特色，分类指导。根据地区资源禀赋与发展水平，探索各具特色的高质量发展模式，建立分类评价机制，实行动态管理。

（三）发展目标。

到 2025 年，国家高新区布局更加优化，自主创新能力明显增强，体制机制持续创新，创新创业环境明显改善，高新技术产业体系基本形成，建立高新技术成果产出、转化和产业化机制，攻克一批支撑产业和区域发展的关键核心技术，形成一批自主可控、国际领先的产品，涌现一批具有国际竞争力的创新型企业和产业集群，建成若干具有世界影响力的高科技园区和一批创新型特色园区。到 2035 年，建成一大批具有全球影响力的高科技园区，主要产业进入全球价值链中高端，实现园区治理体系和治理能力现代化。

二、着力提升自主创新能力

（四）大力集聚高端创新资源。国家高新区要面向国家战略和产业发展需求，通过支持设立分支机构、联合共建等方式，积极引入境内外高等学校、科研院所等创新资源。支持国家高新区以骨干企业为主体，联合高等学校、科研院所建设市场化运行的高水平实验设施、创新基地。积极培育新型研发机构等产业技术创新组织。对符合条件纳入国家重点实验室、国家技术创新中心的，给予优先支持。

（五）吸引培育一流创新人才。支持国家高新区面向全球招才引智。支持园区内骨干企业等与高等学校共建共管现代产业学院，培养高端人才。在国家高新区内企业工作的境外高端人才，经市级以上人民政府科技行政部门（外国人来华工作管理部门）批准，申请工作许可的年龄可放宽至 65 岁。国家高新区内企业邀请的外籍高层次管理和专业技术人才，可按规定申办多年多次的相应签证；在园区内企业工作的外国人才，可按规定申办 5 年以内的居留许可。对在国内重点高等学校获得本科以上学历的优秀留学生以及国际知名高校毕业的外国学生，在国家高新区从事创新创业活动的，提供办理居留许可便利。

（六）加强关键核心技术创新和成果转移转化。国家高新区要加大基础和应用研究投入，加强关键共性技术、前沿引领技术、现代工程技术、颠覆性技术联合攻关和产业化应用，推动技术创新、标准化、知识产权和产业化深度融合。支持国家高新区内相关单位承担国家和地方科技计划项目，支持重大创新成果在园区落地转化并实现产品化、产业化。支持在国家高新区内建设科技成果中试工程化服务平台，并探索风险分担机制。探索职务科技成果所有权改革。加强专业化技术转移机构和技术成果交易平台建设，培育科技咨询师、技术经纪人等专业人才。

三、进一步激发企业创新发展活力

（七）支持高新技术企业发展壮大。引导国家高新区内企业进一步加大研发投入，建立健全研发和知识产权管理体系，加强商标品牌建设，提升创新能力。建立健全政策协调联动机制，落实好研发费用加计扣除、高新技术企业所得税减免、小微企业普惠性税收减免等政策。持续扩大高新技术企业数量，培育一批具有国际竞争力的创新型企业。进一步发挥高新区的发展潜力，培育一批独角兽企业。

（八）积极培育科技型中小企业。支持科技人员携带科技成果在国家高新区内创新创业，通过众创、众包、众扶、众筹等途径，孵化和培育科技型创业团队和初创企业。扩大首购、订购等非招标方式的应用，加大对科技型中小企业重大创新技术、产品和服务采购力度。将科技型中小企业培育孵化情况列入国家高新区高质量发展评价指标体系。

（九）加强对科技创新创业的服务支持。强化科技资源开放和共享，鼓励园区内各类主体加强开放式创新，围绕优势专业领域建设专业化众创空间和科技企业孵化器。发展研究开发、技术转移、检验检测认证、创业孵化、知识产权、科技咨询等科技服务机构，提升专业化服务能力。继续支持国家高新区打造科技资源支撑型、高端人才引领型等创新创业特色载体，完善园区创新创业基础设施。

四、推进产业迈向中高端

（十）大力培育发展新兴产业。加强战略前沿领域部署，实施一批引领型重大项目和新技术应用示范工程，构建多元化应用场景，发展新技术、新产品、新业态、新模式。推动数字经济、平台经济、智能经济和分享经济持续壮大发展，引领新旧动能转换。引导企业广泛应用新技术、新工艺、新材料、新设备，推进互联网、大数据、人工智能同实体经济深度融合，促进产业向智能化、高端化、绿色化发展。探索实行包容审慎的新兴产业市场准入和行业监管模式。

（十一）做大做强特色主导产业。国家高新区要立足区域资源禀赋和本地基础条件，发挥比较优势，因地制宜、因园施策，聚焦特色主导产业，加强区域内创新资源配置和产业发展统筹，优先布局相关重大产业项目，推动形成集聚效应和品牌优势，做大做强特色主导产业，避免趋同化。发挥主导产业战略引领作用，带动关联产业协同发展，形成各具特色的产业生态。支持以领军企业为龙头，以产业链关键产品、创新链关键技术为核心，推动建立专利导航产业发展工作机制，集成大中小企业、研发和服务机构等，加强资源高效配置，培育若干世界级创新型产业集群。

五、加大开放创新力度

（十二）推动区域协同发展。支持国家高新区发挥区域创新的重要节点作用，更好服务于京津冀协同发展、长江经济带发展、粤港澳大湾区建设、长三角一体化发展、黄河流域生态保护和高质量发展等国家重大区域发展战略实施。鼓励东部国家高新区按照市场导向原则，加强与中西部国家高新区对口合作和交流。探索异地孵化、飞地经济、伙伴园区等多种合作机制。

（十三）打造区域创新增长极。鼓励以国家高新区为主体整合或托管区位相邻、产业互补的省级高新区或各类工业园区等，打造更多集中连片、协同互补、联合发展的创新共同体。支持符合条件的地区依托国家高新区按相关规定程序申请设立综合保税区。支持国家高新区跨区域配置创新要素，提升周边区域市场主体活力，深化区域经济和科技一体化发展。鼓励有条件的地方整合国家高新区资源，打造国家自主创新示范区，在更高层次探索创新驱动发展新路径。

（十四）融入全球创新体系。面向未来发展和国际市场竞争，在符合国际规则和通行惯例的前提下，支持国家高新区通过共建海外创新中心、海外创业基地和国际合作园区等方式，加强与国际创新产业高地联动发展，加快引进集聚国际高端创新资源，深度融合国际产业链、供应链、价值链。服务园区内企业“走出去”，参与国际标准和规则制定，拓展新兴市场。鼓励国家高新区开展多种形式的国际园区合作，支持国家高新区与“一带一路”沿线国家开展人才交流、技术交流和跨境协作。

六、营造高质量发展环境

（十五）深化管理体制机制改革。建立授权事项清单制度，赋予国家高新区相应的科技创新、产业促进、人才引进、市场准入、项目审批、财政金融等省级和市级经济管理权限。建立国家高新区与省级有关部门直通车制度。优化内部管理架构，实行扁平化管理，整合归并内设机构，实行大部门制，合理配置内设机构职能。鼓励有条件的国家高新区探索岗位管理制度，实行聘用制，并建立完善符合实际的分配激励和考核机制。支持国家高新区探索新型治理模式。

（十六）优化营商环境。进一步深化“放管服”改革，加快国家高新区投资项目审批改革，实行企业投资项目承诺制、容缺受理制，减少不必要的行政干预和审批备案事项。进一步深化商事制度改革，放宽市场准入，简化审批程序，加快推进企业简易注销登记改革。在国家高新区复制推广自由贸易试验区、国家自主创新示范区等相关改革试点政策，加强创新政策先行先试。

（十七）加强金融服务。鼓励商业银行在国家高新区设立科技支行。支持金融机构在国家高新区开展知识产权投融资服务，支持开展知识产权质押融资，开发完善知识产权保险，落实首台（套）重大技术装备保险等相关政策。大力发展市场化股权投资基金。引导创业投资、私募股权、并购基金等社会资本支持高成长企业发展。鼓励金融机构创新投贷联动模式，积极探索开展多样化的科技金融服务。创新国有资本创投管理机制，允许园区内符合条件的国有创投企业建立跟投机制。支持国家高新区内高成长企业利用科创板等多层次资本市场挂牌上市。支持符合条件的国家高新区开发建设主体上市融资。

（十八）优化土地资源配置。强化国家高新区建设用地开发利用强度、投资强度、人均用地指标整体控制，提高平均容积率，促进园区紧凑发展。符合条件的国家高新区可以申请扩大区域范围和面积。省级人民政府在安排土地利用年度计划时，应统筹考虑国家高新区用地需求，优先安排创新创业平台建设用地。鼓励支持国家高新区加快消化批而未供土地，处置闲置土地。鼓励地方人民政府在国家高新区推行支持新产业、新业态发展用地政策，依法依规利用集体经营性建设用地，建设创新创业等产业载体。

（十九）建设绿色生态园区。支持国家高新区创建国家生态工业示范园区，严格控制高污染、高耗能、高排放企业入驻。加大国家高新区绿色发展的指标权重。加快产城融合发展，鼓励各类社会主体在国家高新区投资建设信息化等基础设施，加强与市政建设接轨，完善科研、教育、医疗、文化等公共服务设施，推进安全、绿色、智慧科技园区建设。

七、加强分类指导和组织管理

（二十）加强组织领导。坚持党对国家高新区工作的统一领导。国务院科技行政部门要会同有关部门，做好国家高新区规划引导、布局优化和政策支持等相关工作。省级人民政府要将国家高新区作为实施创新驱动发展战略的重要载体，加强对省内国家高新区规划建设、产业发展和创新资源配置的统筹。所在地市级人民政府要切实承担国家高新区建设的主体责任，加强国家高新区领导班子配备和干部队伍建设，并给予国家高新区充分的财政、土地等政策保障。加强分类指导，坚持高质量发展标准，根据不同地区、不同阶段、不同发展基础和创新资源等情况，对符合条件、有优势、有特色的省级高新区加快“以升促建”。

（二十一）强化动态管理。制定国家高新区高质量发展评价指标体系，突出研发经费投入、成果转移转化、创新创业质量、科技型企业培育发展、经济运行效率、产业竞争能力、单位产出能耗等内容。加强国家高新区数据统计、运行监测和绩效评价。建立国家高新区动态管理机制，对评价考核结果好的国家高新区予以通报表扬，统筹各类资金、政策等加大支持力度；对评价考核结果较差的通过约谈、通报等方式予以警告；对整改不力的予以撤销，退出国家高新区序列。

国务院

2020 年 7 月 13 日

（此件公开发布）

国务院办公厅关于进一步优化营商环境更好服务市场主体的实施意见

（国办发〔2020〕24号）

各省、自治区、直辖市人民政府，国务院各部委、各直属机构：

党中央、国务院高度重视深化“放管服”改革优化营商环境工作。近年来，我国营商环境明显改善，但仍存在一些短板和薄弱环节，特别是受新冠肺炎疫情等影响，企业困难凸显，亟需进一步聚焦市场主体关切，对标国际先进水平，既立足当前又着眼长远，更多采取改革的办法破解企业生产经营中的堵点痛点，强化为市场主体服务，加快打造市场化法治化国际化营商环境，这是做好“六稳”工作、落实“六保”任务的重要抓手。为持续深化“放管服”改革优化营商环境，更大激发市场活力，增强发展内生动力，经国务院同意，现提出以下意见。

一、持续提升投资建设便利度

（一）优化再造投资项目前期审批流程。从办成项目前期“一件事”出发，健全部门协同工作机制，加强项目立项与用地、规划等建设条件衔接，推动有条件的地方对项目可行性研究、用地预审、选址、环境影响评价、安全评价、水土保持评价、压覆重要矿产资源评估等事项，实行项目单位编报一套材料，政府部门统一受理、同步评估、同步审批、统一反馈，加快项目落地。优化全国投资项目在线审批监管平台审批流程，实现批复文件等在线打印。（国家发展改革委牵头，国务院相关部门及各地区按职责分工负责）

（二）进一步提升工程建设项目审批效率。全面推行工程建设项目分级分类管理，在确保安全前提下，对社会投资的小型低风险新建、改扩建项目，由政府部门发布统一的企业开工条件，企业取得用地、满足开工条件后作出相关承诺，政府部门直接发放相关证书，项目即可开工。加快推动工程建设项目全流程在线审批，推进工程建设项目审批管理系统与投资审批、规划、消防等管理系统数据实时共享，实现信息一次填报、材料一次上传、相关评审意见和审批结果即时推送。2020年底前将工程建设项目审批涉及的行政许可、备案、评估评审、中介服务、市政公用服务等纳入线上平台，公开办理标准和费用。（住房城乡建设部牵头，国务院相关部门及各地区按职责分工负责）

（三）深入推进“多规合一”。抓紧统筹

各类空间性规划，积极推进各类相关规划数据衔接或整合，推动尽快消除规划冲突和“矛盾图斑”。统一测绘技术标准和规则，在用地、规划、施工、验收、不动产登记等各阶段，实现测绘成果共享互认，避免重复测绘。（自然资源部牵头，住房城乡建设部等国务院相关部门及各地区按职责分工负责）

二、进一步简化企业生产经营审批和条件

（四）进一步降低市场准入门槛。围绕工程建设、教育、医疗、体育等领域，集中清理有关部门和地方在市场准入方面对企业资质、资金、股比、人员、场所等设置的不合理条件，列出台账并逐项明确解决措施、责任主体和完成时限。研究对诊所设置、诊所执业实行备案管理，扩大医疗服务供给。对于海事劳工证书，推动由政府部门直接受理申请、开展检查和签发，不再要求企业为此接受船检机构检查，且不收取企业办证费用。通过在线审批等方式简化跨地区巡回演出审批程序。（国家发展改革委、教育部、住房城乡建设部、交通运输部、商务部、文化和旅游部、国家卫生健康委、体育总局等国务院相关部门及各地区按职责分工负责）

（五）精简优化工业产品生产流通等环节管理措施。2020 年底前将保留的重要工业产品生产许可证管理权限全部下放给省级人民政府市场监督管理部门。加强机动车生产、销售、登记、维修、保险、报废等信息的共享和应用，提升机动车流通透明度。督促地方取消对二手车经销企业登记注册地设置的不合理规定，简化二手车经销企业购入机动车交易登记手续。2020 年底前优化新能源汽车免征车辆购置税的车型目录和享受车船税减免优惠的车型目录发布程序，实现与道路机动车辆生产企业及产品公告“一次申报、一并审查、一批发布”，企业依据产品公告即可享受相关税收减免政策。（工业和信息化部、公安部、财政部、交通运输部、商务部、税务总局、市场监管总局、银保监会等国务院相关部门按职责分工负责）

（六）降低小微企业等经营成本。支持地方开展“一照多址”改革，简化企业设立分支机构的登记手续。在确保食品安全前提下，鼓励有条件的地方合理放宽对连锁便利店制售食品在食品处理区面积等方面的审批要求，探索将食品经营许可（仅销售预包装食品）改为备案，合理制定并公布商户牌匾、照明设施等标准。鼓励引导平台企业适当降低向小微商户收取的平台佣金等服务费用和条码支付、互联网支付等手续费，严禁平台企业滥用市场支配地位收取不公平的高价服务费。在保障劳动者职业健康前提下，对职业病危害一般的用人单位适当降低职业病危害因素检测频次。在工程建设、政府采购等领域，推行以保险、保函等替代现金缴纳涉企保证金，减轻企业现金流压力。（市场监管总局、中央网信办、工业和信息化部、财政部、住房城乡建设部、交通运输部、水利部、国家卫生健康委、人民银行、银保监会等相关部门及各地区按职责分工负责）

三、优化外贸外资企业经营环境

（七）进一步提高进出口通关效率。推行进出口货物“提前申报”，企业提前办理申报手续，海关在货物运抵海关监管作业场所后即办理货物查验、放行手续。优化进口“两步申报”通关模式，企业进行“概要申报”且海关完成风险排查处置后，即允许企业将货物提

离。在符合条件的监管作业场所开展进口货物“船边直提”和出口货物“抵港直装”试点。推行查验作业全程监控和留痕，允许有条件的地方实行企业自主选择是否陪同查验，减轻企业负担。严禁口岸为压缩通关时间简单采取单日限流、控制报关等不合理措施。（海关总署牵头，国务院相关部门及各地区按职责分工负责）

（八）拓展国际贸易“单一窗口”功能。加快“单一窗口”功能由口岸通关执法向口岸物流、贸易服务等全链条拓展，实现港口、船代、理货等收费标准线上公开、在线查询。除涉密等特殊情况外，进出口环节涉及的监管证件原则上都应通过“单一窗口”一口受理，由相关部门在后台分别办理并实施监管，推动实现企业在线缴费、自主打印证件。（海关总署牵头，生态环境部、交通运输部、农业农村部、商务部、市场监管总局、国家药监局等国务院相关部门及各地区按职责分工负责）

（九）进一步减少外资外贸企业投资经营限制。支持外贸企业出口产品转内销，推行以外贸企业自我声明等方式替代相关国内认证，对已经取得相关国际认证且认证标准不低于国内标准的产品，允许外贸企业作出符合国内标准的书面承诺后直接上市销售，并加强事中事后监管。授权全国所有地级及以上城市开展外商投资企业注册登记。（商务部、市场监管总局等国务院相关部门及各地区按职责分工负责）

四、进一步降低就业创业门槛

（十）优化部分行业从业条件。推动取消除道路危险货物运输以外的道路货物运输驾驶员从业资格考试，并将相关考试培训内容纳入相应等级机动车驾驶证培训，驾驶员凭培训结业证书和机动车驾驶证申领道路货物运输驾驶员从业资格证。改革执业兽医资格考试制度，便利兽医相关专业高校在校生报名参加考试。加快推动劳动者入职体检结果互认，减轻求职者负担。（人力资源社会保障部、交通运输部、农业农村部等国务院相关部门及各地区按职责分工负责）

（十一）促进人才流动和灵活就业。2021年6月底前实现专业技术人才职称信息跨地区在线核验，鼓励地区间职称互认。引导有需求的企业开展“共享用工”，通过用工余缺调剂提高人力资源配置效率。统一失业保险转移办理流程，简化失业保险申领程序。各地要落实属地管理责任，在保障安全卫生、不损害公共利益等条件下，坚持放管结合，合理设定流动摊贩经营场所。（人力资源社会保障部、市场监管总局、住房城乡建设部等国务院相关部门及各地区按职责分工负责）

（十二）完善对新业态的包容审慎监管。加快评估已出台的新业态准入和监管政策，坚决清理各类不合理管理措施。在保证医疗安全和质量前提下，进一步放宽互联网诊疗范围，将符合条件的互联网医疗服务纳入医保报销范围，制定公布全国统一的互联网医疗审批标准，加快创新型医疗器械审评审批并推进临床应用。统一智能网联汽车自动驾驶功能测试标准，推动实现封闭场地测试结果全国通用互认，督促封闭场地向社会公开测试服务项目及收费标准，简化测试通知书申领及异地换发手续，对测试通知书到期但车辆状态未改变的无需重复测试、直接延长期限。降低导航电子地图制作测绘资质申请条件，压减资质延续和信息变更的办理时间。（工业和信息化部、公安部、自然资源部、交通运输部、国家卫生健康委、国家医保局、国家药监局等国务院相关部门及各地区按职责分工负责）

（十三）增加新业态应用场景等供给。围绕

城市治理、公共服务、政务服务等领域，鼓励地方通过搭建供需对接平台等为新技术、新产品提供更多应用场景。在条件成熟的特定路段及有需求的机场、港口、园区等区域探索开展智能网联汽车示范应用。建立健全政府及公共服务机构数据开放共享规则，推动公共交通、路政管理、医疗卫生、养老等公共服务领域和政府部门数据有序开放。（国家发展改革委牵头，中央网信办、工业和信息化部、公安部、民政部、住房城乡建设部、交通运输部、国家卫生健康委等相关部门及各地区按职责分工负责）

五、提升涉企服务质量和效率

（十四）推进企业开办经营便利化。全面推行企业开办全程网上办，提升企业名称自主申报系统核名智能化水平，在税务、人力资源社会保障、公积金、商业银行等服务领域加快实现电子营业执照、电子印章应用。放宽小微企业、个体工商户登记经营场所限制。探索推进“一业一证”改革，将一个行业准入涉及的多张许可证整合为一张许可证，实现“一证准营”、跨地互认通用。梳理各类强制登报公告事项，研究推动予以取消或调整为网上免费公告。加快推进政务服务事项跨省通办。（市场监管总局、国务院办公厅、司法部、人力资源社会保障部、住房城乡建设部、人民银行、税务总局、银保监会、证监会等国务院相关部门及各地区按职责分工负责）

（十五）持续提升纳税服务水平。2020 年底前基本实现增值税专用发票电子化，主要涉税服务事项基本实现网上办理。简化增值税等税收优惠政策申报程序，原则上不再设置审批环节。强化税务、海关、人民银行等部门数据共享，加快出口退税进度，推行无纸化单证备案。（税务总局牵头，人民银行、海关总署等国务院相关部门按职责分工负责）

（十六）进一步提高商标注册效率。提高商标网上服务系统数据更新频率，提升系统智能检索功能，推动实现商标图形在线自动比对。进一步压缩商标异议、驳回复审的审查审理周期，及时反馈审查审理结果。2020 年底前将商标注册平均审查周期压缩至 4 个月以内。（国家知识产权局负责）

（十七）优化动产担保融资服务。鼓励引导商业银行支持中小企业以应收账款、生产设备、产品、车辆、船舶、知识产权等动产和权利进行担保融资。推动建立以担保人名称为索引的电子数据库，实现对担保品登记状态信息的在线查询、修改或撤销。（人民银行牵头，国家发展改革委、公安部、交通运输部、市场监管总局、银保监会、国家知识产权局等国务院相关部门按职责分工负责）

六、完善优化营商环境长效机制

（十八）建立健全政策评估制度。研究制定建立健全政策评估制度的指导意见，以政策效果评估为重点，建立对重大政策开展事前、事后评估的长效机制，推进政策评估工作制度化、规范化，使政策更加科学精准、务实管用。（国务院办公厅牵头，各地区、各部门负责）

（十九）建立常态化政企沟通联系机制。加强与企业和行业协会商会的常态化联系，完善企业服务体系，加快建立营商环境诉求受理和分级办理“一张网”，更多采取“企业点菜”方式推进“放管服”改革。加快推进政务服务热线整合，进一步规范政务服务热线受理、转办、督办、反馈、评价流程，及时回应

企业和群众诉求。（国务院办公厅牵头，国务院相关部门和单位及各地区按职责分工负责）

（二十）抓好惠企政策兑现。各地要梳理公布惠企政策清单，根据企业所属行业、规模等主动精准推送政策，县级政府出台惠企措施时要公布相关负责人及联系方式，实行政策兑现“落实到人”。鼓励推行惠企政策“免申即享”，通过政府部门信息共享等方式，实现符合条件的企业免予申报、直接享受政策。对确需企业提出申请的惠企政策，要合理设置并公开申请条件，简化申报手续，加快实现一次申报、全程网办、快速兑现。（各地区、各部门负责）

各地区、各部门要认真贯彻落实本意见提出的各项任务和要求，围绕市场主体需求，研究推出更多务实管用的改革举措，相关落实情况年底前报国务院。有关改革事项涉及法律法规调整的，要按照重大改革于法有据的要求，抓紧推动相关法律法规的立改废释。国务院办公厅要加强对深化“放管服”改革和优化营商环境工作的业务指导，强化统筹协调和督促落实，确保改革措施落地见效。

国务院办公厅

2020 年 7 月 15 日

（此件公开发布）

国务院办公厅关于以新业态新模式引领新型消费加快发展的意见

（国办发〔2020〕32 号）

各省、自治区、直辖市人民政府，国务院各部委、各直属机构：

近年来，我国以网络购物、移动支付、线上线下融合等新业态新模式为特征的新型消费迅速发展，特别是今年新冠肺炎疫情发生以来，传统接触式线下消费受到影响，新型消费发挥了重要作用，有效保障了居民日常生活需要，推动了国内消费恢复，促进了经济企稳回升。但也要看到，新型消费领域发展还存在基础设施不足、服务能力偏弱、监管规范滞后等突出短板和问题。在常态化疫情防控条件下，为着力补齐新型消费短板、以新业态新模式为引领加快新型消费发展，经国务院同意，现提出以下意见。

一、总体要求

（一）指导思想。

在以习近平同志为核心的党中央坚强领导下，以习近平新时代中国特色社会主义思想为指导，全面贯彻党的十九大和十九届二中、三中、四中全会精神，坚持稳中求进工作总基调，坚持新发展理念，坚持以供给侧结构性改革为主线，坚持以改革开放为动力推动高质量发展，扎实做好“六稳”工作，全面落实“六保”任务，坚定实施扩大内需战略，以新业态新模式为引领，加快推动新型消费扩容提质，坚持问题导向和目标导向，补齐基础设施和服务能力短板，规范创新监管方式，持续激发消费活力，促进线上线下消费深度融合，努力实现新型消费加快发展，推动形成以国内大循环为主体、国内国际双循环相互促进的新发展格局。

（二）基本原则。

坚持创新驱动、融合发展。深入实施创新驱动发展战略，推动技术、管理、商业模式等各类创新，加快培育新业态新模式，推动互联网和各类消费业态紧密融合，加快线上线下消费双向深度融合，促进新型消费蓬勃发展。

坚持问题导向、补齐短板。针对新型消费基础设施不足、服务能力偏弱等问题，充分调动中央和地方两个积极性，进一步加大软硬件建设力度，加强新装备新设备生产应用，优化新型消费网络节点布局，加快补齐发展短板。

坚持深化改革、优化环境。以深化“放管服”改革、优化营商环境推动新型消费加快发展，打破制约发展的体制机制障碍，顺应新型消费发展规律创新经济治理模式，系统性优化制度体系和发展环境，最大限度激发市场活力。

坚持市场主导、政府促进。使市场在资源配置中起决定性作用，以市场需求为导向，顺应居民消费升级趋势，培育壮大各类新型消费市场主体，提升新型消费竞争力。更好发挥政府作用，为新型消费发展提供全方位制度和政策支撑。

（三）主要目标。

经过 3—5 年努力，促进新型消费发展的体制机制和政策体系更加完善，通过进一步优化新业态新模式引领新型消费发展的环境、进一步提升新型消费产品的供给质量、进一步增强新型消费对扩内需稳就业的支撑，到 2025 年，培育形成一批新型消费示范城市和领先企业，实物商品网上零售额占社会消费品零售总额比重显著提高，“互联网 + 服务”等消费新业态新模式得到普及并趋于成熟。

二、加力推动线上线下消费有机融合

（四）进一步培育壮大各类消费新业态新模式。建立健全“互联网 + 服务”、电子商务公共服务平台，加快社会服务在线对接、线上线下深度融合。有序发展在线教育，推广大规模在线开放课程等网络学习模式，推动各类数字教育资源共建共享。积极发展互联网健康医疗服务，大力推进分时段预约诊疗、互联网诊疗、电子处方流转、药品网络销售等服务。深入发展在线文娱，鼓励传统线下文化娱乐业态线上化，支持互联网企业打造数字精品内容创作和新兴数字资源传播平台。鼓励发展智慧旅游，提升旅游消费智能化、便利化水平。大力发展智能体育，培育在线健身等体育消费新业态。进一步支持依托互联网的外卖配送、网约车、即时递送、住宿共享等新业态发展。加快智慧广电生态体系建设，培育打造 5G 条件下更高技术格式、更新应用场景、更美视听体验的高新视频新业态，形成多元化的商业模式。创新无接触式消费模式，探索发展智慧超市、智慧商店、智慧餐厅等新零售业态。推广电子合同、电子文件等无纸化在线应用。（国家发展改革委、教育部、工业和信息化部、交通运输部、商务部、文化和旅游部、国家卫生健康委、广电总局、体育总局、国家邮政局、国家药监局等部门按职责分工负责）

（五）推动线上线下融合消费双向提速。支持互联网平台企业向线下延伸拓展，加快传统线下业态数字化改造和转型升级，发展个性化定制、柔性化生产，推动线上线下消费高效融合、大中小企业协同联动、上下游全链条一体发展。引导实体企业更多开发数字化产品和服务，鼓励实体商业通过直播电子商务、社交营销开启“云逛街”等新模式。加快推广农产品“生鲜电子商务 + 冷链宅配”、“中央厨房 + 食材冷链配送”等服务新模式。组织开展形式多样的网络促销活动，促进品牌消费、品质消费。（国家发展改革委、工业和信息化部、住房城乡建设部、农业农村部、商务部、国家邮政局等部门按职责分工负责）

（六）鼓励企业依托新型消费拓展国际市场。推动电子商务、数字服务等企业“走出去”，加快建设国际寄递物流服务体系，统筹推进国际物流供应链建设，开拓国际市场特别是“一带一路”沿线业务，培育一批具有全球资源配置能力的国际一流平台企业和物流供应链企业。充分依托新型消费带动传统商品市场拓展对外贸易、促进区域产业集聚。持续提高通关便利化水平，优化申报流程。探索新型消费贸易流通项下逐步推广人民币结算。鼓励企业以多种形式实现境外本土化经营，降低物流成本，构建营销渠道。（国家发展改革委、交通运输部、商务部、人民银行、海关总署、税务总局、国家邮政局、国家外汇局等部门按职责分工负责）

三、加快新型消费基础设施和服务保障能力建设

（七）加强信息网络基础设施建设。进一步加大5G网络、数据中心、工业互联网、物联网等新型基础设施建设力度，优先覆盖核心商圈、重点产业园区、重要交通枢纽、主要应用场景等。打造低时延、高可靠、广覆盖的新一代通信网络。加快建设千兆城市。推动车联网部署应用。推动城市信息模型（CIM）基础平台建设，支持城市规划建设管理多场景应用，促进城市基础设施数字化和城市建设数据汇聚。加大相关设施安全保障力度。（国家发展改革委、工业和信息化部、自然资源部、住房城乡建设部等部门按职责分工负责）

（八）完善商贸流通基础设施网络。建立健全数字化商品流通体系，在新兴城市、重点乡镇和中西部地区加快布局数字化消费网络，降低物流综合成本。提升电商、快递进农村综合水平，推动农村商贸流通转型升级。补齐农产品冷链物流设施短板，加快农产品分拨、包装、预冷等集配装备和分拨仓、前置仓等仓储设施建设。推进快递服务站、智能快件箱（信包箱）、无人售货机、智能垃圾回收机等智能终端设施建设和资源共享。推进供应链创新应用，开展农商互联农产品供应链建设，提升农产品流通现代化水平。鼓励传统流通企业向供应链服务企业转型。（国家发展改革委、住房城乡建设部、交通运输部、农业农村部、商务部、国家邮政局等部门按职责分工负责）

（九）大力推动智能化技术集成创新应用。在有效防控风险的前提下，推进大数据、云计算、人工智能、区块链等技术发展融合，加快区块链在商品溯源、跨境汇款、供应链金融和电子票据等数字化场景应用，推动更多企业“上云上平台”。积极开展消费服务领域人工智能应用，丰富5G技术应用场景，加快研发可穿戴设备、移动智能终端、智能家居、超高清及高新视频终端、智能教学助手、智能学伴、医疗电子、医疗机器人等智能化产品，增强新型消费技术支撑。（国家发展改革委、工业和信息化部、人民银行、广电总局、银保监会等部门按职责分工负责）

（十）安全有序推进数据商用。在健全安全保障体系的基础上，依法加强信息数据资源服务和监管。加大整合开发力度，探索数据流通规则制度，有效破除数据壁垒和“孤岛”，打通传输应用堵点，提升消费信息数据共享商用水平，更好为企业提供算力资源支持和优惠服务。探索发展消费大数据服务。（国家发展改革委、工业和信息化部、国家统计局等部门按职责分工负责）

（十一）规划建设新型消费网络节点。围绕国家重大区域发展战略打造新型消费增长极，培育建设国际消费中心城市，着力建设辐射带动能力强、资源整合有优势的区域消费中心，加强中小型消费城市梯队建设。规划建设城乡融合新型消费网络节点，积极发展“智慧街区”、“智慧商圈”。深化步行街改造提升工作，鼓励有条件的街区加快数字化改造，提供全方位数字生活新服务。优化百货商场、购物中心、便利店、农贸市场等城乡商业网点布

局，引导行业适度集中。完善社区便民消费设施，加快规划建设便民生活服务圈、城市社区邻里中心和农村社区综合性服务网点。（国家发展改革委、工业和信息化部、自然资源部、住房城乡建设部、农业农村部、商务部等部门按职责分工负责）

四、优化新型消费发展环境

（十二）加强相关法规制度建设。出台互联网上网服务管理政策，规范行业发展。顺应新型消费发展规律，加快出台电子商务、共享经济等领域相关配套规章制度，研究制定分行业分领域的管理办法，有序做好与其他相关政策法规的衔接。推动及时调整不适应新型消费发展的法律法规与政策规定。（国家发展改革委、工业和信息化部、司法部、商务部、市场监管总局等部门按职责分工负责）

（十三）深化包容审慎和协同监管。按照包容审慎和协同监管原则，为新型消费营造规范适度的发展环境。强化消费信用体系建设，构建以信用为基础的新型监管机制。完善跨部门协同监管机制，实现线上线下协调互补、市场监管与行业监管联接互动，加大对销售假冒伪劣商品、侵犯知识产权、虚假宣传、价格欺诈、泄露隐私等行为的打击力度，着力营造安全放心诚信消费环境，促进新型消费健康发展。（国家发展改革委、工业和信息化部、商务部、市场监管总局等部门按职责分工负责）

（十四）健全服务标准体系。推进新型消费标准化建设，支持和鼓励平台企业、行业组织、研究机构等研究制定支撑新型消费的服务标准，健全市场监测、用户权益保护、重要产品追溯等机制，提升行业发展质量和水平。（国家发展改革委、工业和信息化部、商务部、市场监管总局等部门按职责分工负责）

（十五）简化优化证照办理。进一步优化零售新业态新模式营商环境，探索实行“一照多址”。各地对新申请食品经营（仅限从事预包装食品销售）的，可试点推行告知承诺制。各地可结合实际，在保障食品安全的前提下，扩大推行告知承诺制的范围。（市场监管总局牵头，国家发展改革委等部门按职责分工负责）

五、加大新型消费政策支持力度

（十六）强化财政支持。各级财政通过现有资金渠道、按照市场化方式支持新型消费发展，促进相关综合服务和配套基础设施建设。研究进一步对新型消费领域企业优化税收征管措施，更好发挥减税降费政策效应。（国家发展改革委、工业和信息化部、财政部、人力资源社会保障部、税务总局等部门按职责分工负责）

（十七）优化金融服务。深化政银企合作，拓展新型消费领域投融资渠道。鼓励金融机构按照市场化原则，在风险可控前提下，结合新型消费领域相关企业经营特点，积极开发金融产品和服务。优化与新型消费相关的支付环境，鼓励银行等各类型支付清算服务主体降低手续费用，降低商家、消费者支付成本，推动银行卡、移动支付在便民消费领域广泛应用。完善跨境支付监管制度，稳妥推进跨境移动支付应用，提升境外人员境内支付规范化便利化水平。支持符合条件的企业通过发行新股、发行公司债券、“新三板”挂牌等方式融资。发展股权投资基金，推动生产要素向更具前景、更具活力的新型消费领域转移和集聚。（国家发展改革委、财政部、人民银行、银保监会、证监会等部门按职责分工负责）

（十八）完善劳动保障政策。鼓励发展新

就业形态，支持灵活就业，加快完善相关劳动保障制度。指导企业规范开展用工余缺调剂，帮助有“共享用工”需求的企业精准、高效匹配人力资源。促进新业态新模式从业人员参加社会保险，提高参保率。坚持失业保险基金优先保生活，通过发放失业保险金、一次性生活补助等多措并举，加快构建城乡参保失业人员应发尽发、应保尽保长效机制。（国家发展改革委、财政部、人力资源社会保障部、国家医保局等部门按职责分工负责）

六、强化组织保障

（十九）加强组织领导。充分发挥完善促进消费体制机制部际联席会议制度作用，加强组织领导和统筹协调，国家发展改革委牵头组织实施，强化部门协同和上下联动，加快研究制定以新业态新模式引领新型消费加快发展的具体实施方案和配套措施，明确责任主体、时间表和路线图，形成政策合力。（国家发展改革委等各有关部门按职责分工负责）

（二十）强化监测评估。加强新型消费统计监测，聚合各类平台企业消费数据，强化传统数据与大数据比对分析，及时反映消费现状和发展趋势，提高政策调控的前瞻性和有效性。完善政策实施评估体系，综合运用第三方评估、社会监督评价等多种方式，科学评估实施效果，确保各项举措落到实处。（国家发展改革委、商务部、市场监管总局、国家统计局等部门按职责分工负责）

（二十一）注重宣传引导。创新宣传方式，丰富宣传手段，加强支持新型消费发展相关政策宣传解读和经验推广，倡导健康、智慧、便捷、共享的消费理念，营造有利于新型消费良性发展的舆论氛围。（国家发展改革委、商务部、市场监管总局、广电总局、国务院新闻办等部门按职责分工负责）

各地区、各有关部门要以习近平新时代中国特色社会主义思想为指导，增强“四个意识”、坚定“四个自信”、做到“两个维护”，坚决贯彻党中央、国务院决策部署，充分认识培育壮大新业态新模式、加快发展新型消费的重要意义，认真落实本意见各项要求，细化实化政策措施，优化制度环境，强化要素保障，持续扩大国内需求，扩大最终消费，为居民消费升级创造条件。

国务院办公厅

2020 年 9 月 16 日

（此件公开发布）

国务院关于印发北京、湖南、安徽自由贸易试验区总体方案及浙江自由贸易试验区扩展区域方案的通知

（国发〔2020〕10号）

各省、自治区、直辖市人民政府，国务院各部委、各直属机构：

现将《中国（北京）自由贸易试验区总体方案》、《中国（湖南）自由贸易试验区总体方案》、《中国（安徽）自由贸易试验区总体方案》、《中国（浙江）自由贸易试验区扩展区域方案》印发给你们，请认真贯彻执行。

国务院

2020年8月30日

（此件公开发布）

中国（北京）自由贸易试验区总体方案

建立中国（北京）自由贸易试验区（以下简称自贸试验区）是党中央、国务院作出的重大决策，是新时代推进改革开放的重要战略举措。为高标准高质量建设自贸试验区，制定本方案。

一、总体要求

（一）指导思想。

以习近平新时代中国特色社会主义思想为指导，全面贯彻党的十九大和十九届二中、三中、四中全会精神，统筹推进“五位一体”总体布局和协调推进“四个全面”战略布局，坚持稳中求进工作总基调，坚持新发展理念，坚持高质量发展，以供给侧结构性改革为主线，主动服务和融入国家重大战略，建设更高水平开放型经济新体制，以开放促改革、促发展、促创新，把自贸试验区建设成为新时代改革开放新高地。

（二）战略定位及发展目标。

以制度创新为核心，以可复制可推广为基本要求，全面落实中央关于深入实施创新驱动发展、推动京津冀协同发展战略等要求，助力建设具有全球影响力的科技创新中心，加快打造

服务业扩大开放先行区、数字经济试验区，着力构建京津冀协同发展的高水平对外开放平台。

赋予自贸试验区更大改革自主权，深入开展差别化探索。对标国际先进规则，加大开放力度，开展规则、规制、管理、标准等制度型开放。经过三至五年改革探索，强化原始创新、技术创新、开放创新、协同创新优势能力，形成更多有国际竞争力的制度创新成果，为进一步扩大对外开放积累实践经验，努力建成贸易投资便利、营商环境优异、创新生态一流、高端产业集聚、金融服务完善、国际经济交往活跃、监管安全高效、辐射带动作用突出的高标准高质量自由贸易园区。强化自贸试验区改革同北京市改革的联动，各项改革试点任务具备条件的在中关村国家自主创新示范区全面实施，并逐步在北京市推广试验。

二、区位布局

（一）实施范围。

自贸试验区的实施范围119.68平方公里，涵盖三个片区：科技创新片区31.85平方公里，国际商务服务片区48.34平方公里（含北京天竺综合保税区5.466平方公里），高端产业片区39.49平方公里。

自贸试验区的开发利用须遵守土地利用、生态环境保护、规划相关法律法规，符合国土空间规划，并符合节约集约用地的有关要求。

（二）功能划分。

科技创新片区重点发展新一代信息技术、生物与健康、科技服务等产业，打造数字经济试验区、全球创业投资中心、科技体制改革先行示范区；国际商务服务片区重点发展数字贸易、文化贸易、商务会展、医疗健康、国际寄递物流、跨境金融等产业，打造临空经济创新引领示范区；高端产业片区重点发展商务服务、国际金融、文化创意、生物技术和大健康等产业，建设科技成果转换承载地、战略性新兴产业集聚区和国际高端功能机构集聚区。

三、主要任务和措施

（一）推动投资贸易自由化便利化。

1. 深化投资领域改革。全面落实外商投资准入前国民待遇加负面清单管理制度。探索引进考试机构及理工类国际教材。完善外商投资促进、项目跟踪服务和投诉工作机制。鼓励在法定权限内制定投资和产业促进政策。完善“走出去”综合服务和风险防控体系，提高境外投资便利化水平，优化企业境外投资外汇管理流程。

2. 提升贸易便利化水平。推动北京首都国际机场、北京大兴国际机场扩大包括第五航权在内的航权安排。持续拓展国际贸易“单一窗口”服务功能和应用领域。开展跨境电子商务零售进口药品试点工作，具体按程序报批。适度放宽医药研发用小剂量特殊化学制剂的管理，支持在区内建立备货仓库。对符合政策的区内研发机构科研设备进口免税。进一步拓展整车进口口岸功能。支持北京天竺综合保税区打造具有服务贸易特色的综合保税区。

3. 创新服务贸易管理。试行跨境服务贸易负面清单管理模式。在有条件的区域最大限度放宽服务贸易准入限制。为研发、执业、参展、交流、培训等高端人才提供签证便利。创新监管服务模式，对区内企业、交易单据、人员、资金、商品等进行追溯和监管。

（二）深化金融领域开放创新。

4. 扩大金融领域开放。开展本外币一体化试点。允许区内银行为境外机构人民币银行结算账户（NRA 账户）发放境外人民币贷款，研究推进境外机构投资者境内证券投资渠道整合，研究推动境外投资者用一个 NRA 账户处理境内证券投资事宜。允许更多外资银行获得证券投资基金托管资格。支持设立重点支持文创产业发展的民营银行。鼓励符合条件的中资银行开展跨境金融服务，支持有真实贸易背景的跨境金融服务需求。推动重点行业跨境人民币业务和外汇业务便利化。探索赋予中关村科创企业更多跨境金融选择权，在宏观审慎框架下自主决定跨境融资方式、金额和时机等，创新企业外债管理方式，逐步实现中关村国家自主创新示范区非金融企业外债项下完全可兑换。支持依法合规地通过市场化方式设立境内外私募平行基金。便利符合条件的私募和资产管理机构开展境外投资。支持跨国公司通过在境内设立符合条件的投资性公司，依法合规设立财务公司。开展区内企业外债一次性登记试点，不再逐笔登记。

5. 促进金融科技创新。围绕支付清算、登记托管、征信评级、资产交易、数据管理等环节，支持金融科技重大项目落地，支持借助科技手段提升金融基础设施服务水平。充分发挥金融科技创新监管试点机制作用，在有利于服务实体经济、风险可控、充分保护消费者合法权益的前提下稳妥开展金融科技创新。支持人民银行数字货币研究所设立金融科技中心，建设法定数字货币试验区和数字金融体系，依托人民银行贸易金融区块链平台，形成贸易金融区块链标准体系，加强监管创新。建设金融科技应用场景试验区，建立应用场景发布机制。

6. 强化金融服务实体经济。允许通过北京产权交易所等依法合规开展实物资产、股权转让、增资扩股的跨境交易。在依法依规、风险可控的前提下，支持区内汽车金融公司开展跨境融资，按照有关规定申请保险兼业代理资格；研究简化汽车金融公司发行金融债券、信贷资产证券化或外资股东发行熊猫债券等相关手续。允许区内注册的融资租赁母公司和子公司共享企业外债额度。将区内注册的内资融资租赁企业试点确认工作委托给北京市主管部门。

（三）推动创新驱动发展。

7. 优化人才全流程服务体系。探索制定分层分类人才吸引政策。试点开展外籍人才配额管理制度，探索推荐制人才引进模式。优化外国人来华工作许可、居留许可审批流程。采取“线上 + 线下”模式，建立全链条一站式服务窗口和服务站点。探索建立过往资历认可机制，允许具有境外职业资格的金融、建筑设计、规划等领域符合条件的专业人才经备案后，依规办理工作居留证件，并在区内提供服务，其境外从业经历可视同境内从业经历。对境外人才发生的医疗费用，开展区内医院与国际保险实时结算试点。探索优化非标准就业形式下劳动保障服务。

8. 强化知识产权运用保护。探索研究鼓励技术转移的税收政策。探索建立公允的知识产权评估机制，完善知识产权质押登记制度、知识产权质押融资风险分担机制以及质物处置机制。设立知识产权交易中心，审慎规范探索开展知识产权证券化。开展外国专利代理机构设立常驻代表机构试点工作。探索国际数字产品专利、版权、商业秘密等知识产权保护制度建设。充分发挥中国（中关村）知识产权保护中心的作用，建立专利快速审查、快速确权和快速维权的协同保护体系。

9. 营造国际一流创新创业生态。赋予科研人员职务科技成果所有权或长期使用权，探索形成市场化赋权、成果评价、收益分配等制度。鼓励跨国公司设立研发中心，开展“反向创新”。推动中国检测标准转化为国际通用标准。探索优化对科研机构访问国际学术前沿网站的安全保障服务。推进标准化厂房建设，健全工业用地市场供应体系。探索实施综合用地模式，在用途、功能不冲突前提下，实现一宗地块具有多种土地用途、建筑复合使用（住宅用途除外），按照不同用途建筑面积计算土地出让金，不得分割转让。探索实行产业链供地。

（四）创新数字经济发展环境。

10. 增强数字贸易国际竞争力。对标国际先进水平，探索符合国情的数字贸易发展规则，加强跨境数据保护规制合作，促进数字证书和电子签名的国际互认。探索制定信息技术安全、数据隐私保护、跨境数据流动等重点领域规则。探索创制数据确权、数据资产、数据服务等交易标准及数据交易流通的定价、结算、质量认证等服务体系，规范交易行为。探索开展数字贸易统计监测。

11. 鼓励发展数字经济新业态新模式。加快新一代信息基础设施建设，探索构建安全便利的国际互联网数据专用通道。应用区块链等数字技术系统规范跨境贸易、法律合规、技术标准的实施，保障跨境贸易多边合作的无纸化、动态化、标准化。依托区块链技术应用，整合高精尖制造业企业信息和信用数据，打造高效便捷的通关模式。探索建立允许相关机构在可控范围内对新产品、新业务进行测试的监管机制。

12. 探索建设国际信息产业和数字贸易港。在风险可控的前提下，在软件实名认证、数据产地标签识别、数据产品进出口等方面先行先试。建设数字版权交易平台，带动知识产权保护、知识产权融资业务发展。对软件和互联网服务贸易进行高效、便利的数字进出口检验。积极探索针对企业的数据保护能力的第三方认证机制。探索建立适应海外客户需求的网站备案制度。

（五）高质量发展优势产业。

13. 助力国际交往中心建设。着眼于服务国家总体外交，持续提升重大国事活动服务保障能力。鼓励国际组织集聚。探索开展本外币合一跨境资金池试点，支持符合条件的跨国企业集团在境内外成员之间集中开展本外币资金余缺调剂和归集业务，对跨境资金流动实行双向宏观审慎管理。探索消费、预办登机一体化试点。鼓励适度竞争，完善免税店相关政策。在北京首都国际机场周边打造功能完善的组团式会展综合体。提升中国国际服务贸易交易会规格和能级，将其打造成为国际服务贸易主平台。

14. 满足高品质文化消费需求。打造国际影视动漫版权贸易平台，探索开展文化知识产权保险业务，开展宝玉石交易业务，做强“一带一路”文化展示交易馆。允许符合条件的外资企业开展面向全球的文化艺术品（非文物）展示、拍卖、交易业务。鼓励海外文物回流，积极研究调整现行进口税收政策，进一步给予支持。探索创新综合保税区内国际高端艺术展品担保监管模式。

15. 创新发展全球领先的医疗健康产业。简化国内生物医药研发主体开展国际合作研发的审批流程。加速急需医疗器械和研发用材料试剂、设备通关。对临床急需且我国尚无同品种产品获准注册的医疗器械加快审批，保障临床需求。开展跨境远程医疗等临床医学研究，区内医疗机构可根据自身技术能力，按照有关规定开展干细胞临床前沿医疗技术研究项目。探索开展去中心化临床试验（DCT）试点。支持设立医疗器械创新北京服务站和人类遗传资源服务站，加快医药产业转化速度。

16. 优化发展航空服务。推动北京首都国际机场和北京大兴国际机场联动发展，建设世界级航空枢纽。优化航材保税监管措施，降低航材运营成本。试点开展公务机按照包修协议报关业务，将公务机所有人、运营人及委托代理公司纳入试点申请主体范围。对符合列目规则的航空专用零部件，研究单独设立本国子目。

（六）探索京津冀协同发展新路径。

17. 助力高标准建设城市副中心。探索实施相对集中行政许可权试点。鼓励金融机构开展全球资产配置，建设全球财富管理中心。支持设立全国自愿减排等碳交易中心。规范探索开展跨境绿色信贷资产证券化、绿色债券、绿色股权投融资业务，支持相关企业融资发展。支持符合条件的金融机构设立专营机构。在国家金融监管机构等的指导下，支持设立北京城市副中心金融风险监测预警与监管创新联合实验室，构建京津冀金融风险监测预警平台。简化特殊人才引进流程。

18. 深化产业链协同发展。将自贸试验区打造为京津冀产业合作新平台，创新跨区域产业合作，探索建立总部—生产基地、园区共建、整体搬迁等多元化产业对接合作模式。鼓励北京、天津、河北自贸试验区抱团参与“一带一路”建设，坚持稳妥有序原则，共建、共享境内外合作园区。

19. 推动形成统一开放市场。加强京津冀三地技术市场融通合作，对有效期内整体迁移的高新技术企业保留其高新技术企业资格。逐步实现北京、天津、河北自贸试验区内政务服务“同事同标”，推动实现政务服务区域通办、标准互认和采信、检验检测结果互认和采信。探索建立北京、天津、河北自贸试验区联合授信机制，健全完善京津冀一体化征信体系。

（七）加快转变政府职能。

20. 持续打造国际一流营商环境。推进“证照分离”改革。对新经济模式实施审慎包容监管，探索对新技术新产品加强事中事后监管。下放国际快递业务（代理）经营许可审批权。开展企业投资项目“区域评估＋标准地＋告知承诺制＋政府配套服务”改革。探索取消施工图审查（或缩小审查范围）、实行告知承诺制和设计人员终身负责制等工程建设领域审批制度改革。

21. 强化多元化法治保障。允许境外知名仲裁及争议解决机构经北京市人民政府司法行政部门登记并报国务院司法行政部门备案，在区内设立业务机构，就国际商事、投资等领域民商事争议开展仲裁业务，依法支持和保障中外当事人在仲裁前和仲裁中的财产保全、证据保全、行为保全等临时措施的申请和执行。积极完善公证、调解、仲裁、行政裁决、行政复议、诉讼等有机衔接、相互协调的多元化纠纷解决机制。支持国际商事争端预防与解决组织落地运营。充分利用现有审判资源，为金融诉讼提供绿色通道。

22. 健全开放型经济风险防范体系。推行以信用为基础的分级分类监管制度。聚焦投资、贸易、网络、生物安全、生态环境、文化安全、人员进出、反恐反分裂、公共道德等重点领域，进一步落实好外商投资安全审查制度，完善反垄断审查、行业管理、用户认证、行为审计等管理措施。健全金融风险监测和预警机制，强化反洗钱、反恐怖融资和反逃税工作，不断提升金融风险防控能力。坚持底线思维，依托信息技术创新风险研判和风险防控手段，建立联防联控机制。

四、保障机制

坚持和加强党对改革开放的领导，把党的

领导贯穿于自贸试验区建设的全过程。牢固树立总体国家安全观，强化底线思维和风险意识，切实加强自贸试验区风险防控体系建设，完善风险防控和处置机制，维护国家安全和社会安全，牢牢守住不发生区域性系统性风险底线。在国务院自由贸易试验区工作部际联席会议统筹协调下，充分发挥地方和部门积极性，抓好各项改革试点任务落实，高标准高质量建设自贸试验区。北京市要完善工作机制，构建精简高效、权责明晰的自贸试验区管理体制，加强人才培养，打造高素质专业化管理队伍；要加强地方立法，建立公正透明、体系完备的法治环境；要强化主体责任，加强监测预警，深入开展风险评估，制定相关工作方案，切实防范化解重大风险；要建立完善自贸试验区制度创新容错机制，坚持“三个区分开来”，鼓励大胆试、大胆闯；要统筹推进新冠肺炎疫情防控和自贸试验区高质量发展工作，全面落实“外防输入、内防反弹”要求，努力把疫情造成的损失降到最低限度。北京市和有关部门要依法及时下放相关管理权限，完善配套政策，确保各项改革举措落地实施。自贸试验区各片区要把工作做细，制度做实，严格监督，严格执纪执法。本方案提出的各项改革政策措施，凡涉及调整现行法律或行政法规的，按规定程序办理。重大事项及时向党中央、国务院请示报告。

中国（湖南）自由贸易试验区总体方案

建立中国（湖南）自由贸易试验区（以下简称自贸试验区）是党中央、国务院作出的重大决策，是新时代推进改革开放的重要战略举措。为高标准高质量建设自贸试验区，制定本方案。

一、总体要求

（一）指导思想。

以习近平新时代中国特色社会主义思想为指导，全面贯彻党的十九大和十九届二中、三中、四中全会精神，统筹推进“五位一体”总体布局和协调推进“四个全面”战略布局，坚持稳中求进工作总基调，坚持新发展理念，坚持高质量发展，以供给侧结构性改革为主线，主动服务和融入国家重大战略，建设更高水平开放型经济新体制，以开放促改革、促发展、促创新，把自贸试验区建设成为新时代改革开放新高地。

（二）战略定位及发展目标。

以制度创新为核心，以可复制可推广为基本要求，全面落实中央关于加快建设制造强国、实施中部崛起战略等要求，发挥东部沿海地区和中西部地区过渡带、长江经济带和沿海开放经济带结合部的区位优势，着力打造世界级先进制造业集群、联通长江经济带和粤港澳大湾区的国际投资贸易走廊、中非经贸深度合作先行区和内陆开放新高地。

赋予自贸试验区更大改革自主权，深入开展差别化探索。对标国际先进规则，加大开放力度，开展规则、规制、管理、标准等制度型开放。经过三至五年改革探索，形成更多有国际竞争力的制度创新成果，为进一步扩大对外开放积累实践经验，推动先进制造业高质量发展，提升关键领域创新能力和水平，形成中非经贸合作新路径新机制，努力建成贸易投资便利、产业布局优化、金融服务完善、监管安全高效、辐射带动作用突出的高标准高质量自由贸易园区。

二、区位布局

（一）实施范围。

自贸试验区的实施范围119.76平方公里，涵盖三个片区：长沙片区79.98平方公里（含长沙黄花综合保税区1.99平方公里），岳阳片区19.94平方公里（含岳阳城陵矶综合保税区2.07平方公里），郴州片区19.84平方公里（含郴州综合保税区1.06平方公里）。

自贸试验区的开发利用须遵守土地利用、生态环境保护、规划相关法律法规，符合国土空间规划，并符合节约集约用地的有关要求。

（二）功能划分。

长沙片区重点对接“一带一路”建设，突出临空经济，重点发展高端装备制造、新一代信息技术、生物医药、电子商务、农业科技等产业，打造全球高端装备制造业基地、内陆地区高端现代服务业中心、中非经贸深度合作先行区和中部地区崛起增长极。岳阳片区重点对接长江经济带发展战略，突出临港经济，重点发展航运物流、电子商务、新一代信息技术等产业，打造长江中游综合性航运物流中心、内陆临港经济示范区。郴州片区重点对接粤港澳大湾区建设，突出湘港澳直通，重点发展有色金属加工、现代物流等产业，打造内陆地区承接产业转移和加工贸易转型升级重要平台以及湘粤港澳合作示范区。

三、主要任务和措施

（一）加快转变政府职能。

1. 营造国际一流营商环境。开展优化营商环境改革举措先行先试。开展强化竞争政策实施试点，创造公平竞争的制度环境。推进电力改革试点，进一步降低企业用电成本。加强重大项目用地保障。发挥好现行税收优惠政策对创新的激励作用。吸引跨国公司在区内设立地区总部。

2. 优化行政管理职能与流程。深化商事制度改革，探索商事主体登记确认制，试行“自主查询、自主申报”制度。开展“证照分离”改革全覆盖试点。进一步深化工程建设项目审批制度改革。推进“一业一证”改革。促进5G和人工智能技术应用，提升“互联网+政务服务”水平。深化“一件事一次办”改革。

3. 创新事中事后监管体制机制。加强信用体系建设，实行信用风险分类监管。建立重大风险防控和应对机制，依托国家企业信用信息公示系统（湖南）创新事中事后监管。建立商事纠纷诉前调解、仲裁制度，支持搭建国际商事仲裁平台。

（二）深化投资领域改革。

4. 建立更加开放透明的市场准入管理模式。全面落实外商投资准入前国民待遇加负面清单管理制度。完善外商投资信息报告制度，推进部门数据共享，实行市场监管、商务、外汇年报“多报合一”。完善投资便利化机制，建立外商投资一站式服务联络点。鼓励外资投资先进制造业，支持重大外资项目在区内落地，探索与实体经济发展需求相适应的外商股权投资管理办法。

5. 提升对外投资合作水平。创新境外投资管理，对境外投资项目和境外开办企业，属于省级备案管理范围的，可由自贸试验区备案管理，同时加强事中事后监管。健全对外投资政策和服务体系，建立湖南省“一带一路”投资综合服务平台。支持设立国际产品标准中心和行业技术标准中心（秘书处），推动技术、标准、服务、品牌走出去。

（三）推动贸易高质量发展。

6. 提升贸易便利化水平。建设具有国际先进水平的国际贸易“单一窗口”，将出口退税、服务外包、维修服务等事项逐步纳入，推动数据协同、简化和标准化。积极推动扩大出口退税无纸化申报范围，尽快覆盖管理类别为一、二、三类的出口企业。扩大第三方检验结果采信商品和机构范围。创新出口货物专利纠纷担保放行方式。

7. 创新贸易综合监管模式。实现长沙黄花综合保税区与长沙黄花国际机场航空口岸联动。支持内销选择性征收关税政策在自贸试验区内的综合保税区试点。提高国际铁路货运联运水平，探索解决国际铁路运单物权凭证问题，将铁路运输单证作为信用证议付单证。开通农副产品快速通关“绿色通道”，对区内生产加工的符合“两品一标”标准的优质农产品出口注册备案，免于现场评审，并出具检验证书。优化生物医药全球协同研发试验用特殊物品的检疫查验流程。建立贸易风险预警机制和政企互动机制。

8. 推动加工贸易转型升级。创新区内包装材料循环利用监管模式。支持区内企业开展深加工结转，优化出口退税手续。支持开展矿石混配业务，完善仓储、分销、加工及配送体系。相关矿产品入区须符合我国法律法规和重金属精矿等相关标准要求。支持将中国（湖南）国际矿物宝石博览会天然矿晶展品（含宝石同名称用于观赏类的矿晶）按观赏类标本晶体归类。利用现行中西部地区国际性展会留购展品免征进口关税政策，办好中国（湖南）国际矿物宝石博览会。依托现有交易场所，依法合规开展宝玉石交易。

9. 培育贸易新业态。支持自贸试验区内的综合保税区依法依规适用跨境电商零售进口政策。支持跨境电商企业在重点国别、重点市场建设海外仓。对符合条件的跨境电商零售出口企业核定征收企业所得税。适时开通跨境电商中欧班列铁路运邮的邮路出口业务。探索建设国际邮件、国际快件和跨境电商进出境一体化设施。对境外食品类展品，简化食品境外生产企业临时注册验核程序，免于境外实地评审（特殊食品除外）。加强文物进出境审核工作，促进文物回流。加快影视产品出口退税办理进度。制定平行进口汽车符合性整改标准和整改企业资质标准，开展标准符合性整改试点。探索在教育、工程咨询、会展、商务服务等领域，分层次逐步取消或放宽跨境交付、境外消费、自然人移动等模式的服务贸易限制措施。支持离岸贸易业务和总部经济发展，建立全球订单分拨、资金结算和供应链管理中心。探索兼顾安全和效率的数字产品贸易监管模式。

（四）深化金融领域开放创新。

10. 扩大金融领域对外开放。开展外商投资股权投资企业合格境外有限合伙人（QFLP）试点。放宽外商设立投资性公司申请条件，申请前一年外国投资者的资产总额要求降为不低于2亿美元，取消对外国投资者在中国境内已设立外商投资企业的数量要求。

11. 促进跨境投融资便利化。开展资本项目收入支付便利化改革试点，简化资本项下外汇收入支付手续，无需事先逐笔提供真实性证明材料。开展货物贸易外汇收支便利化试点。放宽跨国公司外汇资金集中运营管理准入条件。

对区内保税货物转卖给予外汇收支结算便利。允许银行按照“展业三原则”办理购付汇、收结汇及划转等手续。完善跨境电商收付汇制度，允许区内跨境电商海外仓出口企业根据实际销售情况回款，按规定报告出口与收汇差额。探索开展境内人民币贸易融资资产跨境转让业务。支持个人本外币兑换特许业务试点稳妥开展。

12. 增强金融服务实体经济功能。支持开展外部投贷联动和知识产权质押、股权质押、科技融资担保等金融服务。支持金融机构运用区块链、大数据、生物识别等技术提升金融服务能力。支持开展政府投资基金股权投资退出便利化试点。探索融资租赁服务装备制造业发展新模式，支持进口租赁国内不能生产或性能不能满足需要的高端装备。在符合国家有关规定的前提下，开展境内外租赁资产交易。鼓励融资租赁企业在区内设立项目子公司。支持外资保险经纪公司参与开展关税保证保险、科技保险等业务。增强金融推动产业绿色发展的引导作用，支持金融机构和企业发行绿色债券。

13. 建立健全金融风险防控体系。加强对重大风险的识别和系统性金融风险的防范。探索建立覆盖各类金融市场、机构、产品、工具的风险监测监控机制。强化反洗钱、反恐怖融资、反逃税工作。完善金融执法体系，建立公平、公正、高效的金融案件审判和仲裁机制，有效打击金融违法犯罪行为。

（五）打造联通长江经济带和粤港澳大湾区的国际投资贸易走廊。

14. 深入对接长江经济带发展战略。完善区域协同开放机制，积极推进长江经济带沿线自贸试验区合作共建，开展货物通关、贸易统计、检验检测认证等方面合作，推动相关部门信息互换、监管互认、执法互助。推动长江经济带产业合理布局，提升长江经济带产业协同合作能力。探索完善异地开发生态保护补偿机制和政府主导、企业和社会各界参与、市场化运作、可持续的生态产品价值实现路径。依法合规开展产权、技术、排污权等现货交易。

15. 实现湘粤港澳服务业联动发展。积极对接粤港澳大湾区建设，实现市场一体、标准互认、政策协调、规则对接。发展湘粤港澳智能物流，打造面向粤港澳大湾区的中部地区货运集散中心。推进粤港澳大湾区口岸和湖南地区通关监管协作，全面推行通关一体化，畅通货物快捷通关渠道。在内地与香港、澳门关于建立更紧密经贸关系的安排（CEPA）框架下，允许港澳人员在自贸试验区从事相关服务业并享受国民待遇。授权自贸试验区制定相关港澳专业人才执业管理办法（国家法律法规暂不允许的除外），允许具有港澳执业资格的金融、建筑、规划等领域专业人才，经相关部门或机构备案后，为区内企业提供专业服务。在区内推动建立湘粤港澳认证及相关检测机构交流合作平台，促进相应认证检测结果的相互承认与接受。支持符合条件的香港金融机构在自贸试验区进行新设、增资或参股区内金融机构等直接投资活动。支持湖南省对本省高职院校招收香港学生实行备案。鼓励具备内地招收资质的香港院校增加在湖南招生名额。加强湘粤港澳四地文化创意产业合作，实现文化创意产业优势资源对接。积极打造全球领先的5G视频和电子竞技产业基地。

16. 畅通国际化发展通道。在对外航权谈判中支持长沙黄花国际机场获得包括第五航权在内的航权安排，开展经停第三国的航空客货运业务。增加长沙黄花国际机场国际货运航班，建立进口食用水生动物、冰鲜水产品、水果集散中心和进口医药物流中心。研究开展高铁快运。实现自贸试验区与长沙金霞经济技术开发区联动发展，提升中欧班列（长沙）运营规模和质量，加快发展长沙陆港型物流枢纽。推进跨境电商货运班列常态化运行。提升岳阳城陵矶港区功能，全面推进黄金水道建设，支持企业有序发展岳阳至香港水路直航航线，积极拓展至东盟、日韩等国家和地区接力航线。

17. 优化承接产业转移布局。积极探索承接沿海产业转移的路径和模式，开展飞地经济合作，建立健全区域间互动合作和利益分享机制。探索建立跨省域资质和认证互认机制，企业跨省迁入自贸试验区后，在履行必要的审核程序后继续享有原有资质、认证。探索支持沿海地区创新政策在区内落地，工业产品生产许可证等实施“绿色通道”、快捷办理。积极承接钻石进出口及高端饰品加工贸易，支持郴州开展实施“金伯利进程国际证书制度”。通过依托现有交易场所等方式与上海钻石交易所开展合作。

（六）探索中非经贸合作新路径新机制。

18. 建设中非经贸深度合作先行区。比照现行中西部地区国际性展会留购展品免征进口关税政策，支持办好中国—非洲经贸博览会。试点推进对非认证认可和合格评定结果国际互认工作。推进中非海关“经认证的经营者”（AEO）互认合作。建设非洲在华非资源性产品集散和交易中心。探索开展中非易货贸易。探索创新对非经贸合作金融平台和产品，支持设立中非跨境人民币中心，推进跨境人民币业务政策在对非跨境贸易、清算结算、投融资等领域落地，提升对非金融服务能力。

19. 拓展中非地方合作。探索中非经贸合作新模式，推动建设中非经贸合作公共服务平台，打造中非经贸合作示范高地。建设岳阳水果进口指定监管场地。鼓励与贝宁、布基纳法索、乍得、马里等非洲棉花主产国开展定向合作。支持扩大进口非洲咖啡、可可、腰果、鳀鱼等优质农产品。打造中非客货运集散中心，加强岳阳城陵矶港与非洲重点港口的对接合作，拓展湖南与肯尼亚等非洲国家空中客货运航线。统筹对非援助等有关资源，支持湖南省依托人力资源培训资质单位，重点实施对非人力资源培训有关项目，助推对非经贸合作。

（七）支持先进制造业高质量发展。

20. 打造高端装备制造业基地。支持国家级工业设计研究院、国家级轨道交通装备检验检测认证机构建设。支持发展航空航天衍生制造、试验测试、维修保障和服务网络体系。促进制造业数字化智能化转型，支持建设工业互联网平台，加大信息技术应用创新适配中心和运维服务等公共服务平台建设力度。促进智能终端产品研发及产业化，成立湖南省工业技术软件化创新中心，支持工业互联网服务商和“上云上平台”标杆企业发展。

21. 支持企业参与“一带一路”建设。支持龙头企业建设面向“一带一路”沿线国家和地区的跨境寄递服务网络、国际营销和服务体系。支持区内装备制造企业建设全球售后服务中心。在依法依规、风险可控前提下，在自贸试验区的综合保税区内积极开展“两头在外”的高技术含量、高附加值、符合环保要求的工程机械、通信设备、轨道交通装备、航空等保税维修和进口再制造。研究支持对自贸试验区内企业在综合保税区外开展“两头在外”航空维修业态实行保税监管，探索开展“两头在外”的航材包修转包区域流转业务试点。简化汽车维修零部件 CCC 认证办理手续。

22. 推动创新驱动发展。构建以完善重点产业链为目标的技术创新体系，支持关键共性技术研究和重大科技成果转化。建立企业技术需求清单，以政府购买服务、后补助等方式，促进科技成果转化中试。支持将绿色产品优先纳入政府采购清单。实行更加积极、更加开放、更加有效的人才政策，强化人才创新创业激励机制。

23. 强化知识产权保护和运用。完善有利于激励创新的知识产权归属制度。结合区内产业特色，搭建针对性强、便利化的知识产权公共服务平台，建立知识产权服务工作站，培养知识产权服务人才，构建一体化的知识产权信息公共服务体系。建立多元化知识产权争端解决与快速维权机制。探索建立公允的知识产权评估机制，优化知识产权质押登记服务，完善知识产权质押融资风险分担机制以及方便快捷的质物处置机制。

四、保障机制

坚持和加强党对改革开放的领导，把党的领导贯穿于自贸试验区建设的全过程。牢固树立总体国家安全观，强化底线思维和风险意识，切实加强自贸试验区风险防控体系建设，完善风险防控和处置机制，维护国家安全和社会安全，牢牢守住不发生区域性系统性风险底线。在国务院自由贸易试验区工作部际联席会议统筹协调下，充分发挥地方和部门积极性，抓好各项改革试点任务落实，高标准高质量建设自贸试验区。湖南省要完善工作机制，构建精简高效、权责明晰的自贸试验区管理体制，加强人才培养，打造高素质专业化管理队伍；要加强地方立法，建立公正透明、体系完备的法治环境；要强化主体责任，加强监测预警，深入开展风险评估，制定相关工作方案，切实防范化解重大风险；要建立完善自贸试验区制度创新容错机制，坚持“三个区分开来”，鼓励大胆试、大胆闯；要统筹推进新冠肺炎疫情防控和自贸试验区高质量发展工作，全面落实“外防输入、内防反弹”要求，努力把疫情造成的损失降到最低限度。湖南省和有关部门要依法及时下放相关管理权限，完善配套政策，确保各项改革举措落地实施。自贸试验区各片区要把工作做细，制度做实，严格监督，严格执纪执法。本方案提出的各项改革政策措施，凡涉及调整现行法律或行政法规的，按规定程序办理。重大事项及时向党中央、国务院请示报告。

中国（安徽）自由贸易试验区总体方案

建立中国（安徽）自由贸易试验区（以下简称自贸试验区）是党中央、国务院作出的重大决策，是新时代推进改革开放的重要战略举措。为高标准高质量建设自贸试验区，制定本方案。

一、总体要求

（一）指导思想。

以习近平新时代中国特色社会主义思想为指导，全面贯彻党的十九大和十九届二中、三中、四中全会精神，统筹推进“五位一体”总体布局和协调推进“四个全面”战略布局，坚持稳中求进工作总基调，坚持新发展理念，坚持高质量发展，以供给侧结构性改革为主线，主动服务和融入国家重大战略，建设更高水平开放型经济新体制，以开放促改革、促发展、促创新，把自贸试验区建设成为新时代改革开放新高地。

（二）战略定位及发展目标。

以制度创新为核心，以可复制可推广为基本要求，全面落实中央关于深入实施创新驱动发展、推动长三角区域一体化发展战略等要求，发挥在推进“一带一路”建设和长江经济带发展中的重要节点作用，推动科技创新和实体经济发展深度融合，加快推进科技创新策源地建设、先进制造业和战略性新兴产业集聚发展，形成内陆开放新高地。

赋予自贸试验区更大改革自主权，深入开展差别化探索。对标国际先进规则，加大开放力度，开展规则、规制、管理、标准等制度型开放。经过三至五年改革探索，形成更多有国际竞争力的制度创新成果，为进一步扩大对外开放积累实践经验，推动科技创新、产业创新、企业创新、产品创新、市场创新，推进开放大通道大平台大通关建设，努力建成贸易投资便利、创新活跃强劲、高端产业集聚、金融服务完善、监管安全高效、辐射带动作用突出的高标准高质量自由贸易园区。

二、区位布局

（一）实施范围。

自贸试验区的实施范围119.86平方公里，涵盖三个片区：合肥片区64.95平方公里（含合肥经济技术开发区综合保税区1.4平方公里），芜湖片区35平方公里（含芜湖综合保税区2.17平方公里），蚌埠片区19.91平方公里。

自贸试验区的开发利用须遵守土地利用、生态环境保护、规划相关法律法规，符合国土空间规划，并符合节约集约用地的有关要求。

（二）功能划分。

合肥片区重点发展高端制造、集成电路、人工智能、新型显示、量子信息、科技金融、跨境电商等产业，打造具有全球影响力的综合性国家科学中心和产业创新中心引领区。芜湖片区重点发展智能网联汽车、智慧家电、航空、机器人、航运服务、跨境电商等产业，打造战略性新兴产业先导区、江海联运国际物流枢纽区。蚌埠片区重点发展硅基新材料、生物基新材料、新能源等产业，打造世界级硅基和生物基制造业中心、皖北地区科技创新和开放发展引领区。

三、主要任务和措施

（一）加快转变政府职能。

1. 打造国际一流营商环境。深入实施送新发展理念、送支持政策、送创新项目、送生产要素和服务实体经济“四送一服”工程。开展强化竞争政策实施试点，创造公平竞争的制度环境。以全国审批事项最少、办事效率最高、投资环境最优、市场主体和人民群众获得感最强为目标，营造“四最”营商环境。构建“互联网+营商环境监测”系统。推行“全省一单”权责清单制度体系。进一步深化工程建设项目审批制度改革。探索建立运用互联网、大数据、人工智能、区块链等技术手段优化行政管理的制度规则。

（二）深化投资领域改革。

2. 深入推进投资自由化便利化。在科研和技术服务、电信、教育等领域加大对外开放力度，放宽注册资本、投资方式等限制。简化外商投资项目核准程序。支持外商独资设立经营性教育培训和职业技能培训机构。允许注册在自贸试验区内符合条件的外资旅行社从事除台湾地区以外的出境旅游业务。

3. 强化投资促进和保护。鼓励自贸试验区在法定权限内制定外商投资促进政策。推广市场化招商模式，探索成立企业化招商机构。建立外商投资全流程服务体系，实施重大外资项目包保服务机制。健全外商投诉工作机制，保护外商投资合法权益。

4. 提升对外投资合作水平。完善境外投资政策和服务体系，为优势产业走出去开拓多元化市场提供优质服务。在符合现行外汇管理规定的前提下，鼓励金融机构提高对境外资产或权益的处置能力，支持走出去企业以境外资产和股权、采矿权等权益为抵押获得贷款。支持合肥、芜湖中德合作园区建设，探索建立国际园区合作新机制。

（三）推动贸易高质量发展。

5. 优化贸易监管服务体系。加快建设具有国际先进水平的国际贸易“单一窗口”。优化海关监管模式，综合运用多种合格评定方式，实施差异化监管。完善和推广“海关 ERP 联网监管”，大力推进网上监管，开展“互联网 + 核查”、“线上 + 线下”核查等创新试点。深入推进第三方检验结果采信。优化鲜活农产品检验检疫流程，简化动植物检疫审批程序，实施全程网上办理。完善进出口商品质量安全风险预警和快速反应监管体系。支持内销选择性征收关税政策在自贸试验区内的综合保税区试点。支持在自贸试验区内的综合保税区和保税监管场所设立大宗商品期货保税交割库。

6. 培育发展贸易新业态新模式。支持合肥、芜湖跨境电商综合试验区建设。支持合肥、芜湖片区开展跨境电商零售进口试点。依法依规开展跨境电商人民币结算，推动跨境电商线上融资及担保方式创新。鼓励建设出口产品公共海外仓和海外运营中心。探索建设国际邮件、国际快件和跨境电商进出境一体化设施。积极开展进口贸易促进创新工作。进一步完善高端装备制造产品售后维修进出口管理，适当延长售后维修设备和备件返厂期限。对符合条件的入境维修复出口免于实施装运前检验。支持设立国家数字服务出口基地，打造数字化制造外包平台。

7. 提升国际贸易服务能力。支持建设合肥国际航空货运集散中心、芜湖航空器维修保障中心。支持自贸试验区符合条件的片区，按规定申请设立综合保税区。支持建设汽车整车进口口岸、首次进口药品和生物制品口岸。优先审理自贸试验区相关口岸开放项目。加快建设多式联运基地，高标准对接国际多式联运规则，支持多式联运经营企业布局境外服务网络。

（四）深化金融领域开放创新。

8. 扩大金融领域对外开放。落实放宽金融机构外资持股比例、拓宽外资金融机构业务经营范围等措施，支持符合条件的境内外投资者依法设立各类金融机构。研究开展合格境外有限合伙人（QFLP）政策试点。探索开展离岸保险业务。完善自贸试验区内技术等要素交易市场，允许外资参与投资。促进跨境投融资汇兑便利化。开展资本项目收入支付便利化改革试点。探索通过人民币资本项下输出贸易项下回流方式，重点推动贸易和投资领域的人民币跨境使用。

9. 推进科技金融创新。加强国家科技成果转化引导基金与安徽省科技成果转化引导基金合作。支持自贸试验区符合条件的商业银行在依法依规、风险可控的前提下，探索设立金融资产投资公司。支持在自贸试验区内依法合规设立商业银行科技支行、科技融资租赁公司等专门服务科创企业的金融组织，在政策允许范围内开展金融创新，积极融入长三角区域一体化发展。鼓励保险公司发展科技保险，拓宽服务领域。支持条件成熟的银行业金融机构探索多样化的科技金融服务模式。支持自贸试验区内金融小镇依法依规开展私募投资基金服务。鼓励社会资本按市场化原则探索设立跨境双向股权投资基金。支持合肥片区积极推动金融支持科技创新发展。

10. 建立健全金融风险防控体系。加强对重大风险的识别和系统性金融风险的防范。强化反洗钱、反恐怖融资、反逃税工作，防范非法资金跨境、跨区流动。提升金融执法能力，有效打击金融违法犯罪行为。

（五）推动创新驱动发展。

11. 建设科技创新策源地。健全支持基础研究、原始创新的体制机制，推动建成合肥综合性国家科学中心框架体系，争创国家实验室，探索国家实验室建设运行模式。支持做好合肥先进光源、大气环境立体探测、强光磁等重大科技基础设施预研究工作，组建环境科学研发平台和未来技术综合研究基地。支持提升拓展全超导托卡马克、同步辐射光源、稳态强磁场等大科学装置功能，加快聚变堆主机关键系统综合研究设施建设。支持建设能源研究院、人工智能研究院，筹划组建大健康研究院。支持建设微尺度物质科学国家研究中心、合肥先进计算中心和国家重点实验室等，高质量建设一批省级实验室、技术创新中心。支持开展免疫细胞、干细胞等临床前沿医疗技术研究项目。推动国家重大科研基础设施和大型科研仪器向相关产业创业者开放。

12. 促进科技成果转移转化。打造“政产学研用金”六位一体科技成果转化机制。支持参与建设相关国家技术创新中心。支持建设关键共性技术研发平台，产学研合作、信息发布、成果交流和交易平台。鼓励建设国际化创新创业孵化平台。支持模式国际化、运行市场化、管理现代化的新型研发机构建设。深化科技成果使用权、处置权和收益权改革，支持有条件的单位参与开展赋予科技人员职务科技成果所有权或长期使用权试点。支持建立科技融资担保机构。探索有条件的科技创新企业规范开展知识产权证券化试点。完善知识产权评估机制、质押融资风险分担机制以及方便快捷的质物处置机制，完善知识产权交易体系。结合自贸试验区内产业特色，搭建针对性强、便利化的知识产权公共服务平台，设立知识产权服务工作站，培养知识产权服务人才，构建一体化的知识产权信息公共服务体系。支持建设安徽科技大市场，提升安徽创新馆运营水平。

13. 深化国际科技交流合作。支持重要国际组织在合肥综合性国家科学中心设立总部或分支机构，在世界前沿关键领域参与或按程序报批后发起组织国际大科学计划和大科学工程。鼓励建设国际联合研究中心（联合实验室）等国际科技合作基地，探索建立符合国际通行规则的跨国技术转移和知识产权分享机制。支持境内外研发机构、高校院所、企业在自贸试验区设立或共建实验室、新型研发机构，实施高等学校学科创新引智计划，建设引才引智示范基地。

14. 激发人才创新创业活力。建立以人才资本价值实现为导向的分配激励机制，探索和完善分红权激励、超额利润分享、核心团队持股跟投等中长期激励方案。对顶尖科技人才及团队采取“一事一议”方式给予支持。支持与境外机构合作开发跨境商业健康保险产品，探索开展商业健康保险跨境结算试点。

（六）推动产业优化升级。

15. 支持高端制造业发展。支持将生物医药、高端智能装备、新能源汽车、硅基新材料等产业纳入新一批国家战略性新兴产业集群。支持合肥片区建设工业互联网标识解析二级节点，建设国家新一代人工智能创新发展试验区。鼓励国家先进制造产业投资基金对自贸试验区内新能源汽车、新型显示、机器人等产业，按商业化、市场化原则进行投资。支持组建硅基生物基产业创新中心。在条件成熟的区域内，探索实施有关支持政策，推广使用聚乳酸等可降解塑料制品。鼓励自贸试验区内企业购买和引进海外研发、测试设备及重大装备。对自贸试验区内符合条件的从事集成电路、人工智能、生物医药、民用航空等关键领域核心环节生产研发的企业，积极认定高新技术企业。

16. 培育布局未来产业。支持超前布局量子计算与量子通信、生物制造、先进核能等未来产业。支持量子信息、类脑芯片、下一代人工智能等新技术的研发应用。加快推进靶向药物、基因检测等研发产业化，支持开展高端医学影像设备、超导质子放射性治疗设备、植入介入产品、体外诊断等关键共性技术研发。重点发展第三代半导体、金属铼等前沿材料产业，培育发展石墨烯产业，推动科技成果转化与典型应用。促进云计算、大数据、互联网、AI、5G与实体经济、制造业的系列化融合应用。大力推动数字商务新模式、新业态发展，探索建立反向定制（C2M）产业基地，鼓励先进制造业与现代服务业深度融合。

（七）积极服务国家重大战略。

17. 推动长三角区域一体化高质量发展。对接上海、江苏、浙江自贸试验区，推动长三角地区自贸试验区协同发展，共同打造对外开放高地。继续推进皖江城市带承接产业转移示范区发展，建设皖北承接产业转移集聚区，支持共建产业合作园区，探索建立跨区域利益分享机制。支持开展港口合作，打造芜湖—马鞍山江海联运枢纽和合肥江淮联运中心。鼓励参与芜湖至上海“点到点”航线经营的各船运公司互换仓位，提高航线服务保障能力。开展会展合作，支持办好世界制造业大会、世界显示产业大会、中国（安徽）科技创新成果转化交易会等高端展会平台。加强自贸试验区与马鞍山郑蒲港新区、经济技术开发区等区域联动，放大辐射带动效应。

18. 推动长江经济带发展和促进中部地区崛起战略实施。支持安徽自贸试验区与长江经济带、中部地区其他自贸试验区联动发展。支持长江中上游地区集装箱在自贸试验区内中转集拼业务发展。加快引江济淮工程建设，提升自贸试验区对长江经济带发展的航运支撑能力。推广新安江流域生态补偿机制、林长制改革经验，探索在长江流域上下游之间开展生态、资金、产业、人才等多种补偿。探索政府主导、企业和社会各界参与、市场化运作、可持续的生态产品价值实现路径。

19. 积极服务“一带一路”建设。与“一带一路”沿线国家和地区共建科技创新共同体，支持参与沿线国家基础设施建设。为企业开展国际产能和装备制造合作提供便利，加快培育国际经济合作和竞争新优势。共商共建一批重大合作项目。拓展提升中欧班列（合肥）功能和覆盖范围，根据市场需要提高集装箱办理站能力，推动将中欧班列（合肥）纳入中欧安全智能贸易航线试点计划。鼓励建设中东部地区连接中亚、欧洲的铁水联运大通道，推动建立多式联运体系。

四、保障机制

坚持和加强党对改革开放的领导，把党的领导贯穿于自贸试验区建设的全过程。牢固树立总体国家安全观，强化底线思维和风险意识，切实加强自贸试验区风险防控体系建设，完善风险防控和处置机制，维护国家安全和社会安全，牢牢守住不发生区域性系统性风险底线。在国务院自由贸易试验区工作部际联席会议统筹协调下，充分发挥地方和部门积极性，抓好各项改革试点任务落实，高标准高质量建设自贸试验区。安徽省要完善工作机制，构建精简高效、权责明晰的自贸试验区管理体制，加强人才培养，打造高素质专业化管理队伍；要加强地方立法，建立公正透明、体系完备的法治环境；要强化主体责任，加强监测预警，深入开展风险评估，制定相关工作方案，切实防范化解重大风险；要建立完善自贸试验区制度创新容错机制，坚持“三个区分开来”，鼓励大胆试、大胆闯；要统筹推进新冠肺炎疫情防控和自贸试验区高质量发展工作，全面落实“外防输入、内防反弹”要求，努力把疫情造成的损失降到最低限度。安徽省和有关部门要依法及时下放相关管理权限，完善配套政策，确保各项改革举措落地实施。自贸试验区各片区要把工作做细，制度做实，严格监督，严格执纪执法。本方案提出的各项改革政策措施，凡涉及调整现行法律或行政法规的，按规定程序办理。重大事项及时向党中央、国务院请示报告。

中国（浙江）自由贸易试验区扩展区域方案

建设自由贸易试验区是党中央、国务院作出的重大决策，是新时代推进改革开放的重要战略举措。中国（浙江）自由贸易试验区（以下简称自贸试验区）设立以来，建设取得阶段性成果，总体达到预期目标。为贯彻落实党中央、国务院决策部署，进一步扩展自贸试验区区域，制定本方案。

一、总体要求

（一）指导思想。

以习近平新时代中国特色社会主义思想为指导，全面贯彻党的十九大和十九届二中、三中、四中全会精神，统筹推进“五位一体”总体布局和协调推进“四个全面”战略布局，坚持稳中求进工作总基调，坚持新发展理念，坚持高质量发展，以供给侧结构性改革为主线，主动服务和融入国家重大战略，建设更高水平开放型经济新体制，以开放促改革、促发展、促创新，把自贸试验区建设成为新时代改革开放新高地。

（二）功能定位及发展目标。

坚持以“八八战略”为统领，发挥“一带一路”建设、长江经济带发展、长三角区域一体化发展等国家战略叠加优势，着力打造以油气为核心的大宗商品资源配置基地、新型国际贸易中心、国际航运和物流枢纽、数字经济发展示范区和先进制造业集聚区。

赋予自贸试验区更大改革自主权，深入开展差别化探索。对标国际先进规则，加大开放力度，开展规则、规制、管理、标准等制度型开放。到2025年，基本建立以投资贸易自由化便利化为核心的制度体系，营商环境便利度位居全国前列，油气资源全球配置能力显著提升，国际航运和物流枢纽地位进一步增强，数字经济全球示范引领作用彰显，先进制造业综合实力全面跃升，成为引领开放型经济高质量发展的先行区和增长极。到 2035 年，实现更高水平的投资贸易自由化，新型国际贸易中心全面建成，成为原始创新高端制造的重要策源地、推动国际经济交往的新高地，成为新时代全面展示中国特色社会主义制度优越性重要窗口的示范区。

二、区位布局

（一）实施范围。

自贸试验区扩展区域实施范围 119.5 平方公里，涵盖三个片区：宁波片区 46 平方公里（含宁波梅山综合保税区 5.69 平方公里、宁波北仑港综合保税区 2.99 平方公里、宁波保税区 2.3 平方公里），杭州片区 37.51 平方公里（含杭州综合保税区 2.01 平方公里），金义片区 35.99 平方公里（含义乌综合保税区 1.34 平方公里、金义综合保税区 1.26 平方公里）。

自贸试验区的开发利用须遵守土地、无居民海岛利用和生态环境保护、规划相关法律法规，符合国土空间规划，并符合节约集约利用资源的有关要求；支持按照国家相关法规和程序，办理合理必需用海。

（二）功能划分。

宁波片区建设链接内外、多式联运、辐射力强、成链集群的国际航运枢纽，打造具有国际影响力的油气资源配置中心、国际供应链创新中心、全球新材料科创中心、智能制造高质量发展示范区。杭州片区打造全国领先的新一代人工智能创新发展试验区、国家金融科技创新发展试验区和全球一流的跨境电商示范中心，建设数字经济高质量发展示范区。金义片区打造世界“小商品之都”，建设国际小商品自由贸易中心、数字贸易创新中心、内陆国际物流枢纽港、制造创新示范地和“一带一路”开放合作重要平台。

三、主要任务和措施

（一）建立以投资贸易自由化便利化为核心的制度体系。

1. 进一步提升贸易便利化水平。进一步丰富国际贸易“单一窗口”功能，将服务贸易出口退（免）税申报纳入“单一窗口”管理。深化服务贸易创新试点，推动服务外包向高技术、高品质、高效益、高附加值转型升级，加快信息服务、文化贸易、技术贸易等新兴服务贸易发展，探索以高端服务为先导的“数字 + 服务”新业态新模式。推进进出口产品质量溯源体系建设，拓展可追溯商品种类。扩大第三方检验结果采信商品和机构范围。

2. 推进投资自由化便利化。探索建立大数据信息监管系统，部分领域在风险可控的前提下，市场主体在领取营业执照的同时，承诺并提交有关材料后，即可依法开展投资经营活动。对外商投资实行准入前国民待遇加负面清单管理制度，支持建立国际投资“单一窗口”，在区内研究放宽油气产业、数字经济、生命健康和新材料等战略性新兴产业集群市场准入。将国际快递业务经营许可审批权下放至浙江省邮政管理局。

3. 推动金融创新服务实体经济。开展本外币合一银行账户体系试点，提升本外币银行账户业务便利性。开展包括油品等大宗商品在内的更高水平贸易投资便利化试点，支持企业按规定开展具有真实贸易背景的新型国际贸易，支持银行按照“展业三原则”，依法为企业提供优质的金融服务。探索开展境内贸易融资资产转让业务和不良资产对外转让业务。探索符合贸易新业态新模式特点的跨境外汇结算模式，支持外贸健康发展。吸引跨国公司地区总部、结算中心、贸易中心和订单中心在自贸试验区落户。支持设立民营银行，探索股债联动，支持科技型企业发展。

4. 进一步转变政府职能。深化“最多跑一次”改革，依法经批准将下放至地级及以上城市的省级管理权限下放至自贸试验区。按照“整体智治”现代政府理念，建设数字政府，完善“互联网+政务服务”、“互联网+监管”体系，加快政府数字化转型，健全事中事后监管服务，完善中央与地方信息共享机制，促进市场主体管理信息共享。深化资源要素市场化改革，开展国家级改革试点，推动土地、能源、金融、数据等资源要素向自贸试验区倾斜。完善外国人来华工作许可制度和人才签证制度区内配套措施。探索取消施工图审查（或缩小审查范围）、实施告知承诺制和设计人员终身负责制等工程建设领域审批制度改革。

（二）高质量建设现代化开放型经济体系。

5. 打造以油气为核心的大宗商品全球资源配置基地。聚焦能源和粮食安全，研究建立能源等大宗商品政府储备和企业储备相结合的政策保障体系，更好发挥企业储备在保障粮食安全方面的作用。

支持开展油气储备改革试点，支持承接更多政府储备任务，大力发展企业储备，增加储备品种，增强储备能力，成为保障国家能源和粮食安全的重要基地。探索地下空间利用的创新举措。推动建设用地地上、地表、地下分别设立使用权，探索利用地下空间建设油气仓储设施，促进空间合理开发利用。以油气、化工品等为重点，积极开展原油、汽油、液化气等储备业务，建设化工品国际贸易中心和分拨中心，打造成为国家级油气储备基地。支持浙江自贸试验区围绕油气全产业链深入开展差别化探索。参照国际通行规则，探索研究推动浙江自贸试验区油气全产业链发展的政策措施，增强国际竞争力。

积极拓展与其他国家的农产品贸易合作，大力发展进境牛肉等高端动物蛋白加工贸易产业。建设进口粮食保税储存中转基地，支持以大豆为突破口，创新粮食进口检疫审批制度，允许对非关税配额粮食以港口存放方式办理检验检疫审批，进口后再确定加工场所（具有活性的转基因农产品除外）。鼓励粮食进出口企业与运输企业建立长期稳定合作关系，降低国际粮食运输费用。探索开展远洋渔业引进外籍船员试点。

6. 打造新型国际贸易中心。支持以市场化方式推进世界电子贸易平台（eWTP）全球布局，探索在数据交互、业务互通、监管互认、服务共享等方面的国际合作及数字确权等数字贸易基础设施建设，打造全球数字贸易博览会。

支持境内外跨境电商企业建设国际转口配送基地。支持义乌小商品城等市场拓展进口业务，建设新型进口市场。支持建设易货贸易服务平台。支持跨境电商平台企业与结算银行、支付机构在依法合规前提下积极开展人民币计价、结算。探索小商品贸易与大宗商品贸易联动的新型易货贸易模式，拓展跨境人民币结算通道。以“一带一路”沿线国家和地区为重点，整合海外仓、结算等全球供应链服务体系，建设面向全球的供应链易货交易服务平台。

创新数字化综合监管制度，探索新型监管模式，实施简化申报、简证放行、简易征管等便利化举措；探索实施“互联网+核查”“线上+线下”核查等创新试点。

7. 打造国际航运和物流枢纽。探索“互联网+口岸”新服务，促进海港、陆港、空港、信息港“四港”联动发展，支持全球智能物流枢纽建设，推动海上丝绸之路指数、快递物流指数等成为全球航运物流的风向标，打造全球供应链的“硬核”力量。

允许中资非五星旗船开展以宁波舟山港为中转港的外贸集装箱沿海捎带业务。设立国际转口集拼中转业务仓库，建设国际中转集拼中心。在有效监管、风险可控的前提下，研究在宁波舟山港实施启运港退税政策的可行性。支持参照保税船用燃料油供应管理模式，允许液化天然气（LNG）作为国际航行船舶燃料享受保税政策。构建长三角港口群跨港区供油体系，合力打造东北亚燃料油加注中心。

加强杭州、宁波临空经济示范区与自贸试验区协同发展。实施高度开放的国际航空运输管理，推动杭州萧山国际机场、宁波栎社国际机场扩大包括第五航权在内的航权安排，吸引相关国家和地区航空公司开辟经停航线。支持杭州萧山国际机场、宁波栎社国际机场探索航空中转业务。

推动宁波舟山港与义乌港双核港口一体化和口岸监管无缝对接，实现同港同策，促进海港功能和口岸监管功能向义乌港、浙中公铁联运港等延伸。支持开展甬金铁路双层高柜铁路集装箱运输试点，根据试点情况，研究复制到其他线路。支持宁波—舟山港口型国家物流枢纽建设，大力发展海铁联运。率先探索集装箱多式联运运单及电子运单标准应用。

8. 打造数字经济发展示范区。加大以自主深度算法、超强低耗算力和高速广域网络为代表的新一代数字基础设施建设，支持布局IPv6、卫星互联网、6G试验床等网络基础设施，全面拓展数字产业化、产业数字化、数字生活新服务，把国家数字服务出口基地打造为数字贸易先行示范区。

加强数字经济领域国际规则、标准研究制定，推动标准行业互信互认。强化金融支撑，鼓励各类金融机构创新金融服务和金融产品，引导各类创投企业投向数字经济领域创新创业项目。

积极推动杭州城西科技创新大走廊、宁波甬江科技创新大走廊与自贸试验区改革联动、创新联动，打造数字经济创新引领区。推进之江实验室、阿里达摩院等研发机构建设，支持之江实验室参与国家实验室建设。加大对国内外顶尖云制造、人工智能、大数据等企业的招商引资力度，打造全球工业互联网研发应用基地。建设全国电子数据交换系统贸易网，打造枢纽型国际化数字强港。

9. 打造先进制造业集聚区。建立关键零部件国际国内双回路供应政策体系。以关键核心技术为突破口，围绕新材料、生命健康等产业，建立产业链“链长制”责任体系，提升“补链”能力。探索实行产业链供地。推动产业集群在空间上高度集聚、上下游紧密协同、供应链集约高效。

聚焦高性能磁性材料、新型膜材料、先进碳材料等优势产业，前瞻布局智能复合材料、海洋新材料等新兴领域，加速新材料产业升级的关键核心技术攻关及成果转化，积极推动先进材料产业创新中心建设，打造参与全球新材料产业创新竞争的重要平台。

聚焦新一代智能技术应用，大力引进若干国内外顶尖的智能制造示范企业，支持区内企业推进国际协同研发，积极融入高端制造业全球供应链、创新链和价值链。围绕现代高档数控机床、机器人等智能装备及关键基础件，打造国内重要的智能制造装备产业基地。落实支持科技创新进口税收政策，对符合政策要求的区内单位进口科研设备免税。

加大5G、物联网、工业互联网、人工智能、数据中心等新型基础设施建设力度，加强交通基础设施智能化升级，推动自贸试验区和省内其他区域联动协同，建立高效、快速、便捷、智慧的全球一流基础设施体系。

搭建生命大健康产业科研创新平台，鼓励和支持龙头医药企业加大科技投入，与国内外医药科研院所开展合作，建设生物医药公共技术服务平台和开放性专业实验室。

加快海水淡化与综合利用、海洋可再生能源等新兴领域自主研发、中试转化、装备定型，积极推动产业规模化发展。

（三）构建安全高效的风险防控体系。

10. 加快完善风险防范机制。加强顶层设计，健全风险防范责任机制，坚持底线思维，强化重大风险防范的政治责任和履责能力。加强风险防控机制的专业化、科学化建设，创新激励机制，强化风险管理人才队伍建设。完善风险防控的评估、预警与处置机制，加强油气产业环境风险处置应对能力建设。健全对外开放的风险防范机制，完善和创新对外籍人士等特殊人群管理模式。支持宁波海事法院、杭州互联网法院发挥在推进国际航运物流枢纽和数字经济发展示范区建设中的服务和保障作用；适应新型国际贸易中心建设需要，积极打造具有较强国际影响力的国际商事仲裁平台，健全完善诉讼、仲裁、调解等有机衔接、相互协调的国际商事多元化纠纷解决机制。

11. 打造数字一体化监管服务平台。依托数字化手段，开展自贸试验区一体化风险防控监管平台体系差别化探索。充分利用大数据、人工智能、区块链、5G等先进信息技术，建设高标准智能化监管平台。在国家数据跨境传输安全管理制度框架下，试点开展数据跨境流动安全评估，探索建立数据保护能力认证、数据流动备份审查、跨境数据流动和交易风险评估等数据安全管理机制。加大对专利、版权、企业商业秘密等权利及数据的保护力度，主动参与引领全球数字经济交流合作。依托外贸风险快速预警综合平台，完善外贸预警机制，实现监管信息互联互认共享，提高外贸企业抵御风险能力。

12. 构建全链条信用管理机制。支持开展企业信用风险分类管理试点工作，加强企业信用风险状况评估分析，提升企业信用风险状况预测预警和动态监测能力，实现对市场主体的精准靶向监管。运用区块链技术，注重源头管理，探索“沙盒”监管模式，建立全链条信用监管机制，支持探索信用评估和信用修复制度，鼓励失信主体通过主动纠正失信行为、消除不良社会影响等方式修复信用。

四、保障机制

坚持和加强党对改革开放的领导，把党的领导贯穿于自贸试验区建设的全过程。牢固树立总体国家安全观，强化底线思维和风险意识，切实加强自贸试验区风险防控体系建设，完善风险防控和处置机制，维护国家安全和社会安全，牢牢守住不发生区域性系统性风险底线。在国务院自由贸易试验区工作部际联席会议统筹协调下，充分发挥地方和部门积极性，抓好各项改革试点任务落实，高标准高质量建设自贸试验区。浙江省要完善工作机制，构建精简高效、权责明晰的自贸试验区管理体制，加强人才培养，打造高素质专业化管理队伍；要加强地方立法，建立公正透明、体系完备的法治环境；要强化主体责任，加强监测预警，深入开展风险评估，制定相关工作方案，切实防范化解重大风险；要建立完善自贸试验区制度创新容错机制，坚持“三个区分开来”，鼓励大胆试、大胆闯；要统筹推进新冠肺炎疫情防控和自贸试验区高质量发展工作，全面落实“外防输入、内防反弹”要求，努力把疫情造成的损失降到最低限度。浙江省和有关部门要依法及时下放相关管理权限，完善配套政策，确保各项改革举措落地实施。要加强自贸试验区既有区域和扩展区域的联动发展、融合发展，既有区域和扩展区域各项政策措施可叠加适用。自贸试验区各片区要把工作做细，制度做实，严格监督，严格执纪执法。本方案提出的各项改革政策措施，凡涉及调整现行法律或行政法规的，按规定程序办理。重大事项及时向党中央、国务院请示报告。

部委发文

中华人民共和国交通运输部令

（2020 年第 1 号）

《邮政业寄递安全监督管理办法》已于 2019 年 12 月 18 日经第 30 次部务会议通过，现予公布，自 2020 年 2 月 15 日起施行。

部长　李小鹏

2020 年 1 月 2 日

邮政业寄递安全监督管理办法

第一条　为加强邮政业寄递安全管理，维护邮政通信与信息安全，保障从业人员、用户人身和财产安全，促进邮政业持续健康发展，根据《中华人民共和国邮政法》、《快递暂行条例》等法律、行政法规，制定本办法。

第二条　在中华人民共和国境内经营邮政业务、快递业务，接受邮政服务、快递服务以及对邮政业寄递安全实施监督管理，适用本办法。

第三条　国务院邮政管理部门和省、自治区、直辖市邮政管理机构以及按照国务院规定设立的省级以下邮政管理机构（以下统称邮政管理部门）负责邮政业寄递安全监督管理工作。

第四条　邮政管理部门应当与有关部门相互配合，健全安全保障机制，加强对邮政业寄递安全的监督管理。

第五条　邮政企业、快递企业应当遵守国家有关安全管理的规定，不得危害国家安全、社会公共利益或者他人合法权益。

第六条 使用统一的商标、字号或者快递运单经营快递业务的，商标、字号或者快递运单所属企业应当对使用其商标、字号或者快递运单的企业的安全保障实行统一管理，监督使用其商标、字号或者快递运单的企业执行邮政业安全管理制度。

第七条 用户交寄邮件、快件应当遵守国家关于禁止寄递或者限制寄递物品的规定，不得利用邮件、快件危害国家安全、社会公共利益或者他人合法权益。

第八条 任何单位或者个人不得冒领、私自开拆、隐匿、毁弃、倒卖或者非法检查、非法扣留他人邮件、快件，不得损毁邮政设施、快递设施或者影响设施的正常使用。

第九条 交寄、收寄邮件、快件，应当遵守实名收寄管理制度。

第十条 邮政企业、快递企业应当依法验视用户交寄的物品是否属于禁止寄递或者限制寄递的物品，核对物品的名称、性质、数量等是否与寄递详情单显示或者关联的信息一致；予以收寄的，应当按照国务院邮政管理部门的规定作出验视标识。

按照国家规定需要用户提供有关书面凭证的，邮政企业、快递企业应当要求用户提供凭证原件，核对无误后，方可收寄。

第十一条 邮政企业、快递企业在收寄过程中发现禁止寄递物品的，应当拒绝收寄；发现已经收寄的邮件、快件中有疑似禁止寄递物品的，应当立即停止分拣、运输、投递。对邮件、快件中依法应当没收、销毁或者可能涉及违法犯罪的物品，应当立即向有关部门报告，并配合调查处理；对其他禁止寄递物品、限制寄递物品或者一同查处的禁止寄递物品之外的物品，邮政企业、快递企业应当通知寄件人或者收件人，并依法妥善处理。

第十二条 邮政企业、快递企业应当按照国务院邮政管理部门的规定对邮件、快件进行安全检查，并对经过安全检查的邮件、快件作出安全检查标识。委托第三方企业对邮件、快件进行安全检查的，不免除邮政企业、快递企业对邮件、快件安全承担的责任。

邮政企业、快递企业或者接受委托的第三方企业应当使用符合强制性国家标准的安全检查设备，并加强对安全检查人员的背景审查和技术培训，确保其具备安全检查所必需的知识和技能。

第十三条 邮政企业委托其他单位代办邮政服务的，或者经营快递业务的企业及其分支机构与其他单位、个人合作开办末端网点的，应当对收寄、投递邮件、快件的人员进行岗位安全操作规程和安全操作技能的教育和培训。

第十四条 邮政企业、快递企业应当依法向从业人员提供符合相关国家标准或者行业标准的劳动防护用品，为从业人员参加工伤保险。

第十五条 邮政企业、快递企业向寄件人长期、批量提供寄递服务的，应当与寄件人签订安全协议，明确自身与签订安全协议的寄件人（以下简称协议用户）的安全保障义务。

邮政企业、快递企业发现用户生产、销售的产品属于禁止寄递物品的，不得将其作为协议用户提供寄递服务。

第十六条 邮政企业、快递企业和用户应当依照法律、行政法规的规定，防止邮件、快件过度包装，减少包装废弃物。

鼓励邮政企业、快递企业采取措施回收邮件、快件包装材料，实现包装材料的减量化利用和再利用。

第十七条 邮政企业、快递企业应当使用环保材料对邮件、快件进行包装。

第十八条 邮件、快件塑料包装袋、普通胶带中的铅、汞、镉、铬总量以及邮件、快件塑料包装袋中的苯类溶剂残留应当符合国家规定。

第十九条 协议用户提供邮件、快件封装用品和胶带的，邮政企业、快递企业应当向其书面告知，所提供的封装用品和胶带应当符合国家规定。

第二十条 邮政企业、快递企业不得使用有毒物质作为邮件、快件填充材料。

第二十一条 邮政企业、快递企业应当对其提供寄递服务的营业场所、处理场所，包括其开办的快递末端网点、设置的智能快件箱进行全天候视频监控。其中，营业场所、快递末端网点、智能快件箱的视频监控设备应当全面覆盖，处理场所的视频监控设备应当覆盖各出入口、主要生产作业区域。

邮政企业、快递企业保存监控资料的时间不得少于 30 日。其中，营业场所交寄、接收、验视、安检、提取区域以及智能快件箱放置区域的监控资料保存时间不得少于 90 日。

邮政企业、快递企业应当按照邮政管理部门的要求报送监控资料。

第二十二条 邮政企业、快递企业应当按照国家网络安全等级保护制度的要求，履行下列安全保护义务，保障其网络免受干扰、破坏或者未经授权的访问，防止网络数据泄露或者被窃取、篡改：

（一）制定内部安全管理制度和操作规程，确定网络安全负责人，落实网络安全保护责任；

（二）采取防范计算机病毒和网络攻击、网络侵入等危害网络安全行为的技术措施；

（三）采取监测、记录网络运行状态、网络安全事件的技术措施，并按照规定留存相关的网络日志不少于 6 个月；

（四）采取数据分类、重要数据备份和加密等措施；

（五）法律、行政法规规定的其他义务。

第二十三条 邮政企业、快递企业应当建立寄递详情单及电子数据管理制度，定期销毁已经使用过的寄递详情单，妥善保管用户信息等电子数据，采取有效手段保证用户信息安全。

第二十四条 未经法律明确授权或者用户书面同意，邮政企业、快递企业及其从业人员不得将用户身份信息以及用户使用邮政服务、快递服务的信息提供给任何单位或者个人。

发生或者可能发生用户信息泄露、丢失等情况时，邮政企业、快递企业应当立即采取补救措施，并向事件所在地邮政管理部门报告，配合有关部门进行调查处理。

第二十五条 邮政企业、快递企业应当按照邮政管理部门的规定预留安全监管数据接口，收集、分析与寄递安全有关的信息，确保数据真实、完整，并按时向邮政管理部门报送。

第二十六条 国务院邮政管理部门应当加强应急管理体系建设，制定国家邮政业突发事件应急预案，建立突发事件预防、监测、预警、信息报告、应急处置等工作机制。

省、自治区、直辖市邮政管理机构和省级以下邮政管理机构应当根据有关法律、法规、规章以及国家邮政业突发事件应急预案等，结合本地区的实际情况，制定突发事件应急预案。

邮政管理部门应当根据邮政业应急管理的实际需要和情势变化，适时评估、修订突发事件应急预案。

第二十七条 鼓励邮政企业、快递企业建立应急救援队伍，预防与处置突发事件。

第二十八条 发生自然灾害、事故灾难、公共卫生事件、社会安全事件等，邮政企业、快递企业应当根据法律、法规、规章以及国家邮政业突发事件应急预案，按照事件类型及分级，在规定时间内报告事件发生地省级以下邮政管理机构和负有相关职责的部门，同时对事件进行先行处置，控制事态发展。

第二十九条 事件发生地省级以下邮政管理机构接到突发事件报告后，依法启动应急预案，采取应急措施。

第三十条 邮政管理部门应当妥善处置邮政业突发事件，查明事件原因和责任，提出整改措施，并依法对有违法行为的责任人作出处理。涉及其他部门管理职权的，应当联合有关部门共同处理。

第三十一条 邮政管理部门应当加强邮政业安全运行的监测预警，建立安全信息管理体系，收集、分析与邮政业安全运行有关的信息，并依照法律、行政法规等规定，与有关部门共享与安全运行有关的信息。

第三十二条 邮政管理部门应当加强对邮政企业、快递企业建立健全和执行寄递安全制度、应急管理制度等情况以及安全生产行为的监督检查。建立和完善以随机抽查为重点的日常监督检查制度，建立随机抽查事项清单，公布抽查的安全事项目录，明确抽查的依据、频次、方式、内容和程序，随机抽取被检查企业，随机选派检查人员，建立检查对象名录库和执法检查人员名录库。抽查情况和查处结果依法向社会公布。

第三十三条 邮政管理部门可以依照《中华人民共和国行政处罚法》的规定，委托依法成立并符合法定条件的管理公共事务的事业组织实施邮政行政处罚相关工作。

邮政管理部门可以委托符合法定条件的专业技术组织检验、检测邮件快件的处理设施、处理设备、封装用品、填充材料等邮政业用品用具。

第三十四条 邮政安全监督检查人员应当将检查的时间、地点、内容、发现的问题及其处理情况作出书面记录，并由监督检查人员和被检查单位的负责人签字；被检查单位负责人拒绝签字的，监督检查人员应当将情况记录在案，并向邮政管理部门报告。

第三十五条 邮政企业、快递企业应当配合邮政管理部门的安全监督检查，不得拒绝、阻碍。

第三十六条 邮政管理部门应当记录邮政企业、快递企业违法失信行为信息，并纳入邮政业信用管理，依法实施联合惩戒措施。

邮政管理部门依法通报邮政企业、快递企业违反安全监管有关规定、发生安全事件以及对有关责任人员进行处理的情况。对违法行为情节严重的单位，应当依法向社会公告，并通报有关部门和机构。

第三十七条 邮政企业、快递企业违反本办法第十条第一款、第十二条第一款规定，未按照国务院邮政管理部门的规定作出收寄验视标识、安全检查标识的，由邮政管理部门责令限期改正；逾期未改正的，处5000元以下的罚款。

第三十八条 邮政企业、快递企业违反本办法第十八条、第二十条规定，使用塑料包装袋、普通胶带不符合国家规定，或者使用有毒物质作为邮件、快件填充材料的，由邮政管理部门责令限期改正；逾期未改正的，处5000元以上1万元以下的罚款。

第三十九条 邮政企业、快递企业违反本办法第十九条规定，未向协议用户书面告知对封装用品和胶带的要求的，由邮政管理部门责令限期改正，可以处5000元以下的罚款。

第四十条 邮政企业、快递企业违反本办法第二十一条第一款、第二款规定，未对其提供寄递服务的营业场所、处理场所、快递末端网点、设置的智能快件箱在规定的覆盖范围内进行全天候视频监控或者保存监控资料不符合规定期限的，由邮政管理部门责令限期改正；逾期未改正的，处1万元以下的罚款。

第四十一条　邮政企业、快递企业违反本办法第二十一条第三款、第二十五条规定，未按照要求报送资料、信息、数据的，由邮政管理部门责令限期改正；逾期未改正的，处3000元以下的罚款。

第四十二条　国家关于机要通信安全监督管理另有规定的，适用其规定。

第四十三条　本办法自2020年2月15日起施行。交通运输部于2011年1月4日以交通运输部令2011年第2号公布、2013年4月12日以交通运输部令2013年第6号修改的《邮政行业安全监督管理办法》同时废止。

交通运输部办公厅关于印发2020年交通运输法制工作要点的通知

（交办法函〔2020〕71号）

各省、自治区、直辖市、新疆生产建设兵团交通运输厅（局、委），部属各单位、部内各司局：

经交通运输部同意，现将《2020年交通运输法制工作要点》印发给你们，请结合工作实际，认真贯彻落实。

交通运输部办公厅

2020年1月15日

（此件公开发布）

2020年交通运输法制工作要点

2020年交通运输法制工作的总体要求是：以习近平新时代中国特色社会主义思想为指导，深入贯彻落实党的十九大和十九届二中、三中、四中全会精神，聚焦加快建设交通强国目标要求，持续深化交通运输法治政府部门建设，加快完善综合交通运输法规体系，深入推进交通运输“放管服”改革，持续推进交通运输综合行政执法改革，加强综合执法队伍执法规范化建设，推动行业治理体系和治理能力现代化，为加快建设交通强国提供坚实法治引领和保障。

一、持续深化交通运输法治政府部门建设

（一）调研评估交通运输法治政府部门建设总体情况。开展交通运输法治政府部门建设大调研，总结评估2015年至2020年交通运输法治政府部门建设情况，发布交通运输法治政府部门建设白皮书。

（二）主动谋划新时代法治政府部门建设总体思路。根据中央有关法治建设规划和《交通强国建设纲要》，研究制定全面建成交通运输法治政府部门加快建设交通强国的意见，确定新时代深化法治政府部门建设的时间表和路线图。

（三）持续加强合法性审核和公平竞争审查工作。健全行政规范性文件合法性审核和公平竞争审查工作机制，推进审核工作流程化、规范化、信息化。完善行政规范性文件备案管理机制。依法依规做好重大行政决策合法性和

公平竞争审查工作。

（四）不断改进行政复议和应诉工作。健全典型行政复议案例的分析研判和通报机制，出版典型行政复议诉讼案例集，加强对基层行政复议和应诉工作的指导，提高基层行政复议和应诉能力，有效预防和化解矛盾纠纷。

（五）充分发挥法律顾问和公职律师队伍的作用。进一步加深法律顾问和公职律师在合法性审核、经济合同审查、复议诉讼案件办理等领域的参与程度，切实发挥好法律顾问和公职律师队伍的智囊、助手作用。

二、加快完善综合交通运输法规制度体系

（一）调整完善综合交通运输立法制度设计。印发关于完善综合交通法规体系的意见，促进不同运输方式法律制度的有效衔接，推动建立完善与交通强国相适应的综合交通法规体系，研究制定交通运输“十四五”立法规划。

（二）积极推动行业重点法律法规立法进程。制定并实施《交通运输部2020年立法计划》。加快推动公路法、收费公路管理条例和农村公路条例制修订工作。努力推动海上交通安全法、城市公共交通条例、铁路交通事故应急救援和调查处理条例（修订）颁布实施。积极推动民用航空法、海商法、铁路法、交通运输法、道路运输条例立法修法进程。

（三）有序开展部颁规章制修订工作。按照部年度立法计划，及时制修订一批铁路、公路、水路、民航、邮政等交通运输领域亟需的部门规章。按照党中央、国务院的决策部署，配套做好“放管服”改革、优化营商环境、公平竞争审查等相关规章清理工作。

三、深入推进交通运输“放管服”改革

（一）深入推进简政放权。以贯彻实施《优化营商环境条例》为主线、以“证照分离”改革为抓手、以转变政府职能为核心、以让企业有获得感为落点，深入推进简政放权，优化交通运输营商环境。按照国务院办公厅要求进一步取消下放交通运输行政许可事项。继续推进“证照分离”改革，在自贸试验区落实“证照分离”改革试点全覆盖。

（二）切实加强公正监管。持续推进实施以“双随机、一公开”为基本手段、以重点监管为补充、以信用监管为基础的新型监管机制。推进“互联网+监管”，加强与国家“互联网+监管”系统对接联通，归集共享各类监管数据。

（三）大力优化政府服务。依托国家政务服务平台，推动在更大范围实现“一网通办”、异地可办。优化行政许可网上办理流程，配合推进信息系统联通、数据共享工作，让数据多跑路、群众少跑腿。

四、切实推进交通运输综合行政执法改革

（一）督促指导地方完成交通运输综合行政执法改革。严格落实中共中央办公厅、国务院办公厅《关于深化交通运输综合行政执法改革的指导意见》，督促改革任务落实落地。适时召开全国交通运输综合执法改革推进会，重点加大对市县改革的指导力度，层层落实责任、理顺责权关系，做好相关涉改人员的思想稳定和妥善安置工作，不断夯实基层执法基础。

（二）强化与改革相关牵头部门的沟通与协调。继续加强与中央编办等改革牵头部门沟通与协调，推动相关省份尽快批复组建省级执法队伍方案。配合财政部做好《综合行政执法制式服装和标志管理办法》后续相关工作，配合司法部做好统一执法证件样式工作，做好《交通运输综合行政执法事项指导目录》报送国办审核印发有关工作，为改革平稳有序推进提供有效的政策制度保障。

（三）深入推进执法规范化建设。研究制定《交通运输综合行政执法队伍素质能力形象提升三年行动方案》。开展交通运输行政执法案卷评查、执法人员培训考试等工作。继续推进“四基四化”建设，指导各地交通运输综合行政执法队伍严格履行《交通运输行政执法程序规定》，全面贯彻落实行政执法“三项制度”，逐步建立健全综合执法队伍制度体系、实施体系、监管体系和保障体系，不断提升交通运输综合行政执法能力和水平。

（四）全面推进执法信息化建设。以推进行政执法综合管理信息系统工程建设为抓手，按照“部省联动、协同推进”原则，指导各地交通运输主管部门加快推进综合行政执法信息平台建设，统筹推进系统建设整体进度。对已开工建设的省份提供技术支持，对部分未立项的省份加强政策指导，加快推进全国交通运输行政执法“一张网”建设步伐。

五、扎实开展普法宣传和法治培训工作

（一）深入推进行业普法工作。严格落实“谁执法谁普法”的普法责任制，坚持开展以案释法工作，研究创新普法宣传新机制新方法，培育行业法治文化，让法治成为全体交通运输从业者的思维方式和行为习惯。

（二）扎实开展法治培训工作。继续办好交通运输系统领导干部法治政府部门建设专题培训班和法制处长专题培训班，不断提升交通运输领导干部运用法治思维和法治方式深化改革、推动发展、化解矛盾、维护稳定、应对风险的能力。

（三）落实法治工作经费保障。确保2020年交通运输法治政府部门建设全面有效推进。

农业农村部办公厅　交通运输部办公厅　公安部办公厅关于确保“菜篮子”产品和农业生产资料正常流通秩序的紧急通知

各省、自治区、直辖市农业农村（农牧）厅（局、委）、交通运输厅（局、委）、公安厅（局），新疆生产建设兵团农业农村局、交通运输局、公安局：

近期，因防范新型冠状病毒感染的肺炎疫情，一些地方“菜篮子”产品和农业生产资料运输受阻，出现蔬菜等“菜篮子”产品出不了村、进不了城，畜禽养殖所需饲料难以及时补充，种畜禽无法调运等问题。为确保“菜篮子”产品市场供应和农业生产稳定发展，现就有关事项通知如下。

一、严格执行“绿色通道”制度。各地要坚决落实《交通运输部 国家发展改革委 财政部关于进一步优化鲜活农产品运输“绿色通道”政策的通知》（交公路发〔2019〕99 号）要求，确保鲜活农产品运输畅通。

二、保障“菜篮子”产品和农业生产资料正常流通秩序。严禁未经批准擅自设卡拦截、断路阻断交通等违法行为，维护“菜篮子”产品和农业生产资料正常流通秩序。要加强“菜篮子”产品价格变动和市场供求的监测，积极协调产区和销区构建稳定的对接关系，强化调运组织管理，确保重点地区“菜篮子”产品有效供给。饲料生产和屠宰企业在做好新型冠状病毒感染的肺炎疫情防控的基础上，要加快生产恢复、满足畜禽养殖饲料需求，增加畜禽产品有效供给。要做好生产指导和技术服务，加强动植物疫病防控，全力保障农产品稳定生产。

三、加强宣传引导。要充分认识保证当前农产品市场供应充足和价格基本稳定，对于维护老百姓正常生活秩序、有效防控疫情的极端重要性。通过多种渠道、多种形式，广泛宣传防控疫情的科学措施，为“菜篮子”产品流通和农产品生产创造必要的便利条件，确保“菜篮子”产品产得出、运得走、供得上。

农业农村部办公厅
交通运输部办公厅
公安部办公厅
2020 年 1 月 30 日

交通运输部新型冠状病毒感染的肺炎疫情联防联控工作通知

各省、自治区、直辖市、新疆生产建设兵团交通运输厅（局、委）：

为贯彻落实党中央、国务院关于做好新型冠状病毒感染肺炎疫情防控工作重要决策部署，为打赢新型冠状病毒感染肺炎疫情阻击战提供坚强的应急物资保障，进一步做好疫情防控应急物资运输保障工作，经交通运输部同意，现就有关事项通知如下：

一、建立实施应急物资运输与公路保通保畅公开电话制度

各地省级交通运输主管部门要建立实施应急物资运输与公路保通保畅公开电话制度，面向社会公开，24 小时开通并安排人员值守，受理和解决防疫应急物资运输车辆办理《通行证》，督促各地严格贯彻落实对疫情防控物资运输车辆“不停车、不检查、不收费、保障优先通行”的政策，确保疫情防控应急物资及时运输。请各地省级交通运输部门于 1 月 31 日 15 时前，将本省份应急物资运输与公路保通保畅公开电话号码报部（运输服务司/物流保障办公室），由部统一向社会公开发布。同时，请各地建立并严格实施所公开电话值班值守制度，保证 24 小时开通并有人员接听服务；请各地通过行业协会、新闻媒体、互联网等媒介手段加强对疫情防控应急通行政策、有关公开电话进行广泛宣传、广而告之，确保一线货运经营者掌握政策、知晓公开电话。部将对各省份公开电话开通、值守情况进行不定时监督抽查，并将对监督抽查情况进行通报。

二、建立健全疫情防控应急运输车队及车辆台账

各地省级交通运输主管部门要在前期已开展疫情防控应急车队建设、应急车辆统计台账的基础上，进一步建立健全、扎实落实本省份疫情防控应急运输车辆的底数和台账。要在对本省份已统计造册的应急运输车辆台账和实际情况再摸底、再核实的基础上，建立疫情防控应急运输车队；要建立详细车辆台账，具体到车辆号牌、车辆类型和驾驶员。要充分发挥大中型客货运输企业的组织优势和运力优势，在应急车队建设中发挥骨干示范作用；要督促应急保障车辆做好车辆技术维护，确保车辆技术状况良好；要建立顺畅的车队通讯联络机制，发挥卫星定位导航车

载终端作用，确保上下联络顺畅，随时掌握最新运力动态分布。各地省级交通运输部门要在1月31日晚9时前，将本省份应急运输车队的有关情况信息报部运输服务司/物流保障办公室（信息报送格式见附表）。

联系人及联系方式：

交通运输部运输服务司/物流保障办公室：

余兴源、曹磊，（010）65292831，传真（010）65292830。

交通运输部应对新型冠状病毒感染的
肺炎疫情联防联控机制综合协调组
（交通运输部应急办代章）
2020年1月30日

附表：新型冠状病毒感染肺炎疫情防控道路客、货运输应急运力统计表（略）

中华人民共和国交通运输部令

（2020 年第 5 号）

《邮政行政执法监督办法》已于 2020 年 2 月 20 日经第 5 次部务会议通过，现予公布，自 2020 年 5 月 1 日起施行。

部长　李小鹏

2020 年 2 月 24 日

邮政行政执法监督办法

第一条　为了加强邮政行政执法监督，纠正邮政行政执法中的违法、不当行为，保证涉及邮政的法律、法规及规章的正确实施，促进严格、规范、公正、文明执法，维护公民、法人和其他组织的合法权益，制定本办法。

第二条　邮政管理部门对本机关内设执法机构和下级邮政管理部门的行政执法活动实施监督，适用本办法。

第三条　邮政行政执法监督应当坚持监督检查与指导改进相结合，遵循依法、客观、公正、公开和有错必纠的原则。

第四条　调查处理邮政行政执法中的违法、不当行为，应当做到事实清楚、证据确凿、程序合法、定性准确、处理恰当。

第五条　邮政管理部门法制工作机构负责邮政行政执法监督工作，承担下列职责：

（一）依法负责邮政行政执法人员的执法资格管理工作；

（二）拟订邮政行政执法监督工作制度；

（三）组织执法案卷评议，对行政执法开展监督调查；

（四）依法办理行政复议、行政应诉事项；

（五）法律、行政法规规定的其他职责。

第六条　邮政管理部门内设执法机构负责行政执法业务指导和督促工作，承担下列职责：

（一）指导和督促下级邮政管理部门依法实施行政执法行为；

（二）指导和督促下级邮政管理部门依法公开行政执法信息；

（三）指导下级邮政管理部门行政执法案卷、用语、装备、场所的规范化工作；

（四）法律、行政法规规定的其他职责。

第七条　邮政管理部门可以组织法律顾

问、公职律师参与行政执法监督工作。

第八条 邮政行政执法监督主要包括下列内容：

（一）实施行政处罚、行政强制、行政许可等行政执法行为的合法性、合理性情况；

（二）行政执法信息的主动公开情况；

（三）行政执法场所规范化建设情况；

（四）行政执法案卷和文书制作情况；

（五）法律、行政法规规定的其他事项。

第九条 邮政行政执法人员从事行政执法工作，应当取得行政执法证件。

第十条 邮政管理部门可以依照《中华人民共和国行政处罚法》的规定，委托依法成立并符合法定条件的管理公共事务的事业组织实施行政处罚相关工作。受委托组织实施的行政行为，由委托机关负责监督，并对该行为的后果承担法律责任。

第十一条 邮政行政执法人员在进行监督检查、调查取证、采取强制措施、送达执法文书等行政执法活动时，应当主动出示行政执法证件，向当事人和相关人员表明身份。

第十二条 实施邮政行政执法，应当按照“谁执法谁公示”的原则，向社会公开下列信息，涉及国家秘密、商业秘密、个人隐私的除外：

（一）作出行政执法行为的法律、法规、规章等法定依据；

（二）本机关发布的涉及行政执法的行政规范性文件；

（三）本机关职能、机构设置、办公地址、办公时间、联系方式、负责人姓名；

（四）随机抽查事项清单；

（五）办理行政许可的条件、程序、时限；

（六）法律、法规、规章和国家有关规定要求主动公开的其他行政执法信息。

对前款规定的信息，邮政管理部门在主动公开后，应当根据法定依据以及机构职责变化等情况进行调整。

第十三条 邮政管理部门应当自作出行政执法决定之日起 20 个工作日内，向社会公布执法机关、执法对象、执法类别、执法结论等信息，接受社会监督，其中对行政许可、行政处罚的行政执法决定信息应当自作出行政执法决定之日起 7 个工作日内公开，但是法律、行政法规另有规定的除外。

第十四条 邮政管理部门实施行政处罚、行政强制、行政许可等行政执法行为，应当做到文字记录合法规范、客观全面、及时准确。

第十五条 除法律、法规或者国家规定禁止进行音像记录外，邮政管理部门对直接涉及重大财产权益的现场执法活动和执法办案场所以及对现场执法、调查取证、举行听证、留置送达和公告送达等容易引发争议的行政执法过程，应当使用照相、录音或者录像设备进行音像记录。

第十六条 邮政管理部门应当依法收集、整理行政处罚、行政强制、行政许可等行政执法行为的检查记录、证据材料、执法文书并立卷、归档，按照档案管理规定实行集中统一管理。

第十七条 邮政管理部门依法制定本机关行政处罚裁量基准。

第十八条 邮政管理部门依照法律、法规的规定，拟作出重大行政执法决定的，应当在作出决定前进行法制审核。

邮政管理部门应当结合本机关行政执法行为的类别、执法层级、所属领域等因素，明确重大行政执法决定法制审核事项。

第十九条 进行法制审核的，由邮政管理部门内设执法机构向法制工作机构提供送审材料，对行政执法的事实、证据、法律适用、程序的合法性进行说明。

邮政管理部门内设执法机构应当对送审材料的真实性、准确性、完整性负责。

第二十条 邮政管理部门法制工作机构负责对送审材料涉及的下列事项进行审核：

（一）行政执法人员是否具备执法资格；

（二）行政执法程序是否合法；

（三）案件事实是否清楚，证据是否合法充分；

（四）适用法律、法规、规章是否准确，裁量是否适当；

（五）执法是否符合本机关的法定权限；

（六）行政执法文书是否完备、规范；

（七）违法行为是否涉嫌犯罪、需要移送司法机关。

第二十一条 邮政管理部门法制工作机构对送审材料提出法制审核意见，由内设执法机构按程序一并提交本机关主要负责人批准。

第二十二条 邮政管理部门可以委托法律顾问对送审材料提出建议，供法制工作机构参考。

第二十三条 下级邮政管理部门应当向上一级邮政管理部门书面报告上一年度邮政行政执法总体情况，接受监督、指导。

行政执法年度报告，包括执法制度和执法队伍建设情况，行政许可、行政强制、行政处罚实施情况，以及执法中存在的问题和改进的措施等事项。

第二十四条 对下级邮政管理部门办理的有重大社会影响的行政执法事项，上级邮政管理部门可以要求其书面报告办理行政执法事项的工作信息，加强指导和督促。

第二十五条 上级邮政管理部门可以对下一级邮政管理部门进行执法案卷评议，由法制工作机构组织两名以上评议人员抽查已经结案的行政许可、行政处罚、行政强制等行政执法案卷。

第二十六条 对同级国家权力机关、人民政府或者上级邮政管理部门提出异议的行政执法案件，邮政管理部门应当组织对其内设执法机构的行政执法案卷实施专项执法案卷评议。

对公民、法人、其他组织提出投诉比较集中或者新闻媒体作出重点报道的行政执法案件，邮政管理部门可以参照前款规定实施专项执法案卷评议。

第二十七条 邮政管理部门制定执法案卷评议标准应当符合法律、行政法规、部门规章的规定。

第二十八条 邮政管理部门内设执法机构可以根据执法案卷评议标准组织对行政执法案件进行评析，对办理行政执法案件以及规范行政执法行为等提出改进措施。

第二十九条 邮政管理部门在实施执法案卷评议过程中发现下级邮政管理部门、本机关内设执法机构的行政执法行为涉嫌违法、不当且严重损害行政相对人合法权益的，应当自发现之日起7个工作日内立案调查。

上级邮政管理部门有权指令下级邮政管理部门实施立案调查或者指令其参与调查。

第三十条 指令下级邮政管理部门实施立案调查或者参与调查的，上级邮政管理部门应当制作《邮政行政执法监督调查通知书》。

受指令实施立案调查或者参与调查的下级邮政管理部门应当自收到《邮政行政执法监督调查通知书》之日起7个工作日内立案调查或者参与调查。

第三十一条 邮政管理部门实施行政执法监督调查时，法制工作机构人员不得少于两人。

第三十二条 邮政管理部门实施行政执法监督调查，可以依法采取下列措施：

（一）询问邮政管理部门负责人、行政执法人员，询问行政相对人或者其他知情人，并制作笔录；

（二）查阅和复制行政执法案卷、账目、票据和凭证，暂扣、封存可以证明存在违法或者不当行政执法行为的文书等材料；

（三）以拍照、录音、录像、抽样等方式收集证据；

（四）召开座谈会、论证会，听取汇报；

（五）要求有关机关、机构、人员提交书面答复。

第三十三条 被监督调查机关、机构及其人员不得拒绝、阻碍行政执法监督调查。

第三十四条 行政执法监督调查事项涉及国家秘密、商业秘密、个人隐私的，邮政管理部门应当依法履行保密义务。

第三十五条 邮政管理部门应当自立案调查之日起60日内完成调查，并作出行政执法监督调查处理决定；情节复杂或者有其他特殊原因的，经本机关负责人批准可以延长，但延长期限不得超过30日。

按上级邮政管理部门的指令实施立案调查的邮政管理部门，应当自作出行政执法监督调查处理决定之日起10个工作日内将监督调查处理结果逐级报告下达指令的邮政管理部门。

第三十六条 邮政管理部门作出行政执法监督调查处理决定前，应当向被监督调查机关、机构告知作出决定的事实、理由和依据，并充分听取其陈述和申辩。

第三十七条 邮政管理部门作出行政执法监督调查处理决定，应当制作《邮政行政执法监督调查处理决定书》。

《邮政行政执法监督调查处理决定书》应当载明下列内容：

（一）被监督调查机关、机构的名称；

（二）认定的事实和理由；

（三）处理的决定和依据；

（四）执行处理决定的方式和期限；

（五）作出处理决定的邮政管理部门名称和日期，并加盖印章。

第三十八条 被监督调查机关、机构无正当理由不履行或者拖延履行法定执法职责的，邮政管理部门应当作出责令其限期履行的决定。

第三十九条 被监督调查机关、机构的行政执法行为有下列情形之一的，邮政管理部门应当决定予以撤销、变更或者确认其违法：

（一）主要事实不清、证据不足的；

（二）适用依据错误的；

（三）违反法定程序的；

（四）超越或者滥用职权的；

（五）行政执法行为明显不当的；

（六）法律、行政法规规定的其他情形。

第四十条 撤销、变更行政执法行为，不适用下列情形：

（一）撤销、变更行政执法行为可能对公共利益造成重大损害的；

（二）行政执法行为违法，但不具有可撤销、变更内容的；

（三）法律、行政法规规定的其他情形。

因前款情形，具体行政行为不予撤销、变更的，被监督调查机关、机构应当采取补救措施。

第四十一条 邮政管理部门决定撤销行政执法行为或者确认行政执法行为违法的，可以责令被监督调查机关、机构在一定期限内重新作出行政执法行为。

第四十二条 被监督调查机关、机构作出的行政执法行为有下列情形之一的，邮政管理部门应当责令其以书面形式进行补正或者更正：

（一）未载明行政执法决定作出日期的；

（二）程序存在瑕疵，但未对公民、法人或者其他组织合法权益造成影响的；

（三）需要补正或者更正的其他情形。

第四十三条 邮政管理部门可以向被监督调查机关、机构提出改进行政执法工作的意见建议。

被监督调查机关、机构应当根据意见建议改进行政执法工作，并按要求报告改进情况。

第四十四条 邮政管理部门可以内部通报行政执法典型案例。

第四十五条 公民、法人或者其他组织不服邮政管理部门及其工作人员的职务行为，可以向上级或者本级邮政管理部门提出建议、意见或者投诉请求。

第四十六条 公民、法人或者其他组织认为邮政管理部门的行政执法行为侵犯其合法权益的，可以依法申请行政复议或者提起行政诉讼。

邮政管理部门应当依法办理行政复议和行政应诉。

第四十七条 有下列情形之一的，由上一级邮政管理部门责令限期改正；情节严重或者拒不改正的，予以批评或者通报批评：

（一）未按要求报送行政执法总体情况的；

（二）安排不具备行政执法资格的人员从事行政执法活动的；

（三）委托不符合条件资质的组织实施行政处罚的；

（四）未按要求向社会主动公开执法信息的；

（五）法律、行政法规、部门规章规定的其他情形。

第四十八条 邮政管理部门在实施行政执法监督过程中，发现下级邮政管理部门、本机关内设执法机构存在多次违法、不当行政执法行为的，可以约谈该邮政管理部门、内设执法机构的负责人。

第四十九条 邮政管理部门在实施行政执法监督过程中，发现存在违法违纪行为需要追责问责的，应当移交有权机关根据有关规定处理。

第五十条 本办法自2020年5月1日起施行。交通运输部于2014年12月7日以交通运输部令2014年第18号公布的《邮政行政执法监督办法》同时废止。

交通运输部关于加强中欧班列运行保障工作的通知

（交规划明电〔2020〕74 号）

各省、自治区、直辖市、新疆生产建设兵团交通运输厅（局、委）：

为深入贯彻落实党中央、国务院决策部署，统筹做好新冠肺炎疫情防控和经济社会发展工作，发挥交通运输“先行官”作用，打通“大动脉”，畅通“微循环”，推动中欧班列在疫情期间发挥更好的战略通道作用，促进中欧班列高质量发展，现就有关事项通知如下：

一、在疫情防控期间，将中欧班列集装箱运输车辆纳入应急运输“绿色通道”，根据《交通运输部　国家卫生健康委关于切实简化疫情防控应急运输车辆通行证办理流程及落实对应急运输保障人员不实行隔离措施通知》（交运明电〔2020〕57 号）等文件规定，按照统一通行证式样，由承运单位或驾驶人员自行打印、自行填写、随车携带，保障中欧班列集装箱运输车辆不停车、不检查、不收费，优先便捷通行。

二、按照《国务院办公厅关于做好公路交通保通保畅工作确保人员车辆正常通行的通知》等要求，各地要组织集卡车司机和相关人员尽快返岗，对短期向疫情重点区域运送物资的中欧班列集装箱运输车辆司机、装卸工等提供保障的人员，经过体温检测符合规定的，在采取戴口罩等必要防护措施的前提下，原则上不需采用隔离 14 天的措施。

三、地方交通运输主管部门加强与中欧班列运营平台公司和相关企业的工作对接，做好运输组织保障，促进道路运输、水运与铁路有效衔接，推动港航与铁路间信息交换共享。鼓励港航企业与铁路企业加强合作，促进集装箱海运与铁路相互调运。

四、按照国务院应对新型冠状病毒感染肺炎疫情联防联控机制关于科学防治精准施策分区分级做好新冠肺炎疫情防控工作的指导意见，分区分级精准防控，有序推动物流园区等物流枢纽节点复工复产，特别是涉及中欧班列的重要物流枢纽节点，优先推动复工复产。

五、加强部门协作，提升中欧班列运输便利化水平，减少中转换装，降低损耗，提高中欧班列货物运输服务水平和运营效率。

六、按照“远近结合、标本兼治、提质增效”的工作思路，梳理中欧班列安全稳定运行中涉及枢纽节点、“最后一公里”等的问题，结合“十四五”综合交通运输发展规划编制，谋划推动一批大型枢纽站点集结中心（物流园区）、铁路专用线项目等规划建设，优化中欧班列开行总体布局。加强西部陆海新通道、中欧陆海快线与中欧班列的衔接，促进形成联动发展格局。

七、铁路局要加强与铁路合作组织的沟通联系，并充分发挥与俄罗斯、哈萨克斯坦等国政府铁路主管部门合作机制的作用，保障中欧班列国际运输正常化。邮政局要推动做好中欧班列运邮工作。

交通运输部

2020 年 2 月 24 日

（此件公开发布）

工业和信息化部关于推动 5G 加快发展的通知

（工信部通信〔2020〕49 号）

各省、自治区、直辖市及计划单列市、新疆生产建设兵团工业和信息化主管部门、无线电管理机构，各省、自治区、直辖市通信管理局，中国电信集团有限公司、中国移动通信集团有限公司、中国联合网络通信集团有限公司、中国铁塔股份有限公司、中国广播电视网络有限公司：

为深入贯彻落实习近平总书记关于推动 5G 网络加快发展的重要讲话精神，全力推进 5G 网络建设、应用推广、技术发展和安全保障，充分发挥 5G 新型基础设施的规模效应和带动作用，支撑经济高质量发展。现就有关事项通知如下：

一、加快 5G 网络建设部署

（一）加快 5G 网络建设进度。基础电信企业要进一步优化设备采购、查勘设计、工程建设等工作流程，抢抓工期，最大程度消除新冠肺炎疫情影响。支持基础电信企业以 5G 独立组网（SA）为目标，控制非独立组网（NSA）建设规模，加快推进主要城市的网络建设，并向有条件的重点县镇逐步延伸覆盖。

（二）加大基站站址资源支持。鼓励地方政府将 5G 网络建设所需站址等配套设施纳入各级国土空间规划，并在控制性详细规划中严格落实；在新建、改扩建公共交通、公共场所、园区、建筑物等工程时，统筹考虑 5G 站址部署需求；加快开放共享电力、交通、公安、市政、教育、医疗等公共设施和社会站址资源。对于支持力度大的地区，基础电信企业要加大投资，优先开展 5G 建设。

（三）加强电力和频率保障。支持基础电信企业加强与电力企业对接，对具备条件的基站和机房等配套设施加快由转供电改直供电；积极开展网络绿色化改造，加快先进节能技术应用推广。调整 700MHz 频段频率使用规划，加快实施 700MHz 频段 5G 频率使用许可；适时发布部分 5G 毫米波频段频率使用规划，开展 5G 行业（含工业互联网）专用频率规划研究，适时实施技术试验频率许可。进一步做好中频段 5G 基站与卫星地球站等其他无线电台（站）的干扰协调工作。

（四）推进网络共享和异网漫游。进一步深化铁塔、室内分布系统、杆路、管道及配套设施共建共享。引导基础电信企业加强协调配合，充分发挥市场机制，整合优势资源，开展 5G 网络共享和异网漫游，加快形成热点地区多网并存、边远地区一网托底的网络格局，打造资源集约、运行高效的5G网络。

二、丰富5G技术应用场景

（五）培育新型消费模式。鼓励基础电信企业通过套餐升级优惠、信用购机等举措，促进5G终端消费，加快用户向5G迁移。推广5G+VR/AR、赛事直播、游戏娱乐、虚拟购物等应用，促进新型信息消费。鼓励基础电信企业、广电传媒企业和内容提供商等加强协作，丰富教育、传媒、娱乐等领域的4K/8K、VR/AR等新型多媒体内容源。

（六）推动"5G+医疗健康"创新发展。开展5G智慧医疗系统建设，搭建5G智慧医疗示范网和医疗平台，加快5G在疫情预警、院前急救、远程诊疗、智能影像辅助诊断等方面的应用推广。进一步优化和推广5G在抗击新冠肺炎疫情中的优秀应用，推广远程体检、问诊、医疗辅助等服务，促进医疗资源共享。

（七）实施"5G+工业互联网"512工程。打造5个产业公共服务平台，构建创新载体和公共服务能力；加快垂直领域"5G+工业互联网"的先导应用，内网建设改造覆盖10个重点行业；打造一批"5G+工业互联网"内网建设改造标杆网络、样板工程，形成至少20大典型工业应用场景。突破一批面向工业互联网特定需求的5G关键技术，显著提升"5G+工业互联网"产业基础支撑能力，促进"5G+工业互联网"融合创新发展。

（八）促进"5G+车联网"协同发展。推动将车联网纳入国家新型信息基础设施建设工程，促进LTE－V2X规模部署。建设国家级车联网先导区，丰富应用场景，探索完善商业模式。结合5G商用部署，引导重点地区提前规划，加强跨部门协同，推动5G、LTE－V2X纳入智慧城市、智能交通建设的重要通信标准和协议。开展5G－V2X标准研制及研发验证。

（九）构建5G应用生态系统。通过5G应用产业方阵等平台，汇聚应用需求、研发、集成、资本等各方，畅通5G应用推广关键环节。组织第三届"绽放杯"5G应用征集大赛，突出应用落地实施，培育5G应用创新企业。推动5G物联网发展。以创新中心、联合研发基地、孵化平台、示范园区等为载体，推动5G在各行业各领域的融合应用创新。

三、持续加大5G技术研发力度

（十）加强5G技术和标准研发。组织开展5G行业虚拟专网研究和试点，打通标准、技术、应用、部署等关键环节。加速5G应用模组研发，支撑工业生产、可穿戴设备等泛终端规模应用。持续支持5G核心芯片、关键元器件、基础软件、仪器仪表等重点领域的研发、工程化攻关及产业化，奠定产业发展基础。

（十一）组织开展5G测试验证。基础电信企业进一步优化5GSA设备采购测试流程，根据建设计划明确测试时间表，促进相关设备加快成熟。持续开展5G增强技术研发试验，组织芯片和系统开展更广泛的互操作测试，加速技术和产业成熟。结合国家频率规划进度安排，组织开展毫米波设备和性能测试，为5G毫米波技术商用做好储备。

（十二）提升5G技术创新支撑能力。支持领先企业利用5G融合新技术，打造并提供行业云服务、能力开放平台、应用开发环境等共性平台，鼓励建设相关开源社区、开源技术基地，促进开放式应用创新。加快5G检测认证平台建设，面向5G系统、终端、服务、安全等各环节提升测试、检验、认证等服务能力，降低企业研发及应用成本。

四、着力构建5G安全保障体系

（十三）加强5G网络基础设施安全保障。加快构建5G关键信息基础设施安全保障体系，加强5G核心系统、网络切片、移动边缘计算平台等新对象的网络安全防护，建立风险动态评估、关键设备检测认证等制度和机制。研究典型应用场景下的安全防护指南和标准。试点开展5G安全监测手段建设，完善网络安全态势感知、威胁治理、事件处置、追踪溯源的安全防护体系。

（十四）强化5G网络数据安全保护。围绕5G各类典型技术和车联网、工业互联网等典型应用场景，健全完善数据安全管理制度与标准规范。建立5G典型场景数据安全风险动态评估评测机制，强化评估结果运用。合理划分网络运营商、行业服务提供商等各方数据安全和用户个人信息保护责任，明确5G环境下数据安全基线要求，加强监督执法。推动数据安全合规性评估认证，构建完善技术保障体系，切实提升5G数据安全保护水平。

（十五）培育5G网络安全产业生态。加强5G网络安全核心技术攻关和成果转化，强化安全服务供给。大力推进国家网络安全产业园区建设和试点示范，加快培育5G安全产业链关键环节领军企业，促进产业上下游中小企业发展，形成关键技术、产品和服务的一体化保障能力。积极创新5G安全治理模式，推动建设多主体参与、多部门联动、多行业协同的安全治理机制。

五、加强组织实施

（十六）加强组织领导。各单位要建立健全组织领导制度，做好各项要素保障，把加快5G发展作为当前一项重点工作来抓。加强与地方住建、交通、电力、医疗、教育等主管部门的协调配合，合力推进5G建设发展各项工作。

（十七）加强责任落实。各地工业和信息化主管部门、无线电管理机构、通信管理局要进一步加大工作力度，及时细化各项支持政策和举措，确保各项政策落到实处。各基础电信企业要发挥主体作用，做好5G研发、试验、建设、应用、安全等各项工作，全力推进5G建设发展。

（十八）加强总结交流。各单位要定期梳理经验做法，及时发现问题不足，不断调整优化工作举措，相关情况及时报送工业和信息化部。工业和信息化部将组织开展各地5G建设发展情况评估，适时发布相关推进情况。

工业和信息化部

2020年3月24日

市场监管总局 国家邮政局关于开展快递包装绿色产品认证工作的实施意见

（国市监认证〔2020〕43号）

各省、自治区、直辖市及新疆生产建设兵团市场监管局（厅、委）、邮政管理局：

为深入贯彻落实习近平总书记关于快递包装绿色治理的重要指示批示精神，按照《中共中央 国务院关于全面加强生态环境保护 坚决打好污染防治攻坚战的意见》有关要求，推动快递包装行业绿色发展，根据《中华人民共和国产品质量法》《中华人民共和国邮政法》《中华人民共和国认证认可条例》《快递暂行条例》，市场监管总局、国家邮政局决定开展快递包装绿色产品认证工作。现提出以下实施意见：

一、工作原则与机制

（一）工作原则

市场监管总局、国家邮政局按照“统一管理、共同规范、政府引导、市场运作”的原则，根据部门职责加强协调和管理，共同组织推动快递包装绿色产品认证工作。

（二）工作机制

快递包装绿色产品认证工作由市场监管总局统一管理、监督和综合协调，并与国家邮政局共同实施。

市场监管总局和国家邮政局共同组建快递包装绿色产品认证技术专家组（以下简称专家组）。专家组在市场监管总局和国家邮政局的指导下，研究认证实施过程中出现的技术问题，提出工作建议。

市场监管总局联合国家邮政局发布快递包装绿色产品认证目录和认证规则，并对认证目录和认证依据实施动态管理。国家邮政局负责发布技术要求，制定快递包装绿色产品推广应用政策，推进认证结果采信。

二、认证实施

（一）从事快递包装绿色产品认证的认证机构应当依法设立，符合《中华人民共和国认证认可条例》《认证机构管理办法》规定的基本条件，并具备与从事快递包装绿色产品认证相适应的技术能力。

（二）认证机构根据认证业务需要，委托取得相应资质的检测机构开展与快递包装绿色产品认证相关的检测活动，并对依据有关检测数据作出的认证结论负责。

（三）认证机构和检测机构应当分别建立

认证、检测全过程可追溯工作机制，对认证、检测全过程做出完整记录并归档留存，保证认证、检测各环节和结果可追溯。

（四）认证机构应当公开认证基本规范、认证规则、认证细则、收费标准、获证产品及生产者等信息，接受社会的监督和查询，并按要求向市场监管总局报送快递包装绿色产品认证实施情况以及获证产品信息和证书暂停、撤销或注销等信息。

（五）绿色产品标识的使用应符合《绿色产品标识使用管理办法》相关要求。

三、监督管理

（一）各级市场监管部门依据法律、法规、规章规定对快递包装绿色产品认证活动及结果进行监督管理，并依照有关规定公开监督检查结果，相关企业的抽查检查结果信息通过国家企业信用信息公示系统依法公示。

（二）各级邮政管理部门负责推动绿色快递包装认证结果的采信工作，对行业采信应用情况进行检查和督促。

（三）各级市场监管部门、邮政管理部门根据各自职责受理相关违法行为的举报，并依法进行查处。

（四）市场监管总局、国家邮政局依法依规公布认证机构及其法人代表、主要责任人、认证人员失信名录以及失信信息。

（五）认证委托人对认证机构的认证工作和认证结论存在异议的，可向做出认证结论的认证机构提出。对认证机构处理仍有异议的，可以向市场监管部门投诉。

市场监管总局 国家邮政局

2020 年 3 月 24 日

交通运输部办公厅关于印发《农村交通运输综合信息服务平台推广实施指南》的通知

（交办科技函〔2020〕422号）

各省、自治区、直辖市、新疆生产建设兵团及计划单列市交通运输厅（局、委）：

为贯彻落实《智慧交通让出行更便捷行动方案（2017—2020年）》，指导农村交通运输综合信息服务平台建设，为更好的服务乡镇和建制村通客车工作，助力数字乡村建设，服务乡村振兴战略，部组织制定了《农村交通运输综合信息服务平台推广实施指南》（以下简称《指南》），现印发给你们。有关事宜通知如下：

一、准确认识平台定位

农村交通运输综合信息服务平台（以下简称农村运输信息平台）是通过移动互联网融合线上信息服务和线下运输服务，为农村群众提供安全便捷出行服务和高效经济物流服务的综合性运输信息服务平台。各推广单位要充分认识农村运输信息平台“线上线下融合，线下资源为主”的特性，重点关注村级服务站点、合规运力接入等运营体系建设，确保平台可持续发展能力。

二、明确平台推广主体

农村运输信息平台主要服务于各地农村群众出行及物流服务的改善，由地方交通运输主管部门和农村运输信息平台运营主体共同构成推广主体。农村运输信息平台运营主体由地方交通运输主管部门根据地方实际择优选取。各推广单位应充分发挥县级交通运输主管部门和农村运输信息平台运营主体在推广工作中的作用，切实围绕满足农村群众出行和物流需求，结合实际开展推广工作。

三、合理确定推广范围

农村运输信息平台在城乡交通一体化程度较低、需求群体较为分散的地区具有较强的推广价值，主要解决偏远地区农村群众出行和农村快递物流上下行。各推广单位应采取因地制宜、试点推进、逐步拓展的方式进行推广，合理确定推广范围。

四、鼓励平台模式创新

各推广单位可结合《指南》内容，紧密围绕当地实际，积极创新农村运输信息平台运营模式，鼓励基于平台形成更丰富的信息服务和线下服务，提升广大农村群众对信息技术与交通运输深度融合的获得感。

五、确保运营合规安全

各推广单位应在推广农村运输信息平台工作中，高度重视合规运力的审核接入、服务站点的安全运营和平台的网络安全防护，确保农村群众平安出行、物流安全运输和平台稳定运行。

六、做好平台推广保障

各推广单位应围绕农村运输信息平台推广，积极营造平台推广的有利环境，为平台运行所需线下资源接入和建设提供必要支持，多种渠道落实平台建设经费，合理划定经费规模，做好农村运输信息平台推广保障工作。

七、及时总结推广经验

各推广单位应结合实际推广工作，及时总结推广经验，有关推广情况及时报部。部将适时组织各地区开展经验交流，推广农村运输信息平台应用经验。

联系人：交通运输部科技司 姚育章，010－65292018。

交通运输部办公厅

2020 年 3 月 24 日

附件：《农村交通运输综合信息服务平台推广实施指南》（略）

交通运输部关于进一步做好高速公路车辆通行费优惠预约通行服务工作的通知

（交公路明电〔2020〕204号）

各省、自治区、直辖市交通运输厅（局、委）：

《交通运输部关于做好高速公路车辆通行费优惠预约通行相关工作的通知》（交公路明电〔2019〕10号）印发以来，各地交通运输主管部门和高速公路经营管理单位认真贯彻落实，为符合政策规定的鲜活农产品、跨区作业联合收割机（插秧机）等运输车辆提供预约通行服务，保障了车辆不停车快捷通行并充分享受车辆通行费减免优惠政策。但受新冠肺炎疫情等因素影响，目前货车ETC安装和使用率以及鲜活农产品、跨区作业联合收割机（插秧机）运输车辆预约通行率较低，为保持相关政策平稳过渡和有效衔接，现将有关要求通知如下：

一、延长预约通行过渡期。鉴于鲜活农产品、跨区作业联合收割机运输车辆普及ETC和熟悉预约方式还需要一定时间，为确保预约通行政策平稳顺利实施，充分发挥社会效益，部决定将高速公路通行费优惠预约通行政策过渡期延长至2020年12月31日。在过渡期期间，运输鲜活农产品、跨区作业联合收割机（插秧机）的车辆，未安装ETC车载装置，或者安装ETC车载装置但未通过互联网预约，经出口收费站查验，符合条件的，也可免收车辆通行费。

过渡期结束后，运输鲜活农产品、跨区作业联合收割机（插秧机）的车辆，通过安装ETC车载装置并预约通行方式，享受通行费优惠政策，并依据信用记录逐步降低查验频次；未安装ETC车载装置且未提前完成互联网预约，以及已安装ETC车载装置但在入口收费站未使用或无法正常使用（如被列入ETC用户信用黑名单），领取CPC卡通行的车辆，不再享受免费通行政策。因收费系统原因，导致安装ETC车载装置的鲜活农产品、跨区作业联合收割机（插秧机）运输车辆只能领取纸质通行券通行的情形除外。

二、强化政策宣传。充分利用过渡期，组织ETC发行服务机构、合作金融机构和高速公路经营管理单位，通过新闻媒体、网络媒体、情报板、折页宣传册等方式，大力开展政策宣传、业务解读，重点宣传安装使用ETC享受通行费优惠和不停车快捷通行，以及如何进行通行预约和预约车辆在提高查验速度、进行信用积累、降低查验频次等方面的益处。同时，通过多种方式培训，帮助运输业户熟悉预约流程、熟练掌握预约要领，切实提高相关货车司机对安装使用ETC、预约通行的积极性。

三、优化货车ETC发行服务。协调合作金融机构，为货车办理ETC车载装置提供高效优质授信服务。在充分利用现有发行服务渠道基础上，针对货车流动性强、位置分散等特点，深入货物装卸场站、高速公路服务区、港口码头、物流园区等地点，为货车安装ETC车载装置提供便利。场地条件允许的收费站，应设立现场服务点，提供现场发行安装服务。加强与大型物流企业、无车承运人平台和相关企业合作，结合自身优势，切实解决部分货车授信难的问题，组织开展预约上门、集中发行和现场安装，进一步提升发行服务效率和货车ETC安装率。组织ETC发行服务机构和合作机构，严格按照《交通运输部办公厅关于做好货车及专项作业车ETC发行服务有关工作的通知》（交办公路函〔2019〕1524号），认真核实货车轴数和车辆类型，规范写入相关信息，保障信息准确完整。结合用户历史数据，对无不合格查验记录的高频用户，探索实行预约后降低查验频次或免查验的激励措施。

四、严格执行鲜活农产品品种目录。组织收费公路经营管理单位，严格按照交通运输部、国家发展改革委、财政部印发的《关于进一步完善鲜活农产品运输绿色通道政策的紧急通知》（交公路发〔2010〕715号）和《交通运输部办公厅 农业农村部办公厅关于对仔猪及冷鲜猪肉恢复执行鲜活农产品运输“绿色通道”政策的通知》（交办公路明电〔2019〕77号）等有关规定，规范鲜活农产品品种查验，确保全网政策统一，确保符合条件的运输车辆通行费应免尽免。同时，对不符合免费要求的运输车辆，包括阶段性免费通行政策到期的种猪及冷冻猪肉运输车辆，要耐心细致做好政策解释和正常通行服务保障工作。

交通运输部

2020年6月20日

商务部　工业和信息化部　生态环境部　农业农村部　人民银行　市场监管总局　银保监会　中国物流与采购联合会关于进一步做好供应链创新与应用试点工作的通知

（商建函〔2020〕111号）

各省、自治区、直辖市、计划单列市及新疆生产建设兵团商务、工业和信息化、生态环境、农业农村、市场监管部门，中国人民银行各分行、营业管理部、各省会（首府）中心支行、各副省级城市中心支行，各银保监局，中国物流与采购联合会各分支机构：

为深入贯彻落实习近平总书记关于统筹推进新冠肺炎疫情防控和经济社会发展的系列重要讲话精神，发挥供应链创新与应用试点工作在推动复工复产、稳定全球供应链、助力脱贫攻坚等方面的重要作用，进一步充实试点内容，加快工作进度，现就有关事项通知如下：

一、推动供应链协同复工复产

供应链畅通是推动大中小企业整体配套协同复工复产、促进产供销有机衔接和内外贸有效贯通的重要前提，也是实现“六稳”工作的重要基础。各地要密切关注和把握国际国内疫情形势和经济形势变化，指导试点城市和试点企业及时研判供应链运行过程中的问题，因地制宜、因时制宜调整工作着力点和应对举措，围绕用工、资金、原材料供应等关键问题，精准施策，打通“堵点”、补上“断点”，千方百计创造有利于复工复产的条件，提高复工复产效率，畅通产业循环、市场循环和经济社会循环。

试点城市要落实分区分级精准防控和精准复工复产要求，加快推动和帮助供应链龙头企业和在全球供应链中有重要影响的企业复工复产。针对本地重点产业情况和特点，梳理供应链关键流程、关键环节，及时疏通解决制约企业复工复产的物流运输、人员流动、资金融通、原材料供应等问题，特别要做好跨区域政府间协同对接。

试点企业要勇担社会责任，充分发挥龙头带动作用，加强与供应链上下游企业协同，协助配套企业解决技术、设备、资金、原辅料等实际困难。通过保障原材料供应、加快重点项目实施进度、加大预付款比例、及时结算支付等多种方式，缓解上下游中小企业经营和资金压力。发挥各类供应链平台资源集聚、供需对接和信息服务等功能优势，积极接入各方信息系统，为企业复工复产提供交易、物流、金融、信用、资讯等综合服务，促进供应链尽快恢复和重建，实现资源要素的高效整合和精准匹配。

二、完成好新形势下试点各项工作任务

在应对新冠肺炎疫情过程中，试点城市和试点企业充分利用供应链资源整合和高效协同优势，在支持疫情防控、保障市场供应、推动复工复产等方面发挥了重要作用，但也反映出供应链安全性和协同性方面存在一些短板弱项。同时市场新需求、新业态、新模式加快发展也给供应链创新与应用工作提出了新的要求。今年，试点工作要在原有试点任务基础上，重点加强以下五个方面工作。

（一）加强供应链安全建设。

试点城市要将供应链安全建设作为试点工作的重要内容，加强对重点产业供应链的分析与评估，厘清供应链关键节点、重要设施和主要一、二级供应商等情况及地域分布，排查供应链风险点，优化产业供应链布局。探索建立跨区域、跨部门、跨产业的信息沟通、设施联通、物流畅通、资金融通、人员流通、政务联动等协同机制，研究建立基于事件的产业供应链预警体系和应急处置预案，加强对重点产业和区域的风险预警管理。

试点企业要增强供应链风险防范意识，针对疫情防控过程中出现的安全问题，举一反三，研究制定供应链安全防控措施。把供应链安全作为企业发展战略的重要组成部分，建立供应链风险预警系统，制定和实施供应链多元化发展战略，着力在网络布局、流程管控、物流保障、应急储备、技术和人员管理等方面增强供应链弹性，提升风险防范和抵御能力，促进供应链全链条安全、稳定、可持续发展。

（二）加快推进供应链数字化和智能化发展。

试点城市要加大以信息技术为核心的新型基础设施投入，积极应用区块链、大数据等现代供应链管理技术和模式，加快数字化供应链公共服务平台建设，推动政府治理能力和治理体系现代化。加快推动智慧物流园区、智能仓储、智能货柜和供应链技术创新平台的科学规划与布局，补齐供应链硬件设施短板。

试点企业要主动适应新冠肺炎疫情带来的生产、流通、消费模式变化，加快物联网、大数据、边缘计算、区块链、5G、人工智能、增强现实/虚拟现实等新兴技术在供应链领域的集成应用，加强数据标准统一和资源线上对接，推广应用在线采购、车货匹配、云仓储等新业态、新模式、新场景，促进企业数字化转型，实现供应链即时、可视、可感知，提高供应链整体应变能力和协同能力。鼓励有条件的企业搭建技术水平高、集成能力强、行业应用广的数字化平台，开放共享供应链智能化技术与应用，积极推广云制造、云服务平台，赋能中小企业。

（三）促进稳定全球供应链。

试点城市要积极促进产供销有机衔接、内外贸有效贯通，支持外贸、外资、商贸流通和电子商务企业，加强与贸易伙伴的沟通协调，着力保订单、保履约、保市场，全力支持外贸重点企业、重点项目和重要订单，促进全球供应链开放、稳定、安全。创新和优化招商引资、展会服务模式，持续推进投资促进和招商工作，保障各类经贸活动正常开展。

试点企业要努力克服困难，加快重点工程

建设，按时按约、保质保量完成各项订单。积极参与“百城千业万企”对标达标提升专项行动，瞄准国际先进标准，提高产品质量和服务水平。加强在重大项目中的协同与合作，共同开拓第三方市场。探索建立高效安全的物流枢纽和通道，优化、整合境外分销和服务网络资源。稳妥有序推进共建“一带一路”，优化国别产业布局，加强重大项目建设，更好带动装备、技术、标准和服务走出去，进一步提高我供应链全球化能力和水平。

（四）助力决战决胜脱贫攻坚。

今年是脱贫攻坚决战决胜之年，各地要认真贯彻落实打赢脱贫攻坚战、全面建成小康社会重大战略部署，推动产业供应链向贫困地区延伸，因地制宜支援贫困地区优势产业发展，带动贫困地区就业，促进贫困地区资源优势转化为经济优势。聚焦重点帮扶领域、优势特色产业供应链薄弱环节，着力加大对“三区三州”深度贫困地区的政策、资金支持力度。

试点企业要积极推动资源、项目、用工等积极向贫困地区倾斜，发挥技术、渠道、市场等优势，加大贫困地区农产品、中药材、矿产、生态等资源市场开发力度，带动贫困地区相关配套产业发展和就业增长，增强贫困地区经济“造血”功能。涉农相关企业要大力发展农产品集采配送、分拣包装、冷藏保鲜、仓储运输、初加工等设施设备，促进与农户（贫困户）、新型农业经营主体的全面、深入、精准对接。加快构建集智慧农业、电商平台、智慧物流为一体的农产品供应链体系，提升农产品商品化、规模化、标准化、品牌化水平，提高农产品附加值。

（五）充分利用供应链金融服务实体企业。

支持试点企业基于真实交易场景，根据需要开展应收账款、仓单和存货质押和预付款融资。提高企业应收账款的透明度和标准化，持票企业可通过贴现、标准化票据融资。

银行业金融机构要加强与供应链核心企业合作，支持核心企业通过信贷、债券等方式融资，用于向中小企业支付现金，降低中小企业流动性压力和融资成本。鼓励有条件的银行业金融机构应用金融科技，加强与供应链核心企业、政府部门相关系统对接，推动供应链上的资金、信息、物流等数字化和可控化，为链条上的客户提供方便快捷的供应链融资服务。

金融机构要创新供应链风险识别和风险管理机制，建立基于核心企业、真实交易行为、上下游企业一体化的风险评估体系，提升金融供给能力，快速响应企业的结算、融资和财务管理需求。

金融机构规范开展供应链相关的资产证券化、提供资管产品等表外融资服务，应强化信息披露和投资者适当性管理，加强投资者保护，警惕虚增、虚构应收账款行为。非金融机构不得借供应链之名违规从事金融业务和规避宏观调控管理。

三、工作要求

（一）扎实推进试点工作。

试点城市和试点企业要结合试点中期评估反馈意见和今年重点工作方向，制定针对性的整改落实措施，进一步完善工作思路和具体实施方案。对照工作方案和台账，认真检查完成情况，对标对表，抓紧抓实，加快试点工作进度，按要求及时填报季报和年度总结报告，确保试点工作各项任务目标按期高质量完成，取得实际效果。试点中期评估结果，可登录商务部业务统一平台供应链信息管理应用查询。

根据试点动态调整机制，对存在违法违规

行为或重大风险隐患的、未按照台账推进试点或者进展缓慢的城市和企业，将取消其试点资格。

（二）加强业务协同指导。

各级商务、工业和信息化、生态环境、农业农村、人民银行、市场监管和银行保险监管部门要加大复工复产政策落实力度，加强对困难行业和中小微企业扶持，积极落实援企稳岗、复工复产等疫情应对政策，精准扎实有序推动供应链全面复工复产。对符合条件的重点商贸流通企业、物流与供应链服务企业，支持金融机构落实复工复产金融支持政策。

要发挥供应链创新与应用试点工作协调机制作用，加强日常检查监督，及时了解、掌握试点进展。坚持问题导向，及时研究解决供应链创新与应用过程中的突出问题，力争在体制机制、政策促进和制度标准建设等方面有所突破。

指导各地加强供应链领域“政产研学用”有机融合，积极研究供应链发展的新趋势、新技术和新模式。支持相关行业组织加强行业研究、数据统计、标准制修订和国际交流，提供供应链咨询、人才培训、职业资格认定等服务，推动建设供应链公共服务平台。

（三）加快复制推广典型经验。

各地要立足本地实际，做好试点经验的复制推广工作，总结试点城市和试点企业在应对新冠肺炎疫情、推动供应链协同复工复产，特别是创新推进试点工作好的做法和经验，及时报商务部（市场建设司，联系人：刘大伟、李琛，电话：010 - 85093662、010 - 85093705，传真：010 - 85093680，邮箱：liudawei@mofcom.gov.cn）。我们将总结推广试点工作经验，组织典型案例宣传和成果展示。

商务部　工业和信息化部　生态环境部
农业农村部　人民银行　市场监管总局
银保监会　中国物流与采购联合会
2020 年 4 月 10 日

交通运输部办公厅关于充分发挥全国道路货运车辆公共监管与服务平台作用支撑行业高质量发展的意见

（交办运〔2020〕18 号）

各省、自治区、直辖市、新疆生产建设兵团交通运输厅（局、委）：

为加强重型载货汽车和半挂牵引车的动态监管，提升道路运输安全管理水平，按照《道路运输车辆动态监督管理办法》要求，交通运输部部署建设了全国道路货运车辆公共监管与服务平台（以下简称货运平台）。经过近几年的建设运营，货运平台在保障道路货运行业安全、促进行业降本增效、提升行业监管能力、维护行业健康稳定发展方面发挥了积极作用，但也存在技术标准较低、数据质量不高、服务功能不全、应用服务不广等突出问题。为深入贯彻落实党中央、国务院决策部署，按照《国务院安全生产委员会关于印发〈全国安全生产专项整治三年行动计划〉的通知》（安委〔2020〕3 号）相关要求，进一步发挥货运平台在促进道路货运行业转型升级高质量发展中的作用，全面提升行业数字化服务和安全监管能力，推进行业治理体系和治理能力现代化，经交通运输部同意，现提出以下意见。

一、总体要求

以习近平新时代中国特色社会主义思想为指导，坚持新发展理念，以强化数字监管与服务，提升行业治理能力和水平为主线，加快货运平台技术升级与数据质量提升，强化货运数据综合应用与货运平台运行保障，努力将平台打造成面向现代化运输服务体系，核心技术自主可控，满足全方位、全天候、精准化监管需求的新一代数字化安全监管平台和行业服务平台，切实提高道路货运数字化服务和监管能力，引领带动道路货运行业安全高效发展，为交通强国建设提供有力支撑。

二、持续拓展货运平台服务功能

1. 强化运输安全监管。充分应用新技术、新装备，进一步提升车载终端和后台分析的技术性能，对重型货运车辆的运行状态、速度、时间、位置等各类数据，进行精准高效的跟踪监测分析；运用分析模型和统计工具，强化对货运车辆超速、疲劳驾驶等安全风险的综合分析，加强重大活动、重点时段、典型区域的实时动态监测，做好预警预判；加强数据结果运用，建立与保险、金融等协同联动机制，利用相关数据全面支撑行业诚信体系建设，全面支撑行业安全监管，有效保障运输安全。

2. 促进物流业降本增效。进一步挖掘货运平台大数据优势，通过大数据综合分析，为广大道路货运企业、大车队、挂车共享、网络货运新业态新模式发展，提供运输组织、过程监控等各类信息数据服务，促进货运物流类信息资源的集约整合，提升车货匹配、中转衔接等组织效率，支持货运企业创新组织模式，支撑高效物流新业态组织形式，促进“互联网＋高效物流”发展，带动货运行业降本增效。

3. 强化面向货车司机的公益服务。进一步发挥货运平台直接连通广大货车司机群体的通道功能，依托信息传播的优势，向货车司机提供重点桥隧、事故多发路段、恶劣气象条件、禁限行等信息发布以及法律咨询、教育培训、社会救助等便民服务，搭建线上货车司机互助平台，实现与“司机之家”的线上联网、服务推荐与预约，关心关爱广大货车司机群体，改善货车司机从业环境，提升货车司机获得感和归属感。

4. 支撑行业运行监测。充分挖掘货运平台各类数据资源，在与其他关联数据交叉对比、融合分析的基础上，对道路货运市场规模、效率、价格等经济运行状况进行科学研判，对行业发展趋势进行分析预测，定期编制发布行业运行监测报告，为企业生产经营和管理部门提供决策参考，辅助宏观经济运行分析。

5. 有效应对突发事件。利用货运平台与广大货运车辆实时联通互动的优势，在应对突发事件和重大活动中，及时传递车辆禁限行措施、绕行路线、管制政策等各类信息，实现运力及时合理调度和有序疏导，维护货运行业稳定。

三、全面提升货运平台技术水平

6. 制定平台升级技术指南。落实道路运输车辆卫星定位系统相关标准要求，结合道路货运转型升级和行业监管的需要，制定货运平台技术升级和车载终端换代的技术指南，加快货运平台技术升级，逐步实现车载终端从 2G 到 4G/5G 的升级换代，全面提高终端设备智能化水平，研究探索对车辆胎温胎压、载重、刹车等安全驾驶数据的动态监测，增加驾驶员身份智能识别，采用人脸识别、身份证信息、运政系统信息、电子证照系统信息多重比对方法，精准识别驾驶员身份，强化对车辆、从业人员全方位的动态安全监管。

7. 完善平台功能模块。优化调整现有货运平台功能，完善服务商服务质量评估、行业应用评估等业务功能；根据《道路运输车辆卫星定位系统》相关标准修订内容，升级货运平台数据交换模块，具备新老标准兼容处理能力；结合各级交通运输主管部门的监管需求，升级部、省、市、县级用户功能模块，实现报警督办、考核评价等管理功能；为提升道路货运企业数字化管理能力，新增企业车辆安全管理模块，提升企业安全管理能力。

四、加快推动北斗终端应用

8. 推进车载终端装备升级。积极做好道路货运行业北斗三号车载终端的测试和研发工作，制定实施推广应用北斗三号的技术政策，充分发挥北斗三号民用示范作用，推进实现北斗二号到北斗三号的平稳过渡。

9. 加快单北斗终端研发推广。深入开展新一代单北斗定位终端的技术研发，推动基于北斗三号的单北斗终端应用，稳步推进全国货运车辆单北斗终端的换代工作，推动建成基于北斗的重载货车数字化动态监管体系，推进道路运输成为北斗系统的民用重点领域。

五、全面提升货运平台数据质量

10. 加快存量数据清理。各省级交通运输主管部门应积极配合货运平台对本辖区内长期未上线或未年审、审车即离线、远距离漂移、货运平台与运政系统数据不一致等数据问题，深入查找原因，开展专项清理工作，持续强化对货运车辆入网率、上线率、轨迹完整率的考核，切实提升货运平台数据质量，确保数据的准确性。

11. 严把新增数据质量。应用数字化识别和智能化数据规则校验技术，提升货运平台新增数据的录入效率；新出厂车辆已安装的卫星定位装置，任何单位和个人不得随意拆卸；主机厂应随车附带车载终端相关材料并提供必要技术支持，不得设置技术壁垒，不得以任何方式限制或阻碍企业自主选择、变更电信运营商和车辆动态监管服务商，提升前装终端完好率和使用效率，避免产生新的问题数据。

12. 强化数据审核校验。实现全国道路运政管理信息系统与货运平台的数据融合，通过多源数据交叉对比，形成数据闭环，保证数据真实、准确、完整、有效，提高监管效率。

13. 持续开展服务评价。修订完善并严格执行《道路货运车辆动态监控服务商服务评价办法》，结合行业管理需求和新技术手段，调整服务评价内容和分值；严格考核服务商车辆监控情况和平台运行情况，降低卫星定位漂移车辆率，提升车辆数据规范率、终端域名设置正确率、轨迹完整率、数据合格率等关键指标；细化服务商管理规范，依法责令考核不合格的服务商进行整改，整改仍不合格的向社会进行通报，对数据造假或考核有严重问题的服务商，应将相关结果记入信用档案，引导运输企业科学合理选择服务商；进一步扩充评价结果应用范围和发布渠道，有效提升服务商的服务水平和服务质量。

六、进一步推进数据开放应用

14. 加强数据开放共享。货运平台无偿为省级交通运输主管部门的监管平台提供本省及外省进入本省的车辆动态数据转发；无偿为大中型货运企业和服务商的监控平台提供所属车辆动态数据转发；无偿为小型、个体货运车辆提供自动监控相关服务；无偿为车主提供自有车辆的信息查询服务；无偿为网络货运经营者提供实际承运车辆运输路径验证服务；无偿为社会公众提供不涉及个人隐私的车主验证、位置验证和入网验证等信息验证服务，进一步释放货运平台数据的社会价值。

15. 强化行业数字化监管。各级交通运输主管部门要按照《道路运输车辆动态监督管理办法》相关要求，将货运车辆上线率、轨迹完整率等运行监测指标，作为行业准入、年度审验、诚信考核、精准执法等行业管理工作的重要参考依据。同时，要督促指导道路货运企业，广泛应用货运平台数据强化对车辆的日常管理，建立分析报表，及时发现问题车辆，切实督促运输企业落实安全主体责任。

16. 加强管理决策支持。在实现货运平台相关信息基本统计分析功能的基础上，应用大数据、云计算、区块链、人工智能等现代信息技术，通过与全国道路运输市场信用信息管理系统、部省两级网络货运信息监测系统等其他信息系统的对接和数据闭合分析，为交通运输主管部门业务办理、科学决策和研究分析提供数据支撑。按照“以用促建、建用并重”的原则，大力推进货运平台与公安交管、生态环境、应急管理、金融保险等部门信息系统的数据对接，促进货运平台数据的全方位应用。

17. 提升综合服务能力。根据道路货运行业发展需求，积极开展社会化服务工作，充分整合社会资源，为广大道路货运企业和行业从业人员提供燃油、保险、金融等定制化服务，同时，完善在线教育培训等公益服务，以服务促安全、以服务提效率，切实推动道路货运行业高质量发展。

七、保障网络信息安全

18. 加强网络安全管理。货运平台建设运维单位要根据《中华人民共和国网络安全法》《中华人民共和国计算机信息系统安全保护条例》等有关法律规定，做好网络运行安全和网络信息安全工作，完善安全等保三级系统的网络安全保护体系，建立健全网络安全防范、监测、通报、响应和处置机制。同时，运用自主可控密码技术，实现数据及传输安全管理。各级交通运输主管部门应严格管理数据应用，有效保证信息安全。

19. 做好平台运行维护。加快建立货运平台常态化、自动化、智能化运维机制，通过多维度监控数据采集和领先的行业监控预警模型，及时排除软、硬件和网络环境故障，确保平台稳定运行。

八、实现货运平台可持续发展

20. 持续加强组织领导。各级交通运输主管部门要进一步提高认识，把充分发挥货运平台功能作用作为促进道路货运行业安全、高效、健康发展的重要抓手，采取积极有效措施，加大平台推广应用力度，着力推进数据共享与融合应用。中国交通通信信息中心要发挥技术把关和牵头作用，持续深化与货运平台建设运维单位合作，明确双方责任及权利，充分发挥合作双方各自的优势和资源条件，积极推动各项工作任务的落实；加快制定技术指南，推动技术进步和升级换代，加大对货运平台服务商服务质量的评价考核，确保网络信息安全，促进货运平台与道路运政管理系统的数据对接，提升数据质量。

21. 科学开展市场开发合作。货运平台为政府管理部门和行业提供公共服务的同时，在依法依规、保障隐私的前提下，要利用市场化手段，科学有序推进数据挖掘开发和使用，支撑平台的技术升级、运营维护，保持平台长期安全稳定运行，实现可持续发展，为行业提供高质量的公共服务。

交通运输部办公厅

2020 年 4 月 26 日

交通运输部关于统筹做好公路水运建设领域新冠肺炎疫情常态化防控与复工复产工作的通知

（交公路明电〔2020〕176号）

各省、自治区、直辖市、新疆生产建设兵团交通运输厅（局、委）：

为深入贯彻习近平总书记关于坚持在常态化疫情防控中加快推进生产生活秩序全面恢复的重要指示精神，落实《国务院应对新型冠状病毒感染肺炎疫情联防联控机制关于做好新冠肺炎疫情常态化防控工作的指导意见》（国发明电〔2020〕14号）和《交通运输部关于做好交通运输行业新冠肺炎疫情常态化防控工作的指导意见》（交应急明电〔2020〕164号），统筹做好公路水运建设领域新冠肺炎疫情常态化防控与复工复产工作，现就有关事项通知如下：

一、增强防控意识

当前，公路水运建设工程已经全面复工复产，由于建设工程点多、线长、面广，参建人员多且流动性强，施工作业以外业为主，现场作业人员容易存在麻痹、松懈思想。部分工地的防控基础条件薄弱，参建人员防范意识不强，餐厅、宿舍、船舱等场所人员活动相对集中，常态化疫情防控难度较大。各地交通运输主管部门要深入学习贯彻习近平总书记关于疫情防控的重要讲话和一系列重要指示精神，提高政治站位，高度重视疫情防控，按照党中央、国务院关于抓紧抓实抓细常态化疫情防控工作的决策部署，指导建设单位和各参建单位完善防控措施，压实防控责任，坚决做好常态化防控工作，为公路水运建设全面完成年度投资目标任务提供坚强有力的保障。

二、落实防控责任

各地交通运输主管部门要组织建设单位统筹做好常态化疫情防控与复工复产工作，在卫生健康部门指导下，完善防控工作机制和措施，落实属地防控要求，对重点项目、薄弱环节加强督促检查。建设单位牵头组织参建单位进一步梳理完善常态化防控制度，落实常态化防控要求，做到有机制、有人员、有保障、无死角；科学合理安排工程进度，统筹做好生产调度和防控检查。施工单位对所承建工程施工人员的疫情防控工作负总责，落实分包单位和各工点的常态化防控责任人，结合实际情况，采取有效措施加强工程现场管理，严格实名制要求和人员、车辆进出工地、上下船舶登记，因地制宜改善工地生产生活条件，加强疫情防控知识宣传、体温检测、消毒防护等工作。监理单位依据合同及有关规定，协助建设单位做好常态化防控管理工作。其他参建单位和人员依据相关规定和项目防控要求，做好相应的常态化防控工作。

三、科学做好防控

结合疫情常态化防控要求，改进施工组织方式，合理划分施工作业单元，加强现场管理，限定工作区域，原则上实施封闭管理，严禁无关人员进入本单位办公场所和项目部。在工地进出口、船舶停靠点设立体温检测点，外来人员应进行体温检测和登记，必要时开展核酸检测。施工场所洗手、喷淋设施保持正常运行，生活区、办公区等人员集中场所每日至少消毒两次。加强隧道工程、船舶舱室和其他封闭作业场所通风。加强餐厅、宿舍通风消毒，保障必要的住宿条件，采取工地分餐、错时用餐等措施，最大限度减少人员聚集。施工人员实行实名制管理，对全体员工建立健康档案，配备必要的防护用品。鼓励使用免接触式电子打卡，在密闭公共场所工作的人员、司乘人员、就医人员和与他人接触距离小于 1 米的施工人员应佩戴口罩。夏季施工要同时落实防暑降温各项防范措施。加强疫情常态化防控宣传教育，利用宣传栏、横幅、板报、微信等形式大力普及疫情防控知识，推广“一米线”、勤洗手、戴口罩、公筷制等卫生习惯，提升健康素养。

四、完善应急预案

因地制宜设置医学隔离观察区，用于临时隔离观察人员或日常监测异常人员安置；隔离观察措施应符合属地防控机构的要求。做好防疫物资保障。组织各参建单位建立新冠肺炎疫情防控工作台账，每天汇总人员健康状况，实行零报告制度，出现发热、呼吸道症状时要及时报告、及时送医。经医疗机构确认为疑似病例或确诊后，应立即停工并封锁场地，配合疾病预防控制机构开展全面消毒，并经评估合格后方可复工。充分发挥大数据作用，依托全国一体化政务服务平台等系统，推动落实“健康码”互通互认、“一码通行”。

五、加快复工复产

在精准落实疫情常态化防控措施的基础上，加快复工复产，推动公路水运建设复工复产提速扩面，做到“应复尽复、应开尽开、能开快开”。加强项目谋划、储备和滚动计划编制，加快实施“十三五”规划待建项目，提前启动一批支持国家战略实施、符合“十四五”规划方向的项目，优先实施国家高速公路待贯通段建设和交通繁忙路段扩容改造工程、高等级航道网扩容改造工程，加大重点战略工程推进实施力度。加快项目可研报告、设计文件等材料编制和报批。加大与自然资源、生态环境、财政等部门的沟通协调，加快各要件审批。发挥重大项目、重点工程示范引领作用，在做好常态化防控的基础上，科学组织，精心实施，加强工程投资进度的调度，及时协调解决建设过程中存在的困难和问题，确保完成年度投资任务。结合常态化防控条件下的工程建设特点，采取有效措施加强监督管理，确保工程质量安全。部将继续加强对各地工程建设投资情况的指导协调力度，及时通报有关情况。

各地交通运输主管部门要切实提高政治站位，强化责任担当，坚决贯彻习近平总书记系列重要讲话和指示批示精神，坚决落实党中央、国务院决策部署，树立疫情常态化防控理念，有效做好复工复产各项工作，坚定必胜信心，为扎实做好“六稳”工作、落实“六保”要求提供支撑保障。

交通运输部

2020 年 5 月 22 日

（此件公开发布）

抄送：中国交通建设集团，部属各单位，部综合规划司、水运局、安全与质量监督管理司、应急办，中央纪委国家监委驻交通运输部纪检监察组。

关于对民航运输企业在疫情防控期间稳定和提升国际货运能力实施资金支持政策的通知

（财建〔2020〕119 号）

各省、自治区、直辖市、计划单列市财政厅（局），新疆生产建设兵团财政局，民航各地区管理局，各运输航空公司：

为积极应对新冠肺炎疫情对民航业影响，稳定和提升国际航空货运能力，保障全球产业链、供应链畅通运转，在疫情防控期间，中央财政安排资金对中外航空运输企业予以支持。现将有关事项通知如下：

一、支持对象

中央财政在疫情防控期间，对按照经中国民航适航审定部门批准的设计方案实施的航空器客舱内装货改装项目（以下简称客舱内装货改装项目），以及对中外航空公司从 2020 年 4 月 1 日起使用客运航权执飞往返我国内航点（不含港澳台地区）与国外航点间的不载客国际货运航班（以下简称不载客国际货运航班）给予资金支持。

二、支持标准

（一）客舱内装货改装项目。

对航空公司疫情防控期间实施客舱内装货改装项目发生的费用给予补助。补助标准按照改造成本的 80% 予以补助，按飞机类型分成两档：单通道飞机每架最高补助 80 万元，双通道飞机每架最高补助 145 万元。具体补助金额根据民航局核定的实际改造成本确定。

（二）不载客国际货运航班。

1. 对疫情防控期间执飞的不载客国际货运航班给予奖励，奖励标准按航班飞行里程和最大起飞全重分为八档，具体标准为：

（单位：万元/班）

航班飞行单班里程	最大起飞全重 200 吨以下	最大起飞全重 200 吨及以上
2000 公里以下	0.75	1.5
2000 公里（含）—5000 公里	1.25	2.5
5000 公里（含）—10000 公里	2.25	4.5
10000 公里及以上	3	6

2. 奖励金额按照疫情防控期间航空公司实际执行不载客国际货运航班的航班数量和本通知规定的标准进行核定。

三、申报程序

（一）中国航空集团有限公司、中国东方航空集团有限公司、中国南方航空集团有限公司（以下简称三大航）及外国航空公司每月定期向民航局、财政部报送资金申请文件和相关证明材料。其他航空公司向企业注册所在地的民航地区管理局和省级财政部门报送资金申请和相关证明材料，经民航地区管理局和省级财政部门审核后报至民航局、财政部。

（二）民航局根据有关数据，对航空公司申请文件及相关材料进行审核，审核结果报送财政部。

（三）财政部根据民航局审核情况和相关标准向有关企业和地方拨付资金，其中：三大航的资金由财政部直接拨付；其他国内航空公司通过中央对地方转移支付方式下达，由地方财政部门负责拨付；外国航空公司的资金纳入民航局部门预算，由民航局负责转拨。资金支付按照国库集中支付有关规定执行。

（四）各航空公司应对申报材料的真实性和准确性负责，任意单位不得截留、挪用支持资金。审核中发现虚报、瞒报的，将取消公司申请资格；对于违反国家法律、行政法规和有关规定的单位和个人，将严格按照《中华人民共和国预算法》《财政违法行为处罚处分条例》等予以处理。

四、其他事项

（一）港澳台地区航线航班参照执行。

（二）政策执行期限为 2020 年 4 月 1 日至 2020 年 6 月 30 日。

财政部　中国民用航空局

2020 年 5 月 25 日

交通运输部关于做好《国内水路运输管理规定》实施有关工作的通知

（交水规〔2020〕6 号）

各省、自治区、直辖市交通运输厅（局、委），部长江航务管理局、珠江航务管理局，中国船级社，各直属海事局：

《国内水路运输管理规定》（以下简称《规定》）经修订后以交通运输部令 2020 年第 4 号发布，为做好《规定》实施工作，现将有关事项通知如下：

一、关于国内水路运输旅客优待服务

（一）国内水路旅客运输业务经营者应当依法依规为持有效证件的军人、人民警察、国家综合性消防救援队伍人员，以及老幼病残孕等旅客提供优先购票、安检、候船、登船和乘船服务。

（二）国内水路旅客运输业务经营者应当向下列旅客提供优惠票或免费票优待服务。

1. 对年龄超过 6 周岁但不超过 14 周岁或者身高超过 1.2 米但不超过 1.5 米的未成年人，应当执行客票半价优待。对有成年人陪伴的年龄不超过 6 周岁或者身高不超过 1.2 米，且不占用座（铺）位的未成年人免费并出具免费票（1 周岁以下未成年人不计入乘客定额）；如未成年人需要单独占用座（铺）位的，应当执行客票半价优待。每位成年旅客可带两名持免费票的未成年人，超过两名未成年人时，对超过的应当执行客票半价优待。

2. 对残疾军人、因公致残的人民警察和残疾消防救援人员，凭其有效证件应当执行客票半价优待。

3. 对寒假和暑假期间乘坐往返于学校和家庭居住地之间水路旅客班轮运输船舶，且在教育主管部门批准有学历教育资格的学校就读的学生，凭其有效证件应当分别执行往返各一次的客票半价优待。

二、关于国内水路运输审批和备案管理

（一）进一步明确国内水路运输许可权限。

1. 长江航务管理局作为交通运输部派出机构，具体负责实施长江水系省际危险品船以及长江干线水上运输距离 60 公里以上省际客船运输的经营许可；珠江航务管理局作为交通运输部派出机构，具体负责实施珠江水系省际危险品船以及西江航运干线水上运输距离 60 公

里以上省际客船运输的经营许可。

2. 省级交通运输主管部门要研究明确本地区具体实施省际普通货船运输、省内水路运输经营许可的权限并向社会公布，相关情况于2020年7月1日前报部（水运局）。

水路运输管理部门许可权限发生调整的，水路运输经营者现有有效的《国内水路运输经营许可证》《船舶营业运输证》可暂不换发，待证书到期申请换发时，按新的许可权限进行换发。

3. 各级水路运输管理部门要依据法定许可权限，为符合条件的水路运输经营者颁发《国内水路运输经营许可证》，并明确记载具体经营范围。

（二）规范国内水路运输新增运力管理。

1. 申请经营客船、危险品船运输业务，涉及新增运力的，应当有已取得相应许可的客船、危险品船；申请经营普通货船运输业务，涉及新增运力的，应当有已备案的普通货船。

2. 水路运输经营者拟通过融资租赁方式在国内新建船舶或从国（境）外进口船舶经营国内水路运输业务的，应按有关规定向具有相应权限的水路运输管理部门申请办理新增客船、危险品船运力许可手续或进行普通货船运力备案，并注明拟采用融资租赁方式。有关水路运输管理部门应在新增运力批准文件或备案回执上注明采用融资租赁方式。

3. 企业申请新增沿海省际客船运力或长江干线、西江航运干线水上运输距离60公里以上省际客船运力的，所在地省级水路运输管理部门要与航线始发港、挂靠港、目的港有关省级交通运输主管部门以及航线途经水域具有权限的海事管理机构书面协商，相关意见一并报部或部派出机构。

4. 采取“退一进一”或“退多进一”方式被替换退出省际危险品船运输市场的船舶，未经许可，不得重新进入原有市场。被替换船舶申请注销《船舶营业运输证》时，应在水路运输建设综合管理信息系统的注销原因中选择“退出省际运输市场”或“船舶报废”。

（三）做好国内水路运输备案管理工作。

各级水路运输管理部门要本着简化、便民的原则做好国内水路运输备案工作，并督促水路运输经营者认真履行备案告知义务。

三、关于水路运输经营者自有船舶运力管理

（一）水路运输经营者经营的融资租赁船舶，融资租赁合同明确合同到期后船舶归属该经营者的所有权份额不低于51%的，凭其融资租赁合同、船舶所有权登记证书、光船租赁登记证明书、《船舶营业运输证》（开业或扩大经营范围的无需提供《船舶营业运输证》），视为企业自有船舶运力。

（二）水路运输经营者经营省际与省内、沿海与内河、长江与珠江水系的自有船舶运力应当按经营范围分别计算，其中，具有国内水路运输资格的成品油船、原油船、化学品船（含植物油船），或经营的具有国内水路运输资格的液化石油气船和液化天然气船，可以分别按经营范围合并计算自有船舶运力规模，但经营范围中的每种用途船舶运力应至少拥有1艘。

四、关于海务、机务管理人员配备管理

（一）水路运输管理部门要加强海务、机务管理人员配备管理，水路运输经营者配备的海务、机务管理人员从业资历应与其管理船舶

的经营区域（沿海运输或内河运输）、业务种类以及船舶吨位、主机功率相适应。根据船舶最低安全配员标准，水路运输经营者管理的船舶要求机驾合一的，其相应配备的海务、机务管理人员可由具有机驾合一从业资历的人员同时担任；管理的船舶全部不需要配备轮机人员的，不要求其配备机务管理人员。

（二）从业资历符合规定的海务、机务管理人员与水路运输经营者签订一年以上全日制劳动合同或劳务用工合同，且在合同期限内未在任何船舶上或者其他企业从事兼职的，方可认定配备的海务、机务管理人员符合要求。

（三）水路运输经营者将全部经营船舶的安全与防污染管理和海务、机务管理业务委托国内船舶管理业务经营者负责的，不要求其配备海务、机务管理人员。

五、积极推进证书电子化应用

（一）省级水路运输管理部门要积极推进国内水路运输领域政务服务事项网上办理和证书电子化，制发的电子证书应符合国家相关标准的要求，并具备二维码等可识别查询的电子信息，同时加强证照信息共享。

（二）在国内水路运输监督检查中，船舶既可以提供随船携带的纸质《船舶营业运输证》，也可以提供二维码等可实时查验的电子信息。

本通知自2020年6月10日起施行，有关规定与本通知不一致的，以本通知为准，《交通运输部办公厅关于国内水路集装箱班轮运输实施备案管理的通知》（交办水〔2014〕148号）、《交通运输部关于实施融资租赁船舶运力认定政策的公告》（交通运输部公告2013年第81号）、《交通运输部办公厅关于规范国内船舶融资租赁管理的通知》（厅水字〔2008〕1号）、《交通部关于因公致残的人民警察乘坐客船和客运班车享受与因公致残的现役军人同样待遇的通知》（交水发〔2001〕139号）同时废止。

交通运输部

2020年5月26日

（此件公开发布）

抄送：部法制司、海事局。

交通运输部关于推动交通运输领域新型基础设施建设的指导意见

（交规划发〔2020〕75号）

为贯彻落实党中央、国务院决策部署，加快建设交通强国，推动交通运输领域新型基础设施建设，现提出如下意见。

一、总体要求

（一）指导思想。

以习近平新时代中国特色社会主义思想为指导，深入贯彻党的十九大和十九届二中、三中、四中全会精神，坚持以新发展理念引领高质量发展，围绕加快建设交通强国总体目标，以技术创新为驱动，以数字化、网络化、智能化为主线，以促进交通运输提效能、扩功能、增动能为导向，推动交通基础设施数字转型、智能升级，建设便捷顺畅、经济高效、绿色集约、智能先进、安全可靠的交通运输领域新型基础设施。

（二）基本原则。

——服务人民，提升效能。坚持规划建设与运营服务并重，提升服务品质和整体效能，不断增强人民的获得感、幸福感、安全感。

——统筹并进，集约共享。发挥新型基础设施提质增效作用，巩固传统基础设施强基固本作用，统筹传统与新型、存量与增量、供给与需求，注重集约建设、资源共享，增强发展动能。

——政府引导，市场主导。更好发挥政府统筹协调、支持引导作用，营造良好发展环境。充分发挥企业主体作用，激发市场活力，促进产业链上下游紧密协作，扩展服务功能、提高服务水平。

——跨界融合，协调联动。加强行业协同、部省联动、区域协调，提高系统性、整体性和协同性，形成发展合力，发挥交通基础设施规模优势，助力先进技术装备发展。

——积极稳妥，远近结合。科学定位、稳妥推进，准确把握建设时序和建设重点。注重远近结合，近期加快成熟技术在交通基础设施重点领域的深化应用，远期跟踪新技术发展，适度超前布局。

（三）发展目标。

到2035年，交通运输领域新型基础设施建设取得显著成效。先进信息技术深度赋能交通基础设施，精准感知、精确分析、精细管理和精心服务能力全面提升，成为加快建设交通强国的有力支撑。基础设施建设运营能耗水平有效控制。泛在感知设施、先进传输网络、北斗时空信息服务在交通运输行业深度覆盖，行业数据中心和网络安全体系基本建立，智能列车、自动驾驶汽车、智能船舶等逐步应用。科技创新支撑能力显著提升，前瞻性技术应用水平居世界前列。

二、主要任务

（一）打造融合高效的智慧交通基础设施。

1. 智慧公路。推动先进信息技术应用，逐步提升公路基础设施规划、设计、建造、养护、运行管理等全要素、全周期数字化水平。深化高速公路电子不停车收费系统（ETC）门架应用，推进车路协同等设施建设，丰富车路协同应用场景。推动公路感知网络与基础设施同步规划、同步建设，在重点路段实现全天候、多要素的状态感知。应用智能视频分析等技术，建设监测、调度、管控、应急、服务一体的智慧路网云控平台。依托重要运输通道，推进智慧公路示范区建设。鼓励应用公路智能养护设施设备，提升在役交通基础设施检查、检测、监测、评估、风险预警以及养护决策、作业的快速化、自动化、智能化水平，提升重点基础设施自然灾害风险防控能力。建设智慧服务区，促进融智能停车、能源补给、救援维护于一体的现代综合服务设施建设。推动农村公路建设、管理、养护、运行一体的综合性管理服务平台建设。

2. 智能铁路。运用信息化现代控制技术提升铁路全路网列车调度指挥和运输管理智能化水平。建设铁路智能检测监测设施，实现动车组、机车、车辆等载运装备和轨道、桥隧、大型客运站等关键设施服役状态在线监测、远程诊断和智能维护。建设智能供电设施，实现智能故障诊断、自愈恢复等。发展智能高速动车组，开展时速 600 公里级高速磁悬浮、时速 400 公里级高速轮轨客运列车研制和试验。提升智能建造能力，提高铁路工程建设机械化、信息化、智能化、绿色化水平，开展建筑机器人、装配式建造、智能化建造等研发应用。

3. 智慧航道。建设航道地理信息测绘和航行水域气象、水文监测等基础设施，完善高等级航道电子航道图，支撑全天候复杂环境下的船舶智能辅助航行。建设高等级航道感知网络，推动通航建筑物数字化监管，实现三级以上重点航段、四级以上航段重点通航建筑物运行状况实时监控。建设适应智能船舶的岸基设施，推进航道、船闸等设施与智能船舶自主航行、靠离码头、自动化装卸的配套衔接。打造“陆海空天”一体化的水上交通安全保障体系。

4. 智慧港口。引导自动化集装箱码头、堆场库场改造，推动港口建设养护运行全过程、全周期数字化，加快港站智能调度、设备远程操控、智能安防预警和港区自动驾驶等综合应用。鼓励港口建设数字化、模块化发展，实现建造过程智能管控。建设港口智慧物流服务平台，开展智能航运应用。建设船舶能耗与排放智能监测设施。应用区块链技术，推进电子单证、业务在线办理、危险品全链条监管、全程物流可视化等。

5. 智慧民航。加快机场信息基础设施建设，推进各项设施全面物联，打造数据共享、协同高效、智能运行的智慧机场。鼓励应用智能化作业装备，在智能运行监控、少人机坪、机坪自主驾驶、自助智能服务设备、智能化行李系统、智能仓储、自动化物流、智慧能源管理、智能视频分析等领域取得突破。推进内外联通的机场智能综合交通体系建设。发展新一代空管系统，推进空中交通服务、流量管理和空域管理智慧化。推动机场和航空公司、空管、运行保障及监管等单位间核心数据互联共享，完善对接机制，搭建大数据信息平台，实现航空器全球追踪、大数据流量管理、智能进离港排队、区域管制中心联网等，提升空地一体化协同运行能力。

6. 智慧邮政。推广邮政快递转运中心自动化分拣设施、机械化装卸设备。鼓励建设智能收投终端和末端服务平台。推动无人仓储建设，打造无人配送快递网络。建设智能冷库、智能运输和快递配送等冷链基础设施。推进库存前置、智能分仓、科学配载、线路优化，实现信息协同化、服务智能化。推广智能安检、智能视频监控和智能语音申诉系统。建设邮政大数据中心。开展新型寄递地址编码试点应用。

7. 智慧枢纽。推进综合客运枢纽智能化升级，推广应用道路客运电子客票，鼓励发展综合客运一体衔接的全程电子化服务模式，推动售取票、检票、安检、乘降、换乘、停车等客运服务“一码通行”。推动旅客联程运输服务设施建设，鼓励建设智能联程导航、自助行李直挂、票务服务、安检互认、标识引导、换乘通道等服务设施，实现不同运输方式的有效衔接。引导建设绿色智慧货运枢纽（物流园区）多式联运等设施，提供跨方式、跨区域的全程物流信息服务，推进枢纽间资源共享共用。推进货运枢纽（物流园区）智能化升级，鼓励开展仓储库存数字化管理、安全生产智能预警、车辆货物自动匹配、园区装备智能调度等应用。鼓励发展综合性智能物流服务平台，引导农村智慧物流网络建设。

8. 新能源新材料行业应用。引导在城市群等重点高速公路服务区建设超快充、大功率电动汽车充电设施。鼓励在服务区、边坡等公路沿线合理布局光伏发电设施，与市电等并网供电。鼓励高速公路服务区、港口码头和枢纽场站推进智能照明、供能和节能改造技术应用。推动船舶靠港使用岸电，推进码头岸电设施和船舶受电设施改造，着力提高岸电使用率。鼓励船舶应用液化天然气、电能等清洁能源。推动新能源、新材料在港口和导助航设施等领域应用。推动长寿命、可循环利用材料在基础设施建造、生态修复和运行维护领域应用。

（二）助力信息基础设施建设。

9. 第五代移动通信技术（5G）等协同应用。结合5G商用部署，统筹利用物联网、车联网、光纤网等，推动交通基础设施与公共信息基础设施协调建设。逐步在高速公路和铁路重点路段、重要综合客运枢纽、港口和物流园区等实现固移结合、宽窄结合、公专结合的网络覆盖。协同建设车联网，推动重点地区、重点路段应用车用无线通信技术，支持车路协同、自动驾驶等。在重点桥梁、隧道、枢纽等应用适用可靠、经济耐久的通信技术，支撑设施远程监测、安全预警等应用。积极推动高速铁路5G技术应用。面向行业需求，结合国家卫星通信等设施部署情况和要求，研究应用具备全球宽带网络服务能力的卫星通信设施。

10. 北斗系统和遥感卫星行业应用。提升交通运输行业北斗系统高精度导航与位置服务能力，推动卫星定位增强基准站资源共建共享，提供高精度、高可靠的服务。推动在特长隧道及干线航道的信号盲区布设北斗系统信号增强站，率先在长江航运实现北斗系统信号高质量全覆盖。建设行业北斗系统高精度地理信息地图，整合行业北斗系统时空数据，为综合交通规划、决策、服务等提供基础支撑。推进北斗系统短报文特色功能在船舶监管、应急通信等领域应用。探索推动北斗系统与车路协同、ETC等技术融合应用，研究北斗自由流收费技术。鼓励在道路运输及运输服务新业态、航运等领域拓展应用。推动北斗系统在航标遥测遥控终端等领域应用。推进铁路行业北斗系统综合应用示范，搭建铁路基础设施全资产、全数据信息化平台，建设铁路北斗系统地基增强网，推动在工程测量、智慧工地等领域应用。推动高分辨率对地观测系统在基础设施建设、运行维护等领域应用。

11. 网络安全保护。推动部署灵活、功能自适、云网端协同的新型基础设施内生安全体系建设。加快新技术交通运输场景应用的安全设施配置部署，强化统一认证和数据传输保护。加强关键信息基础设施保护。建设集态势感知、风险预警、应急处置和联动指挥为一体的网络安全支撑平台，加强信息共享、协同联动，形成多层级的纵深防御、主动防护、综合防范体系，加强威胁风险预警研判，建立风险评估体系。切实推进商用密码等技术应用，积极推广可信计算，提高系统主动免疫能力。加强数据全生命周期管理和分级分类保护，落实数据容灾备份措施。

12. 数据中心。完善综合交通运输数据中心，注重分类分层布局，推动跨部门、跨层级综合运输数据资源充分汇聚、有效共享，形成成规模、成体系的行业大数据集。推动综合交通运输公共信息资源开放，综合运用政府、科研机构、企业等数据资源，深化行业大数据创新应用，以数据资源赋能交通运输发展。

13. 人工智能。持续推动自动驾驶、智能航运、智慧工地等研发应用。建设一批国家级自动驾驶、智能航运测试基地，丰富不同类型和风险等级的测试场景，完善测试评价体系，提升测试验证能力。围绕典型应用场景和运营模式，推动先导应用示范区建设，实施一批先导应用示范项目。

（三）完善行业创新基础设施。

14. 科技研发。加强以国家重点实验室、国家技术创新中心等重要载体为引领的交通运输领域科研基地体系建设，鼓励社会投资科技基础设施，推动一批科研平台纳入国家科技创新基地建设，推进创新资源跨行业共享。鼓励在项目全生命周期协同应用建筑信息模型（BIM）技术，促进产业基础能力提升。推进交通基础设施长期性能观测网建设，试点开展长期性能观测，加强基础设施运行状态监测和运行规律分析，支撑一流设施建设与维护。

三、组织实施

（一）加强组织领导。

建立健全推动交通运输领域新型基础设施建设的实施机制。部将加大指导支持力度，协调解决重大问题。省级交通运输主管部门要落实属地责任，加强组织协调和督促指导，明确实施路径、阶段目标，建立协同推进机制和政策体系，充分调动企业和社会积极性，确保顺利实施。

（二）加快示范引领。

结合规划编制，统筹布局谋划交通运输领域新型基础设施项目，稳妥有序推进项目落地实施。落实国家重大区域战略，选择特点突出、条件成熟、创新能力强的重点地区，依托重要运输通道、枢纽等开展多层次的交通运输领域新型基础设施试点示范，形成可复制可推广的经验。

（三）完善标准规范。

构建适应交通运输领域新型基础设施建设的标准体系，加强重点领域标准供给，分类制定关键性、基础性标准，及时将试点成果转化为标准，指导工程建设。加快完善通信网络、北斗系统、环境感知、交通诱导与管理、BIM、数据融合等标准规范，推进建立适应自动驾驶、自动化码头、无人配送的基础设施规范体系。建立标准国际化、政企共建和动态调整机制。

（四）形成多元化投融资机制。

发挥好政府投资的支持引导作用，扩大有效投资。各级交通运输主管部门应积极争取各类政府财政性资金、专项资金等支持交通运输领域新型基础设施建设。充分运用市场机制，多元化拓宽投融资渠道，积极吸引社会资本参与，争取金融保险机构支持，强化风险防控机制建设。探索数据、技术等资源市场化配置机制。

（五）加强协同合作。

各级交通运输主管部门要推动建立涵盖政府、企业、行业协会和专业机构的协同机制，强化部门协同、区域协调和跨界合作，共同推进交通运输领域新型基础设施建设。鼓励产业链上下游协同攻关、融通合作，优化生产服务方式、创新建设与运营模式，建立以信用为基础的新型监管机制，营造创新要素集聚、市场主体互利共赢、公平有序发展的产业环境。

交通运输部

2020 年 8 月 3 日

交通运输部办公厅　广东省人民政府办公厅　广西壮族自治区人民政府办公厅　贵州省人民政府办公厅　云南省人民政府办公厅关于珠江水运助力粤港澳大湾区建设的实施意见

（交办水〔2020〕29 号）

广东、广西、贵州、云南省（自治区）交通运输、发展改革、工业和信息化、财政、自然资源、生态环境、住房城乡建设、水利厅（委），沿江各地（市、州）人民政府，交通运输部珠江航务管理局，广东、广西、深圳海事局：

为贯彻落实《粤港澳大湾区发展规划纲要》，加快珠江水运现代化发展，助力粤港澳大湾区建设，经交通运输部、广东省人民政府、广西壮族自治区人民政府、贵州省人民政府、云南省人民政府同意，现提出以下实施意见。

一、建设互联互通的水运基础设施，促进大湾区基础设施建设

（一）推进航道网络建设。协调推进龙滩水电站和百色水利枢纽 1000 吨级通航设施建设，推动右江、红水河、柳黔江、桂江、左江、绣江等上游航道提等升级（含通航设施新改扩建）；实施西江干线航道扩能工程、珠江三角洲航道网完善工程；加快西江航运干线贵港至梧州航道整治二期工程；研究推进东江航道扩能工程、北江航道扩能升级上延工程前期工作；推动矾石水道和崖门出海航道二期工程建设；研究开辟珠江口小船航路；推进湘桂运河、赣粤运河研究论证，开工建设平陆运河，形成干支衔接、区域成网、江海贯通、连接港澳、沟通水系的高等级航道网络。

（二）推进港口网络建设。巩固提升香港国际航运中心地位，增强广州、深圳国际航运综合服务功能。推进沿海港口专业化码头和深水泊位建设；推进大型石油储备基地、液化天然气接收站、国家煤炭储备基地等能源储运项目配套码头建设；加快实施内河主要港口、区域重要港口建设和升级改造，进一步优化港口资源配置，提升内河港口的支撑能力。形成布局合理、功能完善、集约高效的现代港口体系。

（三）推进多式联运体系建设。优化完善物流枢纽布局与建设，加快推进东莞、深圳集装箱多式联运示范工程建设，推进南宁港、贵港港、柳州港、梧州港、来宾港和富宁港等多

式联运工程建设，大力发展集装箱、煤炭等货类江海联运；推进疏港铁路建设，强化重要港区的集疏运体系建设。

（四）加快水运信息化建设。贯彻落实《交通运输部　中央网信办　国家发展改革委　教育部　科技部　工业和信息化部　财政部关于印发〈智能航运发展指导意见〉的通知》（交海发〔2019〕66号），推进粤港澳智慧港口、智慧航道、智能船舶和智慧海事建设。加快推进智慧港口工程建设，推进西江干线数字航道建设，推进粤港澳智能航运研发和应用示范，促进北斗导航系统、物联网、云计算、大数据等信息技术在水运领域的集成应用，推进基于区块链的全球航运服务网络平台研究应用。建设完成珠江水运综合信息服务系统拓展工程。

二、提升水运服务品质，促进大湾区运输服务高质量发展

（五）全面提高水运服务能力。推进珠江口港口资源优化整合，与香港形成优势互补、互惠共赢的港口、航运、物流和配套服务体系。支持航运企业做优、做强，创新技术、管理与商业模式，加强港航人才和船员队伍培养。支持企业依法发展珠江水上高速客运、旅游客运、空水联运，开拓水上客运航线，促进企业规模化、集约化、高端化发展。促进发展深圳、东莞等珠江口东岸城市往来澳门的海上客运。

（六）打造现代水运体系。优化运输组织方式，推进干线航道集装箱班轮化运输。优化升级船舶装备，引导船舶大型化、专业化发展。依托大型公共交通枢纽，加快推进以铁公水联运为主导的对外运输物流体系建设，构建干支衔接的水运网络，着力打造以水上快巴为载体的货运和客运快速通道。形成层次分明、功能清晰、有机衔接、协同配套、结构合理的水运体系。

（七）打造现代航运服务业。全面推进传统航运服务业的转型升级，推进“互联网+航运”发展，推动航运服务模式创新。进一步提升航运交易服务能力，支持广州航运交易所服务功能完善和北部湾航运交易所等区域航运交易机构培育。推动粤港澳在航运支付结算、融资、租赁、保险、法律服务等方面实现服务规则对接，提升粤港澳大湾区港口航运服务国际化水平，支持香港发展高端航运服务业。

（八）推动邮轮和游艇产业健康发展。积极发展粤港澳大湾区邮轮产业，有序推动大湾区国际邮轮港协调发展。支持拓展粤港澳大湾区面向国际的邮轮航线，支持航运企业依法拓展东南亚等地区国际邮轮航线、丰富邮轮航线产品。积极推动粤港澳游艇自由行政策实施工作，为游艇自由行提供便利。

三、培育对外开放新优势，促进大湾区扩大开放

（九）优化珠江水运对外开放营商环境。深化“放管服”改革，加快转变政府职能，推进营商环境法治化。以“双随机、一公开”监管为手段，以重点监管为补充，以信用监管为基础，建立新型监管机制，规范监管行为。进一步完善珠江水运对外开放营商环境。

（十）构建珠江水运对外开放新格局。充分发挥港澳在对外开放中的优势和作用。鼓励内地与港澳开展基础设施建设、航运、港口经营、服务等领域的合作，实现内地与港澳水运的优势互补。

四、加快水运技术创新，促进大湾区创新发展

（十一）优化水运创新环境。完善珠江水运科技创新制度建设，依托广深港、广珠澳科技创新走廊建设，探索有利于人员、物资、资金、信息、技术等创新要素在珠江水系和粤港澳大湾区便捷高效流通的政策举措，积极推动粤港澳大湾区水运领域重大科研基础设施和大型科研仪器开放共享，依托珠三角科技建设成果转移转化示范区，推动粤港澳大湾区水运科技成果供需对接，促进科技成果转化。

（十二）提升水运科技创新能力。支持研发机构、科研院校改善设备条件，扩大研发队伍，积极开展水运科技创新，提升原始创新能力，支持深圳构建以市场为导向的绿色技术创新体系。鼓励内地与港澳在水运科技方面的创新合作，促进产学研深度融合，共同开展绿色水运、智能航运、溢油应急处理等关键技术研究。

五、推进水运生态文明建设，促进大湾区绿色发展

（十三）推进绿色水运基础设施建设。加强生态环境保护和防治技术交流，落实生态环境保护的有关要求，加快绿色港口和航道建设。推进珠江水系码头岸电设施、船舶 LNG 加注站、散货堆场防风抑尘设施建设，推动新能源和清洁能源动力船建造以及船舶受电设施改造，着力提高绿色水运基础设施建设水平。

（十四）加强珠江水运污染防治。大力推进船舶大气污染物排放控制区实施方案在珠江水系的实施。实施船舶和港口及有关作业活动污染水域环境防治应急能力建设规划，严格执行船舶强制报废制度。加强交通运输（港航、海事）与生态环境、工业和信息化、住房城乡建设等部门间的联动，制定并建立联合监管制度，推动船舶污染物接收设施建设，做好与公共转运处置设施的有效衔接。

六、强化水运质量安全保障，促进大湾区安全发展

（十五）提升基础设施质量安全保障能力。推进安全管理体系建设，推进老旧码头、渡口和通航建筑物安全设施的改造，推动锚地、停泊区和水上服务区建设，加快港口和航道安全运行监测与预警系统、必要的桥梁防撞设施建设，有效防范船舶撞桥风险，提高基础设施应急管理水平和应急救助抢险服务能力。推动应急锚地和应急物资储备基地建设，完善监管救助基地站点建设。加快推进水运平安百年品质工程建设研究，全面开展平安工地建设。进一步提升珠江水系水运安全设施保障能力。

（十六）提高水运装备安全水平。全面提升过闸船舶标准化率，加快对老旧船舶的更新改造工作。监督指导船舶配备齐全有效的安全防护设备，严格落实船舶检验制度，坚决杜绝检验不合格的船舶营运。加大安全装备资金投入力度，加强安全生产重大关键技术研究和装备研发。进一步提升与珠江水系水运安全管理相适应的船舶装备安全水平。

（十七）提升行政执法能力水平。加快推进交通运输综合行政执法改革，进一步健全监管执法机构，严格执法人员资格管理，建立实施执法人员考试录取、入职培训、持证上岗和定期轮训制度。强化交通运输综合行政执法人员的业务交流，推动建立水上联合巡查制度，

切实加强监管。

七、健全和完善水运发展体制机制

（十八）健全和完善水运发展体制机制。贯彻落实《国务院办公厅关于印发交通运输领域中央与地方财政事权和支出责任划分改革方案的通知》（国办发〔2019〕33号）精神，加快构建职责清晰、科学规范、运行高效、服务优质的珠江水运管理格局，推进珠江水运治理体系和治理能力的现代化。进一步完善珠江水运发展高层协调机制，共同协商解决珠江水运发展重大问题。

八、保障措施

（十九）加强组织协调和落实。加强对珠江水运助力粤港澳大湾区建设工作的组织协调，按职责分工组织推进工作任务的落实。

（二十）制定政策保障措施。加大对珠江水运助力粤港澳大湾区建设的政策支持力度，积极争取财政支持，落实经费保障，将专项工作经费纳入各级政府预算，确保顺利实施。

（二十一）加强宣传引导。大力宣传珠江水运助力粤港澳大湾区建设取得的成效，开展形式多样的宣传活动，畅通公众意见反馈渠道，营造社会共同参与粤港澳大湾区建设的良好氛围。

交通运输部办公厅

广东省人民政府办公厅

广西壮族自治区人民政府办公厅

贵州省人民政府办公厅

云南省人民政府办公厅

2020年6月9日

抄送：国家发展改革委、财政部、水利部、国资委、国家能源局，水利部珠江水利委员会，中国大唐集团公司，广西右江水利开发有限责任公司，交通运输部救助打捞局、规划研究院、水运科学研究院，交通运输部政策研究室、法制司、综合规划司、财务审计司、人事教育司、公路局、水运局、运输服务司、安全与质量监督管理司、科技司、国际合作司（港澳台办公室）、中国海上搜救中心、海事局。

附件：工作任务分工表（略）

关于做好2020年降成本重点工作的通知

（发改运行〔2020〕1183号）

公安部、司法部、人力资源社会保障部、自然资源部、生态环境部、住房城乡建设部、交通运输部、农业农村部、商务部、应急部、国资委、海关总署、税务总局、市场监管总局、银保监会、证监会、能源局、民航局、知识产权局，中国国家铁路集团有限公司，各省、自治区、直辖市及计划单列市、副省级省会城市、新疆生产建设兵团发展改革委、工信厅（经信委、经信厅、经信局、工信局）、财政厅（局），人民银行上海总部、各分行、营业管理部、各省会（首府）城市中心支行、各副省级城市中心支行：

为统筹推进疫情防控和经济社会发展工作，努力实现全年经济社会发展目标任务，各有关部门按照党中央、国务院决策部署，积极出台阶段性、有针对性的减税降费措施，缓解企业经营困难，有力促进了全面复工复产和经济社会平稳运行。为贯彻中央经济工作会议精神，落实好《政府工作报告》提出的各项降成本重点任务，帮助企业妥善应对新冠肺炎疫情冲击、渡过难关，降低实体经济企业成本工作部际联席会议2020年将重点组织落实好7个方面23项任务。

一、总体要求

以习近平新时代中国特色社会主义思想为指导，全面贯彻党的十九大和十九届二中、三中、四中全会精神，在疫情防控常态化条件下，坚持稳中求进工作总基调，继续深化供给侧结构性改革。坚持“巩固、增强、提升、畅通”方针，巩固和拓展减税降费成效，阶段性政策与制度性安排相结合，把减税降费政策落到企业，助力市场主体纾困发展。

二、落实好既定减税降费政策

（一）落实税收减免政策。将减免小规模纳税人增值税，免征公共交通运输、餐饮住宿、旅游娱乐、文化体育等服务增值税政策实施期限延长至今年年底。允许小微企业、个体工商户所得税延缓至明年缴纳。对除“两高一资”外所有未按名义税率退税的出口产品全部实现足额退税。

（二）落实相关收费基金减免政策。落实好今年以来出台的减免民航发展基金、港口建设费、船舶油污损害赔偿基金、文化事业建设费、国家电影事业发展专项资金和相关药品、医疗器械产品注册费等政策。

（三）降低企业宽带和专线平均资费。主要针对企业实施互联网接入宽带和专线降费，并重点向中小企业和制造业倾斜，整体上实现企业宽带和专线平均资费降低15%。

（四）坚决整治涉企违规收费。完善收费监管制度，建立治理违规涉企收费成效评估机制。坚决防止违规征税收费，重点排查“过头税费”等问题，严肃追责问责。部署开展全国涉企收费专项治理，严查各类涉企乱收费行为，建立完善乱收费投诉举报查处机制，加大整治力度。

三、强化金融支持实体经济力度

（五）畅通金融和实体经济传导渠道。继续疏通货币政策传导机制，灵活运用降准、公开市场操作、再贷款再贴现等货币政策工具，保持流动性合理充裕。做好3000亿元抗疫专项再贷款、5000亿元再贷款再贴现资金和新增的1万亿元普惠性再贷款再贴现额度的政策衔接。加强监管，防止资金“空转”套利。

（六）充分发挥政府性融资担保作用。推动国家融资担保基金与银行业金融机构开展批量担保贷款合作，实现2020年新增再担保业务规模4000亿元目标。政府性融资担保机构2020年全年对小微企业减半收取融资担保、再担保费，将综合融资担保费率逐步降至1%以下，有条件的地方建立担保费补贴机制。支持全国农业信贷担保体系降低担保费率，确保政策性农担业务担保费率不超过0.8%，政策性扶贫项目不超过0.5%。进一步提高支小支农业务占比。

（七）注重发挥定向工具作用。延长中小微企业贷款延期还本付息政策至明年3月底，对普惠型小微企业贷款应延尽延，对其他困难企业贷款协商延期。普惠型小微企业贷款综合融资成本明显下降，大型商业银行普惠型小微企业贷款增速要高于40%。引导金融机构增加对制造业、民营企业和外资企业中长期融资，加大对外向型企业、服务业企业和劳动密集型行业企业的信贷支持力度。

（八）完善金融服务实体经济的融资工具。深化利率市场化改革，推动贷款利率下行。鼓励银行大幅增加小微企业信用贷、首贷、无还本续贷，大力推广“信易贷”模式和“银税互动”，推出适合小微企业特点的信贷产品。支持企业扩大债券融资，发展股权融资。大力发展供应链金融，探索推进用银行保函、保险等方式缴纳保证金。

（九）切实提高金融服务效率。各地财政部门要按规定拨付疫情防控重点保障企业优惠贷款贴息资金，切实提高使用效率。各级政府性融资担保、再担保机构应当提高业务办理效率，逐步减少、取消反担保要求。鼓励银行合理让利，提高贷款审批和发放效率，不抽贷、不压贷、不断贷。

四、持续降低制度性交易成本

（十）放宽市场准入和经营限制。修订和发布《市场准入负面清单（2020年版）》，放宽市场准入试点，持续破除市场准入隐性壁垒。扩大鼓励外商投资产业目录，使更多领域的外商投资能够享受税收等有关优惠政策。放宽小微企业、个体工商户登记经营场所限制，便利各类创业者注册经营、及时享受扶持政策。有序放开新能源汽车代工生产，推动自检自证，实行品牌授权试点。鼓励有条件的地方向符合要求的食品生产、经营企业发放许可证电子证书。各地不得干预连锁企业依法申请和享受总分机构汇总纳税政策。

（十一）优化政府服务业务流程。全面落实《优化营商环境条例》，形成政府服务事项目录清单，逐项优化办理流程、办理要件和时限要求。深入推进“双随机、一公开”跨部门联合监管。适时在全国推开“证照分离”改革全覆盖，深化工业产品生产许可证制度改革。积极推进多证合一、多审合一、多检合一。

（十二）加强数字技术应用。深化“互联网＋政务服务”，推动更多服务事项一网通办，做到企业开办全程网上办理，简化助企纾困政策手续，加快推进“互联网＋监管”。按照先试点后推广的原则，推进各部门、各级政府间基础公共信息的互联互通和数据整合，加大开放力度。加快实现增值税专用发票电子化。

（十三）降低政策遵从成本。在研究制定政策过程中，避免随意制定加重企业负担的“隐性”条款，持续推进落实公平竞争审查制度。规范行政处罚自由裁量权，防止出现“一刀切”，避免过快提高标准导致企业应对失措。

五、努力降低企业用工和房租负担

（十四）降低企业用工成本。免征中小微企业基本养老、失业、工伤“三项”社会保险单位缴费部分至年底。尽快实现养老保险全国统筹。落实住房公积金阶段性支持政策。

（十五）实施援企稳岗返还政策。鼓励有条件的地区适当提高稳岗返还比例，重点支持符合产业发展方向、长期吸纳就业人数多的企业以及受疫情影响大的企业。各地要优化经办流程，创新经办模式，多采用“免申即享”。利用大数据平台加强用工需求供需对接、信息引导。

（十六）缓解房屋租金压力。减免国有房产租金，鼓励各类业主减免或缓收房租。对实际减免租金的出租人，鼓励金融机构视需要给予适当信贷支持。稳定房屋租赁市场，建立健全房屋租赁纠纷调处机制。

六、继续降低用能用地成本

（十七）继续降低一般工商业电价。降低除高耗能行业用户外的现执行一般工商业、大工业电价的电力用户到户电价5%至年底。全面完成第二监管周期省级和区域电网输配电价核定，指导各地落实燃煤发电上网电价形成机制，开展电价改革相关政策跟踪评估。扩大电力市场化交易规模。

（十八）完善科学合理用能管理。制定科学合理的“十四五”能耗总量控制指标，完善考核制度和用能权交易制度。避免和纠正“一刀切”的去煤化政策。指导各地清理规范天然气管道收费，严格成本监审。指导各地根据需要，采取上下游联动方式，尽可能降低非居民用气成本。

（十九）合理增加供应降低用地成本。改革土地管理方式，赋予省级政府更大用地自主权，盘活存量土地；合并规划选址和用地预审，合并建设用地规划许可和用地批准。加快落实跨地区耕地占补平衡政策，探索全国性的建设用地、补充耕地指标跨区域交易机制。加强工业项目建设用地管理，实现用地跟着项目走；合理增加工业项目用地、物流用地；推动不同产业用地类型合理转换。

七、推进物流降本增效

（二十）降低物流税费成本。深化收费公

路制度改革，全面推广高速公路差异化收费。鼓励有条件的地方回购经营性普通收费公路收费权，对车辆实行免费通行。精简铁路货运杂费项目，降低运杂费迟交金收费标准，严格落实取消货物运输变更手续费。减半征收物流企业大宗商品仓储设施用地城镇土地使用税。降低港口、检验检疫等收费。

（二十一）积极推进运输结构调整。加快推进大宗货物运输公转铁、公转水。大力发展多式联运，加快枢纽场站、集疏运通道和铁路专用线建设，推进运输装备标准化升级改造。扎实推进国家物流枢纽建设，推动构建“通道+枢纽+网络”的物流运行体系。鼓励5G、物联网、大数据等新技术在物流领域应用，促进物流业和制造、金融、旅游、商务等产业融合发展。

（二十二）提高物流运行效率。优化政务办事流程，推进通关便利化，优化大件运输跨省并联许可服务。继续推进网络平台道路货物运输发展，持续推动城市绿色货运配送发展。深化铁路市场化改革。多措并举恢复我国际货运能力，优化中欧班列运输组织，推进“中转集散”，支持客运飞机执飞货运运输。

八、激励企业内部挖潜

（二十三）引导企业创新管理挖潜增效。支持企业通过模式创新、研发创新、管理创新，提高成果转化率和附加值。鼓励企业主动适应市场变化，发挥主观能动性，加快转型升级。依靠科技进步、技术创新，加大信息技术和互联网、物联网融合应用，向智能化、集约化、精细化转变。

请有关方面加强会商，做好政策衔接，强化政策宣传和解读，扎实推进降成本各项政策落地见效，着力稳住市场主体。降低实体经济企业成本工作部际联席会议将继续加强梳理和推广好的经验、做法。

国家发展改革委
工业和信息化部
财政部
人民银行
2020年7月18日

工业和信息化部办公厅　公安部办公厅 交通运输部办公厅　国家市场监督管理总局办公厅 关于开展货车非法改装专项整治工作的通知

（工信厅联通装函〔2020〕180 号）

各省、自治区、直辖市及新疆生产建设兵团工业和信息化主管部门、公安厅（局）、交通运输厅（局、委）、市场监督管理局：

按照国务院安委会《全国安全生产专项整治三年行动计划》（以下简称《行动计划》）部署和《道路运输安全专项整治三年行动实施方案》（以下简称《实施方案》）要求，工业和信息化部、公安部、交通运输部、市场监管总局决定自 2020 年 7 月至 2021 年 5 月组织开展货车非法改装专项整治工作，预防和遏制货车非法改装行为，保障道路运输安全。具体事项通知如下。

一、总体要求

贯彻落实习近平总书记关于安全生产的重要论述，动员各地落实《行动计划》和《实施方案》工作机制的力量，通过集中排查、重点检查、突击抽查、专项治理等方式，强化危险货物运输车辆、自卸货车、半挂车、轻型载货汽车、混凝土搅拌运输车等 5 类重点货车生产改装监管，严把车辆生产制造源头质量关，落实货运企业对车辆安全监管的主体责任，严厉打击“大吨小标”、“百吨王”及倒卖合格证等违法违规行为，从严查处取缔一批严重违法违规生产企业、维修企业、货运企业、检验机构和非法改装“黑窝点”，依法严肃追究相关违法违规企业和人员法律责任，健全和完善货车生产改装监管机制，为实现到 2022 年基本消除货车非法改装、“大吨小标”等违法违规问题打下良好基础，有力保障人民群众生命财产安全。

二、工作部署

（一）组织部署阶段（2020 年 7—8 月）。

省、市两级工业和信息化、公安、交通运输、市场监管部门要会同有关部门结合本地实际制定工作方案，细化目标任务、步骤安排和工作要求。2020 年 8 月底前，将本省（区、市）工作方案报本省（区、市）落实《行动计划》和《实施方案》工作机制，并报工业和信息化部、公安部、交通运输部、市场监管总局。

（二）排查整治阶段（2020年9月至2021年3月）。

省、市两级工业和信息化、公安、交通运输、市场监管部门要会同有关部门组织开展集中排查整治，对辖区货车生产、改装、维修企业和安全技术检验机构全面检查，对非法改装“黑窝点”全面排查整治，2020年12月、2021年3月底前将季度检查结果报本省（区、市）落实《行动计划》和《实施方案》工作机制，并报工业和信息化部、公安部、交通运输部、市场监管总局。

（三）总结完善阶段（2021年4月至5月）。

省、市两级工业和信息化、公安、交通运输、市场监管部门要会同有关部门要及时推广经验做法，总结专项整治情况，全面梳理问题症结，研究提出完善货车生产改装管理意见建议，2021年5月底前将工作总结报本省（区、市）落实《行动计划》和《实施方案》工作机制，并报工业和信息化部、公安部、交通运输部、市场监管总局。

三、主要任务

（一）货车生产改装企业排查整治。

各地工业和信息化、市场监管部门会同有关部门组织全面排查辖区内货车生产改装企业。一是检查企业实际生产状况。摸清辖区内生产改装企业底数，全面核查、突击检查企业现场生产条件及生产一致性管理体系、车辆合格证管理体系运作和保持情况。检查2019年以来企业生产、检验、销售和库存记录，比对零部件采购记录和车辆合格证上传数据，严厉查处虚假上传合格证数据、倒卖合格证等问题。重点调查“5类重点货车”尤其是低平板半挂车生产改装企业，检查企业生产订单、生产销售合同、关键零部件采购等记录，严厉打击“定制化”超载超限车辆行为，对嫌疑情形开展深入调查，对发现从事普通货运企业或个人购买的，通报相关部门深入追查车辆实际使用情况，实施重点监管。突击检查方式的企业检查比例不得少于20%。二是检查货车产品生产质量。开展现场产品抽样检验，核查现场生产的货车产品生产合格证和车辆一致性证书，核查车辆外观、尺寸、质量等关键技术参数符合性和产品一致性情况，重点检查是否存在不符合国家安全技术标准、“大吨小标”、为非法改装预留部件或装置、制作使用“值班车厢”骗领检验合格报告等问题。有关车型《公告》参数可登录“道路机动车辆生产企业及产品信息查询系统”查询。三是抽查市场在售货车质量。重点检查销售企业（含个体工商户）待销售的货车产品外廓尺寸、货箱（厢）、罐体、弹簧板、轮胎等易非法改装部位和装置，对嫌疑车辆检测实车整备质量，固定违法违规证据，启动生产质量倒查。四是督促落实企业主体责任。结合排查情况，与辖区生产企业签订责任书，告知企业主要负责人违法生产改装法律责任，督促健全内部监管机制，严禁非法生产不符合标准车辆，严禁为车辆非法改装提供便利，严禁参与、协助非法改装。

对发现不严格执行标准、不严格检验致使质量不合格机动车出厂销售的生产改装企业，提请工业和信息化部暂停或者撤销《公告》，并依据《道路机动车辆生产企业及产品准入管理办法》的规定予以处罚处理；构成犯罪的，依法追究企业负责人刑事责任。对擅自生产、销售未经国家机动车产品主管部门许可生产的机动车型的，生产、销售擅自改装的机动车的，或者倒卖合格证的生产、改装企业，提请工业和信息化部依据《道路交通安全法》《道路机动车辆生产企业及产品准入管理办法》相关规定予以处理；构成犯罪的，依法追究企业负责人刑事责任。对发现虚假开具销售发票等违法违规问题的，通报税务机关依法处罚。

机动车生产企业不执行机动车国家安全技术标准或者不严格进行机动车成品质量检验，致使质量不合格的机动车出厂销售的，或未经强制性产品认证擅自出厂销售的，由市场监督管理部门依照《中华人民共和国产品质量法》《中华人民共和国认证认可条例》有关规定予以处罚；有营业执照的，由市场监督管理部门依法吊销营业执照。

（二）货车维修企业从事非法改装排查整治。

各地交通运输部门会同市场监管等有关部门组织开展辖区内货车维修企业从事非法改装排查整治。可采取暗访和突击检查相结合方式，对本辖区维修企业进行摸排检查。要突击抽查维修企业“5 类重点货车”的维修记录、零配件采购记录，对发现采购弹簧板、钢板等疑似改装用品及原材料的，要重点予以调查，深入追查已维修车辆实际状况，采集固定违法改装的证据，严格依法查处。严禁货运企业购买使用不符合国家安全技术标准、非法改装、“大吨小标”等违规车辆，对非法改装车辆要立即整改、恢复原状；拒不整改的，有关部门依法处罚并限期整改。

对发现承修已报废的机动车或者擅自改装机动车等违法行为的，由交通运输部门按照《中华人民共和国道路运输条例》等有关规定予以查处。

（三）货车登记检验排查整治。

各地公安、市场监管部门会同有关部门组织开展货车注册登记和定期安全检验情况集中排查。一是严格检验机构检查。组织对货车安全技术检验机构开展全面排查和突击检查，检查车辆检验过程视频和资料，重点检查货车整备质量检测设备、检测系统，排查是否存在车辆替检、未实车检验、出具虚假报告等问题。对涉嫌“大吨小标”等严重违规嫌疑的车辆，要组织重新称重检测，核查整改违规检验问题。二是严格新车登记检查。组织对办理货车登记场所进行全面检查，重点排查“5 类重点货车”注册登记档案，核查货车安全技术检验报告。对在登记、检验环节发现的涉及生产改装企业违法生产改装的问题，不予办理注册登记，并及时固定证据，启动深度调查，严格依法追究责任，并做好违规货车产品信息通报和上报工作。

对发现存在车辆替检、未实车检验或者以篡改检测数据等方式出具虚假检验结果的检验机构，一律按照《道路交通安全法》处罚，并撤销资质认定证书；涉嫌构成行贿受贿、提供虚假证明文件等犯罪的，依法追究刑事责任。对办理注册登记时货车存在非法生产、改装的，一律由生产企业无条件收回；对在用货车存在非法改装的，恢复原状，并依法处罚。

（四）非法改装“黑窝点”排查整治。

各地工业和信息化、市场监管部门会同有关部门对货车非法改装“黑窝点”开展全面摸排整治。在省、市两级设立货车非法改装“黑窝点”公开举报电话和互联网邮箱，2020 年 8 月底前通过媒体、网络等方式向社会公开发布、集中宣传，鼓励群众、行业、企业和媒体举报投诉，有条件的地区可建立有奖举报机制。组织开展货车非法改装“黑窝点”集中排查，结合举报线索，深入摸排本地区无证、无照经营等货车非法改装“黑窝点”，集中开展整治。突击检查许可证照、现场生产设备、成品和半成品、零部件采购记录、销售记录或合同以及资金账户往来等，核定企业非法生产改装的产品数量以及销售渠道等事实，固定违法违规证据，依法从严查处。对查处的货车非法改装“黑窝点”，要全部建立清单，及时汇总上报。

对发现生产、销售未经国家机动车产品主管部门许可生产的机动车型的，生产、销售拼装的机动车或者生产、销售擅自改装的机动车的，由工业和信息化、市场监管部门依据《道路交通安全法》及相关规定依职责予以查处。

四、保障措施

（一）加强组织协调。各地相关部门要切实提高政治站位，坚持问题导向，明确职责分工，细化工作方案，突出工作重点，各司其职，协同配合，与地方有关部门的路面执法检查实现信息数据共享和联合惩戒，做实做细辖区内货车非法改装专项整治工作。

（二）强化问题整改。深入开展“四不两直”明查暗访、异地交叉检查，对重点企业、重点隐患紧盯不放，确保问题查处、整改到位。综合运用通报、约谈、警示、曝光等措施，对重点隐患车型、隐患企业通过媒体集中公开曝光，纳入企业诚信记录，违法违规企业负责人员列入失信名单。

（三）严格督查督办。加强整治工作督办检查，对违法违规生产问题比较严重、整治不力的地市和部门，要驻点督查督办，严肃追究责任。工业和信息化部、公安部、交通运输部、市场监管总局联合组织开展监督检查，对整治工作不作为、走形式、违法违规生产改装等重大隐患长期未治理的，将约谈相关部门负责人，通报省（区、市）人民政府。

（四）加强宣传引导。各地要充分利用各类媒体全方位宣传整治专项行动工作情况，鼓励积极举报违法行为，对违法违规企业形成高压震慑态势。坚持管理服务并重，及时回应企业诉求，支持鼓励企业提升货车安全技术品质，引导行业健康发展，营造公平竞争市场环境秩序。

（五）健全长效机制。各地要结合此次专项整治工作，及时总结经验，不断完善政策，建立健全信息共享、协作配合、联合执法的长效工作机制，按时完成《行动计划》和《实施方案》确定的工作目标。

工业和信息化部办公厅

公安部办公厅

交通运输部办公厅

国家市场监督管理总局办公厅

2020年7月21日

交通运输部关于进一步加强危险货物港口作业安全管理的通知

（交水明电〔2020〕243 号）

各省、自治区、直辖市交通运输厅（局、委），长江航务管理局、珠江航务管理局，各直属海事局，中国港口协会、中国船东协会：

为深刻汲取黎巴嫩贝鲁特港口区重大爆炸事件和我国一些地区发生的危化品爆炸事故教训，按照国务院安委会的部署要求，现就举一反三，进一步加强危险货物港口作业安全管理有关事项通知如下：

一、提高政治站位，牢固树立安全生产红线意识

各级交通运输（港口）管理部门、海事管理机构要认真学习、深刻领会习近平总书记关于安全生产工作的重要论述，进一步提高对安全生产工作极端重要性的认识，增强“四个意识”、坚定“四个自信”、做到“两个维护”，坚持人民至上、生命至上，树牢安全发展理念，全面落实安全生产责任制，依法依规严格履行安全监管职责，督促企业严格落实安全生产主体责任，严守安全生产底线红线，扎实推进安全生产专项整治三年行动。按照国务院安委办要求，深入开展危险货物港口作业安全重大风险隐患“全覆盖”排查治理，树立隐患就是事故的理念，切实化解和防范重大安全风险，坚决遏制重特大事故发生。

二、从严从实从细开展风险隐患排查治理

地方各级交通运输（港口）管理部门要以案为鉴，举一反三，把加强危险货物港口作业安全作为当前的重点工作，采取切实有效措施，加强重大风险管控，深化隐患排查治理，加快构建双重预防工作机制。所在地交通运输（港口）管理部门要在辖区内相关港口企业自查自纠的基础上，组织进行一次全面排查，认真开展重特大事故整改措施落实情况“回头看”，严肃查处违法违规行为，问题隐患实行闭环管理，重大隐患实行挂牌督办。省级交通运输主管部门要及时总结本辖区风险隐患排查治理情况，于 2020 年 10 月 31 日前书面报送部安委办。

（一）严格爆炸品及硝酸铵类物质港口作业安全管理。

港口所在地交通运输（港口）管理部门要

加大巡查力度，突出重点，严厉查处违规存放、超量储存爆炸品和硝酸铵类物质等违法行为。

1. 严格1类危险货物（爆炸品）和硝酸铵类物质港口作业源头管理。严把码头、堆场（仓库）建设项目准入关，严格落实规划选址、安全审查、经营许可等各项管理制度。

2. 彻底整治作业场所安全条件不合格情况。对排查中发现存在不符合规划、安全防护距离不足、未批先建、无证经营等违法行为的，要立即责令停止经营，并依法给予行政处罚；对安全设施配备不满足要求的，要督促立即整改，整改期间不能保障安全的，要依法责令停止作业。

3. 严格执行作业规程和制度。港口装卸、储存作业过程要严格落实相关标准规范和安全作业规程要求。严格落实《危险货物集装箱港口作业安全规程》（JT397）的规定，装有1.1项、1.2项爆炸品和硝酸铵类物质的危险货物集装箱实行直装直取，不准在港区内存放；除1.1项、1.2项以外的爆炸品，严格实行限时限量存放。

（二）严格港口危险货物储罐安全管理。

港口所在地交通运输（港口）管理部门要对港口危险货物企业落实《交通运输部办公厅关于加强港口危险货物储罐安全管理的意见》（交办水〔2017〕34号）的情况开展检查。

1. 严格落实储罐定期检测制度。对储罐基础、本体、附属设施和安全附件等进行全覆盖定期检测；检测报告要有明确结论并实施闭环管理，对发现的缺陷，要及时修复，有严重缺陷不能保证储罐安全运行的，要坚决停止使用。

2. 加强储罐运行安全监测。所在地交通运输（港口）管理部门督促企业按照相关规定和规范要求安装危险货物储罐高、低液位报警及自动联锁切断装置，并按照标准设定储罐液位报警高度，报警高度不得高于储罐的设计储存高液位或低液位。大型储罐、液化气体储罐及剧毒化学品储罐等重点储罐要按照规定设置紧急切断阀，确保易燃易爆、有毒有害气体泄漏报警系统完好可用。

3. 加强应急值守。港口危险货物企业要加强人员值守，储罐监测设备报警时，要立即采取有效处置措施。

（三）严格重点环节和重要部位安全管理。

港口所在地交通运输（港口）管理部门、海事管理机构要加强联合监管，突出重点，督促港口企业、到港船舶加强船岸安全检查等重点环节和重要部位的安全管理。

1. 严格船岸安全检查。督促港口企业、到港船舶严格按照《油船油码头安全作业规程》《散装液体化工产品港口装卸技术要求》等标准要求，严格落实危险货物装卸作业前船岸安全检查制度，全面加强船港界面装卸作业安全管理，加强装卸作业环节值班值守，严禁违章作业。

2. 严格特殊作业安全管理。组织港口危险货物企业认真学习《化学品生产单位特殊作业安全规范》，完善企业内部管理制度，强化动火、受限空间、用电、高空等特种作业安全管理，作业前严格履行内部审批手续，严禁未批先作业等违法行为，认真进行作业风险辨识，逐项落实管控措施；作业过程中，要指派专人进行全过程监护；重点加强对进入危险货物装卸、储存场所的第三方人员作业行为的管控。

3. 严格港口危险货物装车、取样环节安全管理。港口危险货物企业要加强对进出本企业作业的危险货物运输车辆安全管理，按照规定严格落实安全检查，手续不全或存在安全隐患的车辆，不得允许作业。要严格按照安全规程，由专门人员进行装卸作业和取样，严禁车辆驾驶人员违规操作。

三、着力建立健全安全管理长效机制

地方各级交通运输（港口）管理部门要将整治突出问题与港口领域安全生产专项整治三年行动相结合，坚持标本兼治，抓重点、补短板、强弱项、打基础，加快建立健全安全生产双重预防机制。

（一）着力提升港口企业本质安全水平。

港口所在地交通运输（港口）管理部门要督促港口危险货物企业加大安全生产投入，2020 年底前将涉及“两重点、一重大”的堆场、储罐全部安装使用安全监测监控装备；高危作业场所和环节 2021 年底前实现重要设施设备实时监测、智能感知和风险预警；2022 年底前建立实施危险货物作业安全生产责任保险制度，港口危险货物储存企业、装卸企业主要安全管理人员中分别至少有 2 名、1 名具有中级以上化工技术职称或化工安全类注册安全工程师资格，其中储存企业安全管理人员中的中级以上注册安全工程师比例按国家规定要求达到 15% 并逐步提高。认真组织开展港口危险货物从业人员职业技能竞赛，不断提升从业人员特别是一线从业人员的安全应急能力。

（二）着力提升安全监管能力和重大风险管控能力。

港口所在地交通运输（港口）管理部门要充实港口监管执法力量，持续加强监管人员业务培训，创新监管方式和方法，加强信用联合惩戒。积极推动危险化学品储存量大的港口所在地政府落实中办、国办《关于全面加强危险化学品安全生产工作的意见》要求，配齐配强港口危险货物安全监管和执法力量。认真开展港口危险货物集中区域重大风险评估，严格落实风险动态监测和管控措施。

（三）着力提升应急救援能力。

港口所在地交通运输（港口）管理部门要严格督促港口企业加强危险货物应急处置能力建设，完善火灾、爆炸、泄漏、中毒等事故应急预案；认真落实消防安全主体责任和有关消防工作制度，依法落实主要港口、储存易燃易爆危险品的大型企业建立单位专职消防队；推动地方政府统筹港口陆域和水域消防能力建设，将港口危险货物应急和消防纳入城市应急体系。

交通运输部

2020 年 8 月 27 日

交通运输部关于进一步加强冷链物流渠道新冠肺炎疫情防控工作的通知

（交运明电〔2020〕241 号）

各省、自治区、直辖市、新疆生产建设兵团交通运输厅（局、委），长江航务管理局、珠江航务管理局，各直属海事局：

为深入贯彻落实党中央、国务院关于统筹推进疫情防控和经济社会发展的决策部署，持续强化“外防输入、内防反弹”和“人物并防”，切实防止新冠病毒通过冷链物流渠道传播，现就进一步加强冷链物流渠道新冠肺炎疫情防控工作通知如下：

一、提高政治站位，深刻认识做好冷链物流渠道疫情防控工作的重要性

今年 6 月份以来，北京、辽宁、安徽、福建、江西、山东、广东、重庆、陕西、云南等 10 多个省份在进口冷链食品或包装物检出新冠病毒核酸阳性，进口冷链食品疫情传播安全风险增大。各单位要进一步提高政治站位，坚决将思想和行动统一到党中央、国务院决策部署上来，准确把握秋冬季疫情防控工作的新形势、新要求，充分认识当前冷链物流疫情防控形势的严峻性、复杂性，切实增强责任感、使命感和紧迫感，坚决克服麻痹思想、厌战情绪、侥幸心理、松劲心态，加大疫情防控工作投入力度，强化部门协同联动，指导和督促各有关冷链物流运输企业、港口码头、货运场站等经营单位加强从业人员防护、严格运输装备消毒、落实信息登记制度，全力做好冷链物流渠道新冠肺炎疫情防控工作。

二、强化部门协同联动，防范冷链食品新冠病毒污染风险

各单位要按照《国务院应对新型冠状病毒肺炎疫情联防联控机制综合组关于加强冷链食品新冠病毒核酸检测等工作的紧急通知》（联防联控机制综发〔2020〕220 号）要求，积极配合卫生健康、海关、市场监管等部门开展对国产和进口冷链食品采集相关样本、冷链货物运输车辆及冷链物流从业人员的核酸检测工作；配合做好冷链食品追溯管理、应急处置、环境消杀等工作，推动建立冷链物流供应链全链条、可追溯、一体化管理体系，切实防范冷链物流新冠病毒传播风险。同时，要密切配合海关部门开展进口冷链食品查验工作，强化口岸通关查验管理。

三、加强从业人员防护，切实保障冷链物流一线工作人员自身安全

各单位要督促指导冷链物流企业配备必要的个人防护、消毒用品和装备，按照最新版《船舶船员新冠肺炎疫情防控操作指南》《新冠肺炎疫情防控期间针对患病海员紧急救助处置指南》《港口及其一线人员新冠肺炎疫情防控工作指南》《道路货运车辆、从业人员及场站新冠肺炎疫情防控工作指南》等要求，进一步加强对港口作业人员以及司机、装卸工、船员、引航员等冷链物流一线工作人员的个人防护，防止感染风险。原则上，各港口码头、货运场站的作业场所及工作区域入口需配备体温检测设备；直接接触进口冷藏集装箱或者冷藏货物的物流一线工作人员，应全程佩戴口罩、防护手套等防护用品，至少应上下岗前各测量一次体温；配合海关进行冷藏货物新冠病毒检疫的港口作业人员应相对固定，全程正确穿戴防护服、护目镜、口罩、防护手套等防护用品。有条件的地方，可定期组织冷链物流一线工作人员进行核酸检测。

四、严格运输装备消毒，坚决防止病毒通过交通运输渠道传播

各单位要切实强化国际冷链集装箱运输管理，全力做好冷链货物运输船舶、车辆等运输装备消毒工作。从事冷链物流运输的厢式车辆，在每次重新装载货物前均要对厢体内外部进行重新消毒。同时，各地交通运输主管部门要充分依托本地疫情防控工作机制，加强与卫生健康、海关、市场监管等部门的沟通协调，推动实施跨境冷链物流道路货运司机在口岸点、作业点、居住点的闭环管理，鼓励采用跨境甩挂运输等新组织模式，严防境外疫情输入。

五、落实信息登记制度，为冷链物流疫情防控追溯提供有力支撑

各单位要督促冷链物流企业严格查验进口冷链食品海关报关单据及检验检疫证明，如实登记装运货物信息、车船信息、司乘人员（船员）信息、装卸货信息及收货人信息等，不得承运无法提供进货来源的进口冷链食品；港口企业、货运场站要如实登记进出港口场站的冷链物流道路货运车辆信息及驾驶员信息。登记信息保存期限原则上不少于 3 个月。沿边省份交通运输主管部门要严格落实出入境冷链物流道路货运驾驶员备案登记制度。各单位要加强与商务、卫生健康、海关、市场监管等部门的信息共享，充分运用信息技术手段，加强冷链物流全程追溯管理。对进口冷链食品或包装物检出新冠病毒核酸阳性的，各单位要积极配合卫生健康、海关、市场监管等部门做好涉事产品运输环节相关接触人员的排查和跟踪监测，发现情况及时有效处置。

铁路、民航、邮政领域的冷链物流新冠肺炎疫情防控工作，由国家铁路局、中国民用航空局、国家邮政局参照本通知有关精神部署落实。

交通运输部
2020 年 8 月 26 日

（此件公开发布）

抄送：国家铁路局、中国民用航空局、国家邮政局，部水运局、国际司、应急办、海事局，中央纪委国家监委驻交通运输部纪检监察组。

交通运输部关于加强和规范事中事后监管的指导意见

（交法发〔2020〕79号）

为贯彻落实《优化营商环境条例》，深化交通运输领域简政放权、放管结合、优化服务改革，加强和规范事中事后监管，切实优化交通运输营商环境，结合交通运输工作实际，提出以下意见。

一、总体要求

以习近平新时代中国特色社会主义思想为指导，全面贯彻党的十九大和十九届二中、三中、四中全会精神，用深化改革的办法优化营商环境，持续推进交通运输领域“放管服”改革，大力保护和激发交通运输市场主体活力。切实转变“重审批、轻监管”的观念，着力解决交通运输领域监管存在的不会管、不敢管、不愿管等突出问题，形成市场自律、政府监管、社会监督互为支撑的协同监管格局，提升企业和群众获得感、满意度。运用法治思维和法治方式履行监管职能、落实监管责任、健全监管规则、创新监管方式，构建以“双随机、一公开”监管为基本手段、以重点监管为补充、以信息化监管为支撑、以信用监管为基础的新型监管体系，着力打造市场化法治化国际化的交通运输营商环境，服务加快形成新发展格局，助力加快建设交通强国。

二、工作措施

（一）全面夯实监管责任。

1. 明确监管对象和范围。要严格按照法律、法规、规章明确的监管职责和监管事项，依法对交通运输市场主体、从业人员及有关交通运输活动相关方进行监管。

对实施的行政许可事项，部内相关司局按要求编制中央层面设定的行政许可事项清单，逐项明确许可条件、申请材料、审批时限、许可证件等具体要素。省级交通运输主管部门要结合地方性法规、地方政府规章，细化充实行政许可事项清单及具体要素。各级交通运输管理部门要按照法定权限和职责对行政相对人履行法定义务、提供产品或服务质量等情况，以及许可的经营资质有效保持情况等进行监管；依法依规查处未经审批擅自从事相关活动的行为。

对已取消行政许可但仍需监管的事项，部内相关司局要逐项制定事中事后监管措施。地方各级交通运输管理部门要按照法定权限和职责逐项细化落实事中事后监管措施，对原行政相对人经营条件和经营规范等是否符合法定的要求和标准、是否履行法定义务、是否存在安全隐患等情况，以及相关管理制度建设、收费行为、信息公示等情况进行监管，防止出现监管真空地带。

对于下放审批权的事项，要及时调整监管层级，上级交通运输管理部门要加强对承接部门指导培训，对实施行政审批过程中执行法律法规规定的条件、程序、时限、要求进行监督。承接部门要按照保留的行政许可事项的要求加强监管。

对于委托的事项，委托部门应当将受委托部门和委托实施行政许可的内容予以公告，对受委托部门实施行政许可的行为负责监督，并对该行为的后果承担法律责任。受委托部门要严格根据委托权限，以委托部门的名义实施行政审批并强化监管。

对审批改为备案的事项，各级交通运输管理部门要按照法定权限和职责明确完成备案手续的条件和公开备案材料要求，备案事项原则上应当场办结，切实防止以备案之名行审批之实。要加强备案行为监管核查，对违反规定不备案、逾期备案或备案信息不准确等情形要依法处理，责令办理或更正，并依法追究责任。

对其他应当依法履行监管责任的事项，各级交通运输管理部门要按照法律法规规定，对交通运输生产经营单位和从业人员落实主体责任以及履行法定义务等情况进行监管，引导行政相对人自觉遵守交通运输法律法规，切实履行法定义务。

2. 厘清监管事权。按照“谁审批、谁监管，谁主管、谁监管”原则严格履行部门监管职责，具体监管层级和不同层级间的监管责任，依照法律、法规、规章以及监管职责分工划分确定。部内相关司局要充分发挥在规则和标准制定、风险研判、统筹协调等方面的作用，监督指导本领域开展事中事后监管。省级交通运输主管部门要按照国家有关要求结合本区域实际协调推进区域监管工作，市县级交通运输主管部门要把主要精力放在监管一线，加强公正监管。部派出机构和直属海事管理机构要统筹制定本系统监管工作任务，并加强与属地政府的协同配合。对涉及面广、较为重大复杂的监管事项，主责部门要发挥牵头作用，建立健全工作协调机制。省市县交通运输主管部门要进一步厘清审批机构的监管职责与综合执法机构的执法职责，审批机构应当依法履行监督检查、协调指导等行业监管主体责任，综合执法机构应当将作出的行政处罚、行政强制决定以及相关行政检查等情况及时通报审批机构，做好工作衔接。

（二）建立健全监管制度与标准。

3. 建立实施监管清单。部内相关司局要制定完善“互联网＋监管”事项目录清单；省级交通运输主管部门要依据部“互联网＋监管”事项目录清单和部门权责清单，全面梳理省市县三级交通运输主管部门职责范围内的监管事项，形成地方“互联网＋监管”事项目录清单，并及时纳入国家“互联网＋监管”系统。要根据法律法规的立改废释和监管工作实际情况对“互联网＋监管”事项目录清单进行动态调整，及时向社会公开。

4. 健全制度化监管规则。研究制定具体事项的监管规则和标准，统一操作规程，明确监管职能、细化监管措施，做到同一事项、同一规则、同一流程，并向社会公开。建立健全规则和标准清理机制，对边界模糊、执行弹性大的监管规则和标准，要抓紧清理和修订完善，加快提升监管规范化、标准化水平。

5. 完善标准体系。进一步修改完善交通运输领域国家标准和行业标准，加强重点领域强制性标准建设，优化推荐性标准，鼓励制定团体标准。严格依法按照标准开展监管。要适应新经济新技术发展趋势，及时修订调整已有标准，加快新产业新业态标准的研究制定。

（三）创新和完善监管方式。

6. 全面实施“双随机、一公开”监管。各级交通运输管理部门要将“双随机、一公开”作为交通运输领域市场监管的基本手段，实现2020年底交通运输市场监管领域“双随机、一公开”监管全覆盖、常态化、制度化，推动营商环境持续优化。部内相关司局要对照公布的36项双随机抽查事项清单实施随机抽查工作。省级交通运输主管部门要按照部和所在地人民政府要求，统筹建立完善随机抽查事项清单（“一单”），出台实施细则（“一细则”）。建立健全与抽查事项相对应的检查对象名录库和执法检查人员名录库（“两库”）并进行动态管理。完善“双随机、一公开”工作制度，规范计划制定、名单抽取、结果公示、数据归档等抽查检查各项工作，做到抽查全程留痕、责任可追溯。开展随机抽查，要充分发挥专业技术人员作用，吸纳专家、学者、科研人员、技术骨干参加。对随机抽查中发现的具体问题，及时向检查对象反馈；对重大隐患和突出问题实行专项督办，确保督促整改到位。及时将检查结果向社会公示，主动接受社会监督。

7. 对重点领域重点事项实行重点监管。加强对旅客运输、危险货物运输、交通基础设施建设等重点领域监管。加强对道路运输“两客一危”车辆、水路运输“六区一线”水域和“四类重点船舶”、港口危险货物装卸仓储和港口客运、大中型桥梁和隧道安全、通航建筑物和航运枢纽大坝运行安全等重点事项监管，采取扩大检查范围、提高检查频次等重点监管措施，重大隐患“一事一办”“专人督办”。推进实施风险分级管理，严格重大风险报备制度，实现重大风险“一企一策”“一项一案”。建立重点监管企业名录管理制度，对存在近期发生过安全生产事故的、因严重违法行为被行政处罚的、屡罚屡犯的、因违反相关法律法规被投诉举报较为严重等情形的市场主体，记入重点监管企业名录，采取重点监管措施监管。

8. 推进信用监管。推广信用承诺制，优化行政许可办理。加强全国交通运输信用信息共享平台建设，做好信用信息归集、共享、公开，推进行业信用评价和分级分类监管，及时公开共享相关信用信息加强对守信主体的激励。依法依规对失信主体予以惩戒，健全信用信息修复机制。深入推进“信用交通省”建设，鼓励探索创新。鼓励市场主体主动向社会作出信用承诺。

9. 加强信息化监管。推进交通运输“互联网+监管”，充分利用互联网、大数据、云计算等新技术，对运输企业、车辆、船舶及各类经营行为进行精准监管。要充分运用信息化手段创新监督方式，加强跟踪指导，压实监管责任。加强现场电子取证和检测设施建设，积极推广网络监测、视频监控等非现场监管方式，研究制定非现场执法工作制度。加大公路水路业务管理系统、综合行政执法信息管理系统、政务服务“好差评”系统、信用交通等信息系统建设力度，建立综合交通运输信息资源共享交换机制，推动实现日常监管、行政处罚信息实时流转、实时抄告、实时监控、实时共享。强化与工信、公安、自然资源、生态环境、应急管理、海关、市场监管等部门的监管信息资源共享。

10. 落实对新业态包容审慎监管。对于网约车、共享单车、汽车分时租赁等新业态，按照鼓励创新、趋利避害、规范发展、包容审慎原则，分领域量身定制监管规则和标准，积极培植发展新动能，维护公平竞争市场秩序，促进新老业态深度融合发展；坚守质量和安全发展底线，严禁简单封杀或放任不管，对出现的问题及时引导或处置。对潜在风险大、可能造成严重不良后果的，依法严格监管。

（四）提升监管能力和水平。

11. 加强监管和执法力量建设。推动地方党委政府配齐配强交通运输监管和执法力量。推动监管力量下沉，将监管人员和力量向市县基层一线倾斜。加强监管队伍专业能力建设，充实一线专业技术人员。优化执法人员专业结构，提高执法机构中法律和相关业务管理专业本科以上学历执法人员比例。加大交通运输监管工作装备配备资金投入，配置必需的交通工具、通信设备、取证设备等执法装备以及安全防护装备和办公设施。

12. 加强监管业务培训。建立健全监管人员培训制度，入职培训原则上不少于 1 个月，其中危险货物运输执法及监管人员入职培训不少于 3 个月。监管人员每年须参加为期不少于 2 周的复训。加强公路管理、道路运输管理、水路运输管理、港口管理、航道管理、海事管理、交通建设工程监督管理等日常具体监管业务知识培训以及交通运输行政执法程序与文书实务培训，及时组织开展新颁布法律法规和新监管业务技能培训。统筹建立交通运输监管培训专家库，鼓励探索实行监管人员到重点监管企业进行岗位实训，推动监管培训水平进一步提升。

13. 提升监管和执法透明度。各级交通运输管理部门要按要求公开权责清单、“互联网 + 监管”事项目录清单，以及事中事后监管举措、程序、标准等。各省级交通运输主管部门要根据地方性法规和地方政府规章规定，对部制定公布的《交通运输综合行政执法事项指导目录》进行补充、细化和完善，建立动态调整和长效管理机制。除涉及国家秘密、商业秘密、个人隐私等依法不予公开的信息外，行政执法职责、依据、程序、结果都应对社会公开。各级交通运输管理部门要研究制定交通运输行政处罚自由裁量基准，明确裁量范围、种类和幅度，落实行政执法“三项制度”的工作目标、工作任务、实施步骤、保障措施。

14. 强化协同监管。密切交通运输系统上下级监管业务联系，建立跨区域统筹协作机制，上级交通运输管理部门可以通过调动下级监管执法力量、跨区域指定承办机构等方式强化上下协同。发挥部派出机构作用，建立跨区域统筹协调机制。各地要进一步厘清交通运输主管部门与新成立综合行政执法机构、事务中心等之间职责边界和权责关系，建立健全协同监管工作机制，推动信息开放共享、互联互通、内部联动监管。积极会同工信、公安、市场监管等部门开展跨部门联合监管，实现“联合检查、一次到位”“进一次门、查多项事”，减少检查扰民、切实减轻企业负担，推动执法结果共用互认。建立与司法机关案情通报、案件移送制度，做好交通运输行政执法与刑事司法的有效衔接。

（五）推进行业自律和社会监督。

15. 强化市场主体责任。督促交通运输市场主体建立完善内控和风险防范机制，健全标准化管理体系，加强内部安全生产隐患排查治理，制定安全生产工作规范和操作规程，编制有效的事故应急预案，改善安全生产条件，切实防范和降低企业生产安全的风险。鼓励和引导交通运输市场主体公示更多的运输服务、物流数据等信息，提高市场主体经营活动的透明度。

16. 加强社会监督。拓宽和畅通群众监督渠道，鼓励群众积极监督和举报违法经营行为。推进政务服务事项全面接受办事企业和群众自愿自主真实评价。对群众举报和社会反映强烈的问题，各级交通运输管理部门要认真核实、及时反馈，并对典型案件予以曝光。支持各地交通运输管理部门结合实际情况开展第三方评估，科学客观反映交通运输事中事后监管实际运行情况、发现存在的问题，提出具有公信力的评估结论。

17. 发挥行业协会作用。进一步发挥行业协会在权益保护、纠纷处理、行业自律、行业信用建设和信用监管等方面的作用，规范行业协会收费、评奖、认证等行为。推动行业协会更广泛参与研究制定标准、规划和政策法规，认真听取意见建议，充分发挥行业协会桥梁纽带作用。

三、加强组织保障

（一）强化责任落实。各级交通运输管理部门是加强和规范事中事后监管的责任主体，要按照本指导意见提出的各项措施和要求，细化实化监管措施，强化监管责任，落实监管责任到人、到岗，确保各项监管工作落到实处。要按照责任追究要求，做到尽职免责、失职追责。

（二）加强宣传引导。通过多种途径、采取多种形式宣传事中事后监管职责、措施、工作进展情况和成效等，及时解答和回应社会关注的热点问题。借助互联网、新闻媒体等渠道，及时公开违法案件信息，提高监管的影响力和震慑力，形成良好的社会氛围和舆论监督环境。

交通运输部

2020 年 8 月 25 日

关于印发《推动物流业制造业深度融合创新发展实施方案》的通知

（发改经贸〔2020〕1315 号）

各省、自治区、直辖市及计划单列市、新疆生产建设兵团发展改革委、工业和信息化主管部门、公安厅、财政厅、自然资源主管部门、交通运输厅（局、委）、农业农村（农牧）厅（局、委）、商务厅（局、委）、市场监管局（厅、委）、银保监局，各地区铁路监督管理局，民航各地区管理局，邮政管理局，各铁路局集团公司：

为贯彻落实党中央、国务院关于推动高质量发展的决策部署，做好“六稳”工作，落实“六保”任务，进一步推动物流业制造业深度融合、创新发展，推进物流降本增效，促进制造业转型升级，国家发展改革委会同工业和信息化部等部门和单位研究制定了《推动物流业制造业深度融合创新发展实施方案》，现印发给你们，请认真贯彻执行。

国家发展改革委
工业和信息化部
公安部
财政部
自然资源部
交通运输部
农业农村部
商务部
市场监管总局
银保监会
国家铁路局
民航局
国家邮政局
中国国家铁路集团有限公司
2020 年 8 月 22 日

附件

推动物流业制造业深度融合创新发展实施方案

物流业是支撑国民经济发展的基础性、战略性、先导性产业，制造业是国民经济的主体，是全社会物流总需求的主要来源。推动物流业制造业融合发展，是深化供给侧结构性改革，推动经济高质量发展的现实需要；是进一步提高物流发展质量效率，深入推动物流降本增效的必然选择；是适应制造业数字化、智能化、绿色化发展趋势，加快物流业态模式创新的内在要求。当前，我国物流业制造业融合发展趋势不断增强，在推动降低制造业成本水平等方面取得积极成效，但融合层次不够高、范围不够广、程度不够深，与促进形成强大国内市场，构建现代化经济体系的总体要求还不相适应。特别是应对新冠肺炎疫情和推动复工复产期间，供应链弹性不足、产业链协同不强、物流业制造业联动不够等问题凸显，直接影响到产业平稳运行和正常生产生活秩序。为进一步深入推动物流业制造业深度融合、创新发展，保持产业链供应链稳定，推动形成以国内大循环为主体、国内国际双循环相互促进的新发展格局，特制定本方案。

一、总体要求

（一）指导思想。以习近平新时代中国特色社会主义思想为指导，全面贯彻党的十九大和十九届二中、三中、四中全会精神，牢固树立和深入践行新发展理念，紧紧围绕高质量发展要求，以深化供给侧结构性改革为主线，充分发挥市场在资源配置中的决定性作用，更好发挥政府作用，统筹推动物流业降本增效提质和制造业转型升级，促进物流业制造业协同联动和跨界融合，延伸产业链，稳定供应链，提升价值链，为实体经济高质量发展和现代化经济体系建设奠定坚实基础。

（二）发展目标。到 2025 年，物流业在促进实体经济降本增效、供应链协同、制造业高质量发展等方面作用显著增强。探索建立符合我国国情的物流业制造业融合发展模式，制造业供应链协同发展水平大幅提升，精细化、高品质物流服务供给能力明显增强，主要制造业领域物流费用率不断下降；培育形成一批物流业制造业融合发展标杆企业，引领带动物流业制造业融合水平显著提升；初步建立制造业物流成本核算统计体系，对制造业物流成本水平变化的评估监测更加及时准确。

二、紧扣关键环节，促进物流业制造业融合创新

（三）促进企业主体融合发展。支持物流企业与制造企业通过市场化方式创新供应链协

同共建模式，建立互利共赢的长期战略合作关系，进一步增强响应市场需求变化、应对外部冲击的能力，提高核心竞争力。引导制造企业结合实际系统整合其内部分散在采购、制造、销售等环节的物流服务能力，以及铁路专用线、仓储、配送等存量设施资源，向社会提供专业化、高水平的综合物流服务。（各部门按职能分工负责）

（四）促进设施设备融合联动。在国土空间规划和产业发展规划中加强物流业制造业有机衔接，统筹做好工业园区等生产制造设施，以及物流枢纽、铁路专用线等物流基础设施规划布局和用地用海安排。（发展改革委、工业和信息化部、自然资源部、交通运输部、国家邮政局、国家铁路集团按职责分工负责）积极推进生产服务型国家物流枢纽建设，充分发挥国家物流枢纽对接干线运力、促进资源集聚的显著优势，支撑制造业高质量集群化发展。（发展改革委、交通运输部、国家邮政局负责）支持大型工业园区新建或改扩建铁路专用线、仓储、配送等基础设施，吸引第三方物流企业进驻并提供专业化物流服务。（发展改革委、工业和信息化部、国家邮政局、国家铁路集团按职责分工负责）

（五）促进业务流程融合协同。推动制造企业与第三方物流、快递企业密切合作，在生产基地规划、厂内设施布局、销售渠道建设等方面引入专业化物流解决方案，结合生产制造流程合理配套物流设施设备，具备条件的可结合实际共同投资建设专用物流设施。加快发展高品质、专业化定制物流，引导物流、快递企业为制造企业量身定做供应链管理库存、线边物流、供应链一体化服务等物流解决方案，增强柔性制造、敏捷制造能力。（发展改革委、工业和信息化部、商务部、国家邮政局按职责分工负责）

（六）促进标准规范融合衔接。建立跨部门工作沟通机制，对涉及物流业制造业融合发展的国家标准、行业标准和地方标准，在立项、审核、发布等环节广泛听取相关部门意见，加强标准规范协调衔接；支持行业协会等社会团体结合实际研究制定物流业制造业融合发展的团体标准，引导和规范物流业制造业融合创新。鼓励制造企业在产品及包装设计、生产中充分考虑物流作业需要，采用标准化物流装载单元，促进1200mm×1000mm标准托盘和600mm×400mm包装基础模数从商贸、物流等领域向制造业领域延伸，提高托盘、包装箱等装载单元标准化和循环共用水平。（发展改革委、工业和信息化部、交通运输部、商务部、市场监管总局、国家邮政局按职责分工负责）

（七）促进信息资源融合共享。促进工业互联网在物流领域融合应用，发挥制造、物流龙头企业示范引领作用，推广应用工业互联网标识解析技术和基于物联网、云计算等智慧物流技术装备，建设物流工业互联网平台，实现采购、生产、流通等上下游环节信息实时采集、互联共享，推动提高生产制造和物流一体化运作水平。推动将物流业制造业深度融合信息基础设施纳入数字物流基础设施建设，夯实信息资源共享基础。支持大型工业园区、产业集聚区、物流枢纽等依托专业化的第三方物流信息平台实现互联互通，面向制造企业特别是中小型制造企业提供及时、准确的物流信息服务，促进制造企业与物流企业高效协同。积极探索和推进区块链、第五代移动通信技术（5G）等新兴技术在物流信息共享和物流信用体系建设中的应用。（发展改革委、工业和信息化部、国家邮政局按职责分工负责）

三、突出重点领域，提高物流业制造业融合水平

（八）大宗商品物流。推动和支持钢铁、有色金属、建材等大型制造业企业和工业园区提高煤炭、原油、矿石、粮食等大宗商品中长期运输合同比例以及铁路、水路等清洁运输比例。扩大面向大型厂矿、制造业基地的“点对点”直达货运列车开行范围。鼓励铁路、水路运输企业与制造业大客户签订量价互保协议，实现互惠共赢。依托具备条件的国家物流枢纽发展现代化大宗商品物流中心，促进大宗商品物流降本增效。（发展改革委、工业和信息化部、交通运输部、国家铁路集团按职责分工负责）

（九）生产物流。鼓励制造业企业适应智能制造发展需要，开展物流智能化改造，推广应用物流机器人、智能仓储、自动分拣等新型物流技术装备，提高生产物流自动化、数字化、智能化水平。加强大型装备等大件运输管理和综合协调，不断优化跨省大件运输并联许可服务。加快商品车物流基地建设，优化铁路运输组织模式，稳定衔接车船班期，提高商品车铁路、水路运输比例；优化商品车城市配送通道，便利合规车辆运输车通行。（发展改革委、工业和信息化部、公安部、交通运输部、国家邮政局、国家铁路集团按职责分工负责）

（十）消费物流。鼓励邮政、快递企业针对高端电子消费产品、医药品等单位价值较高以及纺织服装、工艺品等个性化较强的产品提供高品质、差异化寄递服务，促进精益制造和定制化生产发展。稳步推进国家骨干冷链物流基地建设，推动提高生鲜农产品产业化发展水平。推动构建全国性、区域性冷链物流公共信息平台，促进相关企业数据交换，逐步实现冷链信息全程透明化和可追溯。鼓励企业根据市场需求，提升港区及周边冷链存储能力。支持生鲜农产品及食品全程冷链物流体系建设，加快农产品产地“最先一公里”预冷、保鲜等商品化处理和面向城市消费者“最后一公里”的低温加工配送设施建设。（发展改革委、工业和信息化部、交通运输部、农业农村部、商务部、市场监管总局、国家邮政局按职责分工负责）

（十一）绿色物流。引导制造企业在产品设计、制造等环节充分考虑全生命周期物流跟踪管理，推动产品包装和物流器具绿色化、减量化、循环化。鼓励企业针对家用电器、电子产品、汽车等废旧物资构建线上线下融合的逆向物流服务平台和回收网络，促进资源循环利用以及逆向物流、再制造发展。支持具备条件的城市和制造、商贸企业开展逆向物流试点，探索符合我国国情的逆向物流发展模式。（发展改革委、工业和信息化部、商务部、国家邮政局按职责分工负责）

（十二）国际物流。发挥国际物流协调保障机制、全国现代物流工作部际联席会议等作用，加强顶层设计，构建现代国际物流体系，保障进口货物进得来，出口货物出得去。加强国际航空、海运、中欧班列等国际干线物流通道以及物流枢纽、制造业园区统筹布局和协同联动，支持外向型制造企业发展。支持制造企业利用中欧班列拓展“一带一路”沿线国家市场。加快培育与我国生产制造、货物贸易规模相适应的骨干海运企业和国际海运服务能力。围绕国际产能和装备制造合作重点领域，鼓励骨干制造企业与物流、快递企业合作开辟国际市场，培育一批具有全球采购、全球配送能力的国际供应链服务商。发展面向集成电路、生物制药、高端电子消费产品、高端精密设备等高附加值制造业的全流程航空物流，促进“买

全球”“卖全球”。支持邮政、快递企业与制造企业深度合作，打造安全可靠的国际国内生产型寄递物流体系。（发展改革委、工业和信息化部、交通运输部、商务部、民航局、国家邮政局、国家铁路集团按职责分工负责）

（十三）应急物流。研究制定健全应急物流体系的实施方案，建立以企业为主体的应急物流队伍，在发生重大突发事件时确保主要制造产业链平稳运行。支持物流、快递企业和应急物资制造企业深度合作，研究制定应急保障预案，提高紧急情况下关键原辅料、产成品等调运效率。补齐医疗等应急物资储备设施短板，完善医疗等应急物资储备体系，提高实物储备和产能储备能力。在工业园区等生产制造设施、物流枢纽等物流基础设施规划布局、功能设计中充分考虑产品生产、调运及原辅料供应保障等需要，确保紧急情况下物流通道畅通，增强相关制造产业链在受到外部冲击时的快速恢复能力。（发展改革委、工业和信息化部、自然资源部、交通运输部、国家邮政局、国家铁路集团按职责分工负责）

四、加强统筹引导，优化融合发展的政策环境

（十四）营造良好市场环境。深入推进放管服改革，对物流业制造业融合发展新业态、新模式实施包容审慎监管。取消不合理的市场准入限制，确保各类市场主体平等参与市场竞争。严格落实国务院和相关部门已出台的物流降成本措施，为物流业制造业融合创新发展创造良好条件。支持行业协会加强行业自律和诚信建设，持续改善物流行业信用环境，增强制造企业与物流企业战略合作的信心和意愿。（各相关部门按职责分工负责）

（十五）加大政策支持力度。充分利用现有政策渠道支持物流标准化设施设备推广、铁路专用线建设、农产品冷链物流发展等。鼓励有条件的制造企业剥离物流资产成立独资或合资物流企业，符合条件的按照有关规定享受财税政策。支持制造企业在不改变用地主体和规划条件的前提下，利用存量厂房、土地资源发展生产性物流服务，其土地用途可暂不变更。加快修订铁路专用线管理相关文件，完善专用线共建共用机制，规范专用线收费项目标准和收费行为。（发展改革委、工业和信息化部、财政部、自然资源部、国家铁路局、国家铁路集团按职责分工负责）

（十六）创新金融支持方式。鼓励银行保险机构按照风险可控、商业可持续的原则，开发服务物流业制造业深度融合的金融产品和服务。鼓励供应链核心制造企业或平台企业与金融机构深度合作，整合物流、信息流、资金流等信息，为包括物流、快递企业在内的上下游企业提供增信支持，妥善促进供应链金融发展。支持社会资本设立物流业制造业融合发展产业投资平台，拓宽融资支持渠道。（发展改革委、银保监会按职责分工负责）

（十七）发挥示范引领作用。支持骨干物流、快递、制造企业兼并重组、做大做强，在危化品物流、逆向物流及服务先进制造等专业化程度高的领域培育形成一批技术水平高、服务能力强的企业，打造物流业制造业融合创新品牌。研究修订推荐性国家标准《企业物流成本构成与计算》，选取若干企业开展物流成本统计核算试点，研究建立制造业物流成本核算统计体系。鼓励龙头企业发起成立物流业制造业融合创新发展专业联盟，促进协同联动和跨界融合。在重点领域梳理一批物流业制造业深度融合创新发展典型案例，总结推广物流降成

本、改造提升传统制造业等方面的成功经验。(发展改革委、工业和信息化部、交通运输部、市场监管总局、国家邮政局按职责分工负责)

(十八)强化组织协调保障。依托全国现代物流工作部际联席会议机制推进物流业制造业融合发展，加强跨部门政策统筹和工作协调，及时研究解决物流业制造业融合发展面临的突出问题，营造良好政策环境。充分利用科研院校、骨干企业等社会研究力量，搭建覆盖产学研用的咨询服务平台，为促进物流业制造业融合发展提供智力支持。依托主要行业协会建立物流业制造业融合发展动态监测和第三方评估机制，研究制定融合发展统计和评价体系，定期发布研究报告，为相关政府部门决策提供参考，引导行业健康发展。(各相关部门按职责分工负责)

商务部关于2020年增补国家电子商务示范基地的通知

（商电函〔2020〕324号）

为进一步优化国家电子商务示范基地发展布局，提高示范创建水平，更好发挥其在培育中小电子商务企业、激励新技术应用、促进模式业态创新和传统产业转型升级，带动创业就业、促进精准扶贫和消费升级等方面的作用，2020年，商务部根据国家电子商务示范基地《综合评价指标体系》和《综合评价办法》，对现有112家国家电子商务示范基地和各地推荐的59家其他优秀电子商务园区进行了综合评价。根据综合评价结果，经综合考量，通过网上公示等程序，决定增补万香国际创新港等15家优秀电子商务园区为国家电子商务示范基地。

各地要高度重视国家电子商务示范基地创建工作，将其作为推动电子商务高质量发展的重要载体和开展电子商务应用促进的主要抓手，切实加强组织领导，做到任务明确、措施到位、责任到人；要顺应后疫情时期电子商务发展新趋势，指导和推动示范基地改革体制机制，建立可持续发展管理模式，通过召开片会、编写案例集和组织媒体宣传等多种方式，加强经验交流，促进示范基地跨区域协作，实现共建共赢、区域协调发展；要加大政策支持力度，鼓励和吸引更多大型知名电商企业和新业态、新模式企业入驻国家电子商务示范基地，引进和培养高端领军人才、专业技术人才和经营管理人才，促进产供销各环节企业和相关服务业集聚发展；要进一步提升公共服务水平，优化营商环境，指导示范基地建立多元化、多层次、多渠道融资机制，帮助小微电商企业解决融资难、融资贵的问题；要建立健全综合评价配套制度，充分运用好综合评价结果，认真查找自身存在的问题和不足，对综合评价成绩排名靠后、问题较多的示范基地，要提出具体整改措施，并抓好整改落实。

商务部将加大对国家电子商务示范基地分类指导和动态调整的力度，进一步优化发展布局，提升示范创建水平，努力把示范基地打造成电商产业新高地、大众创业新基地、创新发展新典范，在做好“六稳”工作，落实“六保”任务，决胜全面建成小康社会、决战脱贫攻坚，构建以国内大循环为主体、国内国际双循环相互促进的新发展格局中实现更大作为。

各地开展国家电子商务示范基地创建工作的经验和做法，请及时向我部（电子商务司）反馈。

附件：商务部2020年增补国家电子商务示范基地名单

商务部

2020年9月1日

附件

商务部2020年增补国家电子商务示范基地名单

（共15家）

1. 万香国际创新港
2. 江苏信息服务产业基地
3. 中国东海水晶城
4. 无锡市新吴区旺庄科技创业发展中心
5. 义乌陆港电商小镇
6. 石狮市青创城国际网批中心
7. 厦门跨境电商产业园
8. 菏泽天华电商产业园
9. 山东方达电子商务园
10. 山东凤凰山电子商务产业园
11. 鄂州葛店中部电子商务示范基地
12. 宜昌和艺电子商务产业园
13. 汕头宝奥城电子商务园区
14. 秀山（武陵）现代物流园区
15. 武侯电商产业功能区

中国人民银行 工业和信息化部 司法部 商务部 国资委 市场监管总局 银保监会 外汇局 关于规范发展供应链金融 支持供应链产业链稳定循环和优化升级的意见

（银发〔2020〕226号）

为坚决贯彻党中央、国务院关于扎实做好“六稳”工作、全面落实“六保”任务决策部署，做好金融支持稳企业保就业工作，精准服务供应链产业链完整稳定，提升整体运行效率，促进经济良性循环和优化布局，现就供应链金融规范、发展和创新提出以下意见。

一、准确把握供应链金融的内涵和发展方向

（一）提高供应链产业链运行效率，降低企业成本。供应链金融是指从供应链产业链整体出发，运用金融科技手段，整合物流、资金流、信息流等信息，在真实交易背景下，构建供应链中占主导地位的核心企业与上下游企业一体化的金融供给体系和风险评估体系，提供系统性的金融解决方案，以快速响应产业链上企业的结算、融资、财务管理等综合需求，降低企业成本，提升产业链各方价值。

（二）支持供应链产业链稳定升级和国家战略布局。供应链金融应以服务供应链产业链完整稳定为出发点和宗旨，顺应产业组织形态的变化，加快创新和规范发展，推动产业链修复重构和优化升级，加大对国家战略布局及关键领域的支持力度，充分发挥市场在资源配置中的决定性作用，促进经济结构调整。

（三）坚持市场主体的专业优势和市场定位，加强协同配合。金融机构、核心企业、仓储及物流企业、科技平台应聚焦主业，立足于各自专业优势和市场定位，加强共享与合作，深化信息协同效应和科技赋能，推动供应链金融场景化和生态化，提高线上化和数字化水平，推进产业链条信息透明、周转安全、产销稳定，为产业链的市场竞争能力和延伸拓展能力提供支撑。

（四）注重市场公平有序和产业良性循环。核心企业应严格遵守《保障中小企业款项支付条例》有关规定，及时支付中小微企业款项，合理有序扩张商业信用，保障中小微企业的合法权益，塑造大中小微企业共生共赢的产业生态。

二、稳步推动供应链金融规范、发展和创新

（五）提升产业链整体金融服务水平。推动金融机构、核心企业、政府部门、第三方专业机构等各方加强信息共享，依托核心企业构建上下游一体化、数字化、智能化的信息系统、信用评估和风险管理体系，动态把握中小微企业的经营状况，建立金融机构与实体企业之间更加稳定紧密的关系。鼓励银行等金融机构为产业链提供结算、融资和财务管理等系统化的综合解决方案，提高金融服务的整体性和协同性。（人民银行、银保监会、国资委负责）

（六）探索提升供应链融资结算线上化和数字化水平。在供应链交易信息清晰可视、现金流和风险可控的条件下，银行可通过供应链上游企业融资试点的方式，开展线上贷前、贷中、贷后“三查”。支持探索使用电子签章在线签署合同，进行身份认证核查、远程视频签约验证。支持银行间电子认证互通互认。（人民银行、银保监会负责）

（七）加大对核心企业的支持力度。在有效控制风险的前提下，综合运用信贷、债券等工具，支持核心企业提高融资能力和流动性管理水平，畅通和稳定上下游产业链条。支持核心企业发行债券融资支付上下游企业账款，发挥核心企业对产业链的资金支持作用。对先进制造业、现代服务业、贸易高质量发展等国家战略及关键领域的核心企业，银行等金融机构、债券管理部门可建立绿色通道，及时响应融资需求。（人民银行、银保监会负责）

（八）提升应收账款的标准化和透明度。支持金融机构与人民银行认可的供应链票据平台对接，支持核心企业签发供应链票据，鼓励银行为供应链票据提供更便利的贴现、质押等融资，支持中小微企业通过标准化票据从债券市场融资，提高商业汇票签发、流转和融资效率。（人民银行负责）

（九）提高中小微企业应收账款融资效率。鼓励核心企业通过应收账款融资服务平台进行确权，为中小微企业应收账款融资提供便利，降低中小微企业成本。银行等金融机构应积极与应收账款融资服务平台对接，减少应收账款确权的时间和成本，支持中小微企业高效融资。（人民银行、工业和信息化部、国资委负责）

（十）支持打通和修复全球产业链。金融机构应提升国际产业链企业金融服务水平，充分利用境内外分支机构联动支持外贸转型升级基地建设、开拓多元化市场、出口产品转内销、加工贸易向中西部梯度转移等，支持出口企业与境外合作伙伴恢复商贸往来，通过提供买方信贷、出口应收账款融资、保单融资等方式支持出口企业接单履约，运用好出口信用保险分担风险损失。（人民银行、银保监会、外汇局、商务部负责）

（十一）规范发展供应链存货、仓单和订单融资。在基于真实交易背景、风险可控的前提下，金融机构可选取流通性强、价值价格体系健全的动产，开展存货、仓单融资。金融机构应切实应用科技手段提高风险控制水平，与核心企业及仓储、物流、运输等环节的管理系统实现信息互联互通，及时核验存货、仓单、订单的真实性和有效性。（银保监会、人民银行、商务部负责）

（十二）增强对供应链金融的风险保障支持。保险机构应积极嵌入供应链环节，增加营业中断险、仓单财产保险等供应链保险产品供给，提供抵押质押、纯信用等多种形式的保证

保险业务，扩大承保覆盖面，做好供应链保险理赔服务，提高理赔效率。（银保监会负责）

三、加强供应链金融配套基础设施建设

（十三）完善供应链票据平台功能。加强供应链票据平台的票据签发、流转、融资相关系统功能建设，加快推广与核心企业、金融机构、第三方科技公司的供应链平台互联互通，明确各类平台接入标准和流程规则，完善供应链信息与票据信息的匹配，探索建立交易真实性甄别和监测预警机制。（人民银行负责）

（十四）推动动产和权利担保统一登记公示。建立统一的动产和权利担保登记公示系统，逐步实现市场主体在一个平台上办理动产和权利担保登记。加强统一的动产和权利担保登记公示系统的数字化和要素标准化建设，支持金融机构通过接口方式批量办理查询和登记，提高登记公示办理效率。（人民银行、市场监管总局负责）

四、完善供应链金融政策支持体系

（十五）优化供应链融资监管与审查规则。根据供应链金融业务的具体特征，对金融产品设计、尽职调查、审批流程和贷后管理实施差异化监管。在还款主体明确、偿还资金封闭可控的情况下，银行在审查核心企业对上下游企业提供融资时，可侧重于对核心企业的信用和交易真实性的审查。（银保监会、人民银行负责）

（十六）建立信用约束机制。加快实施商业汇票信息披露制度，强化市场化约束机制。建立商业承兑汇票与债券交叉信息披露机制，核心企业在债券发行和商业承兑汇票信息披露中，应同时披露债券违约信息和商业承兑汇票逾期信息，加强信用风险防控。（人民银行负责）

五、防范供应链金融风险

（十七）加强核心企业信用风险防控。金融机构应根据核心企业及供应链整体状况，建立基于核心企业贷款、债券、应付账款等一揽子风险识别和防控机制，充分利用现有平台，加强对核心企业应付账款的风险识别和风险防控。对于由核心企业承担最终偿付责任的供应链融资业务，遵守大额风险暴露的相关监管要求。（银保监会、人民银行负责）

（十八）防范供应链金融业务操作风险。金融机构应加强金融科技运用，通过“金融科技＋供应链场景”实现核心企业“主体信用”、交易标的“物的信用”、交易信息产生的“数据信用”一体化的信息系统和风控系统，建立全流程线上资金监控模式，增强操作制度的严密性，强化操作制度的执行力。（银保监会、人民银行负责）

（十九）严格防控虚假交易和重复融资风险。银行等金融机构对供应链融资要严格交易真实性审核，警惕虚增、虚构应收账款、存货及重复抵押质押行为。对以应收账款为底层资产的资产证券化、资产管理产品，承销商及资产管理人应切实履行尽职调查及必要的风控程序，强化对信息披露和投资者适当性的要求。（银保监会、人民银行负责）

（二十）防范金融科技应用风险。供应链金融各参与方应合理运用区块链、大数据、人工智能等新一代信息技术，持续加强供应链金融服务平台、信息系统等的安全保障、运行监控与应急处置能力，切实防范信息安全、网络安全等风险。（人民银行、银保监会负责）

六、严格对供应链金融的监管约束

（二十一）强化支付纪律和账款确权。供应链大型企业应当按照《保障中小企业款项支付条例》要求，将逾期尚未支付中小微企业款项的合同数量、金额等信息纳入企业年度报告，通过国家企业信用信息公示系统向社会公示。对于公示的供应链大型企业，逾期尚未支付中小微企业款项且双方无分歧的，债券管理部门应限制其新增债券融资，各金融机构应客观评估其风险，审慎提供新增融资。（人民银行、银保监会、工业和信息化部、市场监管总局负责）

（二十二）维护产业生态良性循环。核心企业不得一边故意占用上下游企业账款、一边通过关联机构提供应收账款融资赚取利息。各类供应链金融服务平台应付账款的流转应采用合法合规的金融工具，不得封闭循环和限定融资服务方。核心企业、第三方供应链平台公司以供应链金融的名义挤占中小微企业利益的，相关部门应及时纠偏。（人民银行、银保监会、国资委负责）

（二十三）加强供应链金融业务监管。开展供应链金融业务应严格遵守国家宏观调控和产业政策，不得以各种供应链金融产品规避国家宏观调控要求。各类保理公司、小额贷款公司、财务公司开展供应链金融业务的，应严格遵守业务范围，加强对业务合规性和风险的管理，不得无牌或超出牌照载明的业务范围开展金融业务。各类第三方供应链平台公司不得以供应链金融的名义变相开展金融业务，不得以供应链金融的名义向中小微企业收取质价不符的服务费用。（银保监会、人民银行负责）

中国人民银行
工业和信息化部
司法部
商务部
国资委
市场监管总局
银保监会
外汇局
2020 年 9 月 18 日

交通运输部办公厅关于进一步做好网络平台道路货物运输信息化监测工作的通知

（交办运函〔2020〕1520 号）

各省、自治区、直辖市、新疆生产建设兵团交通运输厅（局、委），部科学研究院、中国交通通信信息中心：

近年来，各省级交通运输主管部门按照部关于推进网络平台道路货物运输（以下简称网络货运）发展的部署，积极采取有力举措，引导和规范网络货运新业态发展取得阶段成效。同时，部分省份还存在省级网络货运监测系统建设滞后、网络货运企业数据上传不及时不完整、网络货运监管不到位等问题。为进一步做好网络货运信息化监测工作，促进网络货运新业态健康发展，现就有关事宜通知如下：

一、加快建设省级网络货运监测系统

各省级交通运输主管部门要按照《交通运输部 国家税务总局关于印发〈网络平台道路货物运输经营管理暂行办法〉的通知》（交运规〔2019〕12 号，以下简称《办法》）和《交通运输部办公厅关于印发〈网络平台道路货物运输经营服务指南〉等三个指南的通知》（交办运函〔2019〕1391 号，以下简称《指南》）的部署要求，加快推进省级网络货运监测系统建设，进一步完善监测系统比对校验功能，细化运单与资金流水单内部各数据项之间的逻辑比对规则，确保单据中各数据项逻辑关系合理。要通过网络货运大数据分析比对，加强多维度闭环监测，杜绝信息乱填错填、单据缺失、上传虚假单据等行为，有效提高网络货运监测数据质量。

二、加强网络货运企业运行监管

各省级交通运输主管部门要督促辖区内网络货运企业严格按照《办法》和《指南》的要求，及时上传企业运输单据，提高信息化监测覆盖率。对网络货运企业出现的资质异常、入网异常、轨迹异常、资金支付异常、超范围经营、超限超载运输等问题，各省级交通运输主管部门要指导辖区内交通运输主管部门，按照《道路货物运输及站场管理规定》《道路运输从业人员管理规定》《道路运输车辆动态监督管理办法》等有关法规规章要求，依法予以查处。

三、组织开展网络货运监测评估工作

交通运输部将依托部网络货运信息交互系

统（以下简称部交互系统）统计数据，按照《网络货运信息化监测评估指标体系》（见附件，以下简称《评估指标》）要求，以季度为周期，对各省份网络货运监测情况进行综合评估，并通过适当方式公布评估结果。各省级交通运输主管部门可参照《评估指标》，制定符合本省份实际的评估指标体系，对本省份网络货运运行情况进行系统评估，健全相关信用评价机制，督促网络货运企业规范经营。

四、提升部交互系统技术支撑能力

部科学研究院、中国交通通信信息中心要做好部交互系统开发建设、运营、维护工作。部科学研究院要做好网络货运信息化监测评估技术支持工作，健全多维度数据校验比对规则，完善部交互系统监测功能，定期发布网络货运运行监测分析报告。中国交通通信信息中心要进一步做好省级网络货运监测系统与部交互系统的联调测试和对接工作。

交通运输部办公厅

2020 年 9 月 19 日

附件

网络货运信息化监测评估指标体系

一、技术合规性指标

1. 单据上传率。统计期内，正式上传运单、资金流水单、车辆和驾驶员基本信息、驾驶员位置信息共 5 个单据的企业数量与辖区内取得网络货运经营资质的企业数量之比，单位:%。

2. 驾驶员位置信息上传率。统计期内，正式上传驾驶员位置信息的企业数量与辖区内取得网络货运经营资质的企业数量之比，单位:%。

3. 单据接入正常率。

（1）运单接入正常率。统计期内，符合《部网络货运信息交互系统数据交换接口规范》（以下简称《规范》）和《部网络货运信息交互系统代码集》（以下简称《代码集》）要求的运单数量与上传至部交互系统运单总数之比，单位:%。

（2）资金流水单接入正常率。统计期内，符合《规范》和《代码集》要求的资金流水单数量与上传至部交互系统资金流水单总数之比，单位:%。

4. 运单与位置信息单匹配率。统计期内，运单与位置信息单进行双向匹配，匹配一致的单据数量与上传至部交互系统的单据数之比，单位:%。

5. 数据逻辑正常率。统计期内，运单与资金流水单中起讫点、货物毛重、运费金额等关键数据项逻辑正常的单据数与上传至部交互系统的单据数之比，单位:%。

二、经营合规性指标

6. 车辆资质合规率。统计期内，运单中车辆信息与全国道路运政管理信息系统（以下简称运政系统）的车辆信息比对，合规（取得《道路运输证》且在有效期内、基本信息与运政系统一致）的车辆数与部交互系统统计的车辆总数之比，单位:%。

7. 驾驶员资质合规率。统计期内，运单中驾驶员信息与运政系统的驾驶员信息比对，合规（取得从业资格证且在有效期内，基本信息与运政系统一致，未被列入诚信考核“黑名单”）的驾驶员数量与部交互系统统计的驾驶员总数之比，单位:%。

8. 实际承运人资质合规率。实际承运人道路运输经营许可证与运政系统相关信息比对，合规（取得《道路运输经营许可证》且在有效期内）的业户数与部交互系统统计的实际承运人业户总数之比，单位:%。

9. 超载监管正常率。统计期内，运单中货物质量与车辆核定载质量比对，未超过车辆核定载质量的运单数量与上传至部交互系统运单总数之比，单位:%。

10. 违规转包率。统计期内，委托运输的实际承运人仅有“网络货运”经营资质的运单数量与上传至部交互系统运单总数之比，单位:%。

11. 超范围经营率。统计期内，运单货物类型与实际承运人、车辆的经营范围比对，超范围经营的运单数与上传至部交互系统运单总数之比，单位:%。

12. 运单重复出现率。统计期内，车牌号、起讫地、时间、货物重量等相同或相似的运单数量与上传至部交互系统运单总数之比，单位:%。

13. 闭环监管正常率。

（1）运输轨迹正常率。统计期内，运单起讫点信息与车辆、驾驶员位置信息比对，三方信息一致的运单数量与上传至部交互系统运单总数之比，单位:%。

（2）资金支付正常率。

①运单与资金流水单匹配率。统计期内，运单与资金流水单进行双向匹配，匹配一致的单据数量与上传至部交互系统单据数之比，单位:%。

②资金流水单比对符合率。统计期内，与运单匹配一致的资金流水单和金融机构相关信息比对，合格的资金流水单数占与运单匹配一致的资金流水单总数的比例，单位:%。

三、能力类指标

14. 整合运力规模。统计期内，部交互系统根据各省份网络货运监测系统上传的单据，统计各省份网络货运企业整合车辆总数，单位：万辆。

15. 完成运单量。统计期内，部交互系统根据各省份网络货运监测系统上传的单据，统计各省份网络货运企业完成的运单总量，单位：万单。

16. 完成货运量。统计期内，部交互系统根据各省份网络货运监测系统上传的单据，统计各省份网络货运企业完成的货运总量，单位：万吨。

指标说明：

1. 对总质量4.5吨及以下普通道路货物运输车辆不计算车辆资质合规率。

2. 对使用总质量4.5吨及以下普通道路货物运输车辆的驾驶员不计算驾驶员资质合规率。

3. 对仅使用总质量4.5吨及以下普通道路货物运输车辆从事普通货运的经营业户不计算实际承运人资质合规率。

4. 总质量12吨及以下普通道路货物运输车辆运输轨迹正常率只进行运单起讫点信息与驾驶员位置信息的比对。

抄送：中央纪委国家监委交通运输部纪检监察组。

关于支持民营企业加快改革发展与转型升级的实施意见

（发改体改〔2020〕1566 号）

各省、自治区、直辖市人民政府，新疆生产建设兵团，国务院有关部门，全国总工会，国家开发银行、中国进出口银行、中国农业发展银行、中国国家铁路集团有限公司：

为深入贯彻习近平总书记关于支持民营企业改革发展的重要讲话精神，认真落实《中共中央 国务院关于营造更好发展环境支持民营企业改革发展的意见》有关要求，推动相关支持政策加快落地见效，有效应对新冠肺炎疫情影响，激发民营企业活力和创造力，进一步为民营企业发展创造公平竞争环境，带动扩大就业，经国务院同意，现提出以下意见。

一、切实降低企业生产经营成本

（一）继续推进减税降费。切实落实常态化疫情防控和复工复产各项政策，简化优惠政策适用程序，深入开展有针对性的政策宣传辅导，帮助企业准确掌握和及时享受各项优惠政策。贯彻实施好阶段性减免社会保险费和降低社保费率政策等。对受疫情影响严重的中小企业，依法核准其延期缴纳税款申请。对小微企业 2020 年 1 月 1 日至 2021 年 12 月 31 日的工会经费，实行全额返还支持政策。

（二）进一步降低用能用网成本。落实阶段性降低企业用电价格的支持政策，持续推进将除高耗能以外的大工业和一般工商业电价全年降低 5%。切实加强转供电价格监管，确保民营企业及时足额享受降价红利。

（三）深入推进物流降成本。依法规范港口、班轮、铁路、机场等经营服务性收费。建立物流基础设施用地保障机制，引导各地合理设置投资强度、税收贡献等指标限制，鼓励通过长期租赁等方式保障物流用地。规范城市配送车辆通行管理，根据地方实际优化通行管理措施，鼓励发展夜间配送和共同配送、统一配送等集约化配送模式。

二、强化科技创新支撑

（四）支持参与国家重大科研攻关项目。鼓励民营企业参与国家产业创新中心、国家制造业创新中心、国家工程研究中心、国家技术创新中心等创新平台建设，加快推进对民营企业的国家企业技术中心认定工作，支持民营企业承担国家重大科技战略任务。

（五）增加普惠型科技创新投入。各地要加大将科技创新资金用于普惠型科技创新的力度，通过银企合作、政府引导基金、科技和知识产权保险补助、科技信贷和知识产权质押融资风险补偿等方式，支持民营企业开展科技创新。

（六）畅通国家科研资源开放渠道。推动国家重大科研基础设施和大型科研仪器进一步向民营企业开放。鼓励民营企业和社会力量组建专业化的科学仪器设备服务机构，参与国家科研设施与仪器的管理与运营。

（七）完善知识产权运营服务体系。发展专业化技术交易知识产权运营机构，培育技术经理人。规范探索知识产权证券化，推动知识产权融资产品创新。建设国家知识产权公共服务平台，为民营企业和中小企业创新提供知识产权一站式检索、保护和咨询等服务。

（八）促进民营企业数字化转型。实施企业“上云用数赋智”行动和中小企业数字化赋能专项行动，布局一批数字化转型促进中心，集聚一批面向中小企业数字化服务商，开发符合中小企业需求的数字化平台、系统解决方案等，结合行业特点对企业建云、上云、用云提供相应融资支持。实施工业互联网创新发展工程，支持优势企业提高工业互联网应用水平，带动发展网络协同制造、大规模个性化定制等新业态新模式。

三、完善资源要素保障

（九）创新产业用地供给方式。优化土地市场营商环境，保障民营企业依法平等取得政府供应或园区转让的工业用地权利，允许中小民营企业联合参与工业用地招拍挂，可按规定进行宗地分割。鼓励民营企业利用自有工业用地发展新产业新业态并进行研发创新，根据相关规划及有关规定允许增加容积率的，不增收土地价款等费用。民营企业退出原使用土地的，市、县人民政府应支持依法依约转让土地，并保障其合法土地权益；易地发展的，可以协议出让方式重新安排工业用地。

（十）加大人才支持和培训力度。畅通民营企业专业技术人才职称评审通道，推动社会化评审。增加民营企业享受政府特殊津贴人员比重。适时发布技能人才薪酬分配指引，引导企业建立符合技能人才特点的工资分配制度。加快实施职业技能提升行动，面向包括民营企业职工在内的城乡各类劳动者开展大规模职业技能培训，并按规定落实培训补贴。

（十一）优化资质管理制度。对存量资质、认证认可实施动态调整，优化缩减资质类别，建筑企业资质类别和等级压减三分之一以上。对新能源汽车、商用车等行业新增产能，在符合市场准入要求条件下，公平给予资质、认证认可，不得额外设置前置条件。深化工业产品生产许可证制度改革，除涉及公共安全、经济安全产品以外，不再实行许可证管理，对于保留许可证管理产品，审批权限下放至省级市场监管部门。完善强制性产品认证制度，探索引入“自我符合性声明”方式，优化认证程序。

（十二）破除要素流动的区域分割和地方保护。除法律法规明确规定外，不得要求企业必须在某地登记注册，不得为企业在不同区域间的自由迁移设置障碍。支持地方开展“一照多址”改革，探索简化平台企业分支机构设立手续。逐步统一全国市场主体登记业务规范、数据标准和统一平台服务接口，减少区域间登记注册业务的差异性。完善企业注销网上服务平台，进一步便利纳税人注销程序。对设立后未开展生产经营活动或者无债权债务的市场主体，可以按照简易程序办理注销。

四、着力解决融资难题

（十三）加大对民营企业信贷支持力度。引导商业银行增加制造业民营企业信贷投放，大幅增加制造业中长期贷款，满足民营制造业企业长期融资需求。进一步修改完善金融企业绩效评价办法，强化对小微企业贷款业务评价。鼓励中小银行与开发性、政策性金融机构加深合作，提升服务民营企业、小微企业质效。

（十四）支持开展信用融资。加大对中小企业融资综合信用服务平台和地方征信平台建设指导力度，推动政府部门、公用事业单位、大型互联网平台向征信机构和信用评级机构开放企业信用信息，鼓励金融机构和征信机构、信用评级机构加强合作，利用大数据等技术手段开发针对民营企业的免抵押免担保信用贷款产品。加大“信易贷”等以信用信息为核心内容的中小微企业融资模式推广力度，依托全国中小企业融资综合信用服务平台、地方征信平台等各类信用信息服务平台，加大信用信息归集力度，更好发挥对小微企业信用贷款的支持作用。用好普惠小微信用贷款支持方案，大幅增加小微企业信用贷款。深入开展“银税互动”，扩大受惠企业范围，推动缓解企业融资难题。

（十五）拓展贷款抵押质押物范围。支持大型企业协助上下游企业开展供应链融资。依法合规发展企业应收账款、存货、仓单、股权、租赁权等权利质押贷款。积极探索将用能权、碳排放权、排污权、合同能源管理未来收益权、特许经营收费权等纳入融资质押担保范围。逐步扩大知识产权质押物范围，对企业专利权、商标专用权和著作权等无形资产进行打包组合融资，推动知识产权质押贷款增量扩面。继续向银行业金融机构延伸不动产登记服务点，加快“互联网＋不动产登记”，推进查询不动产登记信息、办理抵押预告登记和抵押登记、发放电子不动产登记证明等全程不见面网上办理。鼓励银行等金融机构根据企业物流、信息流、资金流的评价结果，提升制造业民营企业最高授信额度。

（十六）拓展民营经济直接融资渠道。支持民营企业开展债券融资，进一步增加民营企业债券发行规模。大力发展创业投资，支持民营企业创新发展。支持民营企业在全国中小企业股份转让系统、区域性股权市场挂牌交易和融资。

（十七）创新信贷风险政府担保补偿机制。指导政府性融资担保机构加大对中小微企业的支持力度，适当降低融资担保费率。鼓励各地设立信用贷款、知识产权质押贷款、中小微企业贷款等风险分担机制，简化审核流程，分担违约风险。

（十八）促进及时支付中小企业款项。落实《保障中小企业款项支付条例》，加快建立支付信息披露制度、投诉处理和失信惩戒制度以及监督评价机制。要对恶意拖欠、变相拖欠等行为开展专项督查，通报一批拖欠民营企业账款的典型案例，督促拖欠主体限期清偿拖欠账款。

五、引导扩大转型升级投资

（十九）鼓励产业引导基金加大支持力度。更好发挥国家新兴产业创业投资引导基金、国家中小企业发展基金、国家制造业转型升级基金、先进制造产业投资基金、战略性新兴产业引导基金和国家绿色发展基金等基金以及地方各级政府设立的产业引导基金作用，鼓励各类产业引导基金加大对民营企业的支持力度。发挥国家科技成果转化引导基金作用，支持民营企业推广转化一批重大技术创新成果。

（二十）支持传统产业改造升级。加快推动传统产业技术改造，向智能、安全、绿色、服务、高端方向发展，加强检验检测平台、系统集成服务商等技术改造服务体系建设。推动机械装备产业高质量发展、石化产业安全绿色高效发展，推进老旧农业机械、工程机械及老旧船舶更新改造。支持危化品企业改造升级，对于仅申报小批量使用危险化学品、不涉及制造和大规模囤积的项目，设立“一企一策”评审通道。

（二十一）支持民营企业平等参与项目投资。用好中央预算内投资和地方政府专项债券筹集的资金，优化投向结构和投资领域，支持金融机构依法合规提供融资，保障各类市场主体平等参与项目建设运营。对在政府和社会资本合作（PPP）项目中设置针对民营资本差别待遇或歧视性条款的，各级财政部门按照规定不予资金支持。探索按照“揭榜挂帅，立军令状”的公开征集方式组织实施一批重大投资工程。

（二十二）引导民营企业聚焦主业和核心技术。优化《鼓励外商投资产业目录》和《产业结构调整指导目录》，推动民营企业在产业链、价值链关键业务上重组整合，进一步集聚资源、集中发力，增强核心竞争力。

（二十三）提升民营企业应急物资供给保障能力。加快发展柔性制造，提升制造业应急保障能力。完善合理的激励政策，引导生产重要应急物资、应急装备的民营企业强化日常供应链管理，增强生产能力储备。积极支持民营节能环保企业参与医疗废弃物处理处置、污水垃圾处理等工程建设。鼓励民营企业加大医疗器械生产制造投资，保障民营企业公平参与公共卫生基础设施建设。

六、巩固提升产业链水平

（二十四）精准帮扶重点民营企业。对处于产业链关键环节重点民营企业所遇到的问题和困难，实施响应快速、程序简单、规则透明的针对性帮扶。及时研判产业链发展趋势，引导企业将产业链关键环节留在国内。

（二十五）依托产业园区促进产业集群发展。以园区为载体集聚创新资源和要素，促进国家级新区、高新技术开发区、经济技术开发区、新型工业化产业示范基地等规模扩大、水平提升。在产业转型升级示范区和示范园区的相关项目安排方面，加大对民营企业支持力度。鼓励各地建设中小微企业产业园、小型微型企业创业创新示范基地、标准化厂房及配套设施。

（二十六）有序引导制造业民营企业产业转移。推动中西部和东北地区积极承接东部地区制造业民营企业转移，支持承接产业转移示范区等重点功能平台建设，为制造业民营企业有序转移创造条件。

（二十七）提高产业链上下游协同协作水平。国有企业特别是中央企业要发挥龙头带动作用，进一步加强与产业链上下游企业协同，协助解决配套民营企业技术、设备、资金、原辅料等实际困难，带动上下游各类企业共渡难关。支持民营企业参与供应链协同制造，推进建设上下游衔接的开放信息平台。

七、深入挖掘市场需求潜力

（二十八）进一步放宽民营企业市场准入。加快电网企业剥离装备制造等竞争性业务，进一步放开设计施工市场，推动油气基础设施向企业公平开放。进一步放开石油、化工、电力、天然气等领域节能环保竞争性业务。制定鼓励民营企业参与铁路发展的政策措施，支持民营企业参与重大铁路项目建设以及铁路客货站场经营开发、快递物流等业务经营。依法支持社会资本进入银行、证券、资产管理、债券市场等金融服务业。推动检验检测机构市场化改革，鼓励社会力量进入检验检测市场。

（二十九）以高质量供给创造新的市场需求。落实支持出口产品转内销的实施意见，支持适销对路出口商品开拓国内市场。扩大基础设施建设投资主体，规范有序推进 PPP 项目，营造公平竞争的市场环境，带动民营企业参与 5G 网络、数据中心、工业互联网等新型基础设施投资建设运营。

（三十）实施机器人及智能装备推广计划。扩大机器人及智能装备在医疗、助老助残、康复、配送以及民爆、危险化学品、煤矿、非煤矿山、消防等领域应用。加快高危行业领域“机器化换人、自动化减人”行动实施步伐，加快自动化、智能化装备推广应用及高危企业装备升级换代。加强对民营企业创新型应急技术装备推广应用的支持力度，在各类应急救援场景中，开展无人机、机器人等无人智能装备测试。

（三十一）支持自主研发产品市场迭代应用。适时修订国家首台（套）重大技术装备推广应用指导目录，优化首台（套）保险覆盖范围，加大对小型关键装备和核心零部件支持力度。支持通过示范试验工程提升国产装备应用水平。

（三十二）助力开拓国际市场。健全促进对外投资的政策和服务体系，拓展民营企业“走出去”发展空间，支持民营企业平等参与海外项目投标，避免与国内企业恶性竞争。搭建支持民营企业开展第三方市场合作的平台。鼓励行业组织协助企业开拓国际市场。发挥海外中国中小企业中心作用，提供专业化、本地化服务。

八、鼓励引导民营企业改革创新

（三十三）鼓励有条件的民营企业优化产权结构。鼓励民营企业构建现代企业产权结构，严格区分企业法人财产和企业主个人以及家族财产，分离股东所有权和公司法人财产权，明确企业各股东的持股比例。鼓励民营企业推进股权多元化，推动民营企业自然人产权向法人产权制度转变。鼓励有条件的股份制民营企业上市和挂牌交易。

（三十四）鼓励民营企业参与混合所有制改革。加大国有企业混合所有制改革力度，深入推进重点领域混合所有制改革。鼓励民营企业通过出资入股、收购股权、认购可转债、股权置换等形式参与国有企业改制重组、合资经营和混合所有制改革，促进行业上下游和企业内部生产要素有效整合。

（三十五）引导民营企业建立规范的法人治理结构。引导企业依据公司法及相关法律法规，形成权责明确、运转协调、有效制衡的决策执行监督体系，健全市场化规范经营机制，建立健全以质量、品牌、安全、环保、财务等为重点的企业内部管理制度。积极推动民营企业加强党组织和工会组织、职工代表大会制度建设，强化企业内部监督，增强企业凝聚力。

九、统筹推进政策落实

（三十六）完善涉企政策服务机制。建立

健全企业家参与涉企政策制定机制，鼓励各地建立统一的民营企业政策信息服务平台，畅通企业提出意见诉求直通渠道。认真听取民营企业意见和诉求，鼓励各地建立民营企业转型升级问题清单制度，及时协调解决企业反映的问题困难。

（三十七）加强组织领导和督促落实。发展改革委要会同相关部门统筹做好支持民营企业改革发展与转型升级工作，完善工作机制，加强政策指导、工作协调和督促落实，及时研究解决民营企业发展中遇到的问题。

（三十八）加强典型推广示范引领。开展民营企业转型升级综合改革试点，支持试点地方先行先试、大胆创新，探索解决民营企业转型升级面临突出问题的有效路径和方式，梳理总结民营企业建立现代企业制度和转型升级的经验成效，复制推广各地支持民营企业改革发展的先进做法。

国家发展改革委
科技部
工业和信息化部
财政部
人力资源社会保障部
人民银行
2020 年 10 月 14 日

交通运输部关于推进交通运输治理体系和治理能力现代化若干问题的意见

（交政研发〔2020〕96 号）

为深入贯彻落实党的十九届四中全会决策部署，推进交通运输治理体系和治理能力现代化，服务加快建设交通强国，现提出如下意见。

一、总体要求

坚持以习近平新时代中国特色社会主义思想为指导，全面贯彻党的十九大和十九届二中、三中、四中全会精神，认真落实党中央、国务院决策部署，进一步增强“四个意识”、坚定“四个自信”、做到“两个维护”，坚持稳中求进工作总基调，坚持新发展理念，坚持改革创新，着力固根基、扬优势、补短板、强弱项，构建系统完备、科学规范、运行有效的交通运输制度体系，完善跨领域、网络化、全流程的交通运输现代治理模式，提升系统治理、依法治理、综合治理、源头治理水平，形成全社会共建共治共享的交通运输治理格局，把制度优势更好转化为行业治理效能，为加快建设交通强国、服务构建新发展格局、实现“两个一百年”奋斗目标和中华民族伟大复兴的中国梦提供有力支撑。

推进交通运输治理体系和治理能力现代化的总体目标是，到中国共产党成立一百年时，在交通运输各方面制度更加成熟更加定型上取得明显成效；到 2025 年，交通运输高质量发展的制度体系基本形成，行业现代治理能力和治理效能明显提升，有力支撑交通强国建设，服务现代化经济体系建设和民生改善的作用更加突出；到 2035 年，行业各方面制度更加成熟更加定型，基本实现交通运输治理体系和治理能力现代化，适应基本建成交通强国需要；到新中国成立一百年时，全面实现交通运输治理体系和治理能力现代化，行业制度更加巩固、优越性充分展现，有力支撑全面建成交通强国，适应社会主义现代化强国建设需要。

二、建立健全交通运输法治体系

（一）健全综合交通法规体系。坚持法治引领，推动制定《交通运输法》，加快铁路、公路、水路、民航、邮政等领域“龙头法”和相应配套法规制修订。加强不同运输方式、不同层级法规制度立改废释，推动形成系统完备、相互衔接的综合交通法规体系。

（二）深化交通运输综合行政执法改革。指导督促各省级交通运输主管部门在地方党委政府领导下，完成综合行政执法改革各项任务。继续推进“四基四化”建设，提升执法队伍素质能力，推进严格规范公正文明执法。

（三）深化交通运输法治政府部门建设。坚持宪法法律至上，加强宪法法律及交通运输法律法规的宣传实施。坚持依法行政，完善重大行政决策制度，优化重大行政决策程序，完善决策后评估制度。健全行政权力制约、监督、评价机制，完善接受人大代表质询、政协委员参政议政的机制。加强合法性和公平竞争审核工作。提高运用法治思维和法治方式加强和改进行业治理的能力。

三、完善交通运输行政管理体系

（四）完善综合交通运输管理体制机制。深化铁路、公路、航道等管理体制改革，建立健全适应综合交通一体化发展的体制机制。推进机构、职能、权限、程序、责任法定化，制定落实权责清单，优化工作流程，完善交通运输部门组织机构，健全综合交通运输统筹发展、运行监测、公共服务等职责体系。围绕落实区域协调发展战略及城市群、都市圈发展，完善跨区域综合交通运输协同发展工作机制。健全海事、救捞、长航、珠航等管理体制及其与地方交通运输部门协作机制。深化交通运输事业单位体制改革。鼓励地方加快建立健全综合交通运输管理体制。

（五）健全交通运输发展战略规划体系。完善交通运输发展战略制定实施长效机制，健全重大发展战略与政策协同机制。探索建立交通运输战略规划、发展规划、空间规划紧密衔接的规划体系。完善跨领域、跨区域、跨层级、跨方式的交通运输规划协同机制，推进多规融合。建立健全交通运输规划清单管理、动态更新机制。

（六）完善交通运输发展指标与标准体系。探索建立符合高质量发展要求的交通运输指标体系，设置涵盖交通强国建设质量效益、新发展理念、群众主观感受的主要指标和核心指标，加强指标执行情况考核，建立动态调整机制。完善交通运输统计调查体系，推进常规统计调查和大数据应用相结合，加强对公众出行、交通物流、新业态等动态监测。健全交通运输标准体系，加强重点领域标准有效供给，更好发挥标准化的引领性作用。

（七）深化交通运输“放管服”改革。编制中央层面设定的交通运输行政许可事项清单，深入推进简政放权，进一步取消下放行政许可事项。深化交通运输领域“证照分离”改革，加强和规范“互联网＋监管”等事中事后监管，推动交通运输市场监管领域“双随机、一公开”监管全覆盖、常态化、制度化，建立重点领域全主体、全品种、全链条严格监管机制，完善新业态包容审慎监管机制。创新行政管理和服务方式，深入开展“互联网＋政务服务”，全面推行“不见面”办事，推动“一网通办”和“跨省通办”，打造市场化、法治化、国际化交通运输营商环境。推进交通运输数字政府部门建设，建立健全运用互联网、大数据、人工智能等进行行政管理的制度规则。

（八）深化交通投融资机制改革。稳定铁路建设基金、车购税、成品油税费改革新增收入、港建费、民航发展基金等交通发展专项资金政策。研究发行国家公路建设长期债券，完善收费公路专项债券政策。研究设立国际物流供应链发展产业基金。推动设立邮政普遍服务基金，完善邮政快递基础设施建设资金保障机制。研究构建新型财税保障体制，开展“里程费”改革试点。鼓励社会资本设立多式联运等产业投资基金。深化交通运输领域中央与地方财政事权和支出责任划分改革。完善交通运输部门预算管理体系，全面实施预算绩效管理。

四、完善交通运输市场治理体系

（九）激发交通运输市场主体活力。深化铁路行业改革，加快推进铁路政企分开，促进铁路运输业务市场主体多元化和适度竞争。实现邮政普遍服务业务与竞争性业务分业经营。推动交通运输领域国有企业混合所有制改革，培育更多充满活力的市场主体。健全支持交通运输民营经济、中小企业发展的政策制度，营造各种所有制主体平等使用资源要素、公开公平公正参与竞争的市场环境。建立常态化交通运输政企沟通机制，健全企业诉求收集、处理、反馈制度，加强对行业企业的指导和支持力度。

（十）完善交通运输市场规则。完善交通运输建设、养护、运输等市场准入、退出制度，完善负面清单，进一步规范和创新政府和社会资本合作模式，破除制约社会资本参与交通运输市场竞争的各类障碍和隐性壁垒。完善综合交通运输价格形成机制，推动放开铁路等领域竞争性环节价格。进一步规范行业经营服务性收费，促进交通运输中介服务市场规范发展。推进交通运输数据等要素市场化配置，研究制定推动交通运输公共数据开放和数据资源有效流动的政策制度，推进综合交通大数据中心和行业治理基础数据库建设。

（十一）完善现代化交通运输产业体系。健全推动交通运输设施建设维护、装备制造、运输服务上下游协同发展的机制，提升全产业链保障能力。完善交通运输与制造、旅游、金融、商贸、物流等领域深度融合发展的联动机制，培育壮大交通运输经济产业集群。建立健全临港、临空、通道、枢纽经济发展机制，促进产城融合发展。

五、完善交通运输社会协同共治体系

（十二）完善社会参与机制。建立健全公众参与交通运输治理的制度机制，畅通公众参与渠道，鼓励交通运输行业协会等社会组织积极参与行业治理，健全交通运输志愿者服务体系。拓宽交通运输政务公开领域和范围，推进决策公开、执行公开、管理公开、服务公开、结果公开。

（十三）构建以信用为基础的新型监管机制。完善交通运输信用体系建设长效机制，加强信用信息归集、共享和公开。推进交通运输领域信用评价和分级分类监管，建立健全贯穿市场主体全生命周期的新型监管机制。实施“信易+”工程，深入推进“信易行”和“信用交通省”建设。依法依规加强交通运输守信激励和失信惩戒，完善失信主体信用修复机制。加强政务诚信建设，建立政务诚信监测治理体系。

（十四）健全行业矛盾纠纷预防化解机制。健全交通运输重大决策社会稳定风险评估机制。畅通和规范行业特殊群体诉求表达、利益协调、权益保障通道，及时化解行业矛盾纠纷。完善行政调解和信访工作机制，提高行政复议公信力和应诉水平。建立健全矛盾风险防控协同机制，防止风险跨地区、跨行业交织叠加。

（十五）繁荣发展交通运输先进文化体系。以社会主义核心价值观为引领，弘扬民族精神、时代精神，践行新时代交通精神，增强行业凝聚力、战斗力。完善舆论宣传工作机制，建立以内容建设为根本、先进技术为支撑、创新管理为保障的交通运输全媒体传播体系，讲好交通故事。完善舆论监督制度，健全重大舆情和突发事件舆论引导机制。深入普及安全、绿色、文明出行理念，推动全社会交通文明程度持续提升。

六、建立健全交通基础设施高质量发展政策体系

（十六）完善综合立体交通网络发展机制。建立铁路、公路、水路、民航、邮政快递等基础设施统筹规划、协同发展的机制，统筹跨方式、跨区域的重大项目建设，推动现代化高质量综合立体交通网络建设。建立基于第五代移动通信技术（5G）、北斗、物联网等新一代信息技术的交通基础设施网络一体化运营模式，强化与能源网、信息网络等设施互联和数据共享。

（十七）健全交通基础设施全生命周期管理体系。建立交通基础设施规划、建设、养护、运营等相衔接的协同发展机制。构建现代化工程建设质量管理体系，推进精品建造和精细管理。建立全过程、全链条的质量安全监管制度，推进“平安百年品质工程”建设。建立交通感知网络与交通基础设施同步规划建设制度，加强交通基础设施长期性能观测网建设，提升精细化管理和人性化服务水平。

（十八）构建传统和新型交通基础设施融合发展机制。统筹存量和增量、传统和新型交通基础设施规划建设，引导要素资源向经济社会效益更高的项目倾斜。以新一代信息技术为牵引，建立传统和新型交通基础设施融合发展机制。建立健全新型交通基础设施统筹布局、协同管理、系统应用的制度，建立多部门协同、多主体参与的新型交通基础设施投资、建设、运营机制。

七、完善交通出行保障政策体系

（十九）完善公众基本出行保障制度。推动城市公共交通、农村客运、渡运、邮政普遍服务等公共服务落地。完善优先发展城市公共交通的政策和制度体系，完善绿色出行服务体系。推进城市综合交通体系建设，推动建立城市交通拥堵协同治理机制，打造高效通勤交通网络。健全完善“四好农村路”高质量发展体系，完善农村公路养护、农村客运可持续发展长效机制。

（二十）推进出行服务一体化便捷化。完善城乡客运一体化发展机制，提升城乡出行服务均等化水平。完善旅客联程运输机制，建立健全跨区域、跨方式客运协同组织和管理机制。建立健全城市群交通运输一体化发展机制，提高城市群、都市圈交通承载能力，推进出行服务快速化、便捷化、智能化。

（二十一）完善交通运输新业态发展制度。依托交通运输新业态协同监管部际联席会议制度，完善鼓励和规范网络预约出租汽车、分时租赁、互联网租赁自行车、道路客运定制服务、智能快件箱寄递服务等交通运输新业态发展的制度机制。建立定制公交等需求响应型出行服务体系。建立健全自动驾驶等新技术应用相关制度。

八、建立健全现代物流供应链体系

（二十二）加快推进国际物流供应链体系建设。充分发挥国际物流保障协调机制作用，

实现国际物流保通保畅保运。按照“平时服务、急时应急”的原则，加快建设国际物流供应链服务保障系统，提升国际物流供应链信息服务水平。建立国际物流供应链动态感知、安全预警监测体系，增强国际运输战略通道安全保障和应急处置能力。会同有关部门统筹推进现代国际物流供应链体系建设，推动国际物流与产业链供应链协同融合，服务国内国际双循环相互促进。

（二十三）健全城乡物流高效发展机制。完善城市绿色货运配送发展机制，鼓励发展统一配送、集中配送、共同配送等模式，畅通配送服务“最后一公里”。完善县乡村农村物流服务体系，建立健全无人机配送等新技术新方式应用推广机制，推动城乡物流协同高效发展，服务畅通国内大循环。

（二十四）创新运输组织模式。完善推动多式联运发展的政策机制，深入实施多式联运示范工程，引导企业建立全程“一次委托”、运单“一单到底”、结算“一次收取”的服务方式，建立健全更加先进高效的多式联运车辆装备推广应用机制。推广甩挂运输、江海直达等运输组织模式，探索发展高铁快运等新模式。完善网络货运平台等新业态发展机制，充分发挥平台作用，整合零散物流信息资源。

九、完善交通运输安全与应急管理体系

（二十五）完善交通运输安全生产体系。推进各地建立健全行业安全生产责任险制度，督促地方交通运输管理部门建立监管责任清单，推动交通运输企业健全安全生产责任制和安全生产全生命周期管理制度体系。加强安全监管执法，培育安全监管“第三方”机构机制，坚决遏制重特大交通生产安全事故。建立健全交通运输安全监管尽职免责、失职追责工作机制。完善交通运输安全生产形势分析研判和风险预警机制，建立安全生产重特大事故分析机制。建立自然灾害交通防治体系，提高交通防灾抗灾减灾救灾能力。完善行业安全研究、培训教育和社会宣传机制。

（二十六）完善交通运输应急管理体系。研究建立综合交通应急管理体制，优化海上搜救、重大海上溢油、突发公共卫生事件等应急处置部际、部省、区域、军地协同联动机制。建立平战结合的交通运输应急应战指挥调度、物资储备和应急力量快速转运体系。完善综合交通应急预案体系，加快应急预案及配套指南、操作手册等制修订。推进现代化专业救捞体系建设，提升应急救援能力，加强应急救助抢险打捞专业装备、设施、队伍建设，在饱和潜水、大深度沉船打捞等关键核心技术上不断突破。健全社会力量参与交通运输应急处置工作机制，完善应急征用补偿机制。

（二十七）完善交通运输重大风险防范化解机制。坚持总体国家安全观，落实“平安中国”建设要求，加快构建双重预防控制机制，加强交通运输重大风险研判、防控协同、防范化解，保障行业安全稳定发展。会同有关部门建立交通重要基础设施、重点部位、重点环节、人员密集场所、危险货物储运场所等重点目标的信息共享机制，建立健全重点目标安保防范、隐患排查和反恐怖防范体系。完善交通运输参与应对恐怖主义、网络安全、重大传染性疾病等重大突发事件协同应对工作机制。

十、完善交通运输科技创新体系

（二十八）完善交通运输科技研发应用机

制。坚持面向世界科技前沿、面向经济主战场、面向国家重大需求、面向人民生命健康，强化交通运输基础研究及关键核心技术、前沿领域技术研发应用，健全重大科技攻关类项目管理制度。完善行业内外科技创新资源统筹机制。完善交通运输行业重点科技项目清单管理制度，健全行业重大科技工程实施机制。完善交通运输科技成果转化和推广制度。

（二十九）完善交通运输技术创新体系。建立以企业为主体、市场为导向、产学研深度融合的交通运输技术创新体系，推动大数据、区块链、超级计算、人工智能等新技术与交通运输行业深度融合，大力推进智慧交通技术创新应用。鼓励交通运输行业各类创新主体组建产业技术创新联盟，开展关键核心技术攻关。完善交通运输科技创新基地、研发平台、数据中心建设运行管理制度和多渠道投入机制。

（三十）优化交通运输科技创新环境。完善交通运输科技评价与激励机制。建立健全行业基础性、战略性、前瞻性科技研发资金保障机制。优化经费管理制度，扩大科研经费使用自主权。建立科研诚信承诺、失信行为目录和依法惩戒制度。完善科研基础设施、科学仪器、科学数据等资源配置和开放共享机制。健全交通运输科普资源体系及配套工作机制。大力弘扬科学家精神，加强行业科研诚信监管。

十一、完善交通运输绿色发展体系

（三十一）全面建立交通运输资源高效利用制度。健全交通运输绿色发展评估考核体系。建立交通设施通道、线位、岸线等资源节约集约利用制度。建立适应产业结构、能源结构变化的运输结构调整长效机制，打造绿色高效运输系统。完善交通资源循环利用机制，推广施工材料、废旧材料再生和综合利用。完善邮件快件包装绿色化、减量化、可循环管理制度。

（三十二）健全交通运输节能减排和污染防治制度。健全交通运输适用装备设施清洁化、低碳化、高效化的应用推广机制，完善道路运输车辆燃料消耗国家标准体系，优化交通能源结构。完善交通运输绿色示范工程实施推广机制。研究建立交通环保设施设备建设运行统筹保障制度，健全实施绿色汽车维修制度。完善交通环境污染防治成效公报制度。

（三十三）完善交通运输生态环境保护修复机制。针对重点区域、重点项目，推动建立交通运输、自然资源、生态环境等跨部门协调机制，统筹交通项目建设与生态环境保护。严格实施生态修复、地质环境治理恢复与土地复垦制度。

十二、完善交通运输开放合作体系

（三十四）支撑服务自贸区自贸港发展。服务海南自贸港、上海临港新片区和洋山特殊综合保税区等建设，建立更高水平的航运对外开放制度，在沿海捎带、国际船舶登记等方面深化开放和创新，支持有条件的区域率先探索形成新发展格局。创新船舶监管、船舶检验等方式，进一步完善港口管理机制，推进琼州海峡港航一体化，提升运输便利化和服务保障水平。打造国际航运枢纽，拓展航运服务产业链，支持融资、保险、仲裁等航运高端服务业发展。

（三十五）完善交通运输多双边合作格局。完善与共建“一带一路”国家的交通互联互通合作机制，加强国境、国界和国际河流交通安全管理与合作。强化多双边交通运输国际合作，进一步发挥中欧班列、国际道路运输等相关合作机制的作用，加快推进国际运输便利化。鼓励交通运输国际产能合作，支持行业企业“走出去”，加快完善境外经营网络。

（三十六）积极参与交通运输全球治理体系建设。深度参与交通运输国际规则和标准制定，建立“政产学研用”多方协同参与的国际标准化活动工作机制。完善交通运输国际组织人才培养和输送机制，探索建立驻外交通官制度，吸引国际组织落户中国。完善国际交流合作机制，鼓励交通运输企业、高校、研究机构建立稳定的对外互信合作关系。

十三、完善高素质交通运输人才体系

（三十七）完善交通运输科技人才培育机制。依托重大科技项目、重大工程、重大建设项目，完善交通运输战略科技人才、科技领军人才、青年科技人才和高水平创新团队培养机制。建立灵活的高层次人才引进和选拔机制，持续提升交通运输人才队伍素质。推进交通运输新型智库建设。

（三十八）加强交通运输技能人才队伍建设。以职业院校为基础、行业企业为主体，健全校企合作、产教融合的现代交通运输职业教育体系。健全技能人才培养、使用、评价、激励制度。完善以赛促学、以赛育人的职业技能竞赛体系，促进技术技能交流。

（三十九）完善交通运输干部培养选拔机制。完善教育培训、轮岗、挂职等机制，提高交通运输干部队伍政治素质，增强专业能力和综合本领。健全以德为先、任人唯贤、人事相宜的选拔任用体系。完善严管和厚爱结合的激励机制和容错纠错机制，努力打造一支忠诚干净担当的交通运输干部队伍。

十四、坚持和加强党对交通运输治理现代化的领导

（四十）落实不忘初心、牢记使命的制度。遵守党章，恪守党的性质和宗旨，坚持用习近平新时代中国特色社会主义思想武装头脑、指导实践、推动工作。健全贯彻落实习近平总书记重要指示批示和党中央、国务院重大决策部署的工作机制，严格执行请示报告制度。巩固深化“不忘初心、牢记使命”主题教育成果，完善长效机制，不断锤炼党员、干部的政治品格。全面贯彻党的基本理论、基本路线、基本方略，落实党的全面领导制度，围绕党的理论创新、实践创新、制度创新，把党的领导落实到交通运输治理各方面各环节。

（四十一）落实全面从严治党制度。贯彻新时代党的建设总要求，以党的政治建设为统领，落实深化党的建设制度改革各项任务。坚持新时代党的组织路线，健全党管干部、选贤任能制度。规范党内政治生活，严明政治纪律和政治规矩，发展积极健康的党内政治文化，全面净化党内政治生态。完善和落实全面从严治党责任制度，全面落实意识形态工作责任制。深化政治巡视，强化监督执纪问责，大力纠治形式主义、官僚主义。

（四十二）健全权威高效的制度执行机制。切实强化党委（党组）以及领导干部制度意识，带头维护制度权威，做制度执行的表率。推进交通运输领域全面深化改革，抓紧制定交通运输治理体系和治理能力现代化急需的制度。增强制度执行力，完善担当作为的激励机制，加强对制度执行的监督，确保行业治理的各项目标任务全面落实到位。

交通运输部

2020 年 10 月 17 日

（此件公开发布）

交通运输部关于印发《港口及其一线人员新冠肺炎疫情防控工作指南（第四版）》的通知

（交水明电〔2020〕294号）

各省、自治区、直辖市交通运输厅（局、委），长江航务管理局、珠江航务管理局，各直属海事局：

为贯彻落实中央应对新冠肺炎疫情工作领导小组会议精神，按照“外防输入、内防反弹”和“人物同防”的要求，有效应对疫情仍在全球蔓延、特别是因船员换班以及冷藏集装箱和散装冷藏货物造成船员及港口一线人员感染新冠肺炎的风险，进一步抓紧抓实抓细境外疫情输入防控工作，部组织修订形成了《港口及其一线人员新冠肺炎疫情防控工作指南（第四版）》，强化对疫情防控工作的指导。现印发给你们，请结合实际贯彻落实。各单位在执行过程中如有相关意见建议请及时反馈。

交通运输部

2020年11月13日

（此件公开发布）

港口及其一线人员新冠肺炎疫情防控工作指南（第四版）

为深入贯彻落实党中央、国务院决策部署，按照“外防输入、内防反弹”和“人物同防”的要求，抓紧抓实抓细境外疫情输入防控工作，加强港口从业人员特别是一线工作人员的自身防护，严格防范新冠肺炎疫情通过水路传播和扩散，制定本指南。

一、适用范围

本指南适用于新冠肺炎疫情期间，船舶引航、靠离泊和装卸等作业过程的疫情防控，以及引航员、码头装卸人员和国际船舶代理外勤等其他登船作业人员的管理和防护。

二、总体要求

港口各有关单位根据疫情形势发展变化，按照依法、精准、有效防控境外疫情输入的部署要求，在当地政府的统一领导下，精准施策、周密部署，统筹做好疫情防控、港口生产、职业健康等工作，关心关爱一线工作人员健康，积极争取把高风险岗位人员纳入优先接种疫苗范围、增加防疫经费预算。认真落实企业主体责任，港口企业、引航机构等单位建立疫情防控工作制度，根据进港船舶挂靠港口、载货情况、船员状况等，确定引航、港口作业和登轮作业风险等级，加强信息共享、物资储备、船岸隔离、进出管控、通风消毒、个人防护、终末消杀、应急处置等工作。地方交通运输主管部门加强对船公司、船代的诚信管理，监督其如实提供船舶、载货以及船员信息，支持引航机构对不诚信公司的所有经营船舶采取调后引航次序的措施，坚决防范水运口岸疫情输入风险。

三、加强信息管理和报告

（一）及时掌握到港船舶、载货和船员信息。

港口企业、引航机构应加强与船舶代理及海关、边检、海事、卫生健康等单位的协作和信息共享，根据下列船舶、载货和船员信息，制定相关工作计划。

1. 船舶挂靠港口、靠离动态等信息。

2. 船员基本情况、身体健康等信息，船舶靠泊期间船员换班、人员上下船、物料交付和人员接触情况等信息。

3. 船舶检疫、船舶防疫措施等信息。

4. 船舶靠泊期间相关密切接触者信息。

5. 生活污水、压载水处理装置运行信息。

6. 冷藏集装箱、散装冷藏货物等信息。

（二）加强人员和车辆信息管理。

港口企业对进出港口人员和车辆进行登记、核对，加强信息采集，实行闭环管理。对外开放码头，中国籍人员凭健康码绿码通行，上船船员和境外人员按国家有关规定通行。

（三）加强信息报送。

按有关要求，向当地交通运输（港口）管理部门报送疫情防控信息。

四、规范和严格作业程序

1. 引航机构、港口企业等相关单位在船舶进港作业前，组织召开船前会，研判船舶疫情防控风险，按照尽量精简的原则安排作业人员，明确相关作业人员具体防护措施及注意事项，落实责任人。

2. 港口企业通过船公司、船舶代理等督促船舶做好消毒、通风等相关工作，在港期间安排人员值守，准确记录上下船人员的身份信息、上下船事由、联系方式等，确保信息可追溯。

3. 国际航行船舶经海关卫生检疫合格，并取得检验检疫证明材料后，方可安全稳妥地开展装卸作业。其中，拟由国际航线转为国内航线的船舶，须待船员经核酸检测阴性后，方可在入境港口开展装卸作业。船员须进行核酸检测的国际航行船舶，须待船员经核酸检测阴性后，装卸人员等有关人员方可上船作业。集装箱班轮因班期原因确需提前上船作业的，上船作业人员应做好个人防护，不得进入船员生活区域和船舶密闭空间，并在船员核酸检测出结果前封闭管理，不得离开港区。

4. 严格落实船岸人员不直接接触等防控措施，认真执行对外开放码头港口设施保安计划，加强进出港人员、车辆管理和船港界面管理，加强上下船通道管理，严格控制国际航行船舶船岸交流活动，除生产生活必须和紧急情况外，船员不得上岸。

5. 符合疫情防控要求，经口岸主管单位准许，开展船员换班、船舶供应、船舶检验以及伤病船员紧急救助处置等活动时，港口企业要配合相关单位做好相关人员进出港口、上下船的管理。进出港口的人员和车辆应由船舶代理等相关单位提前通报，严格执行相关人员进港前的体温检测。禁止体温超过37.3℃的人员进入港口，并按照程序上报当地卫生健康管理部门。

五、作业人员防护要求

（一）码头作业人员防护要求。

1. 作业场所、工作区域入口处配备体温检测设备。根据不同岗位作业风险等级，为作业人员配备口罩、手套、护目镜等必要的防护用品，并指导正确使用。

2. 做好作业人员体温检测和核酸检测。与船员可能发生近距离接触的人员要相对固定、实施备案管理，并按当地规定定期进行核酸检测。

3. 无特殊情况，码头作业人员不登船、不与船员直接接触。因工作需要必须与船员近距离接触的，尽量选择在室外空间，做好个人防护，保持1米以上安全距离。

4. 装卸作业过程中，采取相应的告示牌、警戒线等隔离措施，原则上禁止船员进入码头作业区域。需要船岸配合时，应当要求船员正确佩戴口罩、手套等个人防护用品，并采取轮流作业或增加作业间隔等措施，尽量避免码头人员与船员发生直接接触。对确需上岸作业的船员，应进行体温检测。

5. 进口冷藏集装箱拆箱作业中，直接接触冷藏货物的人员应相对固定，实行闭环管理，定期检测体温，采取严格的防护措施，全程穿防护服、佩戴口罩以及防护手套、防护面罩等用品，避免货物紧贴面部、手触摸口鼻，至少每周开展一次核酸检测，发生疫情地区加大监测频率，必要时进行封闭管理。冷藏货物检测出现阳性的，装卸人员应立即按规定进行核酸检测，并实行封闭管理。

6. 尽量利用电话、微信、网络视频等方式沟通联系和部署工作，减少作业人员聚集。

（二）引航员防护要求。

1. 引航机构加强防疫物资储备和供应，加大医用防护口罩、手套、护目镜、防护服、红外线测温仪和消毒液等防疫物资配备力度，建立防疫物资供应制度。加强引航员健康状况监测，建立每日健康状况报告制度。

2. 引航员、接送车辆、引航船艇相对固定，实施闭环管理，加强体温监测，并按当地要求定期组织对引航员进行核酸检测。引领中高风险船舶的引航员应加强防护，每7～14天进行核酸检测，并封闭管理。引领船舶上有核酸检测阳性船员的，引航员应立即进行核酸检测，并实行封闭管理。

3. 船舶引航过程中，引航员应按照地方卫健部门指导意见，根据船舶风险等级确定防护等级，全程正确穿戴个人防护用品。

4. 登离船时，应尽量选择室外通道，避开船员生活区域。

5. 引航期间，应通知船方控制驾驶台人数，加强驾驶台通风，减少与船员接触，并保持安全距离。有条件的，应使用专门的对讲机等通讯设备，避免与船员交叉使用通讯设备。

6. 引航员应尽量避免在船上就餐、如厕。

7. 引航员下船后须按照规定采取消毒措施，一次性防护用品等废弃物品按照规定集中处理。

8. 接送引航员的司机、交通船艇船员应正确佩戴口罩、手套等个人防护用品，并定时检测体温。

（三）国际船舶代理外勤等其他登船人员

防护要求。

1. 登船人员应佩戴口罩、手套、护目镜等个人防护用品，并做好体温检测和信息登记。直接接触进口散装冷藏货物的登船作业人员要全程穿防护服、佩戴口罩、防护手套、防护面罩等防护用品，避免货物紧贴面部、手触摸口鼻，同时要合理安排轮班作业时间，避免长时间作业造成口罩以及面罩结冰，影响防护效果。

2. 登船人员禁止进入船员生活区域，并减少与船员接触。确需与船员近距离接触的，应尽量选择在室外空间，并保持 1 米以上安全距离。

3. 登船人员尽量避免在船就餐、如厕、休息。相关工作完成后，尽快离船。

4. 登船人员下船后须按照规定采取消毒措施，一次性防护用品等废弃物品按照规定集中处理。

5. 直接接触进口散装冷藏货物的人员应相对固定并定期检测体温，至少每周开展一次核酸检测，必要时进行封闭管理。冷藏货物检测出现阳性的，装卸人员应立即进行核酸检测，并实行封闭管理。

港口企业、引航机构、船舶代理公司要在卫生健康部门的指导下，加强对直接接触散装冷藏货物的作业人员、与船员近距离接触人员、引航员等高风险岗位人员正确穿脱防护服进行专业培训，并定期进行检查，确保关键防护措施到位。

已接种新冠肺炎疫苗的码头作业人员、引航员、船舶代理等高风险岗位人员，定期核酸检测时间按照当地卫生健康部门有关规定执行。

六、加强环境卫生防护工作

加强防护用品、消杀用品、设备设施等防控物资配备，优先保障防护装备，优先保障人力投入。按照高风险地区防护标准做好一线工作人员疫情防护装备的采购、配置、使用工作，做到储备、配发、使用到位。防疫物资包括但不限于：普通口罩、医用高级别防护口罩、防护服、防护眼镜或防护面屏、消毒液（含有效氯 250mg/L ~ 500mg/L 的含氯消毒剂或浓度 75%酒精，二者不得混存混用）、消毒洗手液、消毒纸巾、一次性手套、橡胶手套、温度计、红外测温仪、应急交通车、应急药品等。

（一）通风和环境卫生要求。

1. 加强环境通风。接待大厅、候工室、食堂、会议室、办公区等空间区域配置酒精、免洗手消毒剂等用品，定时开窗通风，保持室内空气流通，通风频率每日不少于 3 次，每次不少于 30 分钟。

2. 正确使用空调。首选自然通风。如使用空调，应保证空调系统供风安全，保证充足的新风输入，所有排风直接排到室外。未使用空调时应关闭回风通道。

3. 保持环境整洁卫生。及时清扫转运垃圾。

（二）清洁消毒管控。

1. 接送员工的车辆和船艇应每次进行消毒。

2. 对经常接触的物体表面（接待窗口、电梯间按钮、扶手、门把手等），用含有效氯 250mg/L ~ 500mg/L 的含氯消毒剂进行喷洒或擦拭，也可采用消毒湿巾进行擦拭。

3. 人员聚集区（接待大厅、候工室、食堂、会议室、办公区、卫生间、集体宿舍等）每天清洁消毒不少于两次，消毒作业尽量避开作业时间。使用含氯消毒液（使用 84 消毒液按不低于 1 : 50 的比例配比）喷洒，喷洒含氯消毒液每立方米保证不少于 30mL，或使用浓度不低于 75% 的酒精消毒液擦拭相关设备和多人触碰区域。切勿将含氯消毒液和酒精消毒液混用。

4. 喷洒消毒液期间，喷洒区域要保证相对密闭，以达到消毒效果，喷洒消毒液 20 分钟后，安排人员开窗通风，至少 10 分钟后，空间区域恢复正常使用。

5. 加强垃圾桶等垃圾盛装容器的清洁，定期对其进行消毒处理。可用含有效氯 250mg/L～500mg/L 的含氯消毒剂进行喷洒或擦拭，也可采用消毒湿巾进行擦拭。

（三）卫生防护要求。

1. 入场通道处设置非接触式体温检测点 1～2 个，尽量减少出入口或者保持单向进出。检查工作人员尽量与被检查对象保持 1 米以上距离，穿工作服、佩戴防护口罩、一次性手套或橡胶手套，有条件的可佩戴防护眼镜或防护面屏。

2. 需入场作业的劳务单位人员、来访人员、商务人员等应提前预约。接待外来人员双方均需佩戴防护口罩，避免握手、拥抱等肢体接触，及时洗手。

3. 人员聚集区采取间隔、分隔措施，保持合理距离。

4. 采用视频会议的方式开会，尽量减少现场会议。参会人员佩戴防护口罩，间隔 1 米以上，减少集中开会，控制会议时间，会议时间过长时，保持开窗通风；会议结束后，对场地、家具、茶具用品进行消毒。

5. 食堂采用分餐制，避免人员聚集。食堂每餐前后各消毒 1 次。所有人员佩戴防护口罩，尽量减少接触公共物品和部位。勤洗手，没有清水时，可使用含酒精消毒产品（如 75% 酒精溶液）清洁双手。

6. 使用消毒湿巾擦拭门把手、电话、键盘、鼠标、办公文具等。

7. 危险货物作业场所禁用酒精喷洒、擦拭作业设备，禁用酒精对手、鞋、衣服消毒处理，使用其他消毒液、消毒纸巾进行消毒处理。

8. 危险货物作业，应注意穿戴防护服可能产生的静电危害，进入危险货物作业场所必须进行静电消除作业程序。

9. 根据海关要求，按规定做好车辆场地消杀、人员管控等工作，配合海关进行冷藏货物新冠病毒检疫的港口作业人员应相对固定，并全程正确穿戴防护服、护目镜、口罩、手套等个人防护用品，做好个人防护。同时，要按照海关和当地联防联控工作机制的规定定期进行核酸检测。

10. 港口客运站按照交通运输部制定印发的最新版《客运场站和交通运输工具新冠肺炎疫情分区分级防控指南》相关要求做好有关防控工作。

进口冷链食品港口作业还需按照《关于印发冷链食品生产经营新冠病毒防控技术指南和冷链食品生产经营过程新冠病毒防控消毒技术指南的通知》（联防联控机制综发〔2020〕245 号）、《关于印发进口冷链食品预防性全面消毒工作方案的通知》（联防联控机制综发〔2020〕255 号）以及《交通运输部关于印发〈公路、水路进口冷链食品物流新冠病毒防控和消毒技术指南〉的通知》（交运明电〔2020〕292 号）等有关要求做好防控和消毒工作。

七、做好应急处置

1. 引航机构、港口企业等单位应制定完善应急预案，加强与海关、边检、海事等口岸查验单位和当地卫生健康、交通运输等部门的信息共享和联动。

2. 船员有发烧、咳嗽等异常情况的，登船引航员要采取穿戴防护服、防护镜、医用高级别防护口罩、手套等严格的防护措施，并要求船舶采取通风消毒、所有船员佩戴高级别防护口罩、人员隔离等防控措施，必要时可安排专业人员现场指导引航员穿脱防护服和消毒工作。港口企业采取严格的船岸隔离措施，配合相关单位进行处置，并做好本单位密切接触人员的排查、隔离等相关工作。

3. 当出现疑似新冠肺炎症状的人员呕吐时，应当立即用一次性吸水材料加足量消毒剂（如含氯消毒剂）或有效的消毒干巾对呕吐物进行覆盖消毒。清除呕吐物后，再使用含氯消毒剂进行物体表面消毒处理。

4. 疑似感染人员隔离后，立即安排消毒人员对其可能污染的临时留观室等区域进行全面消毒。用于疑似感染人员转运的船艇、车辆，应在转运完成后进行全面消毒。

抄送：中国港口协会、中国引航协会、中国船东协会、中国船舶代理及无船承运人协会，部运输服务司、国际合作司、应急办、海事局，中央纪委国家监委驻交通运输部纪检监察组。

交通运输部办公厅关于进一步做好总质量4500千克及以下普通货运车辆“放管服”改革有关工作的通知

（交办运〔2020〕65号）

各省、自治区、直辖市、新疆生产建设兵团交通运输厅（局、委）：

为深入贯彻落实《国务院关于修改部分行政法规的决定》（国务院令第709号）有关部署要求，切实做好总质量4500千克及以下普通货运车辆（以下称为轻型货车）“放管服”改革工作，促进道路货运行业安全有序发展，现就有关事项通知如下：

一、切实转变轻型货车运输管理方式。各地交通运输主管部门要深入贯彻落实党中央、国务院关于“放管服”改革决策部署，坚持放管结合，树立底线思维，转变管理方式，加强部门协同，完善轻型货车运输事中事后监管举措，进一步规范轻型货车从事冷链物流运输、危险货物运输、零担货物运输的经营行为，引导创新运输组织模式，促进轻型货车装备升级，不断提升轻型货车运输管理和服务水平。

二、加强重点领域轻型货车运输监管。各地交通运输主管部门要按照《道路货物运输及站场管理规定》（交通运输部令2019年第17号）、《道路危险货物运输管理规定》（交通运输部令2019年第42号）要求，进一步依法规范对使用轻型货车从事冷藏保鲜运输和危险货物运输企业的准入管理，强化对运输企业经营行为的事中事后监管，督促运输企业切实加强车辆技术管理和人员安全教育培训，落实安全生产主体责任。对于在重点货运源头单位发现违法超限超载的，要严格按照《道路运输条例》《公路安全保护条例》等有关规定依法处理；对于在路面联合执法过程中发现违法超限超载的，要按照治超联合执法常态化制度化工作政策依法处理。要配合公安、工业和信息化等部门加大对轻型货车“大吨小标”、非法载人等行为的执法检查力度。

三、严格落实零担运输安全管理制度。各地交通运输主管部门要督促道路货物运输企业按照《零担货物道路运输服务规范》（JT/T 620—2018）的要求，严格落实零担货物受理环节抽检抽查、托运人实名制、托运物品登记和信息留存等相关制度，防止在货物中夹带禁止运输的物品。使用轻型货车从事零担货物运输的物流运营单位，应当依法执行零担货物运输相关安全管理制度。对于未实行受理环节抽检抽查、运输禁止运输的物品、未实行托运人身份和物品信息登记制度等行为，要按照相关法律法规依法进行处罚。

四、引导提升轻型货车运输服务效能。各地交通运输主管部门要依托城市绿色货运配送示范工程创建工作，在当地人民政府的统一领导下，会同有关部门加快推动城市建成区新增物流配送轻型车辆使用新能源汽车，并结合当地实际，对于符合标准的新能源配送车辆给予通行便利。同时，要引导轻型货车配送企业加快发展共同配送、集中配送、统一配送等先进运输组织模式，推广车用起重尾板、托盘等集装化单元，提升运输装载效率。鼓励网络平台道路货物运输企业利用“互联网 +”信息化手段整合物流资源，不断提升城市货运配送效率，推动降低末端配送成本。

五、做好城乡物流配送市场运行监测分析。各地交通运输主管部门要督促网络平台道路货物运输企业按照《网络平台道路货物运输经营管理暂行办法》（交运规〔2019〕12 号）要求，加强对使用轻型货车从事运营的实际承运人管理，充分利用信用评价、激励奖惩等方式，督促其规范运输行为。同时，要鼓励网络平台道路货物运输企业充分利用大数据等信息化手段，加强对城乡物流配送市场的监测分析，指导城乡物流配送经营者科学决策，不断提升服务质量。

交通运输部办公厅

2020 年 12 月 14 日

抄送：部法制司、综合规划司、公路局、安质司，中央纪委国家监委驻交通运输部纪检监察组。

关于加快构建全国一体化大数据中心协同创新体系的指导意见

（发改高技〔2020〕1922 号）

各省、自治区、直辖市及计划单列市人民政府，新疆生产建设兵团，国务院各部委、各直属机构：

数据是国家基础战略性资源和重要生产要素。加快构建全国一体化大数据中心协同创新体系，是贯彻落实党中央、国务院决策部署的具体举措。以深化数据要素市场化配置改革为核心，优化数据中心建设布局，推动算力、算法、数据、应用资源集约化和服务化创新，对于深化政企协同、行业协同、区域协同，全面支撑各行业数字化升级和产业数字化转型具有重要意义。为进一步促进新型基础设施高质量发展，深化大数据协同创新，经国务院同意，现提出以下意见。

一、总体要求

（一）指导思想。

以习近平新时代中国特色社会主义思想为指导，全面贯彻党的十九大和十九届二中、三中、四中、五中全会精神，全面落实习近平总书记关于建设全国一体化大数据中心的重要讲话精神，按照国务院统一部署，以加快建设数据强国为目标，强化数据中心、数据资源的顶层统筹和要素流通，加快培育新业态新模式，引领我国数字经济高质量发展，助力国家治理体系和治理能力现代化。

（二）基本原则。

统筹规划，协同推进。坚持发展与安全并重。统筹数据中心、云服务、数据流通与治理、数据应用、数据安全等关键环节，协同设计大数据中心体系总体架构和发展路径。

科学求实，因地制宜。充分结合各部门、各行业、各地区实际，根据国际发展趋势，尊重产业和技术发展规律，科学论证，精准施策。

需求牵引，适度超前。以市场实际需求决定数据中心和服务资源供给。着眼引领全球云计算、大数据、人工智能、区块链发展的长远目标，适度超前布局，预留发展空间。

改革创新，完善生态。正确处理政府和市场关系，破除制约大数据中心协同创新体系发展的政策瓶颈，着力营造适应大数据发展的创新生态，发挥企业主体作用，引导市场有序发展。

（三）总体思路。

加强全国一体化大数据中心顶层设计。优

化数据中心基础设施建设布局，加快实现数据中心集约化、规模化、绿色化发展，形成“数网”体系；加快建立完善云资源接入和一体化调度机制，降低算力使用成本和门槛，形成“数纽”体系；加强跨部门、跨区域、跨层级的数据流通与治理，打造数字供应链，形成“数链”体系；深化大数据在社会治理与公共服务、金融、能源、交通、商贸、工业制造、教育、医疗、文化旅游、农业、科研、空间、生物等领域协同创新，繁荣各行业数据智能应用，形成“数脑”体系；加快提升大数据安全水平，强化对算力和数据资源的安全防护，形成“数盾”体系。

二、发展目标

到 2025 年，全国范围内数据中心形成布局合理、绿色集约的基础设施一体化格局。东西部数据中心实现结构性平衡，大型、超大型数据中心运行电能利用效率降到 1.3 以下。数据中心集约化、规模化、绿色化水平显著提高，使用率明显提升。公共云服务体系初步形成，全社会算力获取成本显著降低。政府部门间、政企间数据壁垒进一步打破，数据资源流通活力明显增强。大数据协同应用效果凸显，全国范围内形成一批行业数据大脑、城市数据大脑，全社会算力资源、数据资源向智力资源高效转化的态势基本形成，数据安全保障能力稳步提升。

三、创新大数据中心体系构建

统筹围绕国家重大区域发展战略，根据能源结构、产业布局、市场发展、气候环境等，在京津冀、长三角、粤港澳大湾区、成渝等重点区域，以及部分能源丰富、气候适宜的地区布局大数据中心国家枢纽节点。节点内部优化网络、能源等配套资源，引导数据中心集群化发展；汇聚联通政府和社会化算力资源，构建一体化算力服务体系；完善数据流通共性支撑平台，优化数据要素流通环境；牵引带动数据加工分析、流通交易、软硬件研发制造等大数据产业生态集聚发展。节点之间建立高速数据传输网络，支持开展全国性算力资源调度，形成全国算力枢纽体系。（发展改革委、工业和信息化部、中央网信办牵头，各地区、各部门负责）

四、优化数据中心布局

（一）优化数据中心供给结构。发展区域数据中心集群，加强区域协同联动，优化政策环境，引导区域范围内数据中心集聚，促进规模化、集约化、绿色化发展。引导各省（自治区、直辖市）充分整合利用现有资源，以市场需求为导向，有序发展规模适中、集约绿色的数据中心，服务本地区算力资源需求。对于效益差、能耗高的小散数据中心，要加快改造升级，提升效能。（工业和信息化部、发展改革委牵头，各地区负责）

（二）推进网络互联互通。优化国家互联网骨干直连点布局，推进新型互联网交换中心建设，提升电信运营商和互联网企业互联互通质量，优化数据中心跨网、跨地域数据交互，实现更高质量数据传输服务。积极推动在区域数据中心集群间，以及集群和主要城市间建立数据中心直连网络。加大对数据中心网络质量和保障能力的监测，提高网络通信质量。推动降低国内省际数字专线电路、互联网接入带宽等主要通信成本。（工业和信息化部牵头，各

地区负责）

（三）强化能源配套机制。探索建立电力网和数据网联动建设、协同运行机制，进一步降低数据中心用电成本。加快制定数据中心能源效率国家标准，推动完善绿色数据中心标准体系。引导清洁能源开发使用，加快推广应用先进节能技术。鼓励数据中心运营方加强内部能耗数据监测和管理，提高能源利用效率。鼓励各地区结合布局导向，探索优化能耗政策，在区域范围内探索跨省能耗和效益分担共享合作。推动绿色数据中心建设，加快数据中心节能和绿色化改造。（工业和信息化部、发展改革委、国家能源局牵头，各地区负责）

（四）拓展基础设施国际合作。持续加强数据中心建设与使用的国际交流合作。围绕“一带一路”建设，加快推动数据中心联通共用，提升全球化信息服务能力。加速“一带一路”国际关口局、边境站、跨境陆海缆建设，沿途积极开展国际数据中心建设或合作运营。整合算力和数据资源，加快提升产业链端到端交付能力和运营能力，促进开展高质量国际合作。（中央网信办、工业和信息化部、发展改革委牵头，各地区负责）

五、推动算力资源服务化

（一）构建一体化算力服务体系。加快建立完善云资源接入和一体化调度机制，以云服务方式提供算力资源，降低算力使用成本和门槛。支持建设高水平云服务平台，进一步提升资源调度能力。支持政企合作，打造集成基础算力资源和公共数据开发利用环境的公共算力服务，面向政府、企业和公众提供低成本、广覆盖、可靠安全的算力服务。支持企业发挥市场化主体作用，创新技术模式和服务体验，打造集成专业算力资源和行业数据开发利用环境的行业算力服务，支撑行业数字化转型和新业态新模式培育。（发展改革委、工业和信息化部牵头，各地区、各部门按职责分工负责）

（二）优化算力资源需求结构。以应用为导向，充分发挥云集约调度优势，引导各行业合理使用算力资源，提升基础设施利用效能。对于需后台加工存储、对网络时延要求不高的业务，支持向能源丰富、气候适宜地区的数据中心集群调度；对于面向高频次业务调用、对网络时延要求极高的业务，支持向城市级高性能、边缘数据中心调度；对于其他算力需求，支持向本区域内数据中心集群调度。（各地区、各部门按职责分别负责）

六、加速数据流通融合

（一）健全数据流通体制机制。加快完善数据资源采集、处理、确权、使用、流通、交易等环节的制度法规和机制化运营流程。建立完善数据资源质量评估与价格形成机制。完善覆盖原始数据、脱敏处理数据、模型化数据和人工智能化数据等不同数据开发层级的新型大数据综合交易机制。探索有利于超大规模数据要素市场形成的财税金融政策体系。开展数据管理能力评估贯标，引导各行业、各领域提升数据管理能力。（发展改革委、中央网信办、工业和信息化部牵头，各有关部门按职责分工负责）

（二）促进政企数据对接融合。通过开放数据集、提供数据接口、数据沙箱等多种方式，鼓励开放对于民生服务、社会治理和产业发展具有重要价值的数据。探索形成政企数据融合的标准规范和对接机制，支持政企双方数据联合校验和模型对接，有效满足政府社会治

理、公共服务和市场化增值服务需求。（中央网信办、发展改革委牵头，各地区、各部门按职能分工负责）

（三）深化政务数据共享共用。充分依托全国一体化政务服务平台，发挥国家数据共享交换平台数据交换通道的支撑作用，建立健全政务数据共享责任清单机制，拓展政务数据共享范围。加快建设完善数据共享标准体系，解决跨部门、跨地区、跨层级数据标准不一、数据理解难、机器可读性差、语义分歧等问题，进一步打破部门数据壁垒。（国务院办公厅、发展改革委牵头，各地区、各部门按职责分工负责）

七、深化大数据应用创新

（一）提升政务大数据综合治理能力。围绕国家重大战略布局，推动开展大数据综合应用。依托全国一体化政务服务平台和国家“互联网+监管”系统，深化政务服务和监管大数据分析应用。支持各部门利用行业和监管数据，建设面向公共卫生、自然灾害等重大突发事件处置的“数据靶场”，定期开展“数据演习”，为重大突发事件期间开展决策研判和调度指挥提供数据支撑。（国务院办公厅、发展改革委牵头，各部门、各地区按职能分工负责）

（二）加强大数据公共服务支撑。聚焦大数据应用共性需求，鼓励构建集成自然语言处理、视频图像解析、数据可视化、语音智能问答、多语言机器翻译、数据挖掘分析等功能的大数据通用算法模型和控件库，提供规范统一的大数据服务支持。（各地区、各部门负责）

（三）推动行业数字化转型升级。支持打造“行业数据大脑”，推动大数据在各行业领域的融合应用。引导支持各行业上云用云，丰富云上应用供给，加快数字化转型步伐。推动以大数据、云服务促进新业态新模式发展，支持企业线上线下业务融合，培育数据驱动型企业。（各地区、各部门负责）

（四）推进工业大数据平台建设。支持工业互联网大数据中心标准建设，加强工业互联网数据汇聚、共享和创新应用，赋能制造业高质量发展。鼓励构建重点产业、重大工程数据库，为工业发展态势监测分析和预警预判提供数据支撑。（工业和信息化部牵头，各地区、各部门按职能分工负责）

（五）加快城市大数据创新应用。支持打造“城市数据大脑”，健全政府社会协同共治机制，加快形成统一规范、互联互通、安全可靠的城市数据供应链，面向城市治理、公共服务、产业发展等提供数据支撑。加快构建城市级大数据综合应用平台，打通城市数据感知、分析、决策和执行环节，促进提升城市治理水平和服务能力。（各地区负责）

八、强化大数据安全防护

（一）推动核心技术突破及应用。围绕服务器芯片、云操作系统、云数据库、中间件、分布式计算与存储、数据流通模型等环节，加强对关键技术产品的研发支持。鼓励IT设备制造商、数据中心和云服务提供商、数字化转型企业等产业力量联合攻关，加快科技创新突破和安全可靠产品应用。（发展改革委、工业和信息化部、中央网信办牵头，各地区负责）

（二）强化大数据安全保障。加快构建贯穿基础网络、数据中心、云平台、数据、应用等一体协同安全保障体系，提高大数据安全可靠水平。基础网络、数据中心、云服务平台等严格落实网络安全法律法规和政策标准要求，开展通信网络安全防护工作，同步规划、同步建设和同步运行网络安全设施，提升应对高级威胁攻击能力。加快研究完善海量数据汇聚融合的风险识别与防护技术、数据脱敏技术、数据安全合规性评估认证、数据加密保护机制及相关技术监测手段等。各行业加强上云应用的安全防护，保障业务在线安全运行。（中央网信办、发展改革委、工业和信息化部牵头，各地区、各部门负责）

九、保障措施

（一）完善工作机制。各地区、各部门要提高认识，加强跨地区、跨部门、跨层级协同联动。依托促进大数据发展部际联席会议制度，发展改革委、工业和信息化部、中央网信办会同有关部门建立一体化大数据中心协同创新体系工作机制，充分发挥专家决策咨询的作用。各地区要建立工作协调机制，统筹相关力量，积极推动大数据中心体系建设。（各地区、各部门负责）

（二）抓好任务落实。各地区、各部门要结合实际，坚持小切口大带动，在大数据机制管理、产业布局、技术创新、安全评估、标准制定、应用协同等方面积极探索，积累和推广先进经验。鼓励各地区创新相关配套政策，制定符合自身特点的一体化大数据中心建设规划和协同创新实施方案，并加快推进落实。（各地区、各部门负责）

国家发展改革委
中央网信办
工业和信息化部
国家能源局
2020 年 12 月 23 日

交通运输部关于促进道路交通自动驾驶技术发展和应用的指导意见

（交科技发〔2020〕124 号）

为促进道路交通自动驾驶技术发展和应用，推动《智能汽车创新发展战略》深入实施，提出以下意见。

一、总体要求

以习近平新时代中国特色社会主义思想为指导，深入贯彻党的十九大和十九届二中、三中、四中、五中全会精神，坚定不移贯彻新发展理念，充分发挥创新驱动在交通强国建设中的第一动力作用，以关键技术研发为支撑，以典型场景应用示范为先导，以政策和标准为保障，坚持鼓励创新、多元发展、试点先行、确保安全的原则，加快推动自动驾驶技术在我国道路交通运输中发展应用，全面提升交通运输现代化水平，更好满足人民群众多元化、高品质出行需求，为加快建设交通强国提供支撑。

二、发展目标

到 2025 年，自动驾驶基础理论研究取得积极进展，道路基础设施智能化、车路协同等关键技术及产品研发和测试验证取得重要突破；出台一批自动驾驶方面的基础性、关键性标准；建成一批国家级自动驾驶测试基地和先导应用示范工程，在部分场景实现规模化应用，推动自动驾驶技术产业化落地。

三、主要任务

（一）加强自动驾驶技术研发。

1. 加快关键共性技术攻关。围绕融合感知、车路信息交互、高精度时空服务、智能路侧系统、智能计算平台、网络安全等自动驾驶和基础设施智能化关键技术及装备，整合各类创新资源，组织开展科研攻关。

2. 完善测试评价方法和测试技术体系。组织开展自动驾驶和车路协同测试理论研究，完善相关测试评价方法和管理制度。鼓励构建自动驾驶测试场景库，研究智能设备测试技术，推动检测设备、数据分析软件、虚拟仿真系统等测试工具链的自主研发与制造，健全包括封闭场地、半开放区域、开放道路等场景的综合测试评价体系。

3. 研究混行交通监测和管控方法。鼓励研究自动驾驶与人工驾驶混行情况下的交通特性及影响机理，支撑建立可靠高效的运行监测体系。推动研究混合交通场景下出行需求管理、动态交通控制、事件应急响应和处置等方法，提升交通时空资源利用效率，提高安全应急能力。

4. 持续推进行业科研能力建设。以行业研发中心和重点实验室等为依托，持续推进高水平科研平台建设，夯实创新能力。围绕自动驾驶领域关键核心技术攻关，引导成立由企业牵头、产学研用紧密结合、上中下游有机衔接的行业协同创新联盟。

（二）提升道路基础设施智能化水平。

5. 加强基础设施智能化发展规划研究。积极发挥规划引领作用，推动感知网络、通信系统、云控平台等智能化要素与基础设施同步规划。结合交通强国建设试点工作等，先行先试打造融合高效的智慧交通基础设施，及时总结经验，科学推进基础设施数字转型、智能升级。

6. 有序推进基础设施智能化建设。鼓励结合载运工具应用水平和应用场景实际需求，按照技术可行、经济合理的原则，统筹数字化交通工程设施、路侧感知系统、车用无线通信网络、定位和导航设施、路侧计算设施、交通云控平台等部署建设，推动道路基础设施、载运工具、运输管理和服务、交通管控系统等互联互通。

（三）推动自动驾驶技术试点和示范应用。

7. 支持开展自动驾驶载货运输服务。鼓励在港口、机场、物流场站、交通运输基础设施建设工地等环境相对封闭的区域及邮政快递末端配送等场景，结合生产作业需求，开展自动驾驶载货示范应用，并在做好风险评估和应急预案的前提下，视情推广至公路货运、城市配送等场景，打造安全、高效、智能的物流运输服务。

8. 稳步推动自动驾驶客运出行服务。稳步推进辅助驾驶技术在城市公交、道路客运中的应用。支持在封闭式快速公交系统、产业园区等区域探索开展自动驾驶公交通勤出行示范应用，并根据技术演进情况和示范进展，在做好风险评估和应急预案的前提下，视情推广至其他客运场景。研究制定自动驾驶客运出行发展行动方案，提供安全、便捷、舒适的客运出行服务。

9. 鼓励自动驾驶新业态发展。鼓励有条件的地方开展自动驾驶车辆共享、摆渡接驳、智能泊车等试运行及商业运营服务。支持开展便捷高效、安全有序的自动驾驶出行模式开发与应用，促进“出行即服务”产业综合发展。

（四）健全适应自动驾驶的支撑体系。

10. 强化安全风险防控。对自动驾驶技术应用衍生的运行和管理风险开展预评估研究。组织开展网络安全及数据保护相关法律问题及规范研究。强化自动驾驶车辆网络安全防护，落实网络安全等级保护要求，按规定做好自动驾驶路侧信息网络系统定级备案和测评工作。加强混行交通流下交通云控平台、营运车辆监管系统的安全防护。

11. 加快营造良好政策环境。完善自动驾驶道路测试管理规范，鼓励探索自动驾驶车辆载人载物测试和试点示范。研究基础设施智能化建设支持保障政策。研究自动驾驶车辆营运条件及管理办法，探索建立自动驾驶营运车辆运行安全监管体系。加强部省协同联动，鼓励有条件的区域探索制定自动驾驶新业态管理办法，适时制定相关规章制度。

12. 持续推进标准规范体系建设。研究自动驾驶和车路协同标准体系架构，加快制定关键性、基础性标准，支撑产业有序发展。围绕面向自动驾驶的智慧道路及其新型附属设施设计、建设、运行、管理、养护等，开展标准研究制定。鼓励企业、联盟等组织围绕生产制造、测试评价、人机控制转换、车路交互、事件记录、数据共享等制定团体标准，构建多元化标准工作机制。

四、保障措施

（一）加强组织领导。

交通运输部将加强统筹协调，持续优化政策和机制。各省级交通运输主管部门要强化组织协调和督促指导，明确本地区促进自动驾驶技术发展和应用的目标及路径，充分调动各类创新主体积极性。

（二）开展试点示范。

交通运输部将加大指导和支持力度，结合交通强国建设试点工作，选择条件成熟的区域或典型场景，组织实施自动驾驶先导应用示范工程。各省级交通运输主管部门要积极组织试点示范，探索形成自动驾驶技术行业应用方案。

（三）营造良好氛围。

鼓励产、学、研、用各方加强技术、管理、标准、伦理等方面的交流与国际合作。注重宣传引导，加强自动驾驶科普工作，强化自动驾驶安全文化建设，为自动驾驶科学有序发展营造良性环境。

交通运输部

2020 年 12 月 20 日

第二部分

物流统计

2020 年中国物流运行情况

2020 年，统筹新冠肺炎疫情防控和经济社会发展取得重大成果，物流运行持续稳定恢复。社会物流总费用与 GDP 的比率为 14.7%，与上年基本持平。

一、社会物流总额增速持续回升

2020 年，我国社会物流总额 300.1 万亿元，按可比价格计算，同比增长 3.5%。

从构成看，工业品物流总额 269.9 万亿元，按可比价格计算，同比增长 2.8%；农产品物流总额 4.6 万亿元，增长 3.0%；单位与居民物品物流总额 9.8 万亿元，增长 13.2%；进口货物物流总额 14.2 万亿元，增长 8.9%；再生资源物流总额 1.6 万亿元，增长 16.9%。

二、社会物流总费用与 GDP 的比率基本持平

2020 年，我国社会物流总费用 14.9 万亿元，同比增长 2.0%。社会物流总费用与 GDP 的比率为 14.7%，与上年基本持平。

从结构看，运输费用 7.8 万亿元，同比增长 0.1%；保管费用 5.1 万亿元，同比增长 3.9%；管理费用 1.9 万亿元，同比增长 1.3%。

三、物流业总收入实现小幅增长

2020 年，我国物流业总收入 10.5 万亿元，比上年增长 2.2%（见下表）。

2020 年物流统计数据　　（单位：万亿元）

	本期	同比增长（%）
一、社会物流总费用	14.9	2.0
其中：运输费用	7.8	0.1
保管费用	5.1	3.9
管理费用	1.9	1.3

续 表

	本期	同比增长（%）
二、社会物流总额	300.1	3.5
其中：农产品物流总额	4.6	3.0
工业品物流总额	269.9	2.8
进口货物物流总额	14.2	8.9
再生资源物流总额	1.6	16.9
单位与居民物品物流总额	9.8	13.2
三、物流业总收入	10.5	2.2

注：数据因四舍五入的原因，存在总计与分项合计不等的情况，未作机械调整。全书同。

（国家发展改革委　中国物流与采购联合会）

2020年中国物流运行情况分析

2020年，我国宏观经济受到前所未有的严峻挑战，物流作为经济发展的先行官，积极贯彻高质量发展理念，深化供给侧结构性改革，全年物流运行逆势回升、增势平稳，物流规模再上新台阶，物流业总收入保持增长，物流运行实现提质增效，单位成本缓中趋稳，为抗击新冠肺炎疫情、保障民生、促进经济发展提供了有力支撑。

一、物流运行总体平稳，有力支撑国民经济发展

（一）物流规模再上新台阶，社会物流总额超过300万亿元

社会物流总额迈上300万亿元新台阶。2020年，全国社会物流总额实现300.1万亿元，按可比价格计算，同比增长3.5%。分季度看，第一季度、上半年和前三季度增速分别为-7.3%、-0.5%和2.0%，物流规模增长持续恢复，第四季度增速回升进一步加快。

物流业总收入保持增长。2020年，物流业总收入达到10.5万亿元，同比增长2.2%。物流业总收入增速自第三季度由负转正，第四季度以来呈现加速回升态势。

（二）多业融合深度发展，物流企业活力持续增强

物流企业服务能力进一步提高，为打通供应链、协调产业链、创造价值链提供重要保障。2020年，我国物流企业50强实现物流业务收入1.1万亿元，同比增长15%，第50名的物流企业营业收入超过37亿元，同比增长19%。物流企业与汽车、家电、电子、医药、冷链、烟草、化工、冶金、电商、零售等制造业、商贸流通业领域深度融合，形成一批专业能力强、服务质量高的品牌标杆。

在新冠肺炎疫情影响下，物流民生保障作用日益增强。农村物流、双向流通的渠道进一步打通，服务密度大幅度提升，邮政快递物流服务网点覆盖3万多个农村乡镇，支撑消费品下乡和农产品进城总产值近万亿元。物流企业严格做好疫情防控工作，分区分级推动复工复产，全力保障供应链稳定畅通，为保通保畅、保运保供提供了有力支撑。

物流行业维持较高景气水平。随着复工复产稳步推进，物流企业业务量及订单水平均稳步回升，物流供需两端同步回升，市场活力持续增强。中国物流业景气指数中的业务量指数和新订单指

数 3 月以来均处于回升通道，第四季度加速回升，12 月时分别回升到 56.9% 和 55.8% 的较高水平，两者差值有所缩小，供需关系更趋平衡。

（三）物流产业就业形势较好，新增就业超百万人

物流业吸纳就业能力不断增强，从业人员数量快速增长。根据测算，2019 年年末，我国物流岗位（既包括物流相关行业法人单位和从事物流活动的个体工商户从业人员，也包括工业、批发和零售业等行业法人单位的物流岗位从业人员）从业人员数 5191 万人，比 2016 年增长 3.6%，年均增长 0.9%。

从结构来看，一是物流专业人才保持较快增长，物流人员专业化程度提升。我国物流相关行业从业人员数超过 1200 万人，比 2016 年增长 16%，年均增长 3.9%。二是运输物流行业仍是吸纳就业的主体，其中公路运输就业人数增长较快，铁路运输和水路运输就业人数有所放缓。三是电商快递、多式联运等新型行业新增就业市场，“十三五”时期，快递物流行业吸纳就业超过 100 万人，年均增长 10%，多式联运及运输代理行业吸纳就业超过 15 万人，年均增长 8%，增速均快于行业平均水平。

二、供给侧结构性改革推进，物流发展质量稳步提升

2020 年，物流需求结构继续调整，新动能带动引领作用凸显。工业领域的高新技术物流需求、国际物流需求、网上零售物流需求快速发展，新产业、新业态、新产品的拉动作用持续增强。

（一）工业物流企稳回升，新动能引领带动作用显著

2020 年，工业品物流总额同比增长 2.8%，其中，第一季度下降 8.4%，上半年下降 1.3%，前三季度增长 1.2%，呈现逐季回升态势。在内需及海外出口的带动下，第四季度各月增速均保持在 6% ~8% 的快速增长区间，升至年内最高。

从结构来看，制造业显著回升，有力支撑了工业物流需求的稳步复苏。一方面，装备制造和医药制造物流需求向好。其中，受益于制造业投资与机电产品出口大幅改善拉动市场，装备制造业多数行业物流需求保持 10% 以上增长，装备制造业对工业物流需求增长的贡献率超过 70%，支撑作用突出；海外疫情防控物资需求增长迅猛，带动医药制造业物流需求大幅回升。另一方面，新动能相关物流需求持续增强，高技术制造业维持领先地位。2020 年全年高技术制造业物流需求增长 7.1%，增速比工业品物流总额快 4.3 个百分点，新旧动能转换进一步加快。

（二）国际物流总体稳中向好，进出口物流全面回升

在新冠肺炎疫情影响下，世界经济增长和全球贸易遭受严重冲击，但我国经济展现出强大市场活力和综合竞争力，进出口物流量快速回稳。

超大规模市场优势明显，进口需求稳中有升。2020 年，我国进口物流量同比增长 8.9%，增速比上年提高 4.7 个百分点。各月均保持正增长，下半年增速有所加快，第三、第四季度达到 10% 的较高增速。从不同产品种类看，原油、铁矿砂等资源型产品进口量分别增加 7.3% 和 9.5%，粮食、肉类等产品进口量分别增加 28% 和 60.4%。

出口物流需求保持平稳较快增长。海外疫情持续蔓延且有加速扩散趋势，欧美等主要经济体的需求向货物需求转变，我国制造业较为完备、恢复速度较快，出口物流量增速提高至近 5%。

“一带一路”倡议持续推进，中欧班列快

速发展。2020年，面对突如其来的新冠肺炎疫情，中欧班列对推动复工复产，稳定国内、国际供应链产业链发挥了重要作用。“十三五”时期中欧班列累计开行超过3万列，2020年开行1.24万列，去程和回程班列分别同比增长50%左右，全年发送货物113.5万标准箱，同比增长56%。2020年全年综合重箱率达98.4%，同比增长4.6个百分点，其中回程重箱率提升显著，同比增长9.3个百分点。

（三）民生消费物流需求略有放缓，新业态仍保持强势增长

2020年，单位与居民物品物流总额同比增长13.2%，6月以来连续7个月增速保持10%以上。新型消费模式保持逆势增长，成为民生物流需求的新市场。全年实物商品网上零售额增长14.8%，占社会消费品零售总额的比重比上年提高4.2个百分点。

（四）物流运行提质增效，单位物流成本缓中趋稳

2020年年初受到新冠肺炎疫情影响，各地不同的管控措施造成物流通道不畅，部分区域资源紧缺，服务时效放缓，采取的疫情防控相关措施带动物流成本上升。下半年，随着物流运行效率有所改善，物流发展的质量和效益不断提升。

一是运输协同性提升。多式联运、铁水联运进一步发展，铁路专用线与基础建设加快推进，着力打通“最先一公里”和“最后一公里”。集装箱铁水联运量快速增长，港口集装箱铁水联运量为近年较高水平。与此同时，铁路货运引领运输物流服务质量提升，铁路货运量占全社会货运量的比例提升至近10%。铁路产品供给不断优化，集装箱运输、冷链运输、高铁快运等成为铁路货运增长新亮点。

二是多部门政策措施助力企业纾困，优化营商环境，继续推动降低行政性物流成本。通过多方努力，单位物流成本增速明显趋缓，2020年社会物流总费用占GDP的14.7%，五年间下降1.3个百分点，物流降本增效成果显著。

2006—2020年我国社会物流总费用与GDP的比率如下图所示。

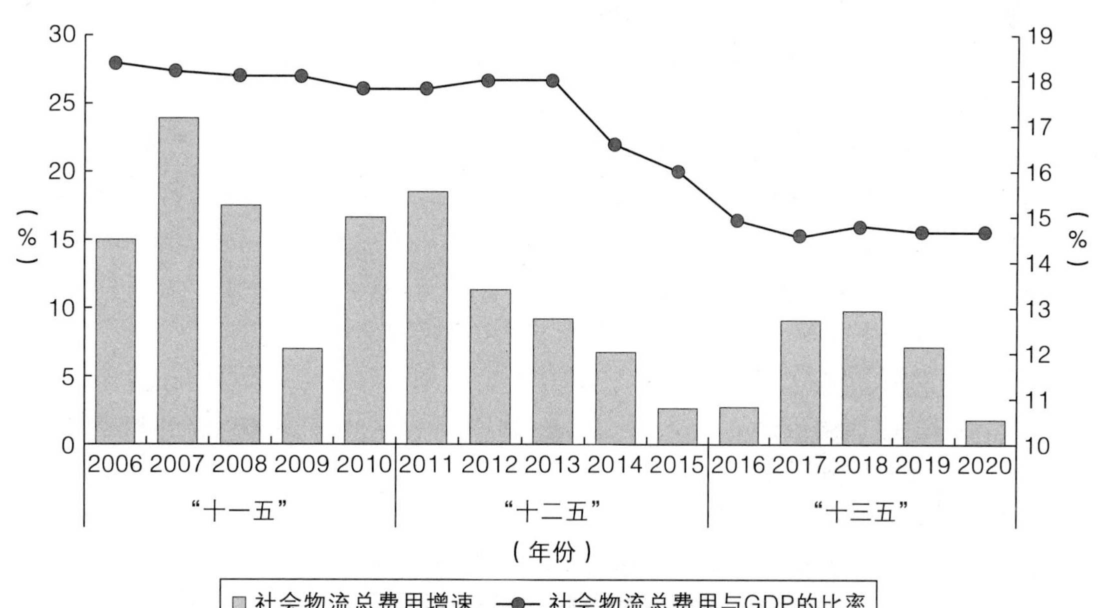

2006—2020年我国社会物流总费用与GDP的比率

三、物流运行压力犹存，不稳定问题仍需关注

（一）物流需求稳定持续回升，仍存在不确定性

从全球发展来看，各国对新冠肺炎疫情形势认知逐渐有所把握，防控措施更加具有针对性，新冠肺炎疫情对经济的影响将逐步减弱，但国际政治力量分化、地缘政治影响和逆全球化趋势仍会长期存在，世界经济稳定复苏仍面临挑战。结合2020年第四季度数据来看，出口带动的工业物流需求或将延续增长态势，消费相关需求增速保持平稳。部分传统制造领域、消费升级领域复苏动力较前期有所趋稳，物流需求分化、结构不均衡的趋势可能更明显。

（二）社会库存仍位于较高水平

虽然2020年下半年需求趋升，“去库存”进程明显加快，社会库存水平比新冠肺炎疫情初期显著回落，但与历史同期相比依然位于较高水平。12月末，工业企业存货、产成品存货同比增长5.2%和7.5%，增速比上年提高3个和5.5个百分点。

同时，库存周转尚未恢复，工业企业产成品存货周转天数升至17.9天，为近年来较高水平。受此影响，企业资金压力趋升，资金占用成本快速上涨，特别是第四季度以来增速明显加快。

（三）物流企业成本上涨，整体利润波动较大

2020年，物流企业普遍经营压力较大。重点调查数据显示，2020年1—11月物流企业业务收入、利润额比上年同期仍略下降，有30%的物流企业处于亏损状态，利润率不足上年的一半。综合来看，物流企业盈利偏弱主要受到以下因素影响。

一是行业竞争激烈，服务价格持续低位。2020年物流服务价格指数比上年下降5个百分点。前三季度各月均处于下降通道，第四季度虽有所回暖，但全年指数平均仍位于50%以下。从不同类型看，中国沿海（散货）运价指数全年平均为1039.1点，同比下降2%；公路物流运价指数全年平均为98.4点，低于历史基期价格水平。

二是疫情防控常态化提高企业运营成本。物流领域严格按照各部门制定的《进口冷链食品预防性全面消毒工作方案》《冷链食品生产经营新冠病毒防控技术指南》和《冷链食品生产经营过程新冠病毒防控消毒技术指南》文件要求，及时采取防范措施，在货物进口、城市配送等各环节做好预防性消毒工作。物流行业，特别是跨境物流、冷链物流、快递配送等部分领域防控疫情相关成本明显增加。据不完全测算，物流领域预防性消杀、货物监测等相关成本超过700亿元。随着疫情常态化此部分成本或将继续增长。

三是物流企业资金趋紧，现金流压力增大。2020年年初物流企业经营普遍较为困难，加之经营成本的普遍上涨带来的现金流持续流出，造成企业流动资金趋紧。下半年物流企业经营状况虽有所好转，但受供应链上下游影响，应收账款回收期延长，部分领域特别是中小微物流企业资金周转压力加剧。1—11月物流企业流动资金周转次数同比下降0.1次，应收账款回收期比上年延长12%。

未来一段时期，我国将加快构建以国内大循环为主体、国内国际双循环相互促进的新发展格局，宏观经济高质量发展的基本面不会改变，物流市场规模增长、业态更趋丰富、行业提质增效、运作效率持续改善的基本态势也不会改变，物流继续处于重要战略机遇期。

（中国物流与采购联合会　中国物流信息中心）

2020 年 1—12 月中国物流业景气指数

（中国物流与采购联合会发布）

1 月

2020 年 1 月中国物流业景气指数（LPI）为 49.9%，较上月下降 8.7 个百分点；中国仓储指数为 51.1%，较上月下降 1.4 个百分点。

中国物流信息中心主任何辉认为，1 月，受春节假期因素影响，物流业景气指数下降至 50% 以下，呈现出明显的周期性变化。从行业来看，道路运输业、装卸搬运和其他运输服务业和快递业物流活动仍较为活跃。从品种来看，受节日因素带动，与民生相关的服装、食品和日用品的物流活动均较旺盛。当前正处于疫情防控的关键期，短期内会对物流需求产生影响，待疫情趋于稳定后，生产和消费需求集中得到释放，将有望拉动物流呈现平稳增长。

业务总量指数下降，物流业务规模增势减弱。本月业务总量指数为 49.9%，比上月下降 8.7 个百分点，位于 50% 以下，反映出受节日因素影响，物流业务活动规模增势减弱，待疫情趋于稳定后，物流业务活动规模将保持平稳增长。

库存指数周期性下降，未来将出现恢复性增长。本月平均库存量指数下降 2.7 个百分点至 49.5%，库存周转次数指数下降 5.1 个百分点至 51.9%。两项库存指数双双呈现出周期性下降，后期有望出现恢复性增长。

从业人员指数下降，节日效应释放明显。本月受生产建设活动放缓、物流业务规模增势减弱影响，春节期间从业人员返乡等因素影响，从业人员指数下降更为明显，比上月下降 3.6 个百分点，下降至 48.6%。随着新冠肺炎疫情的变化和劳动者对物流行业认知的不断提高，作为城市配套行业的物流行业短期用工需求缺口将逐步缩小。

从后期走势看，新订单指数为 50.1%，业务活动预期指数为 51.6%，预示着进入新的生产建设周期，物流活动将保持适度增长，平稳运行的态势。

2 月

2020 年 2 月中国物流业景气指数为 26.2%，较上月下降 23.7 个百分点；中国仓储指数为 39.0%，较上月下降 12.1 个百分点。

中国物流信息中心主任何辉认为，2 月，

受新冠肺炎疫情影响，物流活动严重受阻，物流业景气指数出现大幅下降，各分项指数均有明显下降。从行业来看，物流各细分行业运营情况也普遍明显下降，尤其是运输型物流企业下降幅度更大。但从发展情况看，疫情对物流运行影响是短暂的、可控的。随着国内疫情防控形势的不断改善，物流复工复产进程在加快。当下在做好疫情防控的同时，分区分级有序做好复工复产，加大支持，扩大需求，促进经济社会尽快有序恢复至正常的生产经营状态。

业务总量指数下降，市场需求收缩。本月业务总量指数为 26.2%，比上月下降 23.7 个百分点，反映出受疫情扩散影响，供应链上下游物流环节出现了暂时停滞的现象。

设备利用率指数下降，产能有所降低。本月设备利用率指数下降 11.1 个百分点至 39.1%，反映出需求放缓，物流行业企业产能有所下降，相关物流设备设施利用率明显不足。

从业人员指数下降，员工返岗率较低。本月从业人员指数下降 18.5 个百分点至 30.1%。受疫情扩散复工延迟影响，已开工企业员工返岗率低于正常水平。

从后期走势看，业务活动预期指数为 44.9%，较上月下降 6.7 个百分点。但经济稳定增长的势头并未发生改变，随着新冠肺炎疫情逐步得到控制，企业加快复工复产，供应链上下游被抑制的需求将得到释放，市场将出现恢复性增长。

3 月

2020 年 3 月中国物流业景气指数为 51.5%，较上月上升 25.3 个百分点；中国仓储指数为 52.7%，较上月上升 13.7 个百分点。

中国物流信息中心主任何辉认为，3 月，随着统筹推进疫情防控和经济社会发展系列政策措施的实施，我国新冠肺炎疫情防控形势明显向好，企业有序复工复产进程不断加快，市场需求连连释放，物流业景气指数大幅上升，物流业务量、库存周转次数、设备利用、固定资产投资、从业人员、资金周转、企业效益、业务活动预期等指数都有了明显好转。从地区看，东部、中部、西部物流活动都有好转，东部地区上升更快。从行业看，物流各细分行业景气状况都有不同程度的好转。从企业规模看，大中小微物流企业复工复产进程都在加快，但大中物流企业由于实力更加雄厚，抗压能力强，复工复产进程更快。值得关注的是，物流行业运营成本上升更为突出，经营困难加大，迫切需要有效政策扶持。

业务总量指数上升，需求恢复性增长。本月业务总量指数为 51.5%，比上月上升 25.3 个百分点，反映出物流行业有序推进物流企业复工复产，运输防疫相关物资和民生保障需求上升。

设备利用率指数上升，物流设备利用率提升。本月设备利用率指数为 51.2%，比上月上升 12.1 个百分点，反映出需求回暖，物流企业产能上升，相关物流设备设施利用率明显提升。

从业人员指数上升，但员工返岗率较低。本月从业人员指数为 50.2%，比上月上升 20.1 个百分点。大中物流企业从业人员返岗率恢复速度较快，但小微物流企业抗压性较弱，返岗率较低。

从后期走势看，新订单指数和业务活动预期指数均有明显上升，尤其是业务活动预期指数上升至 58.1%，反映出企业对未来预期较为乐观，物流活动恢复情况进一步看好。

4 月

2020 年 4 月中国物流业景气指数为

53.6%，较上月上升2.1个百分点；中国仓储指数为50.3%，较上月下降2.4个百分点。

中国物流信息中心主任何辉认为，4月，随着新冠肺炎疫情得到有效控制和企业有序复工复产进程的加快，前期被疫情抑制的市场需求不断释放，物流业景气指数保持平稳上升的态势。从各单项指数看，除物流服务价格指数继续下降外，其他各项指数都继续上升，尤其是库存周转次数指数、新订单指数、物流业固定资产投资指数、设备利用率指数都保持明显上升态势。从区域看，东部、中部和西部地区物流活动均保持上升的态势，尤其是中部地区，随着离鄂通道管控措施解除，各项指数上升幅度更大。从行业看，物流各细分行业指数均继续保持上升态势，其中受线上消费活跃的影响，快递业业务量快速增长。从品种看，随着生产、建设复工复产加快，钢材、有色金属、建材、机械设备和矿产品等大宗商品物流活动均较活跃，与民生相关的家电产品物流需求增速较快。从企业规模情况看，大型物流企业仍然保持了强劲的上升势头，小微物流企业上升则更加明显。值得关注的是，当前物流服务价格仍在走低，物流企业经营成本压力依然较大，特别是小微物流企业资金周转仍十分困难，需要进一步加大扶植力度。

业务总量指数上升，业务活动趋于活跃。本月业务总量指数为53.6%，比上月上升2.1个百分点，反映出随着落实在常态化疫情防控背景下全面推进复工复产达产工作，市场需求逐步回暖，物流业务活动趋于活跃。

新订单指数上升，需求趋于回稳。本月新订单指数为54%，比上月上升4.8个百分点。反映出随着订单增多，物流需求逐步启动，为后市物流行业保持上升态势奠定基础。

资金周转率指数下降，企业资金状况略显紧张。本月资金周转率指数为49.1%，比上月上升0.5个百分点，虽有小幅上升，但仍位于缩减区间。反映出受新冠肺炎疫情的影响，物流企业应收账款账期略有延长，资金周转压力有所增加，需要增强相关金融贷款利好政策的落地性，为物流企业特别是小微物流企业减轻企业经营中的资金压力。

从业人员指数上升，就业形势向好。本月从业人员指数为50.3%，比上月上升0.1个百分点，显示出随着“稳就业”相关政策的落实和市场需求的上升，物流行业就业稳步上升。

从后期走势看，新订单指数和业务活动预期指数均有上升，反映出物流企业对未来预期较为乐观，后市将继续保持平稳增长，加快恢复至正常运营水平。

5月

2020年5月中国物流业景气指数为54.8%，较上月上升1.2个百分点；中国仓储指数为50.4%，较上月上升0.1个百分点。

中国物流信息中心主任何辉认为，5月，随着供应链上下游趋于活跃，供需两端继续回暖，物流业景气指数继续保持平稳上升的态势。从各单项指数看，除库存周转次数指数增势趋缓外，其他各项指数都继续保持上升。其中资金周转率指数上升，表明企业资金紧张的情况有所改善，同时物流服务价格指数和企业效益指数低位企稳，反映出物流企业经营恶化有所缓解。从行业看，物流各细分行业指数均继续保持上升态势，其中道路运输业和水上运输业业务总量指数明显上升，受线上消费保持活跃的影响，快递业务量继续保持快速增长。从区域看，东部、中部和西部地区物流活动均不同程度加快，东部地区上升势头强劲。从企业规模情况看，大中小微物流企业业务量需求均有增加，其中小微物流企业加速上升。

业务总量指数上升，业务活动趋于活跃。本月业务总量指数为 54.8%，比上月上升 1.2 个百分点，反映出随着市场需求持续释放，物流业务活动趋于活跃。

新订单指数上升，需求稳步上升。本月新订单指数为 54.2%，比上月上升 0.2 个百分点。反映出需求回暖，订单增多，为后市物流行业保持上升态势奠定基础。

固定资产投资完成额指数上升，物流相关投资意愿增强。本月固定资产投资完成额指数为 52.8%，比上月上升 1.7 个百分点。随着企业复工复产稳步推进，产能亦逐步恢复，企业加快转型升级，物流相关固定资产投资有所增加。

从后期走势看，业务活动预期指数上升 0.3 个百分点至 59.3%，反映出企业对未来预期较为乐观，后市将继续保持平稳增长的态势。

6 月

2020 年 6 月中国物流业景气指数为 54.9%，较上月上升 0.1 个百分点；中国仓储指数为 50.7%，较上月上升 0.3 个百分点。

中国物流信息中心主任何辉认为，6 月，国内市场克服南方水灾影响，供应链上下游延续 3 月以来的增长态势，物流业景气指数继续保持平稳上升的态势。从行业看，物流各细分行业指均在扩张区间，其中，铁路运输业、道路运输业和水上运输业业务总量指数明显上升。受电商促销和线上消费需求活跃的影响，快递业业务量继续保持快速增长。从区域看，东部、中部和西部地区物流活动均保持活跃，西部地区上升势头更强。从企业规模看，大中小微物流企业业务量需求均有所增加，中小物流企业上升速度更快。

业务总量指数上升，业务活动趋于活跃。本月业务总量指数为 54.9%，比上月上升 0.1 个百分点，反映出随着市场需求持续释放，物流业务活动趋于活跃。

新订单指数上升，需求稳步上升。本月新订单指数为 54.4%，比上月上升 0.2 个百分点。新订单指数连续三个月处于扩张区间，反映出需求逐渐回暖，有助于拉动物流相关行业业务复苏。

从业人员指数上升，就业需求稳定。本月从业人员指数为 50.8%，比上月上升 0.3 个百分点。显示出物流行业用工需求稳定，从业人员数量有所增加。

从后期走势看，新订单指数和业务活动预期指数均在较高的景气区间运行，反映出企业对未来预期较为乐观，后市将继续保持平稳增长的态势。

7 月

2020 年 7 月中国物流业景气指数为 50.9%，较上月下降 4 个百分点；中国仓储指数为 53.5%，较上月上升 2.8 个百分点。

中国物流信息中心主任何辉认为，7 月，受季节性因素影响，中国物流业景气指数较上月有较大程度下降，但仍位于扩张区间，显示出物流业务活动继续保持平稳增长的态势。从品种看，建材、食品、服装等物流活动较活跃。从行业看，物流各细分行业运行平稳，其中线上消费带动快递快运业增势依然强劲。从区域看，西部地区业务量增长较快，东部和中部地区物流业务运行平稳。从企业规模看，大中小物流企业保持平稳运行，微型物流企业业务量有所减少。

资金周转率指数上升。本月资金周转率指数较上月上升 0.3 个百分点为 52%，显示出物流企业资金状况良好，对于企业增加投资有一定促进作用。

物流服务价格整体水平依然偏低。本月物流服务价格指数为47.9%，较上月下降1.7个百分点，仍位于荣枯线以下，显示出物流企业服务价格整体水平依然偏低。

固定资产投资完成额指数有所下降。本月固定资产投资完成额指数为50.1%，较上月下降2.1个百分点，主要是受气候因素影响，中部地区物流相关基建项目进展速度放缓。

从后期走势来看，新订单指数和业务活动预期指数均保持在景气区间运行，反映出企业对未来预期较为乐观，后市将继续保持平稳增长的态势。

8 月

2020年8月中国物流业景气指数为52.2%，较上月上升1.3个百分点；中国仓储指数为50.8%，较上月下降2.7个百分点。

中国物流信息中心主任何辉认为，8月，中国物流业景气指数较上月上升，各分项指数中，除资金周转率指数与上月持平外，其他分项指数均有不同程度上升，其中物流服务价格指数、主营业务利润指数和从业人员指数低于50%，降幅较上月有所收窄。从区域看，东部、中部、西部地区物流活动均保持活跃，西部地区受生鲜水果消费旺季影响，业务量增长较快。从行业看，各行业稳中有升，其中快递快运业继续保持加快增长的态势。从企业规模看，大型物流企业保持较好的增长态势，小微物流企业业务量有所下降，价格和利润等经济效益指标下滑。

新订单指数上升，市场需求保持增长。本月新订单指数为51.6%，比上月上升1.2个百分点，显示出物流市场订单增加，业务需求旺盛。

物流服务价格略有上升，整体水平依然偏低。本月物流服务价格指数为48.8%，较上月上升0.9个百分点，仍位于荣枯线以下，显示出物流企业服务价格整体水平依然偏低。

固定资产投资完成额指数上升，物流基础设施趋于改善。本月固定资产投资完成额指数为51%，上升0.9个百分点，物流运行的基础设施条件呈现改善态势。

从后期走势看，新订单指数和业务活动预期指数均保持在景气区间运行，反映出企业对未来预期较为乐观，后市将继续保持平稳增长的态势。

9 月

2020年9月中国物流业景气指数为56.1%，较上月上升3.9个百分点；中国仓储指数为50.8%，与上月持平。

中国物流信息中心主任何辉认为，9月，中国物流业景气指数较上月有较大幅度上升，显示出随着“金九银十”传统旺季到来和中秋节、国庆节的临近，物流活动进一步活跃。从分项指数看，各分项指数均有不同程度上升，新订单量增长，资金周转率加快，主营业务利润上升，显示出物流企业经营状况继续改善。从区域看，东部、中部、西部地区物流活动均保持活跃，中部和西部地区业务量增长较快。从行业看，各行业稳中有升，其中快递快运业进一步加快增长。从企业规模看，大中小微物流企业较上月均有上升，其中微型物流企业业务量增多，上升幅度较大，扭转了之前持续低迷的状态。

新订单指数上升，市场需求增势提速。本月新订单指数为55.9%，较上月上升4.3个百分点，显示出进入旺季，供应链上下游企业的物流需求进一步增大。

主营业务利润指数上升，企业经营状况有所改善。本月主营业务利润指数为53.4%，较上月上升4.7个百分点，显示出随着业务规模扩大、业务量增多，企业经营产生了利润空间，改善了物流企业的经营状况。

固定资产投资完成额指数上升，物流基础设施趋于改善。本月固定资产投资完成额指数为54.2%，较上月上升3.2个百分点，反映出物流运行的基础设施条件呈现改善态势。

从业人员指数上升，物流就业形势平稳。本月从业人员指数为51.8%，较上月上升3.2个百分点，物流从业人员就业形势稳定。

微型物流企业运行情况转好。本月微型物流企业业务量指数上升至57.7%，扭转了连续三个月下降的态势，且上升幅度较大。各分项指数均有不同程度上升，其中业务总量指数、新订单指数、资金周转率指数、主营业务利润指数、从业人员指数和业务活动预期指数等，较上月均有较大上升。

从后期走势看，新订单指数和业务活动预期指数分别为55.9%、61.7%，预示随着物流运行的需求基础进一步巩固，物流业务活动仍将延续平稳上升的走势。

10 月

2020年10月中国物流业景气指数为56.3%，较上月上升0.2个百分点；中国仓储指数为52.8%，较上月上升2个百分点。

中国物流信息中心主任何辉认为，10月，中国物流业景气指数继续保持高位上升且增速平稳，12个分项指数均位于扩张区间。从区域看，东部地区加快上升，中部和西部地区增势高位趋缓。从行业看，各行业均保持活跃的运行态势，快递快运业保持强劲增长势头。从企业规模看，大中小微物流企业均位于较高景气区间，其中小微物流企业业务量和订单量均保持加快上升态势，企业经营状况继续向好。

新订单指数上升，物流需求仍较旺盛。本月新订单指数为56.7%，较上月上升0.8个百分点，显示出物流需求仍较旺盛，将支撑物流业保持在适度增长区间。

设备利用率指数上升，利用效率依然较高。本月设备利用率指数较上月上升0.4个百分点，仍保持在56.2%的较高水平，显示出物流设备利用效率依然较高。

库存相关指数上升，消费旺季备货增加。本月平均库存量指数为53.5%，较上月上升1个百分点；库存周转次数指数为54.3%，较上月上升0.9个百分点。反映出随着电商购物促销季临近，物流企业为销售终端提供的仓储业务量有所增多。

从后期走势看，新订单指数为56.7%，上升0.8个百分点；业务活动预期指数为62%，上升0.3个百分点，预示着物流业经济运行将保持平稳适度增长的趋势，而在“双十一”等因素带动下，快递物流等细分将进入旺季。

11 月

2020年11月中国物流业景气指数为57.5%，较上月上升1.2个百分点；中国仓储指数为56.9%，较上月上升4.1个百分点。

中国物流与采购联合会会长助理、中国物流信息中心主任何辉认为，11月，物流业景气指数加快上升，显示出物流行业呈现出稳中向好的趋势。各分项指数均保持在扩张区间；从区域来看，东部、中部、西部地区物流活动继续保持活跃，业务量继续保持上升的态势；从行业来看，除铁路运输业略有下降外，其他行业均保持上升，尤其是快递快运业，在电商购物促销的带动下，再创年内新高。从企业规模看，大中小微物流企业均保持在景气区间，增势向好。

业务总量指数上升，需求保持旺盛。本月业务总量指数上升1.2个百分点，为57.5%。运输业、仓储业和邮政业均保持快速增长，显示出受电商活动影响，物流需求旺盛、业务活跃。

设备利用率指数上升，利用效率提高。本月设备利用率指数上升0.1个百分点至56.3%，显示出物流业务量的增加，带动物流服务相关设备利用率的提高。

库存周转次数指数和平均库存量指数均位于景气区间。本月库存周转次数指数为55.4%，平均库存量指数为53.4%，该两项指数保持在50%以上的景气区间，平均库存量指数的指数水平略低于库存周转次数指数。表明经济活动活跃，消费需求旺盛，供需保持平衡，物流效率有所提升。

从后期走势看，新订单指数为56.8%，业务活动预期指数为58.9%，物流业经济将保持较好的运行态势。

12月

2020年12月中国物流业景气指数为56.9%，较上月下降0.6个百分点；中国仓储指数为51.5%，较上月下降5.4个百分点。

中国物流与采购联合会会长助理、中国物流信息中心主任何辉认为，12月物流业景气指数虽略有下降，但仍在高景气区间运行，库存周转次数指数、资金周转效率指数和服务价格指数等较上月有所上升，反映出供应链上下游经济活动保持活跃。各地区和各行业总体均保持稳定增长态势。从企业规模看，中小微物流企业的业务总量指数、新订单指数、主营业务利润指数、从业人员指数继续有所上升，反映出物流行业上升的基础进一步改善。随着春节临近，物流行业将进入季节性收缩阶段，预计物流业景气指数随之有所下降。

业务总量指数仍在55%的景气区间。本月业务总量指数为56.9%，比上月下降0.6个百分点，反映出年底物流活动仍较为活跃，但较11月略有下降。

设备利用率指数和从业人员指数下降。本月设备利用率指数下降1.1个百分点至55.2%。春节前出现临时性物流人员供需缺口，从业人员指数比上月下降0.5个百分点至52.5%。

资金周转率指数上升。本月资金周转率指数为54.8%，较上月上升0.3个百分点，显示出年底企业加快资金周转速率，资金环境有所改善。

从后期走势看，新订单指数和业务活动预期指数分别为55.8%、53.4%，保持较高景气水平，反映企业对后期市场预期总体较好，但由于春节临近，物流行业增速下降。

2020年1—12月中国物流业景气指数走势如图1所示，2020年1—12月中国仓储指数走势如图2所示。

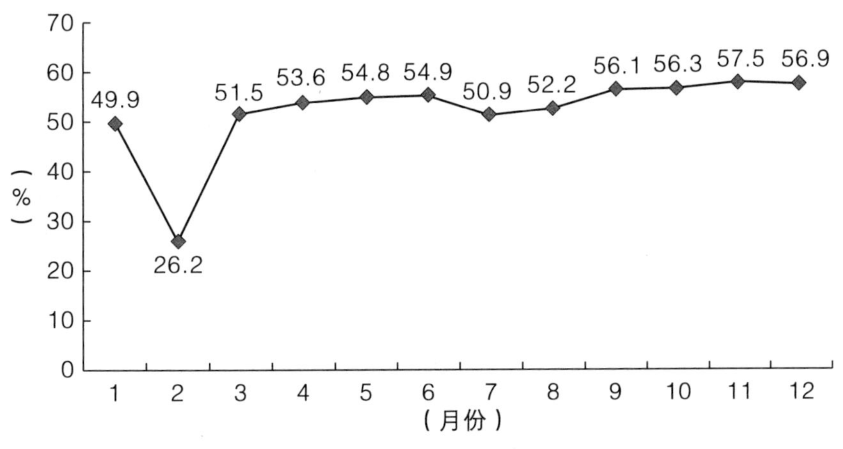

图1 2020年1—12月中国物流业景气指数走势

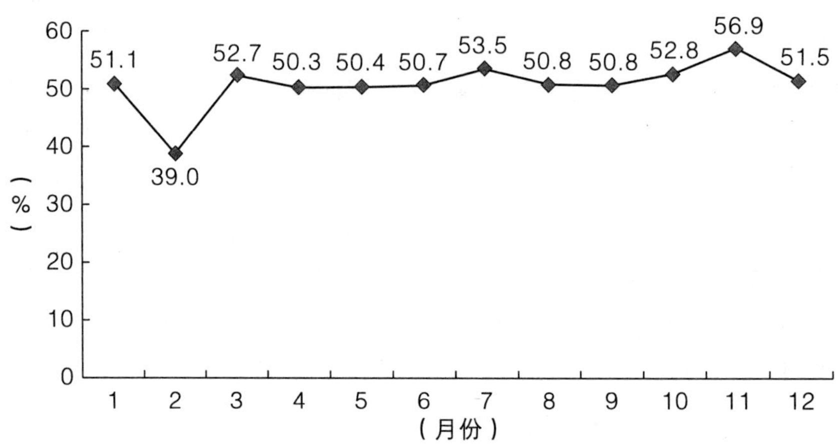

图2 2020年1—12月中国仓储指数走势

（中国物流信息中心）

2020年1—12月中国制造业采购经理指数（PMI）

（中国物流与采购联合会、国家统计局服务业调查中心）

1月

中国物流与采购联合会、国家统计局服务业调查中心采购经理调查结果显示，1月中国制造业采购经理指数（PMI）为50%，比上月下降0.2个百分点。

特约分析师张立群认为，1月PMI小幅下降，但仍未低于荣枯线，表明经济继续显现趋稳态势。从历年1月PMI变化情况看，多数年均为下降，表明应该有季节性因素的影响。新订单、采购量、生产经营活动预期等指数均上升，表明内需继续趋稳，企业预期继续回稳，生产经营活动保持恢复态势。但要注意到经济下行压力仍较明显，特别是当前正处于疫情防控的关键时期，其影响在1月的PMI中尚未显现，但对近期经济走势的影响不容低估。要继续抓好、抓实稳增长的各项工作，着力扩大内需，确保中国经济在空前严峻复杂的形势下保持平稳增长。

1月PMI中的13个分项指数变化情况如下。

生产指数为51.3%，比上月下降1.9个百分点。从企业规模来看，大型和中型企业的生产指数高于50%，分别为51.5%和52.2%；小型企业的生产指数低于50%，为49.3%。

新订单指数为51.4%，比上月上升0.2个百分点。从企业规模来看，大型和中型企业的新订单指数高于50%，分别为52.6%和51.3%；小型企业的新订单指数低于50%，为48.2%。

新出口订单指数为48.7%，比上月下降1.6个百分点。从企业规模来看，小型企业的新出口订单指数高于50%，为51%；大型和中型企业的新出口订单指数低于50%，分别为48.1%和49.3%。

积压订单指数为46.3%，比上月上升1.3个百分点。从企业规模来看，大型、中型和小型企业的积压订单指数都低于50%，分别为48.5%、44.8%和42.5%。

产成品库存指数为46%，比上月上升0.4个百分点。从企业规模来看，大型、中型和小型企业的产成品库存指数都低于50%，分别为47.4%、45.7%和42.5%。

采购量指数为51.6%，比上月上升0.3个百分点。从企业规模来看，大型企业的采购量指数高于50%，为53.5%；中型和小型企业的采购量指数低于50%，分别为49.8%和49.1%。

进口指数为49%，比上月下降0.9个百分点。从企业规模来看，大型企业的进口指数等于50%；中型和小型企业的进口指数低于50%，分别为46.5%和47.7%。

购进价格指数为53.8%，比上月上升2个百分点。从企业规模来看，大型、中型和小型企业的购进价格指数都高于50%，分别为54.3%、53.4%和53.1%。

出厂价格指数为49%，比上月下降0.2个百分点。从企业规模来看，大型、中型和小型企业的出厂价格指数都低于50%，分别为48.6%、49.2%和49.7%。

原材料库存指数为47.1%，比上月下降0.1个百分点。从企业规模来看，大型、中型和小型企业的原材料库存指数都低于50%，分别为48.6%、45.4%和45.4%。

从业人员指数为47.5%，比上月上升0.2个百分点。从企业规模来看，大型、中型和小型企业的从业人员指数都低于50%，分别为46.7%、48.2%和48.8%。

供应商配送时间指数为49.9%，比上月下降1.2个百分点。从企业规模来看，中型企业的供应商配送时间指数高于50%，为50.1%；大型和小型企业的供应商配送时间指数低于50%，均为49.8%。

生产经营活动预期指数为57.9%，比上月上升3.5个百分点。从企业规模来看，大型、中型和小型企业的生产经营活动预期指数都高于50%，分别为61.2%、54.8%和53.2%。

2月

中国物流与采购联合会、国家统计局服务业调查中心发布的2020年2月中国制造业采购经理指数（PMI）为35.7%，比上月下降14.3个百分点。

特约分析师张立群认为，2月PMI大幅度下降，反映新冠肺炎疫情对我国经济运行产生了严重冲击。从春节假期导致的季节性波动看，2月PMI应该呈上升态势。但疫情冲击使本应上升的态势改为大幅度下降，足见疫情冲击力度之大。分类指标中，反映供给端和需求端的指数均大幅下降，表明疫情对当前生产和市场需求的影响都很大。综合1—2月PMI指数变化，预计1—2月主要经济指标同比增速将出现大幅度下降。考虑到疫情防控形势与复工复产进展，预计第一季度主要经济指标也会出现明显下降。对此必须要充分估计，做好应对预案。

2月PMI中的13个分项指数变化情况如下。

生产指数为27.8%，比上月下降23.5个百分点。从企业规模来看，大型、中型和小型企业的生产指数都低于50%，分别为28.3%、28.1%和26.1%。

新订单指数为29.3%，比上月下降22.1个百分点。从企业规模来看，大型、中型和小型企业的新订单指数都低于50%，分别为30.2%、29.3%和26.8%。

新出口订单指数为28.7%，比上月下降20.0个百分点。从企业规模来看，大型、中型和小型企业的新出口订单指数都低于50%，分别为29.5%、26.1%和31.0%；

积压订单指数为35.6%，比上月下降10.7个百分点。从企业规模来看，大型、中型和小型企业的积压订单指数都低于50%，分别为39.4%、34.2%和26.9%。

产成品库存指数为46.1%，比上月上升

0.1个百分点。从企业规模来看，大型企业的产成品库存指数高于50%，为52.7%；中型和小型企业的产成品库存指数低于50%，分别为41.8%和33.7%。

采购量指数为29.3%，比上月下降22.3个百分点。从企业规模来看，大型、中型和小型企业的采购量指数都低于50%，分别为31.0%、27.1%和27.8%。

进口指数为31.9%，比上月下降17.1个百分点。从企业规模来看，大型、中型和小型企业的进口指数都低于50%，分别为31.6%、31.1%和37.3%。

购进价格指数为51.4%，比上月下降2.4个百分点。从企业规模来看，大型、中型和小型企业的购进价格指数都高于50%，分别为51.3%、51.2%和52.0%。

出厂价格指数为44.3%，比上月下降4.7个百分点。从企业规模来看，大型、中型和小型企业的出厂价格指数都低于50%，分别为42.7%、45.6%和47.0%。

原材料库存指数为33.9%，比上月下降13.2个百分点。从企业规模来看，大型、中型和小型企业的原材料库存指数都低于50%，分别为34.2%、33.3%和34.1%。

从业人员指数为31.8%，比上月下降15.7个百分点。从企业规模来看，大型、中型和小型企业的从业人员指数都低于50%，分别为32.0%、32.1%和30.8%。

供应商配送时间指数为32.1%，比上月下降17.8个百分点。从企业规模来看，大型、中型和小型企业的供应商配送时间指数都低于50%，分别为30.9%、33.5%和33.5%。

生产经营活动预期指数为41.8%，比上月下降16.1个百分点。从企业规模来看，大型、中型和小型企业的生产经营活动预期指数都低于50%，分别为44.3%、40.0%和37.4%。

3月

中国物流与采购联合会、国家统计局服务业调查中心发布的2020年3月中国制造业采购经理指数（PMI）为52.0%，比上月上升16.3个百分点。

特约分析师张立群认为，3月PMI出现大幅提高，显示复工复产成绩显著。但目前仍处疫情防控的特殊时期，经济运行各个方面，包括PMI变动均带有特殊情景下的明显特点。PMI反映的是与上个月的环比变化，由于2月经济活动受新冠肺炎疫情冲击严重，因此3月PMI大幅提高较为符合预期。要特别注意的是，3月PMI处于荣枯线上，不表明经济活动已全面恢复，必须与PMI常态水平变动所表达的经济含义加以区别。要充分认识到当前国内外经济形势的空前严峻和复杂，高度重视疫情对社会生产和三大需求的严重冲击，全面落实中央政治局会议的一系列安排部署，把复工复产与扩大内需更紧密地衔接起来，确保中国经济底部上升势头不断得到巩固与加强。

3月PMI中的13个分项指数变化情况如下。

生产指数为54.1%，比上月上升26.3个百分点。从企业规模来看，大型、中型和小型企业的生产指数都高于50%，分别为55.3%、53.5%和51.6%。

新订单指数为52.0%，比上月上升22.7个百分点。从企业规模来看，大型和中型企业的新订单指数高于50%，分别为53.2%和51.4%；小型企业的新订单指数低于50%，为49.7%。

新出口订单指数为46.4%，比上月上升17.7个百分点。从企业规模来看，大型、中型和小型企业的新出口订单指数都低于50%，分别为47.3%、44.2%和46.3%。

积压订单指数为46.3%，比上月上升10.7个百分点。从企业规模来看，大型、中型和小型企业的积压订单指数都低于50%，分别为46.4%、45.2%和47.7%。

产成品库存指数为49.1%，比上月上升3.0个百分点。从企业规模来看，小型企业的产成品库存指数高于50%，为51.1%；大型和中型企业的产成品库存指数低于50%，分别为48.6%和48.8%。

采购量指数为52.7%，比上月上升23.4个百分点。从企业规模来看，大型、中型和小型企业的采购量指数都高于50%，分别为53.5%、51.7%和51.8%。

进口指数为48.4%，比上月上升16.5个百分点。从企业规模来看，小型企业的进口指数高于50%，为54.1%；大型和中型企业的进口指数低于50%，分别为48.5%和46.4%。

购进价格指数为45.5%，比上月下降5.9个百分点。从企业规模来看，大型、中型和小型企业的购进价格指数都低于50%，分别为44.6%、45.3%和48.5%。

出厂价格指数为43.8%，比上月下降0.5个百分点。从企业规模来看，大型、中型和小型企业的出厂价格指数都低于50%，分别为43.1%、44.4%和44.8%。

原材料库存指数为49.0%，比上月上升15.1个百分点。从企业规模来看，小型企业的原材料库存指数高于50%，为50.8%；大型和中型企业的原材料库存指数低于50%，分别为48.8%和48.2%。

从业人员指数为50.9%，比上月上升19.1个百分点。从企业规模来看，大型企业的从业人员指数高于50%，为52.1%；中型和小型企业的从业人员指数低于50%，分别为49.5%和49.7%。

供应商配送时间指数为48.2%，比上月上升16.1个百分点。从企业规模来看，大型、中型和小型企业的供应商配送时间指数都低于50%，分别为49.7%、46.9%和45.9%。

生产经营活动预期指数为54.4%，比上月上升12.6个百分点。从企业规模来看，大型、中型和小型企业的生产经营活动预期指数都高于50%，分别为55.5%、52.5%和54.0%。

4月

中国物流与采购联合会、国家统计局服务业调查中心发布的2020年4月中国制造业采购经理指数（PMI）为50.8%，比上月下降1.2个百分点。

特约分析师张立群认为，4月PMI较3月小幅下降，但仍处荣枯线以上，表明经济仍处恢复态势，但速率明显放缓。受新冠肺炎疫情冲击，2月生产活动大幅减少，也使3月PMI上升明显；这些均属疫情冲击下的非常态变动。随着疫情防控常态化，生产活动逐渐转向常态，PMI变动也趋于平稳。4月PMI变化还表明全面复工复产已到攻关时期。如何在疫情防控常态化背景下，彻底打通堵点、断点、难点，使企业特别是中小微企业全面恢复正常生产经营，使经济进入持续上升通道，是当前最紧迫、最重要任务。4月新出口订单指数下滑12.9个百分点，表明新冠肺炎疫情对世界经济和国际贸易冲击的影响开始显现，我国出口下行压力明显加大。综上，必须加快落实扩大内需战略的各项举措，尽快释放超大规模国内市场的需求潜力，带动企业销售持续回暖、经济持续回升向好。

4月PMI中的13个分项指数变化情况如下。

生产指数为53.7%，比上月下降0.4个百分点。从企业规模来看，大型、中型和小型企业的生产指数都高于50%，分别为54.1%、53.3%和53.4%。

新订单指数为50.2%，比上月下降1.8个百分点。从企业规模来看，大型企业的新订单指数高于50%，为50.6%；中型和小型企业的新订单指数低于50%，分别为49.7%和49.8%。

新出口订单指数为33.5%，比上月下降12.9个百分点。从企业规模来看，大型、中型和小型企业的新出口订单指数都低于50%，分别为35.7%、29.5%和30.9%。

积压订单指数为43.6%，比上月下降2.7个百分点。从企业规模来看，大型、中型和小型企业的积压订单指数都低于50%，分别为43.4%、43.7%和43.8%。

产成品库存指数为49.3%，比上月上升0.2个百分点。从企业规模来看，大型、中型和小型企业的产成品库存指数都低于50%，分别为49.5%、48.7%和49.7%。

采购量指数为52.0%，比上月下降0.7个百分点。从企业规模来看，大型、中型和小型企业的采购量指数都高于50%，分别为52.9%、51.1%和51.2%。

进口指数为43.9%，比上月下降4.5个百分点。从企业规模来看，大型、中型和小型企业的进口指数都低于50%，分别为43.9%、42.9%和47.4%。

购进价格指数为42.5%，比上月下降3.0个百分点。从企业规模来看，大型、中型和小型企业的购进价格指数都低于50%，分别为40.4%、42.4%和47.8%。

出厂价格指数为42.2%，比上月下降1.6个百分点。从企业规模来看，大型、中型和小型企业的出厂价格指数都低于50%，分别为40.8%、42.3%和45.6%。

原材料库存指数为48.2%，比上月下降0.8个百分点。从企业规模来看，大型、中型和小型企业的原材料库存指数都低于50%，分别为48.4%、47.4%和48.9%。

从业人员指数为50.2%，比上月下降0.7个百分点。从企业规模来看，大型和小型企业的从业人员指数高于50%，分别为51.1%和50.2%；中型企业的从业人员指数低于50%，为48.7%。

供应商配送时间指数为50.1%，比上月上升1.9个百分点。从企业规模来看，大型和中型企业的供应商配送时间指数高于50%，分别为50.7%和50.2%；小型企业的供应商配送时间指数低于50%，为48.2%。

生产经营活动预期指数为54.0%，比上月下降0.4个百分点。从企业规模来看，大型、中型和小型企业的生产经营活动预期指数都高于50%，分别为55.1%、51.8%和54.4%。

5月

中国物流与采购联合会、国家统计局服务业调查中心发布的2020年5月中国制造业采购经理指数（PMI）为50.6%，比上月下降0.2个百分点。

特约分析师张立群认为，5月PMI继续小幅下降，但仍保持在荣枯线以上，表明经济仍在持续恢复，但速率进一步放缓。从PMI分项看，需求类指数的绝对水平明显低于生产类，表明需求不足及其对生产的制约凸显。从本月企业反映情况看，需求不足的企业占比超过50%，在各类问题中占比最高。5月生产类指数小幅下降而需求类指数小幅提高，表明生产和供给恢复受市场需求不足的制约开始迟缓，但需求提升速率较为缓慢，供大于求矛盾仍然突出。因此，推动企业生产继续较快恢复，关键要落实好扩大内需战略各项任务，在提振投资、扩大消费方面尽快见到成效，畅通国内市场和生产之间的大循环，加快推动经济进入持续回升向好通道。

5 月 PMI 中的 13 个分项指数变化情况如下。

生产指数为 53.2%，比上月下降 0.5 个百分点。从企业规模来看，大型、中型和小型企业的生产指数都高于 50%，分别为 54.9%、51.0% 和 52.2%。

新订单指数为 50.9%，比上月上升 0.7 个百分点。从企业规模来看，大型和小型企业的新订单指数高于 50%，分别为 52.5% 和 51.0%；中型企业的新订单指数低于 50%，为 48.0%。

新出口订单指数为 35.3%，比上月上升 1.8 个百分点。从企业规模来看，大型、中型和小型企业的新出口订单指数都低于 50%，分别为 36.3%、32.7% 和 36.2%。

积压订单指数为 44.1%，比上月上升 0.5 个百分点。从企业规模来看，大型、中型和小型企业的积压订单指数都低于 50%，分别为 44.9%、43.4% 和 43.2%。

产成品库存指数为 47.3%，比上月下降 2 个百分点。从企业规模来看，大型、中型和小型企业的产成品库存指数都低于 50%，分别为 48.0%、46.3% 和 47.1%。

采购量指数为 50.8%，比上月下降 1.2 个百分点。从企业规模来看，大型企业的采购量指数高于 50%，为 52.6%；中型和小型企业的采购量指数低于 50%，分别为 49.1% 和 48.7%。

进口指数为 45.3%，比上月上升 1.4 个百分点。从企业规模来看，大型、中型和小型企业的进口指数都低于 50%，分别为 45.1%、45.3% 和 46.9%。

购进价格指数为 51.6%，比上月上升 9.1 个百分点。从企业规模来看，大型、中型和小型企业的购进价格指数都高于 50%，分别为 51.9%、50.6% 和 52.3%。

出厂价格指数为 48.7%，比上月上升 6.5 个百分点。从企业规模来看，大型企业的出厂价格指数高于 50%，为 50.2%；中型和小型企业的出厂价格指数低于 50%，分别为 46.3% 和 48.3%。

原材料库存指数为 47.3%，比上月下降 0.9 个百分点。从企业规模来看，大型、中型和小型企业的原材料库存指数都低于 50%，分别为 47.8%、45.8% 和 48.4%。

从业人员指数为 49.4%，比上月下降 0.8 个百分点。从企业规模来看，大型和小型企业的从业人员指数高于 50%，分别为 50.1% 和 50.5%；中型企业的从业人员指数低于 50%，为 47.5%。

供应商配送时间指数为 50.5%，比上月上升 0.4 个百分点。从企业规模来看，大型企业的供应商配送时间指数高于 50%，为 51.2%；中型和小型企业的供应商配送时间指数低于 50%，分别为 49.7% 和 49.9%。

生产经营活动预期指数为 57.9%，比上月上升 3.9 个百分点。从企业规模来看，大型、中型和小型企业的生产经营活动预期指数都高于 50%，分别为 59.0%、56.3% 和 57.4%。

6 月

中国物流与采购联合会、国家统计局服务业调查中心发布的 2020 年 6 月中国制造业采购经理指数（PMI）为 50.9%，比上月上升 0.3 个百分点。

特约分析师张立群认为，6 月 PMI 小幅提高，表明中国经济恢复进程有提速迹象。“两会”以后围绕“六稳”和“六保”的政策密集落地，与前期全面复工复产各项政策相互呼应，宏观政策综合效果更趋明显。6月PMI中生产指数、需求类指数均有不同程度提高，反映供给端和需求端恢复速率均趋提高。同时，外部环境依然非常严峻，PMI中外贸相关指数积极变化的可持续性尚待观察；生产指数水平仍明显高于需求类（订单类）指数水平，需求恢复滞后于供给的问题仍然突出。要着力提升财政货币政策在扩大内需方面的实际效果，进一步巩固和加强经济回升向好的积极态势。

6月PMI中的13个分项指数变化情况如下。

生产指数为53.9%，比上月上升0.7个百分点。从企业规模来看，大型和中型企业的生产指数高于50%，分别为55.5%和54.3%；小型企业的生产指数低于50%，为49.2%。

新订单指数为51.4%，比上月上升0.5个百分点。从企业规模来看，大型企业的新订单指数高于50%，为53.6%；中型企业的新订单指数等于50%；小型企业的新订单指数低于50%，为47.8%。

新出口订单指数为42.6%，比上月上升7.3个百分点。从企业规模来看，大型、中型和小型企业的新出口订单指数都低于50%，分别为43.7%、41.8%和38.2%。

积压订单指数为44.8%，比上月上升0.7个百分点。从企业规模来看，大型、中型和小型企业的积压订单指数都低于50%，分别为45.4%、44.0%和44.4%。

产成品库存指数为46.8%，比上月下降0.5个百分点。从企业规模来看，大型、中型和小型企业的产成品库存指数都低于50%，分别为46.8%、46.1%和47.9%。

采购量指数为51.8%，比上月上升1个百分点。从企业规模来看，大型和中型企业的采购量指数高于50%，分别为52.7%和52.0%；小型企业的采购量指数低于50%，为49.3%。

进口指数为47.0%，比上月上升1.7个百分点。从企业规模来看，大型、中型和小型企业的进口指数都低于50%，分别为46.9%、47.5%和46.8%。

购进价格指数为56.8%，比上月上升5.2个百分点。从企业规模来看，大型、中型和小型企业的购进价格指数都高于50%，分别为57.4%、55.8%和56.7%。

出厂价格指数为52.4%，比上月上升3.7个百分点。从企业规模来看，大型和中型企业的出厂价格指数高于50%，分别为54.4%和51.3%；小型企业的出厂价格指数低于50%，为48.8%。

原材料库存指数为47.6%，比上月上升0.3个百分点。从企业规模来看，大型、中型和小型企业的原材料库存指数都低于50%，分别为47.8%、46.3%和48.9%。

从业人员指数为49.1%，比上月下降0.3个百分点。从企业规模来看，大型、中型和小型企业的从业人员指数都低于50%，分别为49.7%、47.7%和49.7%。

供应商配送时间指数为50.5%，与上月持平。从企业规模来看，大型、中型和小型企业的供应商配送时间指数都高于50%，分别为50.7%、50.3%和50.2%。

生产经营活动预期指数为57.5%，比上月下降0.4个百分点。从企业规模来看，大型、中型和小型企业的生产经营活动预期指数都高于50%，分别为59.8%、56.2%和53.8%。

7月

中国物流与采购联合会、国家统计局服务业调查中心发布的2020年7月中国制造业采购经理指数（PMI）为51.1%，比上月上升0.2个百分点。

特约分析师张立群认为，7月PMI继续小幅提升，表明中国经济继续保持上升态势。从分类指数看，生产端和供给端指标均保持上升态势，表明制造业的恢复是全面的，生产运行循环是畅通和趋向加快的。从主要指标上升幅度看，总体仍然偏低，表明经济回升的力度还不够强劲。从相关的企业调查看，反映需求和订单不足的比重仍然最高。因此，市场需求不足仍然是制约当前经济上升的突出问题。要进一步抓好扩大内需的各项工作，切实激活和释放超大规模国内市场的投资消费潜力，推动中国经济回升向好势头更为稳固扎实。

7月PMI中的13个分项指数变化情况如下。

生产指数为54.0%，比上月上升0.1个百分点。从企业规模来看，大型和中型企业的生产指数高于50%，分别为55.3%和54.7%；小型企业的生产指数低于50%，为49.8%。

新订单指数为51.7%，比上月上升0.3个百分点。从企业规模来看，大型和中型企业的生产指数高于50%，分别为53.3%和52.3%；小型企业的新订单指数低于50%，为46.8%。

新出口订单指数为48.4%，比上月上升5.8个百分点。从企业规模来看，大型、中型和小型企业的新出口订单指数都低于50%，分别为49.0%、48.2%和45.0%。

积压订单指数为45.6%，比上月上升0.8个百分点。从企业规模来看，大型、中型和小型企业的积压订单指数都低于50%，分别为46.3%、46.3%和42.7%。

产成品库存指数为47.6%，比上月上升0.8个百分点。从企业规模来看，大型、中型和小型企业的产成品库存指数都低于50%，分别为47.8%、48.0%和46.5%。

采购量指数为52.4%，比上月上升0.6个百分点。从企业规模来看，大型和中型企业的采购量指数高于50%，分别为54.1%和51.6%；小型企业的采购量指数低于50%，为49.3%。

进口指数为49.1%，比上月上升2.1个百分点。从企业规模来看，大型、中型和小型企业的进口指数都低于50%，分别为49.4%、49.1%和46.3%。

购进价格指数为58.1%，比上月上升1.3个百分点。从企业规模来看，大型、中型和小型企业的购进价格指数都高于50%，分别为59.0%、57.5%和56.7%。

出厂价格指数为52.2%，比上月下降0.2个百分点。从企业规模来看，大型和中型企业的出厂价格指数高于50%，分别为53.6%和51.8%；小型企业的出厂价格指数低于50%，为49.3%。

原材料库存指数为47.9%，比上月上升0.3个百分点。从企业规模来看，大型、中型和小型企业的原材料库存指数都低于50%，分别为47.7%、48.0%和48.3%。

从业人员指数为49.3%，比上月上升0.2个百分点。从企业规模来看，大型企业的从业人员指数高于50%，为50.3%；中型和小型企业的从业人员指数都低于50%，分别为47.6%和49.2%。

供应商配送时间指数为50.4%，比上月下降0.1个百分点。从企业规模来看，大型和小型企业的供应商配送时间指数都高于50%，分别为50.9%和50.4%；中型企业的供应商配送时间指数低于50%，为49.6%。

生产经营活动预期指数为57.8%，比上月上升0.3个百分点。从企业规模来看，大型、中型和小型企业的生产经营活动预期指数都高于50%，分别为59.5%、57.4%和54.0%。

8月

中国物流与采购联合会、国家统计局服务业调查中心发布的2020年8月中国制造业采购经理指数（PMI）为51.0%，比上月下降0.1个百分点。

特约分析师张立群认为，8月PMI小幅下降，表明经济恢复进程减缓。从生产方面看，生产指数、采购量指数和原材料库存指数等都有不同幅度下降，表明企业进一步扩大生产的活动趋于谨慎；从需求方面看，新订单指数、新出口订单指数、积压订单指数等指数都有小幅提高，表明扩大内需政策效果继续显现；特别是出口方面有逆势上升迹象。综合研判，当前正处于生产与市场需求动态协调时期，需求恢复慢于生产恢复，对经济上升的迟滞作用开始显现。企业调查中，仍有超过半数的企业将市场需求不足列为主要困难。应着力加强扩大内需政策的实际效果，尽快提高市场需求的上升速度。

8月PMI中的13个分项指数变化情况如下。

生产指数为53.5%，比上月下降0.5个百分点。从企业规模来看，大型和中型企业的生产指数高于50%，分别为55.3%和54.1%；小型企业的生产指数低于50%，为48.1%。

新订单指数为52.0%，比上月上升0.3个百分点。从企业规模来看，大型和中型企业的新订单指数高于50%，分别为53.4%和53.5%；小型企业的新订单指数低于50%，为46.2%。

新出口订单指数为49.1%，比上月上升0.7个百分点。从企业规模来看，大型企业的新出口订单指数高于50%，为50.3%；中型和小型企业的新出口订单指数低于50%，分别为48.0%和44.1%。

积压订单指数为46.0%，比上月上升0.4个百分点。从企业规模来看，大型、中型和小型企业的积压订单指数都低于50%，分别为46.7%、46.8%和43.2%。

产成品库存指数为47.1%，比上月下降0.5个百分点。从企业规模来看，大型、中型和小型企业的产成品库存指数都低于50%，分别为47.4%、46.6%和47.1%。

采购量指数为51.7%，比上月下降0.7个百分点。从企业规模来看，大型和中型企业的采购量指数高于50%，分别为52.1%和52.5%；小型企业的采购量指数低于50%，为49.6%。

进口指数为49.0%，比上月下降0.1个百分点。从企业规模来看，大型和中型企业的进口指数低于50%，分别为48.9%和47.9%；小型企业的进口指数高于50%，为53.4%。

购进价格指数为58.3%，比上月上升0.2个百分点。从企业规模来看，大型、中型和小型企业的购进价格指数都高于50%，分别为59.3%、57.6%和56.8%。

出厂价格指数为53.2%，比上月上升1.0个百分点。从企业规模来看，大型、中型和小型企业的出厂价格指数都高于50%，分别为54.5%、52.6%和50.5%。

原材料库存指数为47.3%，比上月下降0.6个百分点。从企业规模来看，大型、中型和小型企业的原材料库存指数都低于50%，分别为47.5%、47.4%和46.6%。

从业人员指数为49.4%，比上月上升0.1个百分点。从企业规模来看，大型企业的从业人员指数高于50%，为50.1%；中型和小型企业的从业人员指数都低于50%，分别为49.1%

和48.0%。

供应商配送时间指数为50.4%，与上月持平。从企业规模来看，大型和中型企业的供应商配送时间指数都高于50%，分别为50.7%和50.3%；小型企业的供应商配送时间指数低于50%，为49.8%。

生产经营活动预期指数为58.6%，比上月上升0.8个百分点。从企业规模来看，大型、中型和小型企业的生产经营活动预期指数都高于50%，分别为60.6%、58.3%和53.8%。

9月

中国物流与采购联合会、国家统计局服务业调查中心发布的2020年9月中国制造业采购经理指数（PMI）为51.5%，比上月上升0.5个百分点。

特约分析师张立群认为，9月PMI继续回升，表明经济继续全面恢复。需求类指数回升幅度高于生产和供给，表明需求恢复速率有所加快，对生产和供给的拉动作用开始显现。企业出厂价格指数下降，仍然有46.8%的企业反映需求不足最为突出，反映需求不足的矛盾仍然存在，需求恢复步伐相对迟缓仍然是制约国内经济大循环加快畅通的突出矛盾。要进一步抓好补短板和提振投资、扩大消费的相关政策落实工作，切实增强政策效果。在2020年年内在补短板、扩内需、畅通国内经济大循环方面取得显著成效。

9月PMI中的13个分项指数变化情况如下。

生产指数为54.0%，比上月上升0.5个百分点。从企业规模来看，大型、中型和小型企业的生产指数都高于50%，分别为55.7%、52.8%和51.6%。

新订单指数为52.8%，比上月上升0.8个百分点。从企业规模来看，大型、中型和小型企业的新订单指数都高于50%，分别为53.8%、52.2%和51.1%。

新出口订单指数为50.8%，比上月上升1.7个百分点。从企业规模来看，大型企业的新出口订单指数高于50%，为51.9%；中型和小型企业的新出口订单指数低于50%，分别为49.4%和47.6%。

积压订单指数为46.1%，比上月上升0.1个百分点。从企业规模来看，大型、中型和小型企业的积压订单指数都低于50%，分别为47.0%、45.3%和44.9%。

产成品库存指数为48.4%，比上月上升1.3个百分点。从企业规模来看，大型、中型和小型企业的产成品库存指数都低于50%，分别为49.3%、47.8%和47.1%。

采购量指数为53.6%，比上月上升1.9个百分点。从企业规模来看，大型、中型和小型企业的采购量指数都高于50%，分别为55.8%、51.5和51.0%。

进口指数为50.4%，比上月上升1.4个百分点。从企业规模来看，大型和小型企业的进口指数高于50%，分别为50.5%和53.6%；中型企业的进口指数低于50%，为49.1%。

购进价格指数为58.5%，比上月上升0.2个百分点。从企业规模来看，大型、中型和小型企业的购进价格指数都高于50%，分别为59.1%、57.7%和58.2%。

出厂价格指数为52.5%，比上月下降0.7个百分点。从企业规模来看，大型、中型和小型企业的出厂价格指数都高于50%，分别为52.5%、52.7%和52.1%。

原材料库存指数为48.5%，比上月上升1.2个百分点。从企业规模来看，大型、中型和小型企业的原材料库存指数都低于50%，分别为49.4%、47.2%和48.1%。

从业人员指数为49.6%，比上月上升0.2个百分点。从企业规模来看，大型企业的从业人员指数高于50%，为51.1%；中型和小型企业的从业人员指数都低于50%，都为48.1%。

供应商配送时间指数为50.7%，比上月上升0.3个百分点。从企业规模来看，大型和小型企业的供应商配送时间指数都高于50%，分别为51.3%和50.5%；中型企业的供应商配送时间指数低于50%，为49.9%。

生产经营活动预期指数为58.7%，比上月上升0.1个百分点。从企业规模来看，大型、中型和小型企业的生产经营活动预期指数都高于50%，分别为60.7%、58.2%和54.5%。

10月

中国物流与采购联合会、国家统计局服务业调查中心发布的2020年10月中国制造业采购经理指数（PMI）为51.4%，比上月下降0.1个百分点。

特约分析师张立群认为，10月PMI小幅下降，与假期等季节性因素有一定关系。剔除这些因素，考虑PMI仍然在荣枯线上，可以判断经济继续保持恢复态势。生产指数小幅下降、订单类指数持平或小幅提高，表明供给与需求恢复的同步性进一步改善；出厂价格指数和生产经营活动预期指数上升，反映企业的市场预期趋好。综合研判，经济呈向好态势。同时需要关注的是：仍然有40%以上企业把市场需求不足作为主要困难，30%以上的企业反映原材料和劳动力成本高以及资金紧张。应该进一步落实好扩大内需的各项任务；落实好保企业的各项工作。

10月PMI中的13个分项指数变化情况如下。

生产指数为53.9%，比上月下降0.1个百分点。从企业规模来看，大型、中型和小型企业的生产指数都高于50%，分别为55.2%、53.2%和51.7%。

新订单指数为52.8%，与上月持平。从企业规模来看，大型和中型企业的新订单指数高于50%，分别为55.0%和51.2%；小型企业的新订单指数低于50%，为49.7%。

新出口订单指数为51.0%，比上月上升0.2个百分点。从企业规模来看，大型和小型企业的新出口订单指数高于50%，分别为51.4%和52.8%；中型企业的新出口订单指数低于50%，为49.3%。

积压订单指数为47.2%，比上月上升1.1个百分点。从企业规模来看，大型、中型和小型企业的积压订单指数都低于50%，分别为48.2%、46.6%和45.5%。

产成品库存指数为44.9%，比上月下降3.5个百分点。从企业规模来看，大型、中型和小型企业的产成品库存指数都低于50%，分别为45.0%、44.8%和44.9%。

采购量指数为53.1%，比上月下降0.5个百分点。从企业规模来看，大型、中型和小型企业的采购量指数都高于50%，分别为54.2%、53.0%和50.5%。

进口指数为50.8%，比上月上升0.4个百分点。从企业规模来看，大型、中型和小型企业的进口指数都高于50%，分别为50.5%、50.7%和54.0%。

购进价格指数为58.8%，比上月上升0.3个百分点。从企业规模来看，大型、中型和小型企业的购进价格指数都高于50%，分别为59.5%、57.9%和58.2%。

出厂价格指数为53.2%，比上月上升0.7个百分点。从企业规模来看，大型、中型和小型企业的出厂价格指数都高于50%，分别为53.0%、53.5%和53.2%。

原材料库存指数为 48.0%，比上月下降 0.5 个百分点。从企业规模来看，大型、中型和小型企业的原材料库存指数都低于 50%，分别为 48.6%、48.4% 和 46.0%。

从业人员指数为 49.3%，比上月下降 0.3 个百分点。从企业规模来看，大型企业的从业人员指数高于 50%，为 50.7%；中型和小型企业的从业人员指数低于 50%，分别为 48.1% 和 47.6%。

供应商配送时间指数为 50.6%，比上月下降 0.1 个百分点。从企业规模来看，大型、中型和小型企业的供应商配送时间指数都高于 50%，分别为 50.9%、50.2% 和 50.4%。

生产经营活动预期指数为 59.3%，比上月上升 0.6 个百分点。从企业规模来看，大型、中型和小型企业的生产经营活动预期指数都高于 50%，分别为 61.0%、58.5% 和 56.2%。

11 月

中国物流与采购联合会、国家统计局服务业调查中心发布的 2020 年 11 月中国制造业采购经理指数（PMI）为 52.1%，比上月上升 0.7 个百分点。

特约分析师张立群认为，11 月 PMI 上升，而且各分项指数普遍上升，表明制造业全面恢复态势更为明显。剔除十一长假影响，从 9—11 月趋势看，PMI 平稳提升，表明经济呈现持续稳定恢复的特点。处于上游的煤炭、钢材等原材料价格上涨明显，购进价格指数和出厂价格指数升幅较大。可能预示下游产业生产恢复开始带动上游产业，全产业链恢复特征趋于明显。从相关调查看，需求不足的问题仍较普遍，要继续增强扩大内需政策的实际效果。

11 月 PMI 中的 13 个分项指数变化情况如下。

生产指数为 54.7%，比上月上升 0.8 个百分点。从企业规模来看，大型和中型和小型企业的生产指数都高于 50%，分别为 55.5%、55.6% 和 51.8%。

新订单指数为 53.9%，比上月上升 1.1 个百分点。从企业规模来看，大型、中型和小型企业的新订单指数都高于 50%，分别为 55.6%、53.4% 和 50.5%。

新出口订单指数为 51.5%，比上月上升 0.5 个百分点。从企业规模来看，大型和中型企业的新出口订单指数高于 50%，分别为 51.6% 和 52.0%；小型企业的新出口订单指数低于 50%，为 49.3%。

积压订单指数为 46.7%，比上月下降 0.5 个百分点。从企业规模来看，大型、中型和小型企业的积压订单指数都低于 50%，分别为 47.1%、46.7% 和 45.5%。

产成品库存指数为 45.7%，比上月上升 0.8 个百分点。从企业规模来看，大型、中型和小型企业的产成品库存指数都低于 50%，分别为 46.0%、46.4% 和 43.9%。

采购量指数为 53.7%，比上月上升 0.6 个百分点。从企业规模来看，大型、中型和小型企业的采购量指数都高于 50%，分别为 55.4%、52.8% 和 50.8%。

进口指数为 50.9%，比上月上升 0.1 个百分点。从企业规模来看，大型和中型的进口指数高于 50%，分别为 50.8% 和 51.4%；小型企业的进口指数位于 50%。

购进价格指数为 62.6%，比上月上升 3.8 个百分点。从企业规模来看，大型、中型和小型企业的购进价格指数都高于 50%，分别为 63.1%、62.2% 和 62.0%。

出厂价格指数为 56.5%，比上月上升 3.3 个百分点。从企业规模来看，大型、中型和小型企业的出厂价格指数都高于50%，分别为57.5%、56.3%和54.3%。

原材料库存指数为48.6%，比上月上升0.6个百分点。从企业规模来看，大型、中型和小型企业的原材料库存指数都低于50%，分别为49.7%、48.4%和46.1%。

从业人员指数为49.5%，比上月上升0.2个百分点。从企业规模来看，大型企业的从业人员指数为50%；中型和小型企业的从业人员指数低于50%，分别为48.4%和49.9%。

供应商配送时间指数为50.1%，比上月下降0.5个百分点。从企业规模来看，大型和小型企业的供应商配送时间指数高于50%，分别为50.2%和50.4%；中型企业的供应商配送时间指数低于50%，为49.7%。

生产经营活动预期指数为60.1%，比上月上升0.8个百分点。从企业规模来看，大型、中型和小型企业的生产经营活动预期指数都高于50%，分别为61.9%、61.1%和54.1%。

12月

中国物流与采购联合会、国家统计局服务业调查中心发布的2020年12月中国制造业采购经理指数（PMI）为51.9%，比上月下降0.2个百分点。

特约分析师张立群认为，12月PMI小幅下降，但持续保持在荣枯线以上，表明经济继续保持平稳恢复态势。新订单指数、新出口订单指数小幅下降，表明需求恢复态势仍有待加强；目前仍有超过38%的企业的突出困难是需求不足，必须在扩大内需相关政策落实上继续加大力度。购进价格指数、出厂价格指数明显提升，表明能源、重化工等基础性或上游产业生产供给能力需要尽快加强；要合理发挥好市场和政府的各自职能，着力使经济全面恢复过程中的产业链、供应链各个环节保持传导顺畅、跟进及时。

12月PMI中的13个分项指数变化情况如下。

生产指数为54.2%，比上月下降0.5个百分点。从企业规模来看，大型和中型企业的生产指数高于50%，分别为55.8%和54.9%；小型企业的生产指数低于50%，为49.2%。

新订单指数为53.6%，比上月下降0.3个百分点。从企业规模来看，大型和中型企业的新订单指数高于50%，分别为55.0%和54.6%；小型企业的新订单指数低于50%，为48.5%。

新出口订单指数为51.3%，比上月下降0.2个百分点。从企业规模来看，大型和中型企业的新出口订单指数高于50%，分别为52.1%和50.6%；小型企业的新出口订单指数低于50%，为48.3%。

积压订单指数为47.1%，比上月上升0.4个百分点。从企业规模来看，大型、中型和小型企业的积压订单指数都低于50%，分别为47.7%、48.4%和43.7%。

产成品库存指数为46.2%，比上月上升0.5个百分点。从企业规模来看，大型、中型和小型企业的产成品库存指数都低于50%，分别为46.4%、46.5%和45.4%。

采购量指数为53.2%，比上月下降0.5个百分点。从企业规模来看，大型和中型企业的采购量指数高于50%，分别为54.9%和53.1%；小型企业的采购量指数低于50%，为49.1%。

进口指数为50.4%，比上月下降0.5个百分点。从企业规模来看，中型和小型企业的进口指数高于50%，分别为52.5%和50.4%；大型企业的进口指数低于50%，为49.7%。

购进价格指数为68.0%，比上月上升5.4

个百分点。从企业规模来看，大型、中型和小型企业的购进价格指数都高于50%，分别为68.5%、67.9%和66.7%。

出厂价格指数为58.9%，比上月上升2.4个百分点。从企业规模来看，大型、中型和小型企业的出厂价格指数都高于50%，分别为59.9%、58.7%和56.5%。

原材料库存指数为48.6%，与上月持平。从企业规模来看，大型、中型和小型企业的原材料库存指数都低于50%，分别为48.6%、49.7%和46.9%。

从业人员指数为49.6%，比上月上升0.1个百分点。从企业规模来看，中型企业的从业人员指数高于50%，为50.2%；大型和小型企业的从业人员指数低于50%，分别为49.7%和48.5%。

供应商配送时间指数为49.9%，比上月下降0.2个百分点。从企业规模来看，大型企业的供应商配送时间指数高于50%，为50.1%；中型和小型企业的供应商配送时间指数低于50%，分别为49.6%和49.8%。

生产经营活动预期指数为59.8%，比上月下降0.3个百分点。从企业规模来看，大型、中型和小型企业的生产经营活动预期指数都高于50%，分别为63.5%、58.3%和52.5%。

2020年1—12月中国制造业采购经理指数走势如下图所示。

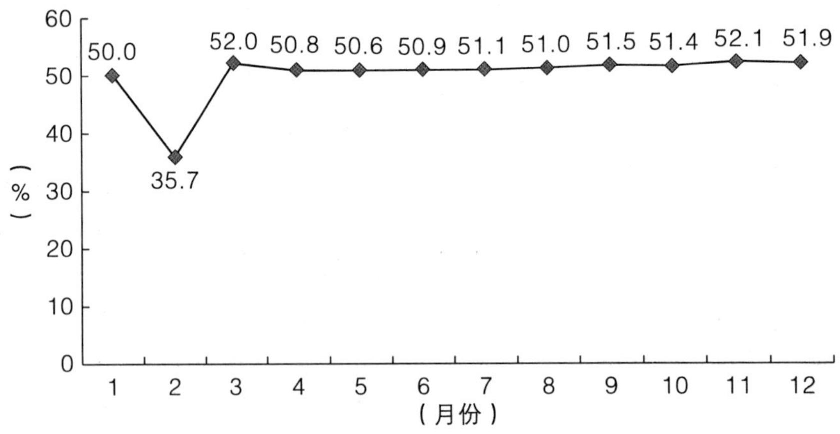

2020年1—12月中国制造业采购经理指数走势

（中国物流信息中心）

2020 年 1—12 月中国非制造业商务活动指数

（中国物流与采购联合会、国家统计局服务业调查中心发布）

2020 年 1—12 月中国非制造业商务活动指数由中国物流与采购联合会、国家统计局服务业调查中心发布，由于非制造业没有综合指数，通常以商务活动指数来反映非制造业经济的总体变化。

1 月

2020 年 1 月，中国非制造业商务活动指数为 54.1%，环比上升 0.6 个百分点。

中国物流与采购联合会副会长蔡进认为，2020 年 1 月，非制造业延续 2019 年第四季度平稳较快增长趋势。商务活动指数和新订单指数较上月均有小幅上升，供需增长平稳。在供需带动下，销售价格小幅上升，就业保持稳定。建筑业需求持续稳定向好，投资稳增长作用有望延续。服务业供需稳定，商务活动指数连续 3 个月稳定在 53% 以上，新订单指数连续 2 个月稳定在 50%。其中，金融业商务活动指数保持高位，对实体经济的带动作用仍较稳定；批发业商务活动指数升幅明显，表明企业对春节过后预期较好，备货意愿较强；节日消费需求的提前释放提振网购和信息消费相关需求，邮政快递业和电信服务业表现活跃；房地产业商务活动指数和新订单指数均有回升，但仍在 50% 以下，销售价格指数降至 50% 以下。总体来看，非制造业开局良好，有利于经济保持平稳增长。新冠肺炎疫情短期内会对生产与消费产生一定的影响。但疫情得到控制后，积聚的需求能量将集中释放，拉动经济保持较快增长。

分行业来看，建筑业商务活动指数为 59.7%，服务业商务活动指数为 53.1%。20 个行业中①，邮政业、建筑安装装饰及其他建筑业、电信广播电视和卫星传输服务业、房屋建筑业、住宿业、金融业、航空运输业、土木工程建筑业等 16 个行业高于 50%；房地产业、装卸搬运及仓储业、道路运输业、生态保护环境治理及公共设施管理业 4 个行业低于 50%。

① 2020 年 1 月是按 20 个行业统计，2—12 月是按 21 个行业统计。

1 月中国非制造业商务活动指数各单项指数的变化如下。

新订单指数小幅上升。2020 年 1 月，新订单指数为 50.6%，环比上升 0.2 个百分点。分行业来看，建筑业新订单指数为 53.8%，服务业新订单指数为 50.0%。20 个行业中，土木工程建筑业、金融业、电信广播电视和卫星传输服务业、邮政业、房屋建筑业、批发业、住宿业等 12 个行业高于 50%；租赁及商务服务业为 50%；居民服务及修理业、房地产业、餐饮业、装卸搬运及仓储业等 7 个行业低于 50%。

新出口订单指数环比上升。2020 年 1 月，新出口订单指数为 48.4%，环比上升 0.6 个百分点。分行业来看，建筑业新出口订单指数为 54.1%，服务业新出口订单指数为 47.1%。20 个行业中，居民服务及修理业、土木工程建筑业等 9 个行业高于 50%；租赁及商务服务业、批发业、房地产业、零售业、道路运输业等 11 个行业低于 50%。

投入品价格指数有所上升。2020 年 1 月，投入品价格指数为 53.3%，环比上升 0.9 个百分点。分行业来看，建筑业投入品价格指数为 56.1%，服务业投入品价格指数为 52.8%。20 个行业中，餐饮业、建筑安装装饰及其他建筑业、航空运输业、租赁及商务服务业、房屋建筑业、住宿业、土木工程建筑业等 19 个行业高于 50%；装卸搬运及仓储业低于 50%。

销售价格指数小幅上升。2020 年 1 月，销售价格指数为 50.5%，环比上升 0.2 个百分点。分行业来看，建筑业销售价格指数为 52.2%，服务业销售价格指数为 50.2%。20 个行业中，租赁及商务服务业、批发业、房屋建筑业、生态保护环境治理及公共设施管理业等 11 个行业高于 50%；互联网及软件信息技术服务业、住宿业、房地产业、建筑安装装饰及其他建筑业、邮政业等 9 个行业低于 50%。

从业人员指数有所上升。2020 年 1 月，从业人员指数为 48.6%，环比上升 0.3 个百分点。分行业来看，建筑业从业人员指数为 55.3%，服务业从业人员指数为 47.4%。20 个行业中，土木工程建筑业、建筑安装装饰及其他建筑业、水上运输业、航空运输业、邮政业等 6 个行业高于 50%；房地产业、租赁及商务服务业、装卸搬运及仓储业、居民服务及修理业、金融业等 14 个行业低于 50%。

业务活动预期指数有所回升。2020 年 1 月，业务活动预期指数为 59.6%，环比上升 0.5 个百分点。分行业来看，建筑业业务活动预期指数为 64.4%，服务业业务活动预期指数为 58.7%。20 个行业中，金融业、邮政业、房屋建筑业、土木工程建筑业等 10 个行业高于 60%；批发业、生态保护环境治理及公共设施管理业、住宿业、房地产业等 10 个行业低于 60%。

2 月

2020 年 2 月，中国非制造业商务活动指数为 29.6%，环比下降 24.5 个百分点。

中国物流与采购联合会副会长蔡进认为，在新冠肺炎疫情影响下，2 月的商务活动指数和新订单指数均有明显回落，非制造业供需增长受到较大影响。新冠肺炎疫情对经济的短期影响不可避免，特别是对服务业影响相对明显，不容忽视。经济增长的恢复关键在于启动最终需求，服务业发挥着重要作用。服务业产业链相对较短，恢复将较为迅速，进而启动最终需求，撬动产业链上游行业恢复常态，拉动经济恢复增长。新冠肺炎疫情对经济影响是短暂的、可控的，经济长期向好的基本面没有改变。经济恢复的关键在于两点：一是尽快全面控制疫情；二是培育市场需求，推动产业链恢复常态运行。

分行业来看，建筑业商务活动指数为26.6%；服务业商务活动指数为30.1%。21个行业中，金融业高于50%；其余所有行业均低于50%。

2月中国非制造业商务活动指数各单项指数的变化如下。

新订单指数明显下降。2020年2月，新订单指数为26.5%，环比下降24.1个百分点。分行业来看，建筑业新订单指数为23.8%；服务业新订单指数为27%。21个行业新订单指数均低于50%。

投入品价格指数环比下降。2020年2月，投入品价格指数为49.3%，环比下降4.0个百分点。分行业来看，建筑业投入品价格指数为54%，服务业投入品价格指数为48.4%。21个行业中，住宿业、邮政业、餐饮业、土木工程建筑业和互联网及软件信息技术服务业等11个行业高于50%；铁路运输业为50%；居民服务及修理业、金融业、道路运输业和生态保护环境治理及公共设施管理业等9个行业低于50%。

销售价格指数环比下降。2020年2月，销售价格指数为43.9%，环比下降6.6个百分点。分行业来看，建筑业销售价格指数为50.9%，服务业销售价格指数为42.7%。21个行业中，建筑安装装饰及其他建筑业、房屋建筑业和铁路运输业3个行业高于50%；装卸搬运及仓储业、互联网及软件信息技术服务业、土木工程建筑业、邮政业、房地产业和水上运输业等18个行业低于50%。

从业人员指数明显下降。2020年2月，从业人员指数为37.9%，环比下降10.7%。分行业来看，建筑业从业人员指数为32.3%，服务业从业人员指数为38.9%。21个行业从业人员指数均低于50%。

业务活动预期指数环比下降。2020年2月，业务活动预期指数为40%，环比下降19.6个百分点。分行业来看，建筑业业务活动预期指数为41.8%，服务业业务活动预期指数为39.7%。21个行业中，邮政业、金融业和铁路运输业等5个行业高于50%；电信广播电视和卫星传输服务业、装卸搬运及仓储业、零售业和批发业等16个行业低于50%。

3月

2020年3月，中国非制造业商务活动指数为52.3%，环比上升22.7个百分点。

中国物流与采购联合会副会长蔡进认为，2020年3月，商务活动指数上升至52.3%，表明伴随新冠肺炎疫情得到有效控制，复工复产政策效应显现，非制造业经济活动呈现较快恢复态势，具体表现在市场需求回升，市场价格和就业活动明显好转，企业预期也有明显改善。建筑业活动明显恢复，有利于推动投资需求回升，拉动经济较快恢复。一些与复工复产密切相关的生产性服务业，如交通运输业、批发业、银行业均有明显回升。与居民消费基本保障有关的零售业和邮政业也趋于活跃。总体来看，随着新冠肺炎疫情得到有效控制，复工复产政策效应显现，推动非制造业经济加快恢复。但基础仍需进一步巩固，还要加大力度扩大需求，助力经济尽快恢复正常运行。

分行业来看，建筑业商务活动指数为55.1%，服务业商务活动指数为51.8%。21个行业中，铁路运输业、航空运输业、土木工程建筑业、零售业和金融业等12个行业高于50%；生态保护环境治理及公共设施管理业、水上运输业、餐饮业和房地产业等9个行业低于50%。

3月中国非制造业商务活动指数各单项指数的变化如下。

新订单指数明显上升。2020年3月，新订单指数为49.2%，环比上升22.7个百分点。分行业来看，建筑业新订单指数为48.4%，服务业新订单指数为49.3%。21个行业中，零售业、航空运输业、金融业、铁路运输业等9个行业高于50%；餐饮业、电信广播电视和卫星传输服务业、水上运输业和房屋建筑业等12个行业低于50%。

投入品价格指数微幅上升。2020年3月，投入品价格指数为49.4%，环比上升0.1个百分点。分行业来看，建筑业投入品价格指数为52.5%，服务业投入品价格指数为48.9%。21个行业中，邮政业、餐饮业、土木工程建筑业、住宿业、房屋建筑业等11个行业高于50%；铁路运输业、互联网及软件信息技术服务业、零售业、生态保护环境治理及公共设施管理业等10个行业低于50%。

销售价格指数环比上升。2020年3月，销售价格指数为46.1%，环比上升2.2个百分点。分行业来看，建筑业销售价格指数为52.5%，服务业销售价格指数为44.9%。21个行业中，土木工程建筑业、房屋建筑业、装卸搬运及仓储业3个行业高于50%；互联网及软件信息技术服务业、建筑安装装饰及其他建筑业、邮政业、航空运输业、道路运输业等18个行业低于50%。

从业人员指数有所上升。2020年3月，从业人员指数为47.7%，环比上升9.8个百分点。分行业来看，建筑业从业人员指数为53.1%，服务业从业人员指数为46.7%。21个行业中，土木工程建筑业、邮政业、房屋建筑业、水上运输业4个行业高于50%；金融业位于50%；零售业、批发业、航空运输业、生态保护环境治理及公共设施管理业、装卸搬运及仓储业等16个行业低于50%。

业务活动预期指数明显上升。2020年3月，业务活动预期指数为57.3%，环比上升17.3个百分点。分行业来看，建筑业业务活动预期指数为59.9%，服务业业务活动预期指数为56.8%。21个行业中，铁路运输业、邮政业、零售业等7个行业高于60%；房屋建筑业、批发业、航空运输业、水上运输业和餐饮业等14个行业低于60%。

4月

2020年4月，中国非制造业商务活动指数为53.2%，环比上升0.9个百分点。

中国物流与采购联合会副会长蔡进认为，2020年4月，商务活动指数和新订单指数均连续上升，非制造业持续加快恢复。新订单指数回升至50%以上，市场需求趋于回稳也带动了就业活动趋稳，企业预期较为乐观。基本民生消费和基建投资共同驱动经济平稳运行。尤其是零售业、餐饮业的商务活动指数较上月上升，均在60%以上，最终需求明显启动。建筑业供需活动继续保持活跃，投资需求加速恢复，有助于经济平稳运行。新动能相关行业发展势头依然强劲。线上消费继续活跃带动邮政寄递业需求加快增长，远程办公以及信息消费的持续活跃带动信息服务业活动继续明显回升。总体来看，第二季度非制造业呈现加快恢复运营的势头，预示着经济运行基本趋势在向好。

分行业来看，建筑业商务活动指数为59.7%，服务业商务活动指数为52.1%。21个行业中，零售业、餐饮业、土木工程建筑业、电信广播电视和卫星传输服务业、房屋建筑业、铁路运输业、航空运输业等15个行业高于50%；装卸搬运及仓储业、房地产业、居民服务及修理业、租赁及商务服务业、住宿业等6个行业低于50%。

4月中国非制造业商务活动指数各单项指数的变化如下。

新订单指数升幅最大。2020年4月，新订单指数为52.1%，环比上升2.9个百分点。分行业来看，建筑业新订单指数为53.2%，服务业新订单指数为51.9%。21个行业中，零售业、餐饮业、道路运输业、铁路运输业等11个行业高于50%；批发业、建筑安装装饰及其他建筑业、居民服务及修理业等10个行业低于50%。

投入品价格指数小幅下降。2020年4月，投入品价格指数为49.0%，环比下降0.4个百分点。分行业来看，建筑业投入品价格指数为49.3%，服务业投入品价格指数为48.9%。21个行业中，住宿业、装卸搬运及仓储业、邮政业等10个行业高于50%；建筑安装装饰及其他建筑业为50%；零售业、金融业、铁路运输业等10个行业低于50%。

销售价格指数环比下降。2020年4月，销售价格指数为45.4%，环比下降0.7个百分点。分行业来看，建筑业销售价格指数为50.2%，服务业销售价格指数为44.6%。21个行业中，房屋建筑业高于50%；装卸搬运及仓储业、土木工程建筑业、互联网及软件信息技术服务业等20个行业低于50%。

从业人员指数有所上升。2020年4月，从业人员指数为48.6%，环比上升0.9个百分点。分行业来看，建筑业从业人员指数为57.1%，服务业从业人员指数为47.1%。21个行业中，房屋建筑业、邮政业、土木工程建筑业等6个行业高于50%；水上运输业、航空运输业、金融业、批发业、零售业、房地产业等15个行业低于50%。

业务活动预期指数升幅明显。2020年4月，业务活动预期指数为60.1%，环比上升2.8个百分点。分行业来看，建筑业业务活动预期指数为65.4%，服务业业务活动预期指数为59.2%。21个行业中，邮政业、零售业、土木工程建筑业等12个行业高于60%；航空运输业、房地产业、装卸搬运及仓储业等9个行业低于60%。

5月

2020年5月，中国非制造业商务活动指数为53.6%，环比上升0.4个百分点。

中国物流与采购联合会副会长蔡进认为，2020年5月，市场供需较上月均有上升，带动价格有所回升，就业继续趋稳，企业预期升温，显示非制造业恢复性回升力度有所增强。结合细分指数走势，当前经济运行呈现如下积极变化。一是投资稳内需作用继续显现。建筑业走势延续活跃，特别是建筑业新订单指数稳步回升，意味着投资需求持续释放动力较强。建筑业供需趋升带动就业持续回升，有利于就业的稳定。二是企业复工复产活动稳步推进。表现在衔接企业生产和销售的商品流通批发业趋于回升；企业间货物运输趋于频繁，道路运输业加快回升；企业间商务往来趋于回升，住宿业和航空运输业回升明显。三是新动能相关行业发展良好。新冠肺炎疫情倒逼产业转型，新技术应用增多，信息服务相关行业增长态势良好；电商网购等新型消费方式的持续升温，带动邮政寄递业继续活跃。

分行业来看，建筑业商务活动指数为60.8%，服务业商务活动指数为52.3%。21个行业中，航空运输业、道路运输业、房屋建筑业、电信广播电视和卫星传输服务业、建筑安装装饰及其他建筑业、邮政业等17个行业高于50%；居民服务及修理业、房地产业、文化、体育和娱乐业、租赁及商务服务业4个行业低于50%。

5月中国非制造业商务活动指数各单项指数的变化如下。

新订单指数小幅上升。2020年5月，新订单指数为52.6%，环比上升0.5个百分点。分行业来看，建筑业新订单指数为58.0%，服务业新订单指数为51.7%。21个行业中，航空运输业等15个行业高于50%；批发业，装卸搬运及仓储业，居民服务及修理业，文化、体育和娱乐业，房地产业等6个行业低于50%。

投入品价格指数有所上升。2020年5月，投入品价格指数为52.0%，环比上升3.0个百分点。分行业来看，建筑业投入品价格指数为60.0%，服务业投入品价格指数为50.6%。21个行业中，房屋建筑业、土木工程建筑业、餐饮业等14个行业高于50%；金融业、电信广播电视和卫星传输服务业、住宿业等7个行业低于50%。

销售价格指数环比上升。2020年5月，销售价格指数为48.6%，环比上升3.2个百分点。分行业来看，建筑业销售价格指数为54.7%，服务业销售价格指数为47.6%。21个行业中，土木工程建筑业、房屋建筑业、建筑安装装饰及其他建筑业等7个行业高于50%；批发业、互联网及软件信息技术服务业等14个行业低于50%。

从业人员指数小幅下降。2020年5月，从业人员指数为48.5%，环比下降0.1个百分点。分行业来看，建筑业从业人员指数为58.8%，服务业从业人员指数为46.7%。21个行业中，房屋建筑业、土木工程建筑业、邮政业等5个行业高于50%；餐饮业、装卸搬运及仓储业、房地产业、批发业、金融业等16个行业低于50%。

业务活动预期指数升幅明显。2020年5月，业务活动预期指数为63.9%，环比上升3.8个百分点。分行业来看，建筑业业务活动预期指数为67.5%；服务业业务活动预期指数为63.2%。21个行业中，邮政业、零售业、道路运输业、餐饮业等14个行业高于60%；住宿业、居民服务及修理业等7个行业低于60%。

6月

2020年6月，中国非制造业商务活动指数为54.4%，环比上升0.8个百分点。

中国物流与采购联合会副会长蔡进认为，2020年6月，经济恢复性回升势头进一步巩固。一是回升的持续性较好。商务活动指数和新订单指数持续3个月呈现上升走势，且高于2019年同期，市场供需回升趋势较为稳定。二是回升的联动性较强。在供需带动下，投入品价格指数和销售价格指数均呈现连续2个月上升走势，上下游价格持续联动回升；从业人员指数较上月小幅上升，连续3个月稳定在48%以上，就业继续趋稳回升。三是行业基本面平稳。21个行业中，有15个行业商务活动指数超过50%。其中，金融业商务指数超过60%，对实体经济支持力度进一步增强；建筑业商务活动指数稳定在59%以上，投资相关及活动继续保持活跃；零售业、住宿业和餐饮业商务活动指数保持在52%以上，基本民生消费也较为稳定。四是企业预期保持乐观。业务活动预期指数连续三个月稳定在60%以上。当前的经济复苏更多依赖外部性力量，新冠肺炎疫情逐步得到控制和政府政策的激励都为我国经济加快恢复提供了有利的环境。2020年下半年，应继续促转型、扩内需，增强经济恢复的内生性动力，保障经济持续向好发展。

分行业来看，建筑业商务活动指数为59.8%，服务业商务活动指数为53.4%。21个行业中，航空运输业、道路运输业、金融业、房屋建筑业、电信广播电视和卫星传输服务业、铁路运输业、邮政业等15个行业高于50%；居民服务及修理业、生态保护环境治理及公共设施管理业、房地产业、装卸搬运及仓储业等6个行业低于50%。

6月中国非制造业商务活动指数各单项指数的变化如下。

新订单指数小幅上升。2020年6月，新订单指数为52.7%，环比上升0.1个百分点。分行业来看，建筑业新订单指数为55.2%，服务业新订单指数为52.3%。21个行业中，航空运输业、金融业、道路运输业、铁路运输业、水上运输业、建筑安装装饰及其他建筑业、餐饮业等13个行业高于50%；生态保护环境治理及公共设施管理业、住宿业、互联网及软件信息技术服务业、居民服务及修理业等8个行业低于50%。

投入品价格指数有所上升。2020年6月，投入品价格指数为52.9%，环比上升0.9个百分点。分行业来看，建筑业投入品价格指数为55.2%，服务业投入品价格指数为52.5%。21个行业中，批发业、建筑安装装饰及其他建筑业、住宿业、房屋建筑业、餐饮业、铁路运输业、零售业等17个行业高于50%；互联网及软件信息技术服务业、居民服务及修理业等4个行业低于50%。

销售价格指数环比上升。2020年6月，销售价格指数为49.5%，环比上升0.9个百分点。分行业来看，建筑业销售价格指数为51.9%，服务业销售价格指数为49.1%。21个行业中，批发业、水上运输业、房屋建筑业、邮政业、建筑安装装饰及其他建筑业、零售业等10个行业高于50%；铁路运输业、装卸搬运及仓储业、房地产业、餐饮业、道路运输业等11个行业低于50%。

从业人员指数小幅上升。2020年6月，从业人员指数为48.7%，环比上升0.2个百分点。分行业来看，建筑业从业人员指数为57.4%；服务业从业人员指数为47.1%。21个行业中，房屋建筑业、土木工程建筑业、邮政业等5个行业高于50%；房地产业、金融业、零售业、批发业、装卸搬运及仓储业、生态保护环境治理及公共设施管理业等16个行业低于50%。

业务活动预期指数环比下降。2020年6月，业务活动预期指数为60.3%，环比下降3.6个百分点。分行业来看，建筑业业务活动预期指数为67.8%，服务业业务活动预期指数为59.0%。21个行业中，房屋建筑业、建筑安装装饰及其他建筑业、邮政业、电信广播电视和卫星传输服务业、航空运输业等12个行业高于60%；铁路运输业、水上运输业、餐饮业、居民服务及修理业等9个行业低于60%。

7月

2020年7月，中国非制造业商务活动指数为54.2%，环比下降0.2个百分点。

中国物流与采购联合会副会长蔡进认为，2020年7月，非制造业经营活动继续保持较快增长。商务活动指数连续两个月稳定在54%以上的较高水平。市场销售价格连续回升，销售价格指数连续3个月环比上升，本月升至50%以上。预期继续回升。业务活动预期指数连续4个月稳定在60%以上。分行业看，经济运行积极变化进一步显现。建筑业商务活动指数回升至60%以上，新订单指数稳定在54%以上，投资需求持续释放；邮政业和信息服务业商务活动指数在保持高位基础上继续上升，线上服务相关行业加速发展；住宿、餐饮及文化娱乐相关行业商务活动指数较上月升幅明显，新冠肺炎疫情影响较大的行业呈现恢复加快趋势；水上运输业商务活动指数持续上升，出口服务相关活动加快恢复。值得关注的是，需求增长的稳定性仍有待加强。新订单指数虽仍保持在51%以上，也高于上年水平，但较上月回落1.2个百分点。在经济平稳较快回升的基础上，应继续挖掘内需潜力，激发需求增长动力，进一步增强经济复苏的稳定性。

分行业来看，建筑业商务活动指数为60.5%；服务业商务活动指数为53.1%。21个行业中，邮政业、电信广播电视和卫星传输服务业、铁路运输业、土木工程建筑业、航空运输业等17个行业高于50%；装卸搬运及仓储业、房地产业、生态保护环境治理及公共设施管理业、租赁及商务服务业4个行业低于50%。

7月中国非制造业商务活动指数各单项指数的变化如下。

新订单指数环比下降。2020年7月，新订单指数为51.5%，环比下降1.2个百分点。分行业来看，建筑业新订单指数为54.6%，服务业新订单指数为51.0%。21个行业中，邮政业、住宿业、航空运输业、水上运输业、电信广播电视和卫星传输服务业等13个行业高于50%；零售业、批发业、建筑安装装饰及其他建筑业、居民服务及修理业等8个行业低于50%。

投入品价格指数微幅上升。2020年7月，投入品价格指数为53.0%，环比上升0.1个百分点。分行业来看，建筑业投入品价格指数为55.0%，服务业投入品价格指数为52.7%。21个行业中，餐饮业、航空运输业、住宿业、批发业、房屋建筑业、土木工程建筑业等20个行业高于50%；租赁及商务服务业低于50%。

销售价格指数环比上升。2020年7月，销售价格指数为50.1%，环比上升0.6个百分点。分行业来看，建筑业销售价格指数为51.3%，服务业销售价格指数为49.9%。21个行业中，批发业、水上运输业、土木工程建筑业、零售业、生态保护环境治理及公共设施管理业等12个行业高于50%；铁道路运输业、房地产业、餐饮业、居民服务及修理业等9个行业低于50%。

从业人员指数环比下降。2020年7月，从业人员指数为48.1%，环比下降0.6个百分点。分行业来看，建筑业从业人员指数为56.2%，服务业从业人员指数为46.7%。21个行业中，房屋建筑业、邮政业、土木工程建筑业等5个行业高于50%；建筑安装装饰及其他建筑业、装卸搬运及仓储业、航空运输业、房地产业、批发业、生态保护环境治理及公共设施管理业等16个行业低于50%。

业务活动预期指数有所上升。2020年7月，业务活动预期指数为62.2%，环比上升1.9个百分点。分行业来看，建筑业业务活动预期指数为66.3%，服务业业务活动预期指数为61.4%。21个行业中，房屋建筑业、邮政业、住宿业、航空运输业、互联网及软件信息技术服务业等15个行业高于60%；生态保护环境治理及公共设施管理业、装卸搬运及仓储业、水上运输业等6个行业低于60%。

8月

2020年8月，中国非制造业商务活动指数为55.2%，环比上升1.0个百分点。

中国物流与采购联合会副会长蔡进认为，

2020年8月，非制造业加快增长，经济复苏态势继续向好发展。商务活动指数和新订单指数较上月均有上升，市场供需双双改善，特别是需求回升有利于巩固经济向好发展的基础。伴随着供需齐升，终端销售价格、就业和市场预期继续趋稳。细分数据显示，经济复苏质量有所提升。伴随着“两新一重”建设项目持续推进，投资呈现稳中有升趋势。建筑业商务活动指数连续两个月稳定在60%以上，新订单指数升至56%以上的较高水平。在疫情防控和政府扶持政策的双促进下，服务业加快复苏，对经济的拉动作用有所增强。服务业商务活动指数创年内新高，新订单指数较上月上升，连续2个月稳定在51%以上。企业服务、民生服务和线上服务相关活动较上月均有改善。不同规模企业协同回升，大、中、小型企业供需增长较上月均有所加快。总体来看，非制造业继续向好发展，我国经济复苏基础更为坚实，特别是投资与消费双引擎的快速恢复，有利于我国内需潜力的继续释放。未来经济应继续以高质量发展为主线，以需求升级为导向，引领技术升级，创造高质量供给，实现经济发展动态均衡。

分行业来看，建筑业商务活动指数为60.2%，服务业商务活动指数为54.3%。21个行业中，住宿业、航空运输业等19个行业高于50%；房地产业、生态保护环境治理及公共设施管理业2个行业低于50%。从企业注册类型来看，各企业类型均高于50%，在52.8%~55.8%；从区域来看，东北部、西部、东部、中部均高于50%，在52.6%~56.1%。

8月中国非制造业商务活动指数各单项指数的变化如下。

新订单指数环比上升。2020年8月，新订单指数为52.3%，环比上升0.8个百分点。分行业来看，建筑业新订单指数为56.4%，服务业新订单指数为51.5%。21个行业中，住宿业、航空运输业等17个行业高于50%；零售业等4个行业低于50%。

投入品价格指数环比下降。2020年8月，投入品价格指数为51.9%，环比下降1.1个百分点。分行业来看，建筑业投入品价格指数为52.6%，服务业投入品价格指数为51.7%。21个行业中，建筑安装装饰及其他建筑业、住宿业等16个行业高于50%；生态保护环境治理及公共设施管理业等5个行业低于50%。

销售价格指数与上月持平。2020年8月，销售价格指数为50.1%，与上月持平。分行业来看，建筑业销售价格指数为52.2%，服务业销售价格指数为49.8%。21个行业中，批发业、水上运输业、住宿业、房屋建筑业等8个行业高于50%；建筑安装装饰及其他建筑业、铁路运输业、房地产业、道路运输业等13个行业低于50%。

从业人员指数小幅上升。2020年8月，从业人员指数为48.3%，环比上升0.2个百分点。分行业来看，建筑业从业人员指数为54.2%，服务业从业人员指数为47.2%。21个行业中，房屋建筑业、住宿业、土木工程建筑业等6个行业高于50%；航空运输业、水上运输业、房地产业、装卸搬运及仓储业、电信广播电视和卫星传输服务业等15个行业低于50%。

业务活动预期指数微幅下降。2020年8月，业务活动预期指数为62.1%，环比下降0.1个百分点。分行业来看，建筑业业务活动预期指数为66.6%，服务业业务活动预期指数为61.3%。21个行业中，航空运输业、铁路运输业、住宿业、建筑安装装饰及其他建筑业等18个行业高于60%；房地产业、居民服务及修理业等3个行业低于60%。

9 月

2020 年 9 月，中国非制造业商务活动指数为 55.9%，环比上升 0.7 个百分点。

中国物流与采购联合会副会长蔡进认为，2020 年 9 月，商务活动指数为 55.2%，并连续 2 个月上升，第三季度商务活动指数均值为 55.1%，较第二季度上升 1.4 个百分点。表明建筑业与服务业经济恢复增长的趋势进一步增强。特别是新订单指数较上月上升 1.7 个百分点至 54%，环比连续上升，表明需求端进一步向好，增强了经济发展的后劲。就业继续好转，从业人员指数较上月上升 0.8 个百分点至 49.1%，经济的恢复对就业的带动作用继续显现。投资与消费相关活动均表现良好。建筑业商务活动指数连续三个月稳定在 60% 以上，新订单指数连续两个月稳定在 56% 以上。住宿、餐饮以及旅游相关行业等民生消费相关活动保持加快恢复趋势，消费恢复的动力继续增强。总体来看，非制造业持续加快增长，经济复苏态势进一步向好发展。

分行业来看，建筑业商务活动指数为 60.2%，服务业商务活动指数为 55.2%。21 个行业中，各行业均高于 50%，指数在 50.3% ~ 84.3%。

9 月中国非制造业商务活动指数各单项指数的变化如下。

新订单指数环比上升。2020 年 9 月，新订单指数为 54.0%，环比上升 1.7 个百分点。分行业来看，建筑业新订单指数为 56.9%，服务业新订单指数为 53.5%。21 个行业中，航空运输业、住宿业、铁路运输业和租赁及商务服务业等 20 个行业高于 50%；仅房地产业 1 个行业低于 50%。

投入品价格指数环比下降。2020 年 9 月，投入品价格指数为 50.6%，环比下降 1.3 个百分点。分行业来看，建筑业投入品价格指数为 51.3%，服务业投入品价格指数为 50.5%。21 个行业中，住宿业、租赁及商务服务业和餐饮业等 14 个行业高于 50%；建筑安装装饰及其他建筑业和道路运输业 2 个行业为 50%；水上运输业、金融业等 5 个行业低于 50%。

销售价格指数环比下降。2020 年 9 月，销售价格指数为 48.9%，环比下降 1.2 个百分点。分行业来看，建筑业销售价格指数为 51.0%；服务业销售价格指数为 48.5%。21 个行业中，航空运输业等 7 个行业高于 50%；住宿业为 50%；餐饮业、邮政业等 13 个行业低于 50%。

从业人员指数环比上升。2020 年 9 月，从业人员指数为 49.1%，环比上升 0.8 个百分点。分行业来看，建筑业从业人员指数为 54.6%；服务业从业人员指数为 48.1%。21 个行业中，房屋建筑业、邮政业等 6 个行业高于 50%；餐饮业等 15 个行业低于 50%。

业务活动预期指数环比上升。2020 年 9 月，业务活动预期指数为 63.0%，环比上升 0.9 个百分点。分行业来看，建筑业业务活动预期指数为 67.8%，服务业业务活动预期指数为 62.2%。21 个行业中，航空运输业、住宿业等 18 个行业高于 60%；水上运输业等 3 个行业低于 60%。

10 月

2020 年 10 月，中国非制造业商务活动指数为 56.2%，环比上升 0.3 个百分点。

中国物流与采购联合会副会长蔡进认为，2020 年 10 月，商务活动指数为 56.2%，较上月上升 0.3 个百分点，实现连续 3 个月环比上升；新订单指数虽有上升，但仍保持在 53%，非制造业市场供需较快增长，经济复苏继续保持向好趋势。在供需增长带动下，就业情况持续转好，市场预期保持乐观，销售价格降幅收窄，经济复苏质量继续巩固。第四季度我国经济具备持续复苏基础。一是基建投资将继续发力，促进相关行业增长。土木工程建筑业商务活动指数和新订单指数较上月均有上升，且保持在较高水平。二是消费有望为稳增长贡献增量。零售业供需趋升，住宿及餐饮业保持活跃，文体娱乐相关行业呈现加快恢复势头，实物和服务消费均向好发展。在有效管控疫情的前提下，服务消费有望为第四季度经济复苏贡献增量。三是社会商品流通顺畅，经济活力较强。批发业商务活动指数升至54%以上，连续3个月上升，新订单指数连续2个月稳定在52.1%。第四季度，在政府相关政策的持续推动下，我国经济增长的内生动力有望继续增强，应继续推进扩投资和稳内需的有效结合，继续推进高质量内循环发展格局的形成。

分行业来看，建筑业商务活动指数为59.8%；服务业商务活动指数为55.5%。21个行业中，航空运输业，文化、体育和娱乐业，房屋建筑业，土木工程建筑业，住宿业和铁路运输业等19个行业高于50%；水上运输业、建筑安装装饰及其他建筑业2个行业低于50%。

10月中国非制造业商务活动指数各单项指数的变化如下。

新订单指数环比下降。2020年10月，新订单指数为53.0%，环比下降1.0个百分点。分行业来看，建筑业新订单指数为53.1%，服务业新订单指数为52.9%。21个行业中，航空运输业、住宿业和铁路运输业等17个行业高于50%；水上运输业为50%；居民服务及修理业等3个行业低于50%。

投入品价格指数环比上升。2020年10月，投入品价格指数为50.9%，环比上升0.3个百分点。分行业来看，建筑业投入品价格指数为52.9%，服务业投入品价格指数为50.6%。21个行业中，住宿业和装卸搬运及仓储业等14个行业高于50%；道路运输业和水上运输业2个行业为50%；零售业和金融业等5个行业低于50%。

销售价格指数环比上升。2020年10月，销售价格指数为49.4%，环比上升0.5个百分点。分行业来看，建筑业销售价格指数为52.3%，服务业销售价格指数为48.9%。21个行业中，土木工程建筑业和房屋建筑业等8个行业高于50%；电信广播电视和卫星传输服务业等13个行业低于50%。

从业人员指数环比上升。2020年10月，从业人员指数为49.4%，环比上升0.3个百分点。分行业来看，建筑业从业人员指数为53.2%，服务业从业人员指数为48.7%。21个行业中，房屋建筑业、住宿业和邮政业等9个行业高于50%；互联网及软件信息技术服务业和水上运输业等12个行业低于50%。

业务活动预期指数微幅下降。2020年10月，业务活动预期指数为62.9%，环比下降0.1个百分点。分行业来看，建筑业业务活动预期指数为67.1%，服务业业务活动预期指数为62.2%。21个行业中，住宿业、建筑安装装饰及其他建筑业和金融业等16个行业高于60%；铁路运输业和装卸搬运及仓储业等5个行业低于60%。

11月

2020年11月，中国非制造业商务活动指数为56.4%，环比上升0.2个百分点。

中国物流与采购联合会副会长蔡进认为，2020年11月，商务活动指数较上月上升0.2个百分点，连续两个月稳定在56%以上，新订单指数仍保持在52.8%的较好水平，市场价格持续回升，经济效益趋于改善。非制造业保持稳中向好的基本走势，形成了较强的经济复苏动力。从行业看，与生产相关服务业表现良好。一是伴随着制造业的强势恢复，流通环节趋于活跃，批发业商务活动指数连续3个月环比上升，新订单指数连续3个月稳定在52%左右；二是伴随着经济向好，金融活动趋于活跃，银行和资本市场服务活动较上月均有明显上升，表明金融对实体经济支持力度继续加大，企业融资环境有所改善；三是随着数字经济加快推进，电信及互联网相关服务行业表现活跃。11月建筑业商务活动指数继续增长，投资相关活动稳步推进。值得关注的是，受传统消费淡季和部分地区疫情反复的影响，消费相关服务业指数有所回落。我们认为这只是市场的短期波动，预计在政府促消费相关政策和年底节日消费预期的推动下，12月的消费品市场还会进一步恢复。

分行业来看，建筑业商务活动指数为60.5%，服务业商务活动指数为55.7%。21个行业中，航空运输业、电信广播电视和卫星传输服务业、房屋建筑业和金融业等15个行业高于50%；零售业、建筑安装装饰及其他建筑业和居民服务及修理业等6个行业低于50%。

11月中国非制造业商务活动指数各单项指数的变化如下。

新订单指数小幅下降。2020年11月，新订单指数为52.8%，环比下降0.2个百分点。分行业来看，建筑业新订单指数为54.0%，服务业新订单指数为52.6%。21个行业中，航空运输业、金融业和住宿业等15个行业高于50%；生态保护环境治理及公共设施管理业、餐饮业和居民服务及修理业等6个行业低于50%。

投入品价格指数环比上升。2020年11月，投入品价格指数为52.7%，环比上升1.8个百分点。分行业来看，建筑业投入品价格指数为57.5%，服务业投入品价格指数为51.9%。21个行业中，房屋建筑业、建筑安装装饰及其他建筑业、土木工程建筑业等20个行业高于50%；铁路运输业低于50%。

销售价格指数环比上升。2020年11月，销售价格指数为51.0%，环比上升1.6个百分点。分行业来看，建筑业销售价格指数为51.3%，服务业销售价格指数为50.9%。21个行业中，航空运输业、装卸搬运及仓储业、房屋建筑业等13个行业高于50%；文化、体育和娱乐业，餐饮业，土木工程建筑业等8个行业低于50%。

从业人员指数环比下降。2020年11月，从业人员指数为48.9%，环比下降0.5个百分点。分行业来看，建筑业从业人员指数为54.4%，服务业从业人员指数为47.9%。21个行业中，房屋建筑业、建筑安装装饰及其他建筑业、邮政业等6个行业高于50%；餐饮业、生态保护环境治理及公共设施管理业、铁路运输业等15个行业低于50%。

业务活动预期指数环比下降。2020年11月，业务活动预期指数为61.2%，环比下降1.7个百分点。分行业来看，建筑业业务活动预期指数为61.8%，服务业业务活动预期指数为61.1%。21个行业中，邮政业、金融业、航空运输业等12个行业高于60%；餐饮业、生态保护环境治理及公共设施管理业、道路运输业等9个行业低于60%。

12月

2020年12月，中国非制造业商务活动指数为55.7%，环比下降0.7个百分点。

中国物流与采购联合会副会长蔡进认为，2020年12月，商务活动指数虽较上月下降0.7

个百分点，但仍保持在55.7%的较高水平。新订单指数回落较为明显，但仍在51.9%，高于2019年同期。批发业进入淡季以及部分地区受新冠肺炎疫情影响，餐饮和文体娱乐等行业需求的短期回落是导致12月需求增速放缓的主要原因。第四季度商务活动指数均值为56.1%，优于第三季度的55.1%和第二季度的53.7%，非制造业经济呈现逐季加快恢复趋势；新订单指数均值为52.6%，与第三季度持平，市场需求保持稳定；从业人员指数均值为49%，较第三季度均值高出0.5个百分点，就业有所改善；销售价格指数均值为50.9%，明显好于第三季度的49.7%，有利于企业效益空间的拓展。综合数据变化，第四季度非制造业恢复性增长的力度进一步增强，经济运行向好的基础进一步巩固。

分行业来看，建筑业商务活动指数为60.7%，服务业商务活动指数为54.8%。21个行业中，金融业、邮政业、住宿业、土木工程建筑业、电信广播电视和卫星传输服务业和互联网及软件信息技术服务业等17个行业高于50%；餐饮业、房地产业、生态保护环境治理及公共设施管理业、装卸搬运及仓储业4个行业低于50%。

12月中国非制造业商务活动指数各单项指数的变化如下。

新订单指数环比下降。2020年12月，新订单指数为51.9%，环比下降0.9个百分点。分行业来看，建筑业新订单指数为55.8%，服务业新订单指数为51.2%。21个行业中，金融业、住宿业、土木工程建筑业和房屋建筑业等12个行业高于50%；生态保护环境治理及公共设施管理业、批发业和租赁及商务服务业等9个行业低于50%。

投入品价格指数环比上升。2020年12月，投入品价格指数为54.3%，环比上升1.6个百分点。分行业来看，建筑业投入品价格指数为61.2%，服务业投入品价格指数为53.1%。21个行业中，房屋建筑业、建筑安装装饰及其他建筑业、土木工程建筑业和批发业等20个行业高于50%；铁路运输业低于50%。

销售价格指数环比上升。2020年12月，销售价格指数为52.3%，环比上升1.3个百分点。分行业来看，建筑业销售价格指数为54.0%；服务业销售价格指数为52.0%。21个行业中，批发业、水上运输业、住宿业和房屋建筑业等14个行业高于50%；餐饮业为50%；道路运输业、居民服务及修理业、铁路运输业等6个行业低于50%。

从业人员指数小幅下降。2020年12月，从业人员指数为48.7%，环比下降0.2个百分点。分行业来看，建筑业从业人员指数为52.7%，服务业从业人员指数为48.0%。21个行业中，土木工程建筑业、建筑安装装饰及其他建筑业、航空运输业、邮政业等7个行业高于50%；餐饮业、房地产业、批发业、居民服务及修理业、互联网及软件信息技术服务业等14个行业低于50%。

业务活动预期指数环比下降。2020年12月，业务活动预期指数为60.6%，环比下降0.6个百分点。分行业来看，建筑业业务活动预期指数为63.5%，服务业业务活动预期指数为60.1%。21个行业中，邮政业、金融业、航空运输业、住宿业、电信广播电视和卫星传输服务业和房屋建筑业等13个行业高于60%；道路运输业、水上运输业、餐饮业和生态保护环境治理及公共设施管理业等8个行业低于60%。

下图为2020年1—12月中国非制造业商务活动指数走势。

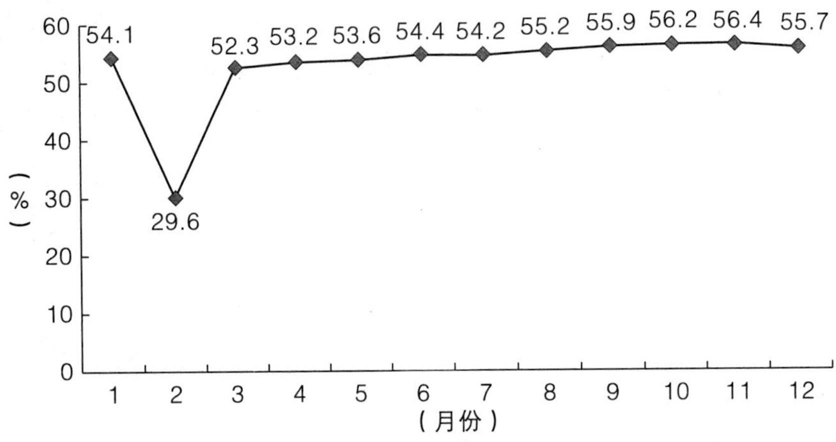

2020 年 1—12 月中国非制造业商务活动指数走势

（中国物流信息中心）

第三部分

物流产业

2020 年中国交通运输业[①]

2020 年是极不平凡的一年，低位徘徊的世界经济受到突如其来的新冠肺炎疫情沉重打击，国际贸易保护主义进一步加剧，全球经济陷入深度衰退。面对多重困难和挑战，全党和各族人民在以习近平同志为核心的党中央坚强领导下顽强拼搏，疫情防控取得重大战略成果，中国在全球主要经济体中是唯一实现经济正增长，脱贫攻坚取得全面胜利，如期全面建成小康社会，交出一份人民满意、世界瞩目、可以载入史册的答卷。2020 年是“十三五”规划的收官之年，交通运输相关部门和各地区全面贯彻中共十九大和十九届二中、三中、四中、五中全会精神，立足新发展阶段，贯彻新发展理念，构建新发展格局，统筹推进疫情防控和交通运输各领域工作，全力加快交通强国建设，交通运输发展取得显著成就，为全面开启社会主义现代化国家建设新征程做好先行工作。全年完成交通固定资产投资总额 34752 亿元，比上年增长 7.1%，约占全社会固定资产投资总额的 6.6%，比上年提高 0.7 个百分点。

一、基础设施

（一）铁路

2020 年，我国完成铁路固定资产投资 7819 亿元，与上年相比略有下降，全年投产新线 4933 公里，其中，高速铁路 2521 公里。

截至 2020 年年底，全国铁路营业里程达到 14.63 万公里，比上年增长 5.3%，其中，高铁营业里程 3.8 万公里。路网密度 152.3 公里/万平方公里，比上年增加 6.8 公里/万平方公里。复线里程 8.7 万公里，电气化里程 10.6 万公里，复线率和电气化率分别达到 59.5% 和 72.8%。

（二）公路

2020 年，我国完成公路建设投资 24312 亿元，比上年增长 11.0%。其中，高速公路建设完成投资 13479 亿元，同比增长 17.2%；普通国省道建设完成投资 5298 亿元，同比增长 7.6%；农村公路建设完成投资 4703 亿元，同比增长 0.8%。

截至 2020 年年底，全国公路通车里程

① 文中统计数据未包括香港、澳门特别行政区和台湾地区。

519.81 万公里，比上年年末增加 18.56 万公里。公路密度 54.15 公里/百平方公里，增加 1.94 公里/百平方公里。二级及以上等级公路里程达到 70.24 万公里，增加 3.04 万公里，占公路总里程的 13.5%。高速公路里程 16.1 万公里，比上年年末增加 1.14 万公里，其中，国家高速公路 11.3 万公里，增加 0.44 万公里。农村公路 438.23 万公里，其中，县道里程 66.14 万公里，乡道里程 123.65 万公里，村道里程 248.24 万公里。

（三）水路

2020 年，我国完成水路固定资产投资 1330 亿元，比上年增长 17.0%。其中，内河建设完成投资 704 亿元，同比增长 14.8%；沿海建设完成投资 626 亿元，同比下降 19.5%。

1. 内河航道

截至 2020 年年底，全国内河航道通航里程 12.77 万公里，比上年年末增加 387 公里。等级航道里程 6.73 万公里，占总里程的 52.7%，比上年增长 0.2 个百分点。其中，三级及以上航道 1.44 万公里，占总里程的 11.3%，同比增长 0.4 个百分点。

2. 港口

截至 2020 年年底，我国港口拥有生产用码头泊位 22142 个，比上年年末减少 751 个。其中，沿海港口生产用码头泊位 5461 个，减少 101 个；内河港口生产用码头泊位 16681 个，减少 650 个。全国港口拥有万吨级及以上泊位 2592 个，比上年年末增加 72 个。其中，沿海港口万吨级及以上泊位 2138 个，增加 62 个；内河港口万吨级及以上泊位 454 个，增加 10 个。万吨级及以上泊位中，专业化泊位 1371 个，比上年年末增加 39 个，通用散货泊位和通用件杂货泊位分别为 592 个和 415 个，分别增加 33 个和 12 个。

（四）民航

2020 年，我国完成民航固定资产投资 1050 亿元，比上年增长 8.3%。截至 2020 年年底，我国共有民用运输机场 241 个，比上年年末增加 3 个，其中，定期航班通航机场 240 个，定期航班通航城市 237 个。年内定期航班新通航机场有广西玉林福绵机场、新疆于田万方机场、重庆仙女山机场，年内定期航班新通航的城市（或地区）为广西玉林、新疆于田、重庆武隆。湖南永州零陵机场临时停航，陕西安康五里铺机场迁至安康富强机场。旅客吞吐量达到 1000 万人次以上的通航机场有 27 个，比上年净减少 12 个。年货邮吞吐量达到 1 万吨以上的通航机场有 59 个，与上年持平。北京、上海和广州三大城市机场完成旅客吞吐量和货邮吞吐量分别占境内机场总量的 18.2% 和 44%，较上年分别下降 4.2 个百分点和 2.5 个百分点。

（五）城市轨道交通

截至 2020 年年底，我国共有 44 个城市开通运营轨道交通。其中，天水、三亚、太原首次开通城市轨道交通。我国共有城市轨道交通运营线路 233 条，运营里程 7545.5 公里，比上年新增 39 条，新增运营里程 1240.3 公里，其中，新增地铁线路 189 条、6595.1 公里，新增轻轨线路 6 条、217.6 公里。我国共拥有轨道交通车站 4660 个，比上年增加 653 个。2020 年国家主管部门批复徐州、合肥、重庆、济南、宁波 5 座城市的新一轮城市轨道交通建设规划，批复深圳、厦门、福州、南昌建设规划调整，新获批轨道交通建设规划里程 782.69 公里。

（六）输油气管道

截至 2020 年年底，我国输油气管道总里程达到 17.5 万公里。国家管网集团全面接管三大石油公司相关油气管网资产，全国主要油气管道实现并网运行。中国石化算山码头—镇海炼化厂、董家口港—潍坊—鲁中、鲁北输油管道三期等原油管道，以及中俄东线天然气管道中段（长岭—永清）和青岛—南京等天然气管道相继投产，一批原油、成品油和天然气管道项目续建或开工建设。2019—2020年我国交通基础设施规模及增长情况如表1所示。

表1　2019—2020年我国交通基础设施规模及增长情况

指标	单位	2019年	2020年	比上年增长
铁路营业里程	万公里	13.9	14.63	0.73
其中：高速铁路	万公里	3.5	3.8	0.3
公路通车里程	万公里	501.25	519.81	18.56
其中：高速公路	万公里	14.96	16.1	1.14
内河航道通航里程	万公里	12.73	12.77	0.04
其中：等级航道	万公里	6.67	6.73	0.06
港口生产用码头泊位	个	22893	22142	-751
其中：万吨级及以上泊位	个	2520	2592	72
民用运输机场	个	238	241	3
城市轨道交通运营里程	公里	6305.2	7545.5	1240.3

二、运输服务

（一）运输总量

2020年，受新冠肺炎疫情影响，我国客货运输量均有不同程度下降。在疫情得到有效控制以后，全社会迅速复工复产，交通运输秩序逐步恢复，尤其是货物运输恢复较快，加上防控物资运输需求快速增长影响，全年货物运输已基本恢复至疫情暴发之前水平。2020年，我国全社会完成营业性客运量96.65亿人次，比上年下降45.1%，完成旅客周转量19251.43亿人公里，比上年下降45.5%，营业性客运量已连续7年下降，除疫情影响之外，私人汽车快速发展使旅客出行方式多元化也是重要影响因素。全年完成营业性货运量464.4亿吨、货物周转量196760.92亿吨公里，分别比上年下降0.5%和1.0%。全国港口完成货物吞吐量145.5亿吨，其中，外贸货物吞吐量44.96亿吨，分别比上年增长4.3%和4.0%，完成集装箱吞吐量26430万标准箱，比上年增长1.2%。全国港口完成集装箱铁水联运量687万标准箱，增长29.6%，占全国港口集装箱吞吐量的2.6%。

（二）运输结构

在旅客运输方面，铁路运输在旅客运输中的比重继续提升，客运量占比达到22.8%，旅客周转量占比达到42.9%，分别比上年提高2个和1.3个百分点，高铁、城际列车在旅客出行中所占比重进一步提高，动车组列车承担了约 70% 的铁路客运量。公路客运比重持续下降，客运量和旅客周转量所占比重分别由 2019 年的 73.9% 和 25.1% 下降到 71.3% 和 24.1%。民航客运已连续多年保持快速增长，2020 年受疫情影响较为严重，客运量和旅客周转量分别同比下降 36.7% 和 46.1%，所占比重分别为 4.3% 和 32.8%。

在货物运输方面，运输结构持续优化调整，铁路货运实现逆势增长，在全社会货物运输中的占比持续提升，货运量和货物周转量增速分别达到 3.2% 和 1.0%，占比分别达到 9.8% 和 15.5%。公路货运基本持平，货运量和货物周转量分别同比下降 0.3% 和增长 0.9%，占比分别为 73.8% 和 30.6%。水路货运受疫情影响略有下降，货运量、货物周转量同比分别下降 3.3% 和 2.5%，占比分别为 16.4% 和 53.8%。民航货邮量大幅受挫，货邮量和货邮周转量分别同比下降 10.2% 和 8.7%，占比分别降至 0.01% 和 0.12%。2020 年我国客货运输发展情况如表 2 所示。

表 2　2020 年我国客货运输发展情况

指标	单位	绝对数	比上年增长（%）	所占比重（%）
旅客运输量	亿人	96.65	-45.1	100.0
其中：铁路	亿人	22.03	-39.8	22.8
公路	亿人	68.94	-47.0	71.3
水路	亿人	1.5	-45.2	1.6
民航	亿人	4.18	-36.7	4.3
旅客周转量	亿人公里	19251.44	-45.5	100.0
其中：铁路	亿人公里	8266.19	-43.8	42.9
公路	亿人公里	4641.01	-47.6	24.1
水路	亿人公里	32.99	-58.0	0.2
民航	亿人公里	6311.25	-46.1	32.8
货运量	亿吨	464.4	-0.5	100.0
其中：铁路	亿吨	45.52	3.2	9.8
公路	亿吨	342.64	-0.3	73.8
水路	亿吨	76.16	-3.3	16.4
民航	万吨	676.6	-10.2	0.01
货物周转量	亿吨公里	196760.92	-1.0	100.0
其中：铁路	亿吨公里	30514.46	1.0	15.5
公路	亿吨公里	60171.85	0.9	30.6
水路	亿吨公里	105834.44	-2.5	53.8
民航	亿吨公里	240.18	-8.7	0.12

（三）运输质量

2020 年，交通运输领域加快落实《交通强国建设纲要》，有序推进两批 34 家试点单位的 180 余项试点工作，统筹谋划一批重大标志性工程，运输服务质量和效率不断提升，交通运输满足人民美好生活需要的能力日益增强，为实现全面脱贫提供了坚强保障，为深入实施区域重大战略、区域协调发展战略、主体功能区战略提供了有力支撑。

随着我国疫情防控取得重大战略成果，运输服务市场逐步复苏，营运性客货运输逐渐恢复甚至超过疫情暴发之前水平。客运服务方面，继续推进数字化、便利化服务举措，民航航班正常率超过 80%，公路客运联网售票覆盖率超过 99%，共有 11 个省份超过 800 个二级以上客运站应用电子客票，303 个地级以上城市和 505 个县级城市实现公交一卡通互联互通，数字时代老年人出行的隐性壁垒受到广泛关注，在一些地区和领域初步探索并得到解决。货运方面，进一步推动物流降本增效，全年可量化降低物流成本超过 1300 亿元，大宗货物“公转铁”“公转水”深入推进，沿海港口大宗货物公路运输量减少约 3.7 亿吨，三批共计 70 多个多式联运示范工程完成集装箱多式联运量 480 万标准箱，快递“最后一公里”更加顺畅。应用智能快递箱超过 40 万组，全年快递企业业务量完成 833.6 亿件，快递业务收入完成 8795.4 亿元。

2020 年，我国运输服务领域继续加大新技术推广应用和业态模式创新。高速公路联网收费系统运行稳定，ETC 使用率超过 67%，车辆平均通行速度提高 16%，日均拥堵缓行收费站减少 65%。定制客运加快发展，涌现出一批智慧出行服务平台，网约车、共享单车等新业态发展更加规范，日均订单量分别超过 2100 万单和 4570 万单。《网络平台道路货物运输经营管理暂行办法》正式实施，网络货运发展进入新阶段，日均运单量达到 13 万单。

三、运输装备

截至 2020 年年底，我国铁路机车拥有量为 2.2 万台，其中内燃机车占 36.7%，电力机车占 63.3%。铁路客车拥有量为 7.6 万辆，其中动车组 3918 标准组、31340 辆。铁路货车拥有量为 91.2 万辆。

全国民用汽车保有量达到 28087 万辆（包括三轮汽车和低速货车 748 万辆），比上年年末增加 7.4%，其中，私人汽车保有量为 24393 万辆。民用轿车保有量为 15640 万辆，增长 6.8%，其中，私人轿车保有量为 14674 万辆，增长 7.1%。拥有公路营运汽车 1171.54 万辆，比上年增长 0.5%，其中，载客汽车 61.26 万辆，载货汽车 1110.28 万辆，分别比上年减少 21.2% 和增长 2.1%。营运货车中，普通货车为 414.14 万辆，专用货车为 50.67 万辆，牵引车为 310.84 万辆，挂车为 334.63 万辆，占比分别为 37.3%、4.6%、28.0%、30.1%。

全国拥有水上运输船舶 12.68 万艘，净载重量 27060.16 万吨，分别比上年减少 3.6% 和增长 5.4%。船舶集装箱箱位 293.03 万标准箱，比上年增长 30.9%。

全国民航运输飞机在册架数 3903 架，比上年增加 85 架，其中，客运飞机 3717 架，货运飞机 186 架，在运输机队中占比分别为 95.2% 和 4.8%。通用航空在册航空器 2892 架。全行业注册无人机数量超过 51.7 万架。

全国城市及县城拥有公共汽（电）车

70.44万辆，比上年增长1.6%。拥有城市轨道交通配属车辆49424辆，比上年增长20.6%。拥有巡游出租汽车139.4万辆，比上年增长0.2%。拥有城市客运轮渡船舶194艘，比上年下降13.4%。

四、技术标准

2020年，交通运输各行业继续加强科技创新，推动技术标准体系建设工作。铁路运输领域，认定行业重点实验室7个、行业工程研究中心10个，铁路重大科技创新成果库共评审入库304项，经国家标准委审批发布《标准轨距铁路限界》系列标准等国家标准17项，发布铁道行业标准（技术标准）69项和标准修改单5项、行业标准（工程建设标准）15项、工程造价标准1项、行业计量规程规范4项，经国家标准委审批发布铁道国家标准英文译本9项，发布铁道行业标准（技术标准）英文译本14项、行业标准（工程建设标准）英文译本33项，发布铁路工程建设标准词典2项。公路运输和水路运输领域，新增1个行业重点实验室、16个行业研发中心，行业重点实验室、行业研发中心和协同创新平台分别达到56个、86个和19个。

五、交通安全

2020年，全国铁路交通未发生特别重大、重大事故，发生较大事故13件，铁路交通事故死亡人数比上年下降14.5%。公路和水路交通运输建设领域全年未发生重特大事故，共发生生产安全事故74起，死亡94人，分别比上年增长10.4%和下降14.5%，共发生运输船舶水上交通事故（等级事故）138件，死亡失踪196人，沉船76艘，分别比上年增长0.7%、26.5%和65.2%。民航领域，航空运输实现持续安全飞行124个月、8943万小时的安全新纪录，连续18年实现空防安全零责任事故。

六、绿色发展

2020年，我国政府编写了《中国交通的可持续发展》白皮书，系统阐释了包括绿色发展等新时代中国交通发展理念。随着“蓝天保卫战”三年行动计划圆满收官，交通运输领域绿色发展各项目标任务如期完成。全年国家铁路能源消耗折算标准煤1548.83万吨，比上年下降5.3%，由于旅客发送量受新冠肺炎疫情影响大幅下降，客车上座率低，单位运输工作量综合能耗比上年增长了11.3%，达到4.39吨标准煤/百万换算吨公里，单位运输工作量主营综合能耗比上年增长了12.6%，达到4.32吨标准煤/百万换算吨公里。航吨公里油耗为0.316千克，较2005年（行业节能减排目标基年）下降7.1%，机场每客能耗较“十二五”时期末（2013—2015年）均值上升约2.7%。

2020年，习近平总书记多次对交通运输工作作出重要指示批示，中共十九届五中全会作出加快建设交通强国的重大战略部署，为交通运输高质量发展进一步指明了方向。总体而言，这一年，交通运输在面对严峻挑战和重大困难的情况下，各领域协同发力，各项工作进展较为顺利。交通运输疫情防控取得阶段性胜利，有力保障了防疫物资运输和复工复产。交通固定资产投资实现逆势增长，成为助推经济企稳回升的重要动力，为扎实做好“六稳”工作、全面落实“六保”工作提供了有力支撑。交通运输基本完成了“两通”和“十三五”规划目标任务，基础设施加快建设，重大项目顺利推进，运输结构进一步优化，铁路、水路在中长途大宗物资运输中的骨干作用得到加强，运输效率和服务水平进一步提升，新技术、新业态、新模式应用场景不断丰富，发展更加规范。交通发展与生态环境更加和谐，绿色交通发展理念深入人心。交通运输应对重大突发事件的能力得到全面提升，应急保障体系加快完善，交通发展韧性不断增强，对产业链安全、供应链稳定的保障能力进一步增强。

（谢雨蓉　樊一江）

2020 年中国港口物流业①

2020 年新冠肺炎疫情在全球肆虐，对世界经济、制造产业、跨境贸易和国际海运都造成了重大影响。在此背景下，我国既面临疫情防控与产业复苏挑战，又存在全球消费市场萎缩和国际海运贸易需求下滑等多重压力，使中国经贸与产业发展受到较大冲击。2020 年，我国国内生产总值保持增速为 2.3% 的正向增长，并突破百亿元大关至 101.6 万亿元，经济恢复情况总体好于预期，虽较此前 6% 以上增速有较大幅度下降，但在疫情期间依然保持社会经济的正向增长难能可贵。

从季度走势上来看，疫情对我国经济主要影响集中在第一季度，随着国内疫情总体得到控制，经济发展与贸易增长逐步企稳，并持续上升。其中，以农林牧渔为主的第一产业增速最高达 3.0%，以工业为主的第二产业增速约为 2.6%，而包括餐饮等服务业在内的第三产业增速仅为 2.1%，与往年各产业增速排名形成倒挂。受疫情影响，投资与消费都有所放缓，国内固定资产投产增速由上年的 5.4% 降至 2.9%，且第一季度投资同比降低约 16.1%，对经济发展造成较大冲击。同样，工业增加值增速也下降至 2.4%，受影响较大的市场消费领域社会零售总额降至 39.2 万亿元，较上年下降 3.9%，而作为经贸形势最直接体现的货物进出口总额约为 32.2 万亿元，仅同比增长 1.9%，其中出口增长 4.0%、进口下降 0.7%，受此影响我国港口航运业发展受到严重冲击。2017—2020 年我国主要经济指标与港口吞吐量增长变化趋势如图 1 所示。

一、2020 年中国港口在磨砺中显得坚韧

2020 年，新冠肺炎疫情成为影响全球经贸与港口业的最大因素，虽然国内疫情快速得到控制且实现防控常态化，实现国民经济的稳步复苏。但严格的疫情防控措施，导致春节后复工复产延迟与国内消费市场疲软，进而使得国内物流需求大幅萎缩，港口生产形势明显下滑。随着国内疫情得到控制和制造企业陆续复产，这一现象在第二季度得到有效缓解。下半年，在国家多项政策和措施激励下逐渐复苏，

① 本节数据不含港澳台地区。

使我国港口实现全年货物吞吐量 145.5 亿吨，同比增长 4.3%，较上年下降 4.5 个百分点。2015—2020 年我国规模以上港口货物吞吐量及集装箱吞吐量如表 1 所示。

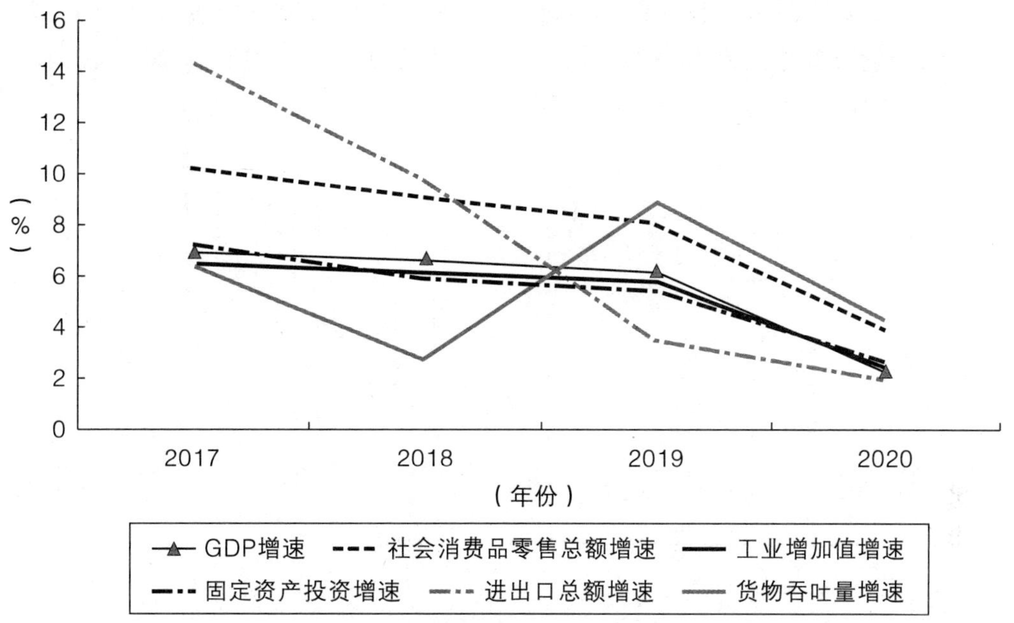

图 1　2017—2020 年我国主要经济指标与港口吞吐量增长变化趋势

资料来源：国家统计局，中华人民共和国交通运输部。

表 1　2015—2020 年我国规模以上港口货物吞吐量及集装箱吞吐量

年份		2015	2016	2017	2018	2019	2020
货物吞吐量	吞吐量（亿吨）	114.3	118.3	126.0	133.0	139.5	145.5
	同比增长（%）	1.6	3.2	6.4	2.7	8.8	4.3
外贸货物吞吐量	吞吐量（亿吨）	36.1	37.6	40.0	41.7	43.2	45.0
	同比增长（%）	3.2	4.1	5.7	2.2	4.8	4.0
集装箱吞吐量	吞吐量（亿标准箱）	2.10	2.18	2.38	2.50	2.61	2.64
	同比增长（%）	4.1	3.6	8.3	5.2	4.4	1.2

资料来源：中华人民共和国交通运输部。

注：自 2019 年起，对港口统计范围进行调整，由规模以上港口调整为全国所有港口，数据不用调整。

从月度数据来看，1—3 月受疫情冲击港口运输需求骤降，尤其春节后卡车司机复工难，以及外部交通管制使得公路运输受限，大宗货物、集装箱等疏港量降低，货物在港堆存时间延长，周转效率下降，港口吞吐量降幅创自 2008 年金融危机以来的新低。4 月后，在坚持常态化疫情防控下有力推动复工复产，港口货物吞吐量逆势增长，2020 年年末增速已基本恢复至上年同期水平，展现出较强韧性。2019—2020 年各月我国港口货物吞吐量及增速如图 2 所示。

内贸吞吐量降速成吞吐量增幅收窄主因。得益于防疫物资供应、外贸供应链条快速恢复等因素支撑外贸增长，2020 年外贸吞吐量为 45.0 亿吨，同比增速由 4.8% 小幅下降至 4.0%；内贸则受复工复产延迟和消费回暖缓慢影响，内贸吞吐量同比增速由 10.8% 大幅下降至 4.4%，是国内港口货物吞吐量增速下降的主要原因，但在升级消费、扩大内需、调整产业结构等政策驱动下，内贸货物吞吐量加速恢复。2016—2020 年我国港口内外贸货物吞吐量走势见图 3、2019—2020 年我国季度吞吐量走势如图 4 所示。

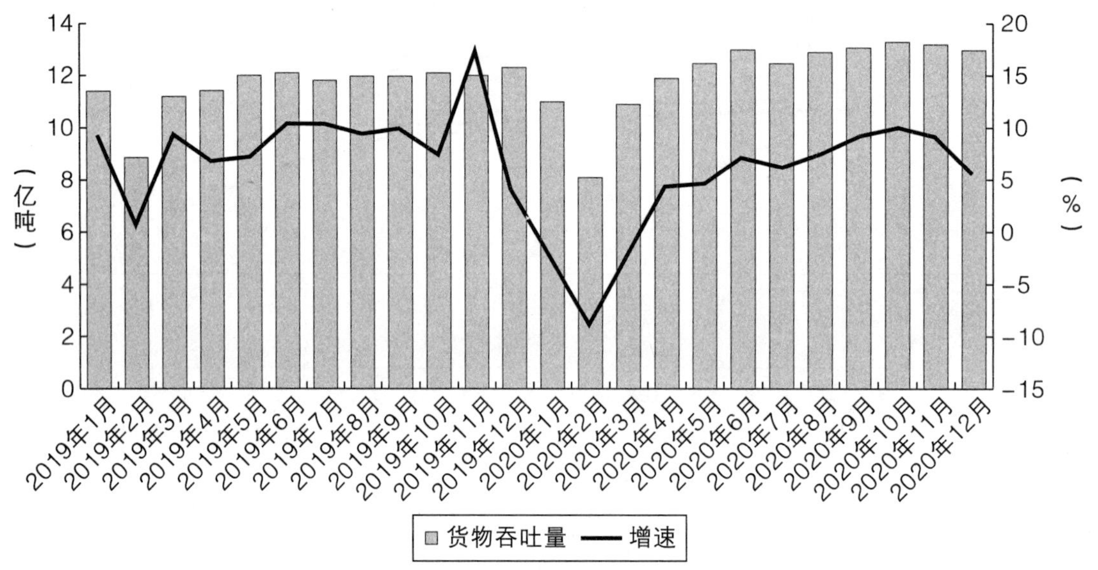

图 2　2019—2020 年各月我国港口货物吞吐量及增速

资料来源：中华人民共和国交通运输部。

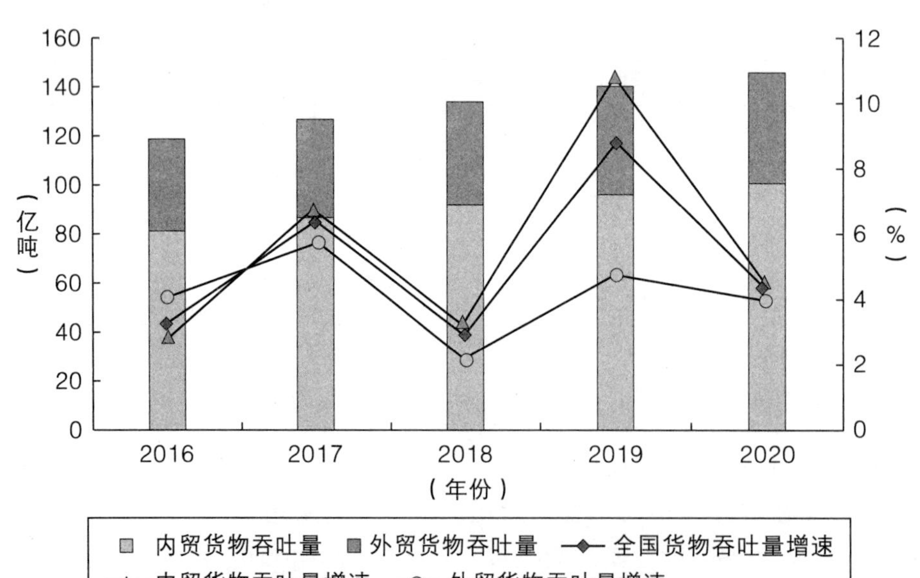

图 3　2016—2020 年我国港口内外贸货物吞吐量走势

资料来源：中华人民共和国交通运输部。

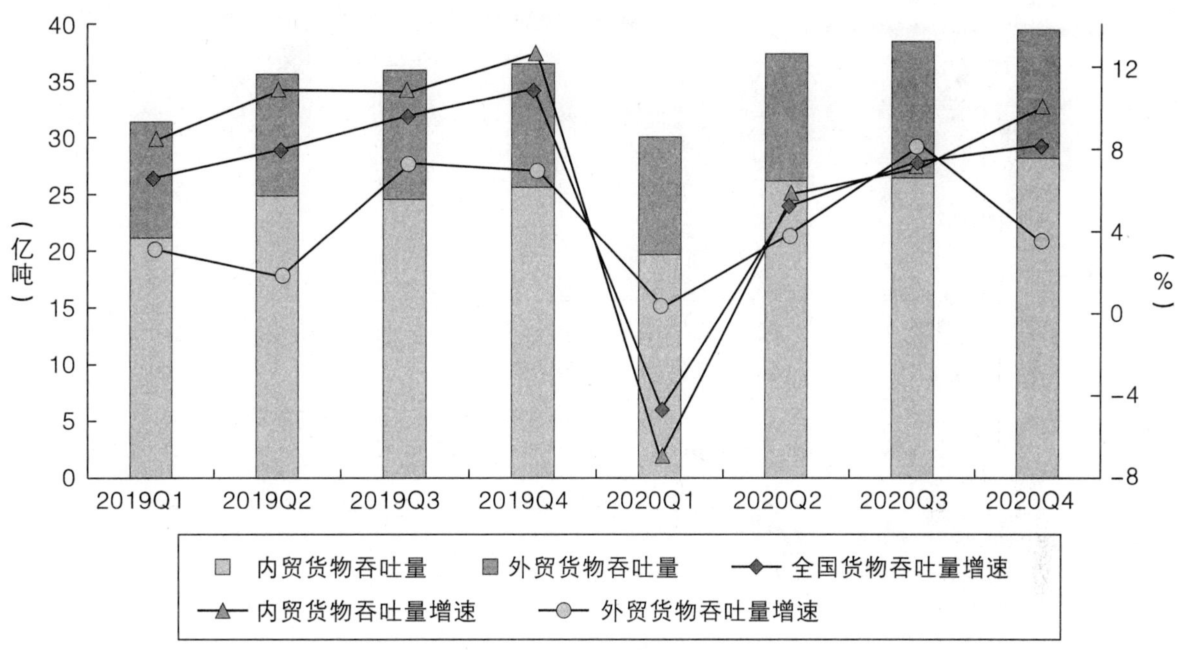

图 4　2019—2020 年我国季度吞吐量走势

资料来源：中华人民共和国交通运输部。

沿海与内河港口货物吞吐量走势再度分化。2020 年，我国沿海港口完成货物吞吐量约为 94.8 亿吨，同比增速小幅收窄至 3.2%；内河港口完成货物吞吐量约为 49.4 亿吨，同比增速由 19.4% 大幅下降至 3.7%。按季度分析，第一季度由于新冠肺炎疫情和春节停工的双重影响，内贸市场供需逐步走弱，内河港口货物吞吐量第一季度增速较上年第四季度大幅下降 27 个百分点；而后随国内疫情在第二季度得到有效控制，国内逐渐复工复产，沿海与内河港口货物吞吐量均稳步回升；但第四季度增速再次出现分化，沿海港口货物吞吐量增速因欧美等地区疫情反复引发外贸行业遭受二次冲击而小幅下降，内河港口货物吞吐量增速则在“内循环为主、双循环相互促进”新发展格局下提升至 13.7%。2018—2020 年各季度中国沿海/内河港口货物吞吐量走势如图 5 所示。

环渤海地区外贸维持良好涨势，西南沿海地区港口内贸大涨。分区域看，2020 年环渤海地区港口总体增速低于其他地区，但受欧美航线海运贸易萎缩影响较小，依托日韩等近洋航线使环渤海地区港口的外贸吞吐量增速维持在 5.9%，优于其他地区；与之相反，西南沿海地区港口依托临港产业平稳发展，货物吞吐量保持在 15.7% 的增速较快增长，总体远优于其他地区，但增长主要来自内贸运输需求。相较之下，长三角地区、珠三角地区和东南沿海地区港口依托大宗商品、机械设备与轻工医药等贸易提振，下半年集中发力，使港口吞吐量总体保持 5% 左右的增速稳定增长。我国五大沿海港口群吞吐量及增速如表 2 所示。

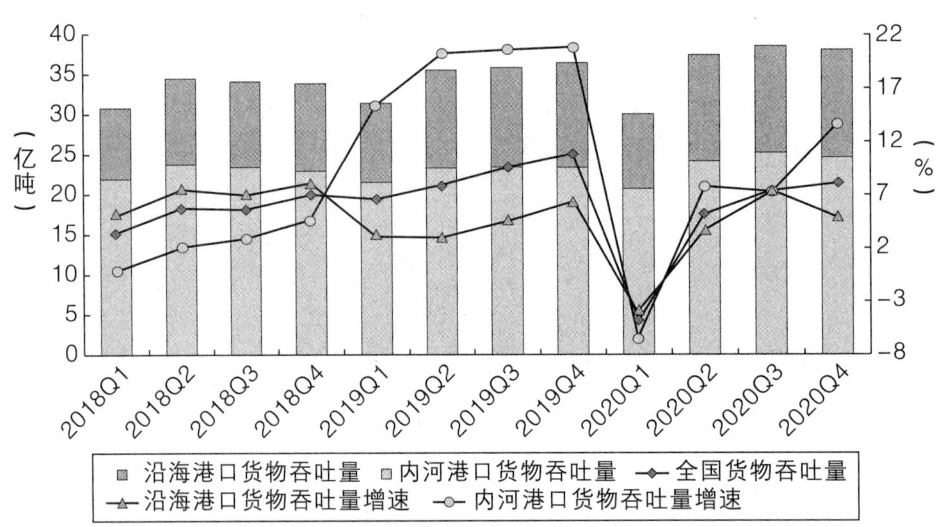

图 5 2018—2020 年各季度中国沿海/内河港口货物吞吐量走势

资料来源：中华人民共和国交通运输部。

注：因统计范围变动，2019 年季度增速基于交通运输部公布增速数据计算所得。

表 2　　我国五大沿海港口群吞吐量及增速

区域	货物吞吐量（万吨）		同比增速	外贸货物吞吐量（万吨）		同比增速
	2020 年	2019 年	（%）	2020 年	2019 年	（%）
环渤海	427623	418614	2.2	189522	179014	5.9
长三角	553113	529836	4.4	151166	145845	3.6
东南沿海	62132	59484	4.5	23550	23752	-0.9
珠三角	202225	191819	5.4	62588	60808	2.9
西南沿海	66808	57755	15.7	17752	17452	1.7

资料来源：中华人民共和国交通运输部。

矿建材料优先恢复带动其他货种逐季回升。2020 年我国基础工程建设持续推进，钢铁、矿物性建筑材料和水泥全年增速超过 10%，金属/非金属矿石等其他建筑工程原材料吞吐量也有较大幅度增长；矿物性建筑材料、金属矿石以及油气及制品是三大增量货种，占全年货物吞吐量增量的 81%；煤炭及制品、滚装汽车全年负增长。从季度增速数据分析，第一季度受新冠肺炎疫情和春节影响，仅有油气及制品、金属矿石和钢铁等少数货种仍保持增长，其余货种均有不同程度的跌幅，集装箱与煤炭及制品等是主要缩量货种；第二季度至第四季度，我国逐步复工复产，大部分货种吞吐量增速呈现逐步改善的趋势，由于汽车销售市场进入旺季释放大量需求，滚装汽车第四季度实现增速由负转正，化肥及农药吞吐量则因进行冬闲储存有较大增幅。2020 年我国港口货物按季度增速如图 6 所示。

集装箱吞吐量增速进一步下行。在中美贸易摩擦等因素影响下，近两年我国集装箱吞吐量呈现逐年下滑的趋势，尤其新冠肺炎疫情引发国内 2020 年上半年生产停滞、下半年国外

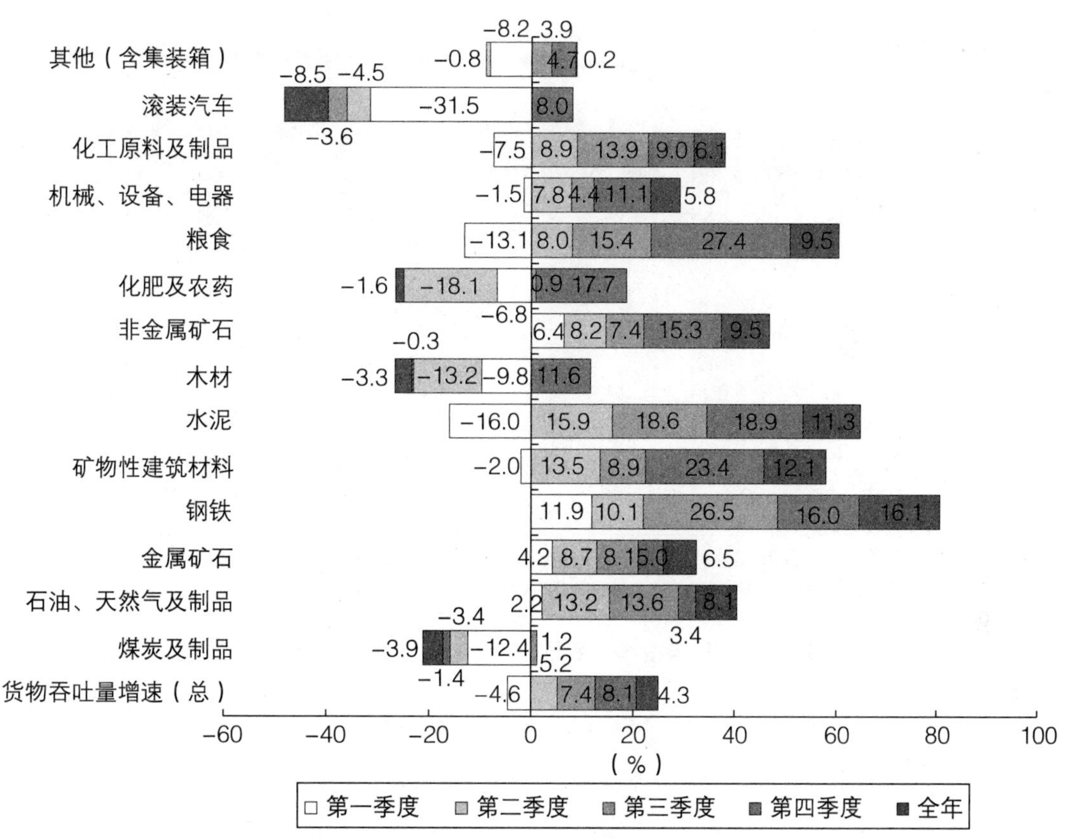

图 6　2020 年我国港口货物按季度增速

需求缩水，集装箱吞吐量受到严重冲击。2020 年我国港口共完成集装箱吞吐量 26430 万标准箱，增幅收窄 3.2 个百分点至 1.2%，增速进一步下滑。但按季度分析可以发现，虽然第一季度增速急剧下降至 -10.6%，但随着国内外复工复产与部分消费需求复苏，集装箱吞吐量也逐季回升，至第四季度已达到 8.8%，超过上年同期水平。2018—2020 年按季度我国沿海/内河港口集装箱吞吐量走势如图 7 所示。

按港口类型分析，沿海港口集装箱吞吐量占全国比重仍高达 88.6%，其增速与全国集装箱吞吐量增速趋同。而内河港口集装箱吞吐量不复前几年的高增速，进入 2020 年后，各季度增速均低于沿海港口，尤其受疫情影响内贸集装箱市场相对萎靡，导致内河港口集装箱吞吐量全年增速由正转负。但内河集装箱航运仍有较大的提升空间，在我国进入内循环为主的新格局后将加速发展，内河港口集装箱吞吐量及全国占比或将得到提升。

二、2020 年我国各大港口奋力前行

2020 年，新冠肺炎疫情引发全球产业链多环节受阻，导致产业链进一步呈现区域化特征，我国也逐渐步入新发展格局。基于庞大、健全的制造业与消费市场，我国仍将是全球产业链的核心。在外部环境发生巨大变革的背景下，我国港口纷纷采取各类应对措施。因此，下文对我国 20 大港口货物与集装箱的生产情况进行分析。

20 大港口生产形势总体表现良好，大部分

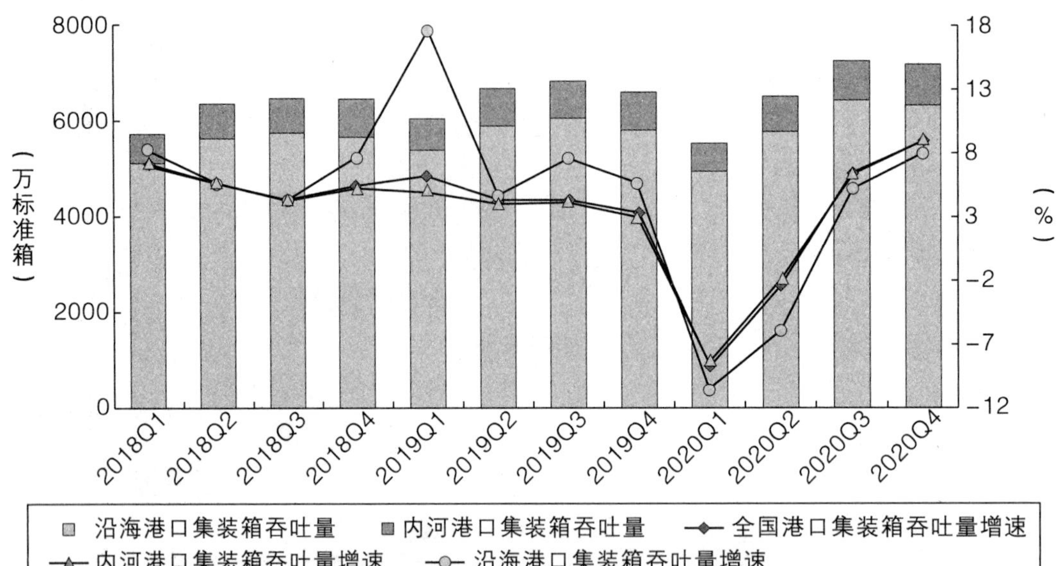

图7 2018—2020 年按季度我国沿海/内河港口集装箱吞吐量走势

资料来源：中华人民共和国交通运输部。

注：因统计范围变动，2019 年季度增速基于交通运输部公布增速数据计算所得。

港口全年增速实现正增长，仅有大连、南通两港有较大程度的下降，上海、南京两港小幅下降。其中，北部湾港受益于西部陆海新通道战略持续释放发展潜力，福州港通过江阴港区、罗源湾港区内联外扩持续增强辐射能力，两港区全年增速超过 15%，福州港超越厦门港成为福建第一大港。上海港排名位列第二，吞吐量增速连续两年停滞，目前正逐步通过航运服务业进入高质量发展阶段。环渤海港口群仍占有多个席位，其中山东港口集团资源整合持续推进，青岛、日照、烟台三港吞吐量稳步增长；天津港推进一流港口建设，吞吐量小幅增长；辽宁港口集团方面，大连港和营口港持续推进整合，营口港结束了上年颓势，大连港吞吐量在调整中下跌。2020 年我国 20 大港口货物吞吐量及增速如表 3 所示。

表 3　　2020 年我国 20 大港口货物吞吐量及增速

港口排名	类型	港口名称	全年吞吐量（万吨）	全年增速（%）	第一季度增速（%）	第二季度增速（%）	第三季度增速（%）	第四季度增速（%）
1（1）	沿海	宁波舟山	117240	4.7	-1.9	2.0	10.5	4.1
2（2）	沿海	上海	71104	-0.8	-16.8	-25.7	6.4	11.1
3（3）	沿海	唐山	70260	7.0	-12.5	-8.3	16.9	9.7
4（4）	沿海	广州	61239	1.0	-4.6	-4.1	1.5	2.8
5（5）	沿海	青岛	60459	4.7	4.1	15.8	5.9	2.4

续 表

港口排名	类型	港口名称	全年吞吐量（万吨）	全年增速（%）	第一季度增速（%）	第二季度增速（%）	第三季度增速（%）	第四季度增速（%）
6（6）	内河	苏州	55408	6.0	-12.3	-13.1	15.5	13.8
7（7）	沿海	天津	50290	2.2	5.4	8.0	7.8	-2.8
8（8）	沿海	日照	49615	7.0	4.6	19.7	10.1	4.6
9（9）	沿海	烟台	39935	3.4	-1.9	-0.4	3.7	8.6
10（12）	内河	镇江	35064	6.5	10.1	41.3	2.7	-3.7
11（10）	沿海	大连	33401	-8.8	1.5	-2.9	-12.4	-16.9
12（11）	内河	南通	31014	-7.8	7.7	16.3	-11.8	-22.5
13（13）	沿海	黄骅	30125	4.7	-1.2	-4.8	15.3	7.4
14（14）	内河	泰州	30111	6.6	-1.4	3.7	5.3	15.4
15（17）	沿海	北部湾	29567	15.6	14.5	62.8	25.4	5.0
16（15）	沿海	深圳	26506	2.8	-8.9	-15.1	6.3	13.8
17（16）	内河	南京	25112	-2.2	-5.9	-16.2	-4.6	9.7
18（24）	沿海	福州	24897	17.1	4.1	34.0	29.3	9.3
19（19）	沿海	连云港	24182	3.1	3.9	11.9	3.2	2.2
20（18）	沿海	营口	23821	0.0	-16.5	-22.2	12.8	2.1
20 大港口累计吞吐量			889350	规模以上港口占比（%）			61.1	

资料来源：中华人民共和国交通运输部。

注：括号内为上年排名，下表同。

20 大港口生产形势相对疲弱，第一季度吞吐量深度下降影响全年，部分港口难以摆脱负增长，导致近半数港口的吞吐量增速不超过 1%，佛山、南京、泉州等多港口跌幅在 10%左右；大型港口则展现较强的韧性，第三、第四季度增速回升势头良好，前 10 位中有 9 个港口实现增长。其中，上海港内贸集装箱量强势增长助力吞吐量逆势增长，实现连续 11 年位居世界第一；天津港推动津冀港口协同发展，加快天津北方国际航运枢纽建设，并通过传统集装箱码头采用自动化驾驶等技术创新实现 6.1%的良好增速；大连港集装箱板块严重受挫，由于疫情初期内需不足导致内贸集装箱货源不足，加上外需不足，集装箱量持续大幅下跌；北部湾港延续高速增长态势，近 5 年年均增速超过 25%；20 大港口中的苏州、佛山和南京三个内河港表现不佳，增速较上年同期分别下降 11.8%、8.8%、8.6%，增速降幅明显大于其他港口。2020 年我国 20 大港口集装箱吞吐量及增速如表 4 所示。

表 4　　2020 年我国 20 大港口集装箱吞吐量及增速

港口排名	类型	港口名称	全年吞吐量（万标准箱）	全年增速（%）	第一季度增速（%）	第二季度增速（%）	第三季度增速（%）	第四季度增速（%）
1（1）	沿海	上海	4350	0.4	-10.4	-3.6	2.4	13.3
2（2）	沿海	宁波舟山	2872	4.3	-8.2	-1.4	10.3	17.2
3（3）	沿海	深圳	2655	3.0	-11.9	-9.8	13.5	18.2
4（4）	沿海	广州	2317	1.5	-10.3	6.5	5.2	3.5
5（5）	沿海	青岛	2201	4.7	2.2	-1.4	6.1	11.8
6（6）	沿海	天津	1835	6.1	-1.9	6.9	9.2	8.9
7（7）	沿海	厦门	1141	2.5	-6.5	-2.8	9.1	10.1
8（9）	内河	苏州	629	0.3	-18.5	-3.2	13.7	9.2
9（10）	沿海	营口	565	3.1	-15.4	2.8	12.4	13.5
10（8）	沿海	大连	511	-41.7	-27.7	-35.3	-44.7	-59.8
11（15）	沿海	北部湾	505	32.2	32.6	34.5	36.8	26.4
12（12）	沿海	日照	486	8.0	4.7	4.9	9.6	12.1
13（11）	沿海	连云港	480	0.5	-2.2	-0.2	0.9	3.7
14（13）	内河	佛山	405	-8.8	-15.0	-14.3	-0.2	-6.5
15（14）	沿海	东莞	380	-6.2	-8.4	-12.6	-5.3	2.6
16（16）	沿海	福州	352	-0.4	-6.0	-2.3	-0.1	6.9
17（18）	沿海	烟台	330	6.4	5.1	-0.6	5.8	15.8
18（19）	沿海	唐山	312	5.8	-16.7	7.8	22.7	1.4
19（17）	内河	南京	302	-8.6	-12.1	-10.8	-2.0	-10.1
20（20）	沿海	泉州	226	-12.4	-17.0	-6.9	0.7	-25.5
20 大港口累计吞吐量			22854	规模以上港口占比（%）			86.5	

资料来源：中华人民共和国交通运输部。

三、新发展格局下的港口供给体系改革

2020 年，在面对百年未有的大变局情况下，我国进入了“国内循环为主体，国内国际双循环相互促进”的新发展格局，内需已经成为拉动我国经济发展的决定性力量，同时以个性化、多元化、品质化为代表的消费升级趋势推动我国消费市场不断开放，进口消费成为潜在增长极，以服务消费市场为特征的集装箱物流、冷链物流、跨境电商物流等新兴业态将得到快速发展。但我国港口供给体系与新发展格局的需求之间存在不平衡，服务于内贸运输的港口基础设施供给不足，集疏运体系衔接不畅、结构不均等问题制约港口发展。在此背景下，港口供给体系将逐步进入调整阶段，沿海港口进入更深层次转型升级与高质量发展阶段，沿江、

内河港口基础设施供给不断完善，以内河集疏运体系为支撑的“门到门”运输服务与全程物流监管平台将提升内河水运服务质量，内河港口吞吐量的全国占比或将持续提升。

（一）国内大循环提高沿海南北运输需求

依托我国庞大的消费市场和健全的工业体系，构建完整的内需与供应体系，增加国内商品的自产自销比例与资源的跨区域调配。而我国南北地区的资源禀赋、产业结构不同，区域间的大量运输需求也催生了沿海运输市场，且随着内循环体系的建立，未来沿海港口之间的货流将不断增加。因此，沿海航行的小型船舶增加，服务于内贸中小船舶的码头。

（二）在内外双循环发展格局下建设集疏运体系

以多通路、多方向以及多种类型的运输发展方向为主，打造沿海枢纽港口全方位集疏运系统；针对西部大开发等国内产业转移趋势，构建交通运输系统，实现生产地、市场之间的相互连通，大力发展内陆港与海铁联运，推进各大水系支线中转、海河联运等业务发展，提高沿海、内河港口与内陆港口的连接，扩大沿海及内河港口的经济腹地。

（三）区域港口资源整合并持续推进

目前，国内各地港口资源整合进程良好，辽宁、山东、福建等省的港口资源整合工作在探索推进。其中，辽宁港口集团“六港合一”战略布局顺利推进，6 月大连港通过换股合并营口港，12 月底丹东港完成重整，融合进入辽宁省港口集团；港口资源整合进展缓慢的福建省也进入实际操作阶段，于 2020 年 8 月成立福建省港口集团，整合福建省国资委、各地市涉及港口和航运资产与业务，厦门港和福州港等主要港口实现联动发展；江西省港口资源整合工作已基本完成，挂牌成立江西省港口集团，省内国有成分码头整合完成，下一步将推动全省港口资源优化。

（四）RCEP 促进港口网络发展

从我国贸易结构看，与 RCEP（《区域全面经济伙伴关系协定》）成员国在机电产品、纺织产品、金属矿产、化工制品等领域都有密切的产业合作与贸易往来，由于各国在上下游产业中都各自存在优势，因此协议的签订将进一步加速技术、服务、资本等要素流动，进而推动贸易和运输需求增长。一方面，可以促使我国构建更为完善的机电产品、纺织制品和农业建材产业链（汽车及零部件、石油化工则将扩大进口市场份额）；另一方面，我国部分过剩产能和“借道出口”产业得以持续输出。RCEP 签订后，我国可以从澳大利亚和新西兰免税进口羊毛，在我国织成布料后再出口到越南，越南使用布料制成服装后再出口日韩等国家，将充分发挥各国资源禀赋与区域价值链的作用，由产业升级和贸易创造带来更多运输需求。

（五）港口加快数字化、自动化转型

港口行业是传统的人力密集型行业，严防严控疫情促使港口积极应用数字化技术维持港口的正常运作，加速了港口业数字化转型进程。2020 年，我国港口通过积极推动工作文件数字化和无纸化办公等线上工作模式，以及采用远程操作技术提升自动化水平，减少因人与人接触产生的风险，保障了整个供应链高效有序的运营，同时提升了港口行业对于数字化、自动化等技术的认可程度。提升港口数字化、自动化水平以保障港口运营安全，我国智慧港口建设加快推进，尤其天津港、深圳港分别实现传统集装箱码头、散杂货码头的自动化改造，传统码头的自动化改造或将成为各港重点关注方向。

（上海国际航运研究中心　谢文卿）

2020 年中国物流地产业

2020 年，中国经济社会发展主要目标任务完成情况好于预期。全年国内生产总值 101.6 万亿元，突破 100 万亿元大关，比上年增长 2.3%。分季度看，第一季度受新冠肺炎疫情影响，出现下降趋势，同比下降 6.8%，其他季度均呈现增长态势（第二季度增长 3.2%，第三季度增长 4.9%，第四季度增长 6.5%）。在经济稳定恢复的背景下，中国物流业总体运行稳中向好。2020 年全年社会物流总额达到 300.1 万亿元，同比增长 3.5%；物流相关行业固定资产投资持续增长；全年除 1 月、2 月外，其他月中国物流业景气指数均处于扩张区间，平均为 54.5%。在此背景下，政策红利和新业态催生的大量仓储需求助力物流地产行业健康发展。冷链物流发展态势良好，引得资本竞相追逐。疫情催化市场整体空置率上升，但同时也加速了仓储智能化趋势。总体来看，2020 年中国物流地产发展环境不断改善，发展态势良好。

一、物流相关行业固定资产投资继续增长，政策红利助力行业健康发展

国家统计局数据显示，2020 年全国固定资产投资（不含农户）为 518907 亿元，比上年增长 2.9%，增速比 1—11 月提高 0.3 个百分点。全国交通运输、仓储和邮政业固定资产投资额增速继续下降，由 2019 年的 3.4% 降至 1.4%。其中，铁路运输业投资额下降 2.2%，道路运输业投资额增长 1.8%。2016—2020 年全国交通运输、仓储和邮政业固定资产投资累计增长速度如图 1 所示。

据交通运输部统计，2020 年全国交通固定资产投资完成 34247 亿元，其中铁路 7780 亿元、公路水路 25417 亿元、民航 1050 亿元。全年投产铁路营业里程 4585 公里，其中高铁 2416 公里，新改（扩）建高速公路 12713 公里，新增城市轨道交通运营里程 1100 公里。

政策方面，2020 年政策红利为行业发展营造了良好的环境，助力行业健康发展。2020 年 3 月 25 日，财政部、国家税务总局联合发布公告称，自 2020 年 1 月 1 日起至 2022 年 12 月 31 日，对物流企业自有或承租的大宗商品仓储设施用地，减按所属土地等级适用税额标准的 50% 计征城镇土地使用税。4 月 9 日，中共中央、国务院印发《中共中央 国务院关于构建更加完善的要素市场化配置体制机制的意见》，

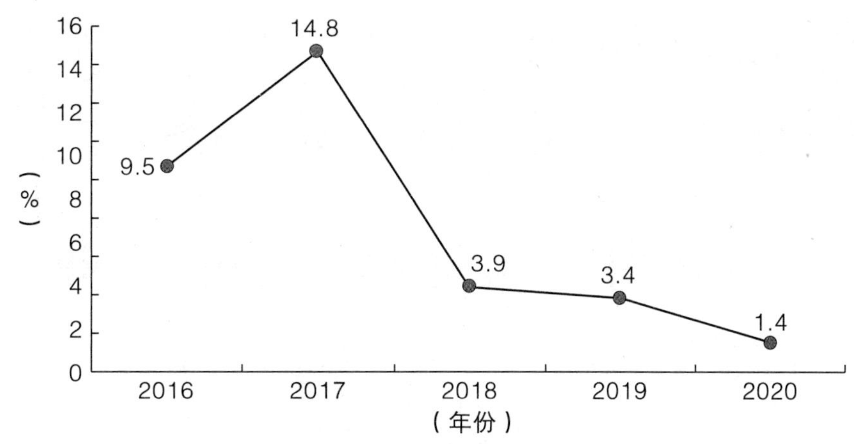

图1　2016—2020 年全国交通运输、仓储和邮政业固定资产投资累计增长速度

资料来源：国家统计局。

指出在符合国土空间规划和用途管制要求前提下，调整完善产业用地政策，创新使用方式，推动不同产业用地类型合理转换，探索增加混合产业用地供给。4 月 16 日，农业农村部印发《农业农村部关于加快农产品仓储保鲜冷链设施建设的实施意见》，指出进一步推进农产品仓储保鲜冷链设施建设工作，规范过程管理，加大政策支持，注重监督管理，优化指导服务，最大限度发挥政策效益。5 月 22 日，自然资源部办公厅发布《自然资源部办公厅关于加强国土空间规划监督管理的通知》，指出未取得规划许可，不得实施新建、改建、扩建工程；不得以集体讨论、会议决定等非法定方式替代规划许可、搞“特事特办”。6 月 2 日，自然资源部印发《自然资源部关于 2020 年土地利用计划管理的通知》，明确提出在控制总量的前提下，土地利用计划指标跟着项目走，切实保障有效投资用地需求。

二、新业态催生大量仓储需求，助力物流地产发展

2020 年，中国物流地产市场需求仍稳定增长。一些新业态、新模式，如直播电商、社交电商、生鲜电商等的发展带来了电商物流和快递物流的蓬勃发展，为物流地产市场带来大量仓储需求，助力物流地产行业发展。

毕马威联合阿里研究院发布的数据显示，2020 年直播电商整体规模突破万亿元。麦肯锡中国消费者特刊估计中国社交电商总销售额在 2020 年约为 2. 1 万亿元。2019 年中国生鲜电商市场规模达 1620 亿元，艾媒咨询预计 2020 年生鲜电商行业市场规模达到 2638. 4 亿元。2014—2020 年我国社交电商整体市场规模与增长情况如图 2 所示，2016—2020 年我国生鲜电商整体市场规模与增长情况如图 3 所示。

就电商物流市场整体而言，根据国家统计局数据显示，2020 年中国社会消费品零售总额 391981 亿元，比上年下降 3. 9%。但网络销售持续保持逆势增长，2020 年全国网上零售额达 11. 76 万亿元，同比增长 10. 9%。实物商品网上零售额达 9. 76 万亿元，同比增长 14. 8%，占社会消费品零售总额的比重接近 1/4。跨境电商方面，据海关统计，2020 年全国跨境电商进出口额达 1. 69 万亿元，增长 31. 1%。农村电商方面，2020 年全国农村网络零售额达 1. 79

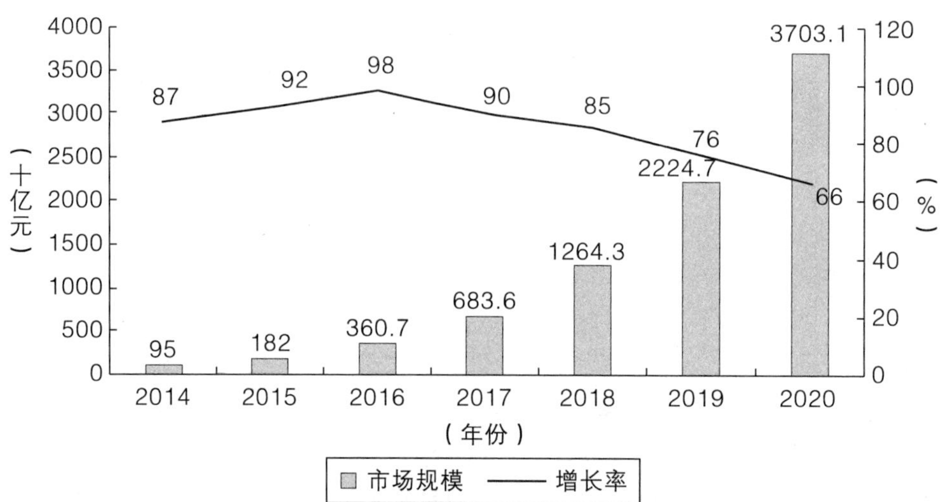

图 2 2014—2020 年我国社交电商整体市场规模与增长情况

资料来源：中国互联网协会社交电商工作组，创奇社交电商研究中心，数字 100 数据研究院。

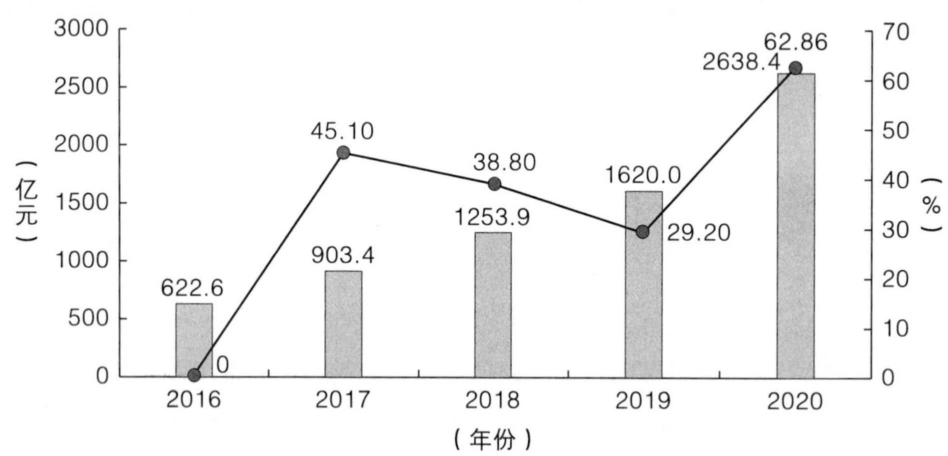

图 3 2016—2020 年我国生鲜电商整体市场规模与增长情况

资料来源：艾媒咨询。

万亿元，同比增长 8.9%。

快递业务量方面，2020 年全年全国邮政业完成业务收入 1.1 万亿元，其中快递业务量和业务收入分别完成 830 亿件和 8750 亿元，分别同比增长 30.8% 和 16.7%。全行业新增社会就业人员 20 万人以上，支撑网络零售额 10 万亿元以上。

三、冷链物流发展态势良好，资本竞相追逐

2020 年，尽管受到新冠肺炎疫情影响，但是中国冷链物流整体发展态势良好。

第一，中国冷链物流需求旺盛。据中物联冷链委估计，2020 年我国冷库容量突破 7080 万吨（折合 1.77 亿立方米），同比增长 17.1%，冷藏车整体增速达到 21.7%，总量将突破 26.1 万辆。2020 年中国冷链物流市场增速达到 10.3%，市场规模达到 3832 亿元，冷链需求总量突破 2.65 亿吨。

第二，冷链物流行业政策环境趋好，资源配置进一步完善。相关政策的出台将加速全国冷链物流基础设施布局，为冷链物流发展营造

良好的政策环境。

第三，资本竞相追逐冷链物流市场。据中物联冷链委不完全统计，2020 年共有 68 家冷链物流及相关企业发生 78 起投融资事件，其中 52 起未公开具体金额，26 起已公开融资中，18 起达到亿元，5 起达到 10 亿元。此外，更有企业跨界投资冷链物流行业。如无印良品在上海瑞虹天地太阳宫召开的招商发布会上宣布，无印良品将在中国开设生鲜市场，首家店铺将入驻该购物中心。地产投资商宝能在 2020 年 2 月推出生鲜业务，在全国店铺设宝能生鲜门店布局社区团购，同时以“城市中心仓 + 前置仓 + 到家”三级分布式仓储体系，布局前置仓到家业务；6 月，第一家线下社区店在深圳落地，进一步实现线上线下融合破局。截至 2020 年 10 月 31 日，宝能生鲜全国门店达 1067 家。

四、疫情催化空置率上升，加速仓储智能化

就市场整体情况而言，2020 年，受供应高峰及新冠肺炎疫情的影响，仓储物流市场空置率上升、租金下降。据世邦魏理仕调查，2020 年，全国 19 座城市整体供应量约 560 万平方米，同比增长 32%。全国整体空置率上升 2.1 个百分点至 14.8%，租金增长同比下降 1.4%。

各城市间则表现分化。一线城市如北京、上海、广州、深圳，由于市场整体供需不平衡，租金继续上涨。其中部分城市（上海、广州）由于新增供应，年末空置率出现上升。二线城市如武汉、重庆、成都，由于短期内高标库和自建库的充沛供应，供过于求导致租金呈现下降趋势，但各城市间空置率分化。武汉、成都受新增供应的带动及电商和第三方物流备战春节消费高峰的推动，年末空置率出现下降（武汉下降 2.7 个百分点，成都下降 2.4 个百分点）。2020 年重庆仓储物流市场供应维持高位，有 12 个项目交付，合计新增仓储面积约 84 万平方米。鉴于充沛的供应，年末市场整体空置率同比上升 4.3 个百分点至 32.9%。2020 年部分城市租金及空置率同比增长率见下表。

2020 年部分城市租金及空置率同比增长率

城市	租金（%）	空置率
北京	5.2	↓（3.4%）
上海	1.7	↑（8.2%）
广州	0.8	↑（13.0%）
深圳	1.2	↓（3.0%）
武汉	−8.0	↓（16.5%）
重庆	−4.9	↑（32.9%）
成都	−4.8	↓（16.0%）

资料来源：世邦魏理仕。

注：表中“↑”代表上涨，“↓”代表下降。

此外，在电商、新零售蓬勃发展，人口红利消退，物联网、机器人、人工智能（AI）、大数据、5G 等技术不断成熟以及政府高度重视发展的背景下，仓储智能化早已成为趋势。高工产业研究院（GGII）资料显示，2019 年中国智能仓储市场规模达到 856.5 亿元，2015—2019 年年均复合增长率为 17%，考虑到宏观经济下行和行业发展阶段，若以 10% 的年均复合增长率测算 2020—2025 年市场规模，预计到 2025 年中国智能仓储市场规模将达到 1517 亿元。

疫情期间，为了减少人员感染情况，各行业企业对自动化、无人化、智能化物流技术设备更加关注并加快应用，如采用无人机配送防疫物资、智能机器人进行药品物资配送。我们可以看到，物流技术装备和系统将逐步成为民

生供应链高效准确运行的基础支撑。在后疫情时代，电商快递、医药、食品、冷链、新零售、商超等行业领域对物流装备的需求会继续保持增长，这为物流装备企业的产品研发、技术创新和市场应用提供了新的机会。新冠肺炎疫情使得仓储智能化优势凸显，更加速了仓储智能化发展。

（西安交通大学管理学院　白甜　冯耕中　赵东月）

2020 年中国保税物流业[①]

2020 年，我国保税物流业发展迅速，即使在新冠肺炎疫情和复杂国际形势的巨大影响下依然取得了较好的业绩增长。

一、海关特殊监管区域具体发展情况

（一）综合保税区的发展

2019 年 1 月，《国务院关于促进综合保税区高水平开放高质量发展的若干意见》提出了 21 项措施，鼓励原有的保税区、保税物流中心、出口加工区升级为具有国际竞争力和创新力的海关特殊监管区域。在此背景下，2020 年获批的综合保税区大部分都是原有的低层次海关特殊监管区域升级的综合保税区。截至 2020 年 12 月，全国 31 个省、直辖市、自治区共有海关特殊监管区域 160 个。其中，保税港区 2 个、综合保税区 147 个、保税区 9 个、出口加工区 1 个、珠澳跨境工业区（珠海园区）1 个。全国海关特殊监管区域总规划面积超过 445 平方公里。

2020 年国务院新批准的综合保税区具体情况如下。

新设立的宜昌综合保税区，位于中国（湖北）自由贸易试验区宜昌片区峡州大道，已有 27 个产业项目签约入驻。宜昌综合保税区围绕高端装备制造、食品和生物医药、新一代信息技术三大特色产业，培育跨境电商、外贸综合服务、保税研发等业态。

福州保税港区整合优化为福州江阴港综合保税区。整合优化后的福州江阴港综合保税区占地面积共 2.64 平方公里，重点发展保税加工、保税物流、保税服务等业务，推动整车保税仓储和展示交易、进口棉花保税仓储、保税燃料油、跨境电商等新业态发展。

新设立的洋山特殊综合保税区，作为我国唯一的特殊综合保税区，将会实施具有较强国际市场竞争力的开放政策和制度，贸易的便利化、自由化水平也将大幅提升。其特殊性体现在六个方面。一是在申报模式方面，除法律法规要求必须进行申报的外，“一线”对于不涉证、不涉检的货物，采用径行放行，企业可以直接提货、发货；“二线”由综合保税区内外

① 本篇数据源自海关总署 2021 年 1 月公布的特定区域年度统计信息。

企业双侧申报制度改为区外企业单侧申报制度。二是在贸易管制方面，除涉及国际公约、条约、协定或涉及安全准入管理的货物，确需在“一线”验核监管证件外，其余在“二线”验核。对依法实施检疫的货物，原则上在口岸完成，经海关批准可在区内实施检疫。三是在区内管理方面，国内其他综合保税区对进出口货物进行账册管理，不同账册的功能不同，业务多元的企业，有时需要有不同的海关账册来进出口货物。而在洋山特殊综合保税区，海关取消账册管理，不要求区内企业单独设立海关账册，免于手册核销、单耗管理等海关常规监管，对区内企业实行企业自律管理，海关不干预企业正常经营活动。企业可依法开展中转、集拼、储存、加工、制造、交易、展示、研发、再制造、检测维修、分销和配送等业务。货物在洋山特殊综合保税区内不设储存期限。四是在统计制度方面，改变了原有的实时、逐票统计方式，数据采集依托洋山特殊综合保税区管理机构建立的公共信息服务平台，自动汇总。五是在信息化管理方面，依托临港新片区管理委员会开发建设的一体化信息管理服务平台，搭建统一规范、真实可靠的信息底账库，实现信息互联互通、数据可溯、责任可究。六是在协同管理方面，作为特殊综合保税区管理机构，临港新片区管理委员会将建立企业信用、重大事件、年报披露等信息主动公示制度，体现共管共治。

国务院批准原温州保税物流中心（B 型）扩容升级设立温州综合保税区。温州综合保税区位于瓯江口产业集聚区，规划面积 1.44 平方公里。温州作为 2020 年新批的跨境电商零售进口试点城市，综合保税区内企业开展跨境电商网购保税进口业务。

汕头综合保税区是全国首个由保税区转型升级的综合保税区，优化整合后的汕头综合保税区占地面积 2.69 平方公里，升级后解决了许可证申领难和研发企业核销难的问题，简化了文物及艺术品入区准入手续。

义乌综合保税区是在义乌保税物流中心（B 型）基础上的升级，规划面积 1.34 平方公里，重点发展现代物流业、先进制造业、战略性新兴产业、新型保税服务业等行业。

国务院批准设立拉萨综合保税区，这是西藏自治区首个获批设立的综合保税区。拉萨综合保税区位于西藏自治区拉萨经济技术开发区 C 区，封关区域面积 0.84 平方公里，紧邻青藏铁路拉萨货运枢纽，距离拉萨贡嘎国际机场 40 公里。拉萨综合保税区的设立，开启了西藏自治区承接中西部地区加工贸易转型发展新篇章。

烟台综合保税区，这是在烟台保税港区的基础上整合优化而成的综合保税区。其规划面积 6.18 平方公里，分为两个区块，区块一（东区）坐落于烟台市芝罘区，占地面积 3.92 平方公里，东至港湾大道及海边，南至烟台港三号门及三突堤南护岸，西至环海路，北至沈海高速；区块二（西区）坐落于烟台经济技术开发区，占地面积 2.26 平方公里。烟台综合保税区东有烟台港、西有国家级经济技术开发区和自贸试验区，资源要素集聚，产业配套齐全，具有区港一体、产城融合、交通便利的明显优势。

井冈山出口加工区整合优化为井冈山综合保税区，这是江西省继南昌、赣州、九江综合保税区之后第四个获批的综合保税区，规划面积为 0.48 平方公里。

宁波梅山保税港区整合优化为宁波梅山综合保税区，规划面积 5.69 平方公里；原宁波出口加工区整合优化为宁波北仑港综合保税区，规划面积 2.99 平方公里；原慈溪出口加工区整合优化为宁波前湾综合保税区，规划面积0.71 平方公里，三个园区合计规划面积9.39 平方公里。

四川绵阳出口加工区整合优化为绵阳综合保税区。绵阳综合保税区位于绵阳国家高新技术产业开发区石桥新城，规划面积 0.14 平方公里，重点发展以电子信息产业为代表的加工制造、以高新技术和战略新兴产业为代表的研发设计、以跨境电商为代表的销售服务三大领域，打造加工制造、研发设计、销售服务三大中心。

国务院批准设立的济南章锦综合保税区，成为济南市第二个综合保税区。济南章锦综合保税区规划面积 1.52 平方公里，位于自贸试验区济南片区的中心位置，连接济南中央商务区、高新区核心区、汉峪金谷、万达文旅城，重点打造研发设计中心、检验检测中心和销售服务中心，发展软件研发设计及配套、医药研发与制造、检验检测、跨境电商、国际贸易、供应链金融等产业。

大连大窑湾保税港区转型升级为大连大窑湾综合保税区。这是继大连湾里综合保税区之后大连第二个获批建设的综合保税区。升级后的大窑湾综合保税区整合了原保税区、保税港区、保税物流园区等多种外向型功能区，将促进保税加工、保税研发、跨境电商等新业态发展。

厦门象屿保税物流园区整合优化升级成为厦门首个综合保税区。其整合了保税区、出口加工区、保税物流园区等多种特殊监管区域的功能，有利于厦门自贸片区充分运用综合保税区的各项优惠便利政策，更好地连接国内外市场，促进文化保税、融资租赁、保税展示、跨境电商等自贸片区重点平台产业的快速发展。

上海嘉定出口加工区整合优化为嘉定综合保税区，规划面积 0.95 平方公里。嘉定综合保税区的目标是围绕汽车“新四化”、智能传感器及物联网、高性能医疗设备和精准医疗三大产业布局，推动高端制造、保税研发、检测维修、跨境贸易、国际分拨五大功能建设，打造一站式外贸综合服务平台。

广州保税物流园区整合优化为广州黄埔综合保税区。广州黄埔综合保税区将充分叠加经开区、综合保税区的政策效应，重点发展物流分拨中心（汽车保税储存、文物回流）、跨境电商、融资租赁、文化艺术品保税展示等战略性新兴产业。

国务院批复同意设立的洛阳综合保税区，位于中国（河南）自由贸易试验区洛阳片区西南角，规划面积 1.37 平方公里，紧邻洛宜铁路支线和宁洛高速路，交通便利。同时紧邻涧西区、高新区，又与正在建设的丰李片区军民融合产业园、新能源汽车产业园、智能制造产业园隔河呼应，地理位置优越。目前洛阳综合保税区卡口、围网、海关查验平台和监管仓库、申报大厅等基础和监管设施已具雏形，7 个物流仓库已经建成。

深圳出口加工区整合优化为深圳坪山综合保税区，将打造成为国际检测维修中心。

陕西西安出口加工区整合优化为西安关中综合保税区。规划面积 1.54 平方公里，共分为两个区块。区块一（经开区）规划面积0.75 平方公里，区块二（高新区）规划面积 0.79 平方公里。

天津市出口加工区、东疆保税港区、保税物流园区转型升级为综合保税区；天津保税物流园区转型升级为天津港综合保税区；天津东疆保税港区转型升级为天津东疆综合保税区。加上之前已经通过验收的天津滨海新区综合保税区，天津市共有 4 个综合保税区，总面积为 13.41 平方公里。此综合保税区开展全球保税维修、研发设计、跨境电商、服务外包、融资租赁等高端业态。

安庆（皖西南）保税物流中心（B 型）进行扩区升级为综合保税区。安庆综合保税区规划面积 2.23 平方公里，共有两个区块。区块一规划面积 1.19 平方公里，区块二规划面积 1.04 平方公里。安庆综合保税区规划为四大功能区，一是口岸通关作业区，面积约 248 亩①；二是保税加工区，面积约 1624 亩；三是保税物流区，面积约 693 亩；四是保税服务区，面积约 780 亩。安庆综合保税区为安庆加快实现长三角一体化等高对接提供开放支撑平台。

国务院批复同意设立梅州综合保税区。这是广东省第七个综合保税区、粤北地区首个综合保税区。梅州综合保税区位于梅兴华丰产业集聚带中心区域，在梅州高新区二期规划范围内，规划面积 2.53 平方公里，重点开展保税加工、保税物流及保税服务业务。

深圳前海湾保税港区整合优化为前海综合保税区。前海综合保税区计划新增建筑面积 106.34 万平方米，主要为仓库区；港区部分计划投资 43.7 亿元建设“妈湾智慧港”项目，建造 2 个大型集装箱专用泊位，可满足全球最大的集装箱船舶停靠。前海综合保税区将以促进深港合作、对接高标准国际投资贸易规则、加速“保税 +”现代服务业集聚、推动对外贸易方式转变。

广州南沙保税港区整合优化为南沙综合保税区。南沙综合保税区位于南沙区东南部，珠江入海口西侧，地处粤港澳大湾区中心。整合优化后的南沙综合保税区规划面积 4.99 平方公里，共分为四个区块，主要开展保税港口作业、保税物流、保税加工和保税服务等业务。

青岛前湾保税港区转型升级为青岛前湾综合保税区，占地面积 9.12 平方公里，是中国（山东）自由贸易试验区青岛片区的重要区域。重点发展高端物流、国际贸易、跨境电商、航运服务、先进制造等基础产业，打造高端物流示范区、国际贸易总部基地、跨境电商运营中心等功能平台。

上海外高桥保税物流园区整合优化为上海外高桥港综合保税区，规划面积为 1.03 平方公里，着力打造跨采配送、口岸增值（加工贸易）、跨境电商、多式联运、大宗商品交割以及检测维修六大功能业态。

国务院批复同意设立淄博综合保税区。淄博综合保税区规划面积 1.84 平方公里，共有两个区块，区块一规划面积 1.11 平方公里，东至玉皇山路、南至北岭路、西至宝山东一路、北至傅山路；区块二规划面积 0.73 平方公里，东至花山路、南至南岭路、西至宝山东一路、北至北岭路。淄博综合保税区围网范围内已建成木浆分拨中心、进口设备分拨中心、纸类分拨中心、维 C 原料药分拨中心、医疗器械分拨中心等多个分拨中心。

厦门海沧保税港区整合优化为海沧港综合保税区，是厦门市继象屿综合保税区后第二个获批的综合保税区。海沧保税港区在核减原规划面积约 3.32 平方公里后全部转型为综合保税区。整合优化后的海沧港综合保税区规划面积 6.27 平方公里，共有三个区块。A 区块包括嵩屿港区、海沧港区 1 ~ 6 号泊位及物流园区用地，B 区块为原厦门出口加工区一期用地，C 区块为 14 ~ 19 号泊位港区用地。

① 1 亩≈666.67 平方米。

中国—哈萨克斯坦霍尔果斯国际边境合作中心中方配套区域整合优化为霍尔果斯综合保税区，规划面积3.61平方公里，共分为两个区块，将结合区位优势和政策优势，发展保税加工、保税物流、保税服务等业务。

国务院批复同意设立绍兴综合保税区。绍兴综合保税区规划总面积为1.72平方公里，落户越城区，突出集成电路制造、跨境电商两大特色，总投资达199.64亿元。

国务院批复同意设立北京大兴国际机场综合保税区。这是全国唯一一个跨省综合保税区，也是北京市第二个综合保税区。北京大兴国际机场综合保税区规划面积4.35平方公里，分为口岸功能区和保税功能区两个部分。其中，口岸功能区位于机场红线范围内，面积约0.83平方公里；保税功能区位于机场红线范围外，面积约3.52平方公里。北京大兴国际机场综合保税区定位为机场临空区的产业驱动引擎、服务业扩大开放先行先试区，是我国空港型综合保税区发展引领区以及东北亚地区参与全球贸易的节点，由北京、河北、首都机场集团两地三方共同建设管理运营。

国务院批复设立开封综合保税区。开封综合保税区位于河南自贸区开封片区中部区域，临近开港大道、郑汴物流通道、连霍高速及郑民高速入口，距离新郑国际机场、郑州国际陆港均在1小时车程内，交通便利。开封综合保税区将配套建设开封国际陆港铁路专用线等国际物流设施，重点发展加工贸易、文化产业、保税研发、现代物流、国际贸易、创新服务六大产业。

国务院批复同意设立湛江综合保税区，这也是粤西地区首个综合保税区。湛江综合保税区位于霞山临港工业园内，规划面积2.09平方公里，将发展仓储物流、水海产品加工和贸易产业，打造成全球冷冻品的集散交易中心。吸引周边产业、物流等要素集聚，构建新的产业链、价值链、供应链，助推打造“港—区—城”联动发展的全要素港口经济圈，与海南自贸区、自贸港功能互补，形成琼州海峡南北两岸经济良性互动发展格局。

（二）保税物流中心发展

2020年保税物流中心（B型）数量有所增长。

2020年1月，泉州获准在石湖港设立泉州第一个保税物流中心（B型），该保税物流中心将为当地鞋服纺织、建材家居、餐饮、工艺品等产业集群提供新型国际商务服务支持。该项目位于石狮石湖港物流区，物流中心仓储面积将超过7.5万平方米，年货物周转量预计达到200万吨。实现保税仓储、简单加工和流通增值服务、全球采购和国际分销、转口贸易、国际中转等功能。目前有太平洋集装箱、泛亚班拿等物流企业入驻，还有通达、九木、寻星、白虹、梅家庄、易刚等企业计划进入中心，预计项目完成后，将有近100家企业签署进入该中心的意向协议。

5月，海关总署、财政部、国家税务总局、国家外汇管理局批准设立河南许昌保税物流中心（B型）。河南许昌保税物流中心（B型）规划选址位于许昌市城乡一体化示范区，占地面积约0.1平方公里，仓储面积5.3万平方米，重点规划建设联检办公区、查验区、保税仓储区、散货集装箱区四大功能区，由许昌新区建设投资有限公司负责申建，是以保税仓储、流通加工、国际分拨配送为主，跨境电商、保税商品直销体验等为辅的现代综合物流园区和城市功能区。

10月31日，海关总署、财政部、税务总局及外汇管理局四部委联合下发文件，批准设立湖州德清保税物流中心（B 型）。湖州德清保税物流中心（B 型）位于湖州莫干山国家级高新区通航产业园内，毗邻莫干山机场，紧邻 G25、S13 高速，距德清港仅有 9 公里。总投资占地面积 255.8 亩，总投资额约 7.27 亿元，仓储面积约 5.5 万平方米，前期建设主要包括 1 号保税物流仓库、2 号跨境电商物流仓库、3 号文化产业库、4 号保税冷库、5 号保税物流仓库等。湖州德清保税物流中心（B 型）将充分发挥区位优势和政策优势，开展保税物流、保税商品展示交易、跨境电子商务、全球采购和国际分拨等业务。依托德清及周边区域特有的资源和产业基础，以地理信息、通用航空、机械电子、休闲文化、医药化工等产业为侧重点，打造仓储分拨中心、货物转口中心、加工分装中心和跨境电商展销中心。

截至 2020 年年底，我国已拥有海关特殊监管区域 160 个。

（三）自由贸易试验区的发展

中国自由贸易试验区（简称自贸试验区）是指在国境内关外设立的，以优惠税收和海关特殊监管政策为主要手段，以贸易自由化、便利化为主要目的的多功能经济性特区。

我国首个自贸试验区于 2013 年 9 月在上海设立，在随后的近 6 年里，通过几次扩围，形成了 12 个自由试验区覆盖东西南北中的改革开放创新格局。

2015 年 4 月，广东、天津、福建第二批自贸试验区获批；2017 年 3 月，辽宁、浙江、河南、湖北、重庆、四川、陕西第三批自贸试验区获批；2018 年 9 月，海南自贸试验区获批；2019 年 8 月 2 日，山东、江苏、广西、河北、云南、黑龙江设立自贸试验区；2020 年 8 月，新设北京、湖南、安徽 3 个自贸试验区。

北京自贸试验区实施范围 119.68 平方公里，涵盖三个片区，科技创新片区 31.85 平方公里、国际商务服务片区 48.34 平方公里（含北京天竺综合保税区 5.466 平方公里）、高端产业片区 39.49 平方公里。

湖南自贸试验区实施范围 119.76 平方公里，涵盖三个片区，长沙片区 79.98 平方公里（含长沙黄花综合保税区 1.99 平方公里）、岳阳片区 19.94 平方公里（含岳阳城陵矶综合保税区 2.07 平方公里）、郴州片区 19.84 平方公里（含郴州综合保税区 1.06 平方公里）。

安徽自贸试验区实施范围 119.86 平方公里，涵盖三个片区，合肥片区 64.95 平方公里（含合肥经济技术开发区综合保税区 1.4 平方公里）、芜湖片区 35 平方公里（含芜湖综合保税区 2.17 平方公里）、蚌埠片区 19.91 平方公里。

至此，自贸试验区作为我国改革开放的试验田，总数达到了 21 个。

二、保税物流进出口数据分析

（一）特殊区域外贸进出口的基本情况

2020 年，我国在美国等西方国家的打压下，国际贸易环境持续恶化，新冠肺炎疫情更让情况雪上加霜，但是中国最先控制住了疫情，保税物流取得历史上的最好成绩，我国特殊区域外贸进出口额，以及占全国外贸进出口总额的比重均创 30 年来的新高。

据海关总署统计，2020 年，我国有外贸统计的 140 个特殊区域（其中按照综合保税区统计的有 92 个）共计实现进出口额 62600.44 亿元，折合 9630.84 亿美元，其中出口额 30025.66 亿元，折合 4619.33 亿美元，进口额 32574.78 亿元，折合 5011.5 亿美元，分别同比增长 13.5%、12.8% 和 14.1%，分别同比净增长7429.52亿元、3412.52亿元和4017.00亿元。特殊区域外贸进出口额、出口额和进口额分别占同期全国外贸进出口额、出口额和进口额的19.5%、16.7%和22.9%。

（二）全国综合保税区外贸进出口基本情况

2020年，全国按照综合保税区统计的区域有92个，合计实现外贸进出口额34284.11亿元，其中出口额19401.09亿元，进口额14883.03亿元，分别同比增长17.4%、13.3%和23.2%，增幅分别高于全国特殊区域同期增幅3.9个、0.5个和9.1个百分点。同期外贸进出口额、出口额、进口额分别增长5081.29亿元、2277.45亿元和2802.65亿元，占全国特殊区域外贸进出口增长值、出口增长值、进口增长值的68.24%、66.84%和86.04%。

2014—2016年，我国海关特殊监管区域进出口额一直是负增长，2017年止住跌势开始回升，至今增长迅猛。2013—2020年我国海关特殊监管区域进出口额统计见下表。

2013—2020年我国海关特殊监管区域进出口额统计 （单位：亿美元）

年份	2013	2014	2015	2016	2017	2018	2019	2020
进出口额	7074.9	6961.7	6398.6	5909.3	6687.8	7124.34	7996.51	9630.84

（大连理工大学商学院　田征，长沙浩通国际货运代理有限公司　李潇）

2020 年中国铁路物流业

2020 年是我国全面建成小康社会和“十三五”规划的收官之年，铁路货运系统贯彻新发展理念，深化铁路供给侧结构性改革，推动铁路高质量发展，较好完成《铁路“十三五”发展规划》目标，为建设交通强国、服务国家战略、促进经济社会发展发挥了先行作用。面对突如其来的新冠肺炎疫情，铁路系统全力以赴保畅通、促复工、稳经济，稳步推进基础设施建设，采取各种措施持续推进铁路物流品牌建设，铁路物流品牌发展实现逆势上扬，为促进复工复产，实现产业链、供应链安全稳定作出了贡献。

一、货运增量行动计划成效明显

（一）铁路货运规模持续扩大

2020 年是我国调整运输结构行动的收官之年，也是货运增量行动的决胜之年，铁路系统努力克服新冠肺炎疫情影响，采取一系列创新服务举措，助力铁路货运量实现逆势增长。中国国家铁路集团有限公司（以下简称“国铁集团”）通过细化主要货运增量区域和重点增量通道运输等措施，加大疏港矿石“公转铁”组织力度，积极组织下水煤增量，推动国际联运快速发展。2020 年国家铁路日均装车达 16.1 万车，创历史最好水平，单日装车纪录不断刷新，最高日达 178256 车。

2020 年，我国全社会铁路货物运输总量达到 44.6 亿吨，同比增长 3.2%，货物周转量达到 30371.8 亿吨公里，同比增长 1%；其中，国铁集团货运总发送量完成 35.81 亿吨，比上年增加 1.41 亿吨，同比增长 4.1%，国铁集团货运总周转量完成 27397.83 亿吨公里，比上年增加 388.28 亿吨公里，同比增长 1.4%。

（二）稳步推进运输结构调整

2020 年，铁路系统稳步推进运输结构调整，铁路货运量占全社会货运量的比重由 2016 年的 7.7% 提高到 2020 年的 9.9%，铁路货物周转量占比由 2016 年的 12.8% 提高到 2020 年的 15.4%。2018—2020 年，国铁集团大宗货物累计实现增量 6.36 亿吨，占全路货运增量的 96.0%，为调整运输结构发挥了积极作用。铁路系统充分发挥大秦、浩吉、瓦日、朔黄、包神等货运专线的作用，大力推进煤炭、矿建、水泥等大宗货物“散改集”“公转铁”，以 35 吨敞顶箱为主的集装箱运输得到快速发展，2020 年 35 吨敞顶箱完成货运发送量 2.64 亿吨，比上年增加 1.14 亿吨，同比增长 76%，占集装箱总增量的 90.8%。一方面，国铁集团大幅提升西煤东运和北煤南运通道能力，煤炭铁路产运比率从 2017 年的 60% 提升至 2020 年的 65%，疏港矿石铁路运输比重由 2017 年的 28.8% 提升至 2020 年的 42%。另一方面，国铁集团大力推动集装箱运输发展，优化集装箱价格管理体系，大力组织适箱货源入箱，2018—2020 年国铁集团新开通集装箱办理站 1150 个，集装箱发送量年均增长超过 30%。2020 年国铁集团集装箱日均装车达到 3.06 万车，累计发送货物 4.58 亿吨，同比增长 37%。2020 年国铁集团发布《铁路箱下水业务管理方法》，大力推进铁路箱下水，促进铁路运输与海运的深度融合，2020 年全年铁路箱下水申请量 35.3 万标准箱、完成量 30.1 万标准箱。2014—2020 年我国铁路箱下水申请量变化情况如下图所示。

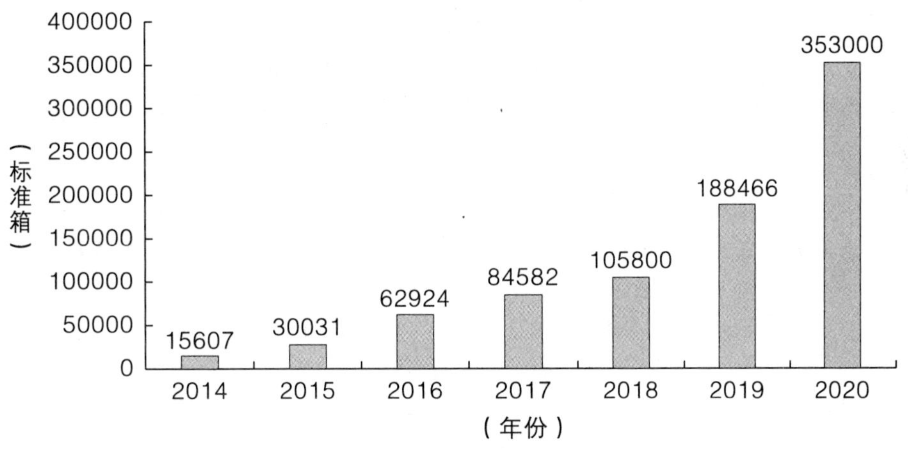

2014—2020 年我国铁路箱下水申请量变化情况

（三）助力社会物流成本降低

2020 年，国铁集团认真贯彻落实中央减税降费决策部署，通过采取降低电气化附加费、主动下调货物运价等措施向企业传导国家降税红利，仅 2020 年上半年累计向客户企业让利 3.8 亿元左右，为降低社会物流成本作出积极贡献。铁路运输“最后一公里”衔接不畅是“公转铁”的主要制约点，也是阻碍社会物流成本降低的重要短板。2020 年，国铁集团大力推动专用线建设，正式实施了《铁路专用线设计规范》，推进专用线接轨服务网上办理，鼓励开展专用线共用工作。国铁集团采取简化专用线接轨手续和办理方式、适当降低专用线建设标准、降低专用线代运营代维护费用、提倡最大限度共用铁路专用线等一整套措施，2017—2020 年累计新建投用铁路专用线 330 条，扩大共用专用线 1202 条。

二、抗击新冠肺炎疫情

（一）高效运送疫情防控物资

2020 年，国内新冠肺炎疫情暴发，道路运输不畅，影响了防疫物资的快速及时运输，铁路系统认真贯彻落实中共中央、国务院决策部署，坚守国家铁路战略定位，确保铁路大动脉畅通。国铁集团与国务院联防联控工作机制相关部门和单位建立高效沟通联系机制，及时了解掌握疫情防控物资运输情况；开辟绿色通道，对支援武汉的物资优先取送、优先装车、优先挂运，运用高铁、普速客车行李车和货运整车等，争分夺秒向湖北地区运送物资，确保物资一路绿灯直抵武汉。全年累计运送防疫物资2.6万批，共计99.2万吨。2020年部分铁路局集团有限公司防疫物资输送情况如下表所示。

2020年部分铁路局集团有限公司防疫物资输送情况

分公司	防疫物资输送情况
中国铁路哈尔滨局集团有限公司	与中铁快运哈尔滨分公司通力配合，为往武汉地区运输药品开辟绿色通道，优先安排运输。截至2020年2月6日，铁路部门共承运发往湖北省的药品和防疫物资共计528批、4563件、98260千克，日均完成到达货物的交付转运配送业务1000余件
中国铁路沈阳局集团有限公司	开辟绿色通道，实行计划、配空、装车、挂运、卸车“五优先”，做到随到、随装、随运。截至2020年2月4日，向湖北地区运送12.5万个口罩、1万瓶洗手液、3.61万盒各类药品、130吨大白菜
中国铁路北京局集团有限公司	加强与地方政府联系和对接，全面开放绿色通道，对各类应急物资和日常生活必需品的运输实行特事特办，截至2020年2月16日，向武汉方向输送防疫物资共44车、27112件、245.2吨，奶制品、淀粉、葡萄糖、饲料、豆粕等生活物资147车，共计5321.6吨
中国铁路郑州局集团有限公司	开辟武汉方向绿色通道，优先取送、优先装车、优先挂运，截至2020年1月27日，通过高铁累积运输445箱防疫物资
中国铁路西安局集团有限公司	建立疫情防控物资供应商库，截至2020年2月2日，向湖北运送39车，共计1780.2吨药品、医疗器械等物资，全力保障湖北方向防控和生活物资运输
中国铁路上海局集团有限公司	开辟绿色通道，全力做好援鄂人员和物资运输，截至2020年2月19日，上海局累计完成长三角地区医护人员31批次，共计1185人的运输保障工作，累计运送防疫物资设备1712批次、4460吨
中国铁路南宁局集团有限公司	开辟防疫重点物资运输绿色通道，通过开行货运直达班列、直达冷链专列，截至2020年3月20日，利用动客车向湖北武汉、十堰、宜昌等10个城市发运防疫援助物资287批次、3694.3吨，其中果蔬班列13列
中国铁路兰州局集团有限公司	牵手中石油西北化工销售兰州分公司，截至2020年2月8日，总计运输10300吨生产医用防护口罩和输液管所需的原材料

资料来源：根据央广网、西安新闻网、搜狐网、每日甘肃网等网站新闻收集整理。

2020年3月后，新冠肺炎疫情的蔓延使国际海运、空运受到巨大冲击，国际运输通道出现梗阻。国铁集团将国际合作防疫物资运输纳入中欧班列重点保障范围，充分发挥中欧班列的国际物流重要战略通道作用，使其成为各国携手抗疫的“生命通道”和“命运纽带”。仅

2020年3—4月，国铁集团就通过中欧班列向欧洲发运国际合作防疫物资累计66万件、3142吨。3月21日，搭载出口防疫物资的X8020次中欧班列从义乌西站鸣笛启程，驶向西班牙马德里，驰援当地疫情防控，是全国首趟装载出口防疫物资的中欧班列；5月9日，满载3500立方米、294.42吨国际合作防疫物资的75041次中欧班列从武汉吴家山站开出，驶往塞尔维亚贝尔格莱德；8月12日，满载着36.83万片口罩和94.9吨熔喷布的75061次中欧班列（西安—米兰）防疫物资专列从新筑车站开出，经阿拉山口口岸驶向意大利米兰。全国各地纷纷开行装载出口防疫物资的中欧班列驰援国外，为我国疫情防控国际合作出了突出贡献。

（二）确保重点物资优质高效送达

在高效运送疫情防控物资的同时，铁路系统精准制订运输方案助力企业复工复产，加大企业原材料、电煤、春耕备耕等经济社会发展重点物资运输供给。一是主动与各级地方政府、企业联系，了解群众生产生活和企业复工复产安排，根据企业物资运输需求，“一企一策”精准制订运输组织方案；二是优化大秦、唐呼、瓦日、浩吉、朔黄等煤运通道运输组织，保障发电、供热和居民取暖的用煤需要；三是大力组织钢铁及疏港矿石增量，满足钢铁、有色金属等相关企业冬储和生产需要；四是加强涉农物资运输，动态掌握种子、化肥、农药等涉农物资主产地外运需求，为春耕备耕物资提供运输保障。

三、铁路基础设施建设稳步推进

（一）铁路运输网络不断完善

2020年，全国铁路固定资产投资完成7819亿元，投产新线4933公里，其中，高速铁路2521公里。路网规模方面，全国铁路营业里程达到14.63万公里，复线率达到59.5%，电化率达到72.8%，其中，国家铁路营业里程达到12.8万公里，复线率达到61.6%，电化率达到74.9%；全国铁路路网密度达到152.3公里/万平方公里。高铁建设方面，高铁营业里程达到3.8万公里，“四纵四横”高铁网提前建成，“八纵八横”高铁网加密成型。我国已建成了世界上最现代化的铁路网和最发达的高铁网，为发展高铁快运等铁路快捷货运产品奠定了坚实基础。

2020年7月1日，我国自主设计建造的世界上首座主跨千米级的沪苏通长江公铁大桥建成通车，大幅提升区域铁路、公路路网水平，有效促进长三角城市群跨江融合、协同发展，有力助推长三角区域一体化发展。2020年10月28日，国家重点项目黄大铁路正线全线铺通，黄大铁路作为列入国家《中长期铁路网规划》和《推进运输结构调整三年行动计划（2018—2020年）》的重点项目，建成后将进一步打通“三西”与环渤海、鲁西北之间能源运输通道，助力完成国家“公转铁”目标。

此外，铁路系统扎实推进铁路建设扶贫，将越来越多的贫困地区接入全国铁路网和高铁网。2020年西部地区铁路营业里程达到5.9万公里，老少边穷地区铁路基建投资达到4322.7亿元，占投资总额的74.4%。新投产的铁路覆盖了274个国家级贫困县，结束了100多个国家级贫困县不通铁路的历史。

（二）铁路物流节点不断丰富

截至2020年年底，国铁集团已建成并投入运营集装箱中心站12个、在建1个，建成境外还箱点8个，已规划铁路无水港25个，其中建成运营23个。国铁集团在大力推进集装箱中心站建设同时，持续推进绥芬河、二连浩特、霍尔果斯等口岸站扩能改造升级，进一步提升了口岸交接能力，缓解口岸站阶段性拥堵问题，全力保障中欧班列正常有序运行。此外，截至2020年6月，国铁集团已推动组织建设63个无轨站，会同港口建设内陆无水港，实现港口集装箱堆场功能、揽货服务与铁路物流中心双向延伸。铁路物流中心的不断丰富为厂矿企业、港口提供无缝衔接的全程物流服务，也为货运可持续发展打下良好基础。

四、铁路物流品牌发展逆势上扬

（一）中欧班列品牌效应不断凸显

中欧班列是铁路支持国家“一带一路”建设、加快我国铁路“走出去”的重要载体。近年来，国铁集团牵头成立了中欧班列国际、国内两套协调机制，建立完善了中欧班列开行质量评价指标体系，研究采取了一系列有力措施，实现了中欧班列开行数量和质量的全面提升，成功将中欧班列打造成为“一带一路”建设的标志性成果。中欧班列运量由2017年的31.7万标准箱，增长到2020年的113.5万标准箱，年均增长53%，重箱率从2017年的86.9%提高到98.4%，增加了11.5个百分点，回程班列占比由2017年的53%提高到76%，增加23个百分点。2020年中欧班列全路累计开行1.24万列，同比增长50%，年度开行数量首次突破1万列，自2020年5月起连续单月开行数量稳定在1000列以上，有力服务了新发展格局，为保障产业链供应链稳定、推动中欧贸易发展提供了重要支撑。

新冠肺炎疫情暴发以来，面对国际海运、空运受阻的情况，中欧班列由于实行分段运输，不涉及人员检疫，因而在疫情防控形势下具有独特优势，成为保障中欧贸易往来、畅通防疫物资国际运输的重要物流战略通道。针对欧洲防疫物资需求逐步增加的情况，国铁集团为防疫物资国际运输提供优先保障，确保应运尽运。一是通过研发运行数字口岸系统，创新实现中欧班列快捷高效通关，确保铁路口岸交接安全顺畅；二是通过协调推动签署《中欧班列全程时刻表编制与协作办法》，深化中欧班列国际合作机制，及时了解掌握境外铁路及口岸运输动态，实现中欧班列在俄罗斯、德国等主要涉及国家稳定运行；三是通过逐一对接各地中欧班列运营平台和企业客户，敞开受理班列运输需求，加大班列开行组织力度，及时承运海运、空运转移到铁路运输的货源，做到班列货物应运尽运。中欧班列累计运送防疫物资997万件、8万吨，在服务抗疫国际合作方面发挥重要作用，成为互通有无的经济线、共同抗疫的生命线。

（二）西部陆海新通道建设取得新进展

西部陆海新通道位于我国西部地区腹地，北接丝绸之路经济带，南连“21世纪海上丝绸之路”，协同衔接长江经济带，在区域协调发展和打造国内国际双循环的新发展格局中具有重要战略地位。2020年，国铁集团开行西部陆海新通道班列3600列，发送货物19万标准箱，分别同比增长73%、80%，开行班列数量超过前3年的总和。目前，西部12个省、自治区、直辖市与海南省、广东省湛江市一起形成了西部陆海新通道“13+1”共建格局，已常态化开行7条铁海联运班列线路，开通内外贸集装箱航线52条，与100多个国家和地区的200多个港口通航。

国铁集团有序推进西部陆海新通道重点项目规划建设，近年来区域内陆续建成投产了成贵、沪昆、南昆、成渝高铁和成遂渝、渝贵、兰渝铁路等重大项目。2020 年，渝怀铁路增建二线、焦柳铁路柳州南至怀化西区间电气化改造工程投产，加快补强了货运基础设施短板，促进了货运能力有效释放并大幅提升，进一步增强了通道支撑能力。

国铁集团不断强化西部陆海新通道运输保障工作。2020 年 12 月 4 日以国铁集团为主导，吸纳相关海运、港口、地方平台企业、科研院所和高等院校参加的西部陆海新通道班列运输协调委员会正式成立。该委员会坚持“共商、共建、共享”的原则，搭建公共运输协调平台，统筹各方资源，开展协同服务，着力解决货源组织、物流衔接、商务创新、装备保障、信息共享、资源共用、境外协作、营销宣传等班列发展关键问题，降低全程物流成本，提升运输服务品质，推进物流运营模式创新。

（三）铁海快线品牌逐渐彰显新活力

铁海快线的品牌定位是为客户提供精确货物发到时间、网络覆盖遍布全球、适箱货源品目繁多、铁海信息高度共享、运输过程动态掌握、一站式无忧报关、绿色环保、无缝衔接、高效转运的铁水联运全程物流服务。铁海快线品牌建立对进一步推动铁路运输与海运的无缝衔接，推进货物多式联运高质量发展具有重要意义。2020 年铁海快线开行线路 75 条，其中内贸线路 44 条、外贸线路 31 条。2020 年铁海快线开行班列 13987 列，集装箱运量 110.1 万标准箱，其中，内贸班列开行 4189 列、集装箱运量 35.9 万标准箱，外贸班列开行 9798 列、集装箱运量 74.2 万标准箱，经西部陆海新通道的铁海快线班列数量 215 列、集装箱运量 1.4 万标准箱。2020 年铁海快线开行列数较 2019 年提升显著，其中内贸开行列数是 2019 年的 20.5 倍，外贸开行列数是 2019 年的 14.3 倍。铁海快线班列采用“公铁海”联运的全程运输方式，相比纯公路运输，不仅大幅降低了企业综合物流成本，还提高了产品市场竞争力。新冠肺炎疫情期间，受各地防疫政策影响，公路运输时间稳定性不足，中小微企业很难按时兑现客户订单，铁海快线班列通过固定时间班次，组织班轮集港发运，全力保障产品的运输时限，极大提高了中小微企业的信心，切实帮助企业解决了复工复产面临的困难和问题。

（北京交通大学交通运输学院　王沛　赵方　张晓东）

2020 年中国快递业[①]

2020 年，在新冠肺炎疫情持续影响下，我国快递业的业务量不降反升再创历史新高，为全国抗击新冠肺炎疫情作出了巨大贡献。

一、2020 年中国快递业发展情况

（一）2020 年中国快递业发展基本概况

2020 年，全国快递服务企业业务量累计完成 833.6 亿件，同比增长 31.2%；业务收入累计完成 8795.4 亿元，同比增长 17.3%。快递企业日均处理快递业务量 2.3 亿件，同比增长 35.3%，最高日处理 6.8 亿件，同比增长 25.9%。

2019—2020 年各月全国快递业务量发展情况如图 1 所示。

其中，同城业务量累计完成 121.7 亿件，同比增长 10.2%；异地业务量累计完成 693.6

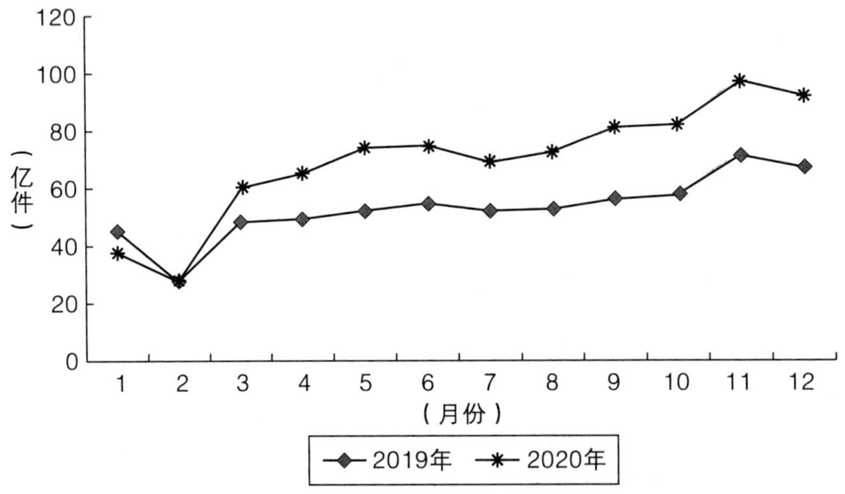

图 1 2019—2020 年各月全国快递业务量发展情况

① 本书中数据存在分项四舍五入，不作机械调整。

亿件，同比增长 35.9%；国际/港澳台地区业务量累计完成 18.4 亿件，同比增长 27.8%。2019—2020 年分专业快递业务量完成情况如图 2 所示。

2020 年，同城、异地、国际/港澳台地区快递业务量分别占全部快递业务量的 14.6%、83.2% 和 2.2%；业务收入分别占全部快递收入的 8.7%、51.5% 和 12.2%。与上年同期相比，同城快递业务量的比重下降 2.8 个百分点，异地快递业务量的比重上升 2.8 个百分点，国际/港澳台地区业务量的比重基本持平。2020 年我国快递分专业业务量构成和收入构成如图 3、图 4 所示。

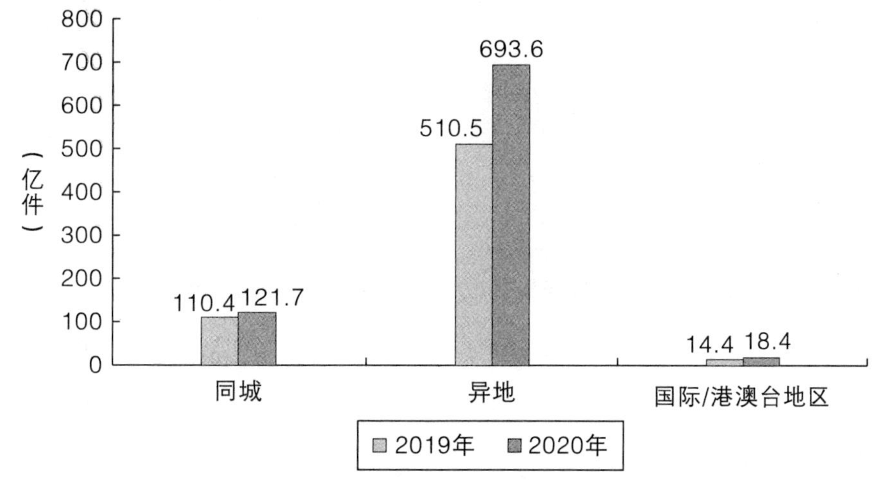

图 2　2019—2020 年分专业快递业务量完成情况

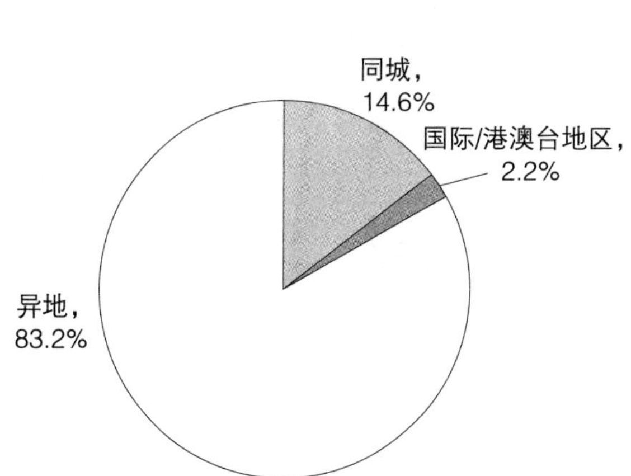

图 3　2020 年我国快递分专业业务量构成

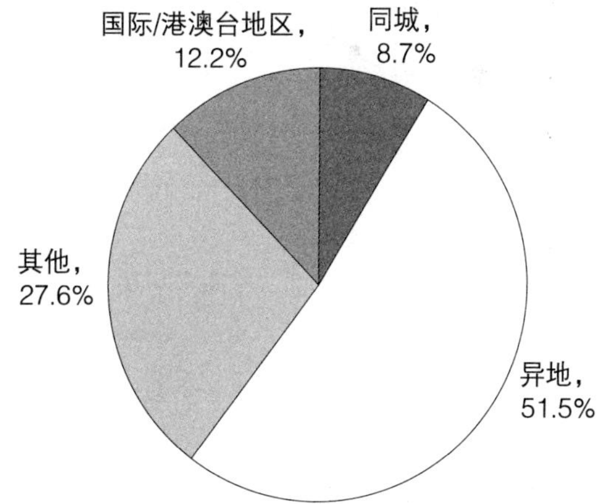

图 4　2020 年我国快递分专业收入构成

2020 年，东部、中部、西部地区快递业务量比重分别为 79.4%、13.3% 和 7.3%，业务收入比重分别为 79.6%、11.9% 和 8.5%。与上年同期相比，东部地区快递业务量比重下降 0.3 个百分点，快递业务收入比重下降 0.6 个百分点；中部地区快递业务量比重上升 0.4 个百分点，快递业务收入比重上升 0.6 个百分点；西部地区快递业务量比重下降 0.1 个百分点，快递业务收入比重基本持平。2020 年我国快递业务按地区业务量构成与和收入构成如图 5、图 6 所示，

2010—2020 年我国快递业发展指数如图 7 所示，2010—2020 年我国快递业发展规模指数如图 8 所示，2010—2020 年我国快递业务量发展变化情况如图 9 所示，2010—2020 年我国快递业务收入变化情况如图 10 所示。

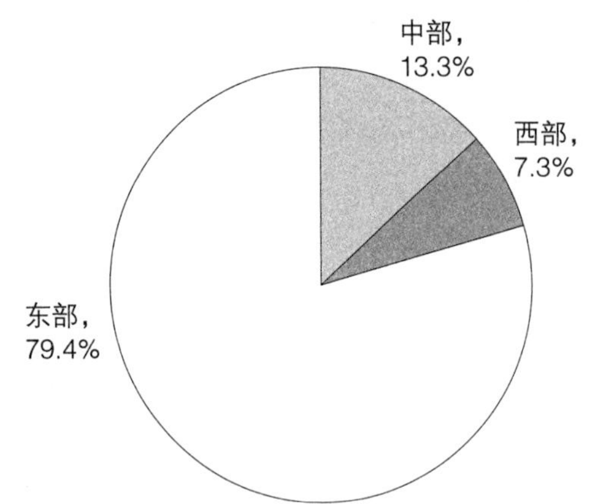

图 5　2020 年我国快递业务按地区业务量构成

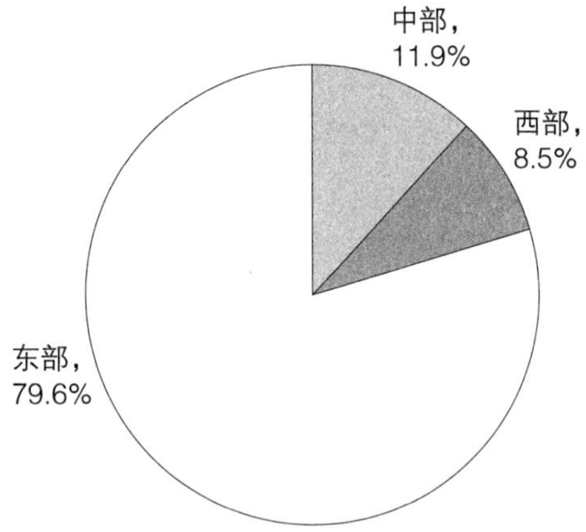

中部，
11.9%
西部，
8.5%
东部，
79.6%

图 6　2020 年我国快递业务按地区收入构成

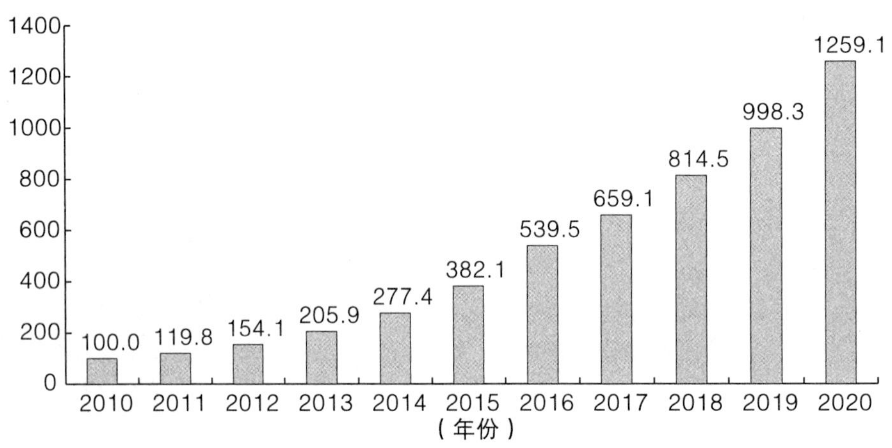

图 7　2010—2020 年我国快递业发展指数

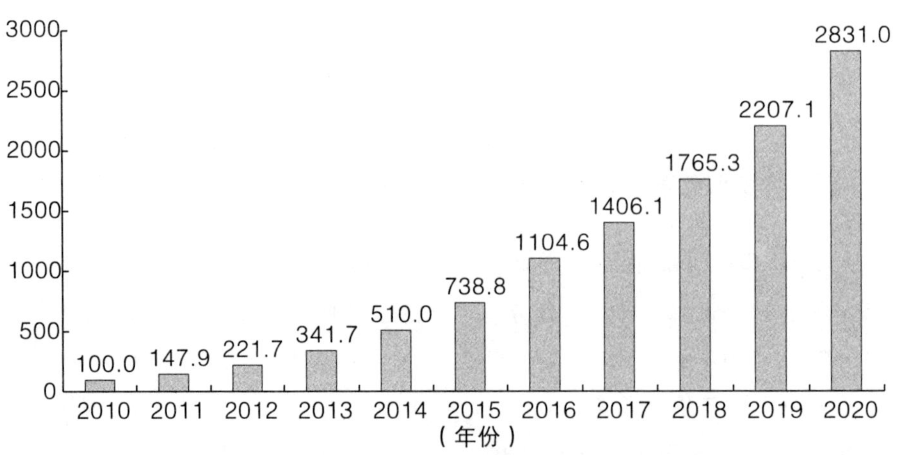

图 8　2010—2020 年我国快递业发展规模指数

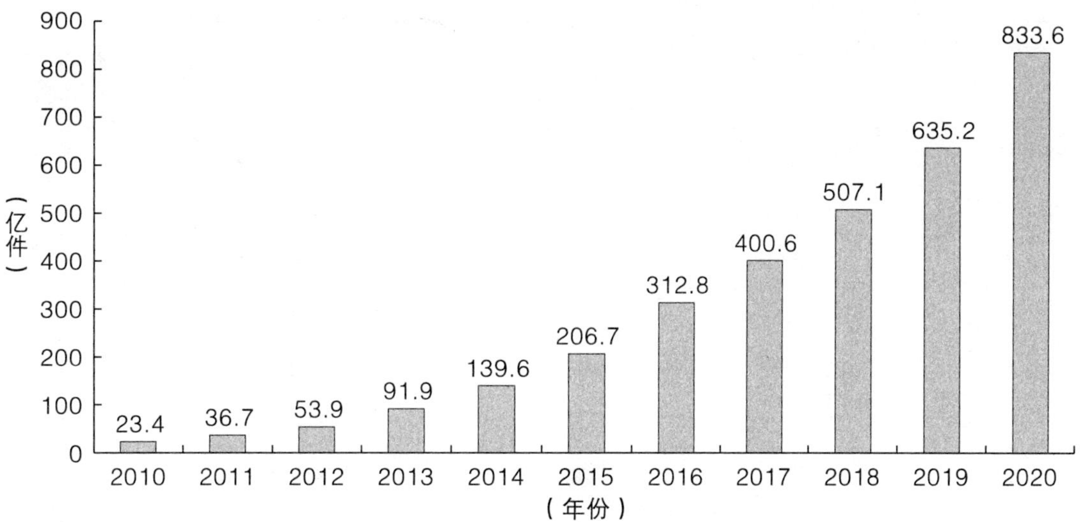

图 9　2010—2020 年我国快递业务量发展变化情况

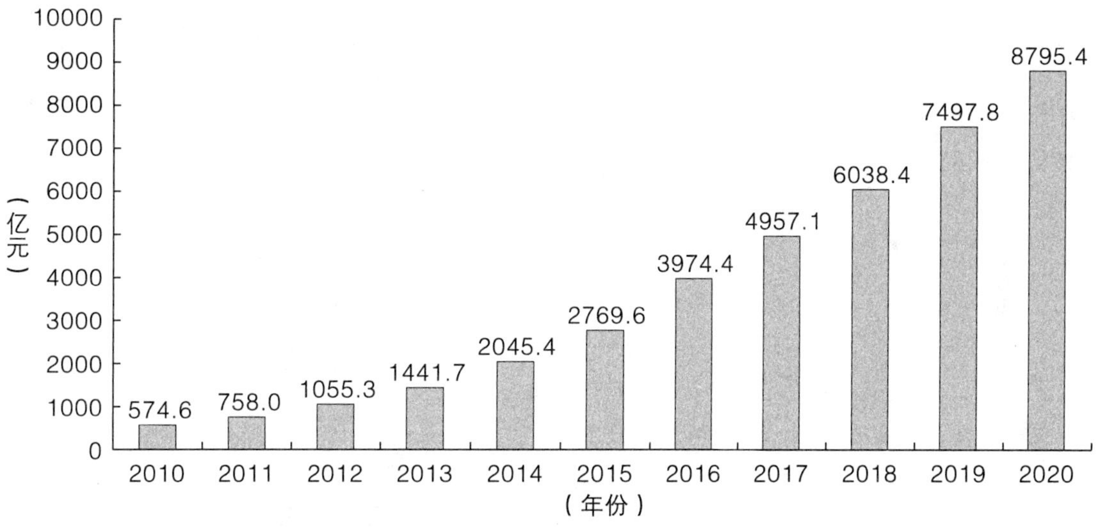

图 10　2010—2020 年我国快递业务收入变化情况

2020 年，快递与包裹服务品牌集中度指数 CR8 为 82.2，较 1—11 月下降 0.2。

2020 年全国各省（直辖市、自治区）快递服务企业业务量和业务收入如表 1 所示。

2020 年快递业务量前 50 城市业务量如表 2 所示。

2020 年全国快递业务收入前 50 城市收入如表 3 所示。

2020 年主要民营快递企业市场占有率和经营情况如表 4 所示。

2020 年 1—12 月快递服务申诉量及环比变化情况如图 11 所示。

表 1 2020 年全国各省（直辖市、自治区）快递服务企业业务量和业务收入

地区	快递业务量累计（万件）	同比增长率（%）	快递收入累计（万元）	同比增长率（%）
全国	8335789.5	31.2	87954342.8	17.3
北京市	238221.3	4.2	3311861.9	-2.4
天津市	92767.4	33.0	1156021.0	20.6
河北省	370249.8	60.7	3349963.6	38.2
山西省	53583.6	47.2	670926.3	35.8
内蒙古自治区	19557.6	37.1	421324.3	27.9
辽宁省	111978.0	40.8	1314083.2	26.5
吉林省	44693.6	45.8	607349.2	25.7
黑龙江省	45522.3	29.7	701295.4	16.4
上海市	336330.7	7.3	14281909.1	10.8
江苏省	697680.5	21.5	7089350.4	14.5
浙江省	1794621.1	35.3	10706012.3	17.3
安徽省	220228.2	42.5	1749872.7	26.5
福建省	343189.8	31.0	3025580.4	16.8
江西省	112004.3	44.1	1146634.8	36.0
山东省	415174.2	43.7	3695896.9	28.2
河南省	310004.9	46.9	2490462.5	32.0
湖北省	178505.5	5.9	1786869.8	2.8
湖南省	147131.6	42.7	1296865.0	28.5
广东省	2208179.5	31.4	21824938.3	18.1
广西壮族自治区	77882.2	38.1	902427.6	20.9
海南省	11012.2	35.2	239119.9	29.4
重庆市	73105.4	32.1	830284.2	17.9
四川省	215158.9	20.1	2231638.1	9.6
贵州省	28157.0	14.5	522105.3	13.2
云南省	62974.1	45.9	737532.4	28.0
西藏自治区	1139.0	30.3	35309.0	22.1

续 表

地区	快递业务量累计（万件）	同比增长率（%）	快递收入累计（万元）	同比增长率（%）
陕西省	91749.8	25.9	1033251.8	23.9
甘肃省	13823.5	33.3	297864.3	31.6
青海省	2359.5	24.4	76808.1	28.4
宁夏回族自治区	7317.8	49.6	118260.1	24.7
新疆维吾尔自治区	11486.2	16.0	302524.9	7.8

表 2　2020 年快递业务量前 50 城市业务量　（单位：万件）

排名	城市	快递业务量	排名	城市	快递业务量
1	金华（义乌）市	901084.6	2	广州市	761578.1
3	深圳市	537243.1	4	上海市	336330.7
5	杭州市	300081.0	6	北京市	238221.3
7	揭阳市	234698.1	8	东莞市	211687.3
9	苏州市	210197.9	10	泉州市	171757.7
11	成都市	143222.9	12	汕头市	142129.2
13	温州市	135937.0	14	宁波市	115163.4
15	石家庄市	113498.2	16	郑州市	110046.5
17	武汉市	109899.2	18	台州市	109371.9
19	嘉兴市	96147.5	20	佛山市	95458.2
21	南京市	95109.9	22	长沙市	93033.8
23	天津市	92767.4	24	临沂市	88870.7
25	合肥市	88540.4	26	保定市	85673.2
27	无锡市	75750.0	28	南通市	74601.0
29	重庆市	73105.4	30	绍兴市	67121.8
31	西安市	67115.4	32	济南市	65179.2
33	中山市	60996.2	34	青岛市	58711.4
35	厦门市	54343.3	36	沈阳市	51536.5
37	南昌市	46641.5	38	廊坊市	46427.7

续 表

排名	城市	快递业务量	排名	城市	快递业务量
39	福州市	45908.9	40	宿迁市	44575.1
41	潮州市	44387.2	42	湖州市	43030.0
43	南宁市	42835.8	44	昆明市	42073.1
45	徐州市	39839.9	46	邢台市	39333.9
47	惠州市	38722.3	48	商丘市	35960.9
49	潍坊市	34156.8	50	沧州市	32875.4

表 3　2020 年全国快递业务收入前 50 城市收入　（单位：万元）

排名	城市	快递业务收入	排名	城市	快递业务收入
1	上海市	14281909.1	2	广州市	6940744.2
3	深圳市	6572042.5	4	杭州市	3669945.7
5	北京市	3311861.9	6	金华（义乌）市	2835713.7
7	东莞市	2501700.1	8	苏州市	2344055.0
9	成都市	1393621.6	10	揭阳市	1379514.6
11	佛山市	1222686.6	12	天津市	1156021.0
13	泉州市	1145995.5	14	宁波市	1115821.1
15	武汉市	1101624.5	16	南京市	1072491.1
17	郑州市	1030662.8	18	石家庄市	876567.0
19	温州市	861083.1	20	无锡市	832379.2
21	重庆市	830284.2	22	汕头市	829269.6
23	青岛市	789100.9	24	嘉兴市	759474.0
25	西安市	757092.7	26	长沙市	755787.1
27	合肥市	732712.2	28	厦门市	675764.0
29	济南市	667499.0	30	中山市	645544.4
31	保定市	643196.7	32	南通市	608875.6
33	台州市	574853.1	34	南昌市	554964.6
35	廊坊市	552640.4	36	沈阳市	549237.2
37	福州市	545864.5	38	常州市	502275.6

续 表

排名	城市	快递业务收入	排名	城市	快递业务收入
39	哈尔滨市	470939. 0	40	南宁市	468819. 2
41	临沂市	449429. 5	42	惠州市	428496. 7
43	昆明市	423681. 9	44	绍兴市	373859. 2
45	长春市	361666. 7	46	大连市	339123. 0
47	沧州市	324244. 3	48	潍坊市	309451. 6
49	徐州市	308205. 4	50	湖州市	305914. 6

表 4　　2020 年主要民营快递企业市场占有率和经营情况

企业	市场占有率（%）	业务量（亿件）	总营收（亿元）	毛利润（亿元）	毛利率（%）	净利润（亿元）	净利率（%）
中通	20. 39	170	252. 15	58. 37	23. 1	43. 3	17. 2
韵达	17. 01	141. 44	335	31. 8	9. 5	14. 04	4. 2
圆通	15. 17	126. 48	341. 58	28. 94	8. 5	17. 7	5. 2
百世	10. 24	85. 4	299. 95	2. 38	0. 8	-15. 69	-5. 2
申通	10. 58	88. 17	215. 66	6. 6	3. 1	0. 36	0. 17
顺丰	9. 76	81. 4	1539. 87	251. 77	16. 4	73. 3	4. 8
CR6	83. 15	692. 89	—	—	—	—	—

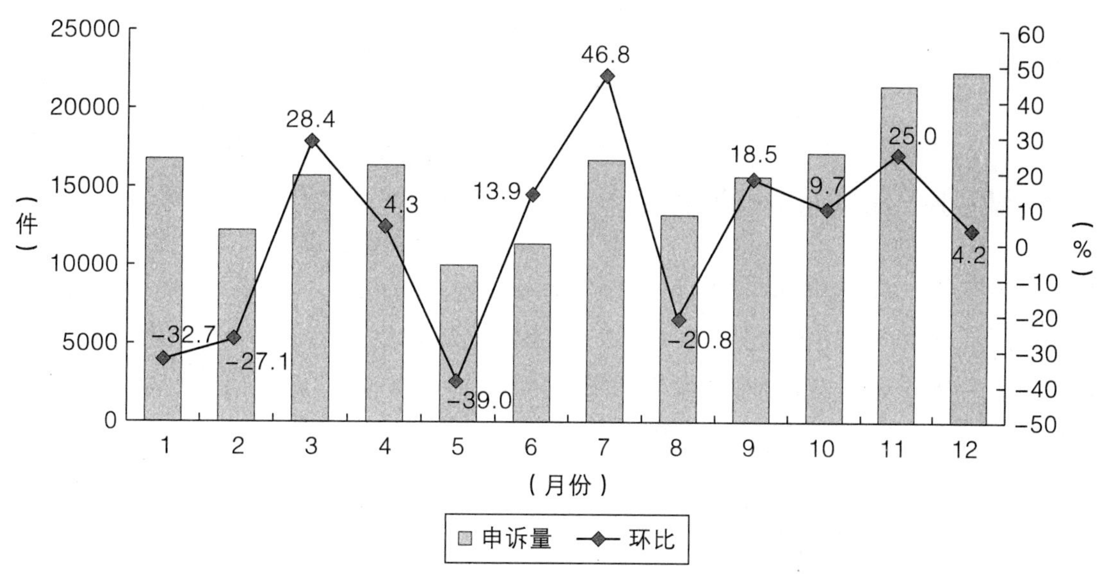

图 11　2020 年 1—12 月快递服务申诉量及环比变化情况

（二）快递服务满意度

2020年，全国快递服务总体满意度得分为76.7分，较2019年下降0.6分。其中，公众满意度得分为84.2分，较2019年上升0.2分；时限测试满意度得分为69.2分，较2019年下降1.3分。“十三五”期间，快递服务总体满意度较“十二五”时期末期提升2.7分，公众满意度提升3.7分。其中，总体满意度在2016—2019年连续上升，公众满意度实现五次连续上升。

快递企业总体满意度排名依次为顺丰、京东快递、EMS、中通快递、韵达速递、百世快递、圆通速递、申通快递、天天快递、德邦快递。其中，公众满意度排名依次为顺丰、京东快递、EMS、中通快递、圆通速递、韵达速递、德邦快递、百世快递、申通快递、天天快递。

公众满意度方面，涉及评价的五项二级指标中，除售后服务得分下降外，受理、揽收、投递与信息服务四项指标得分均上升。其中，受理满意度得分为88.8分，较2019年上升0.2分；揽收满意度得分为88.2分，较2019年上升1.5分；投递满意度得分为87.0分，较2019年上升0.8分；售后服务满意度得分为70.1分，较2019年下降3.2分；信息服务满意度得分为87.2分，较2019年上升0.5分。

二、2020年中国快递业发展特点

（一）我国快递业务量突破800件，继续保持全球第一

2020年，全国快递服务企业业务量累计完成833.6亿件，同比增长31.2%；业务收入累计完成8795.4亿元，同比增长17.3%。全年业务增长量近200亿件，增速和增量创历史新高。其中，同城业务量累计完成121.7亿件，同比增长10.2%；异地业务量累计完成693.6亿件，同比增长35.9%；国际/港澳台地区业务量累计完成18.4亿件，同比增长27.8%。快递业务量连续7年稳居全球第一，占全球快递业务量的60%以上。

（二）快递市场集中度不够，快递市场竞争进一步加剧

2020年快递业务量增幅显著，达到31.2%，收入增长下降至17.3%，快递件均收入降幅明显，降至10.6%，其原因如下。一是新冠肺炎疫情影响下农村电商异军突起，带动快递需求增长幅度较大，而快递成为主要的“门到门”配送渠道。二是顺丰和极兔快递参与电商网购快递市场的竞争，形成市场供给增大，“价格战”进一步加剧，即快递以价换量的态势没有得到遏制，其结果是件均收入由2019年的11.8元降低至10.55元，降幅达到10.6%。三是与发达国家相比，我国排名前三的快递公司的总市场份额在50%左右，而发达国家排名前三的快递公司的总市场份额在80%~95%。2020年，我国快递与包裹服务品牌集中度指数CR8为82.2，较1—11月下降0.2。2017—2020年我国快递业务量、收入、件均收入及业务量与收入年增长变化情况如表5所示。

（三）快递基础设施建设投资加快

2020年，国家邮政局实施西部和农村地区邮政基础设施建设项目，改造乡镇局所和危旧县局房1025处，购置车辆590辆。新增村级邮政电商服务站1.3万个，累计覆盖24.5万个建制村。印发推进智能快件箱（信包箱）建设的相关指导意见，推动纳入新型城镇化政策范畴，累计建成快递末端公共服务站11.4万个，安置智能快件箱（信包箱）40万组，316个城市已出台车辆通行政策。

表 5　2017—2020 年我国快递业发展情况

分类＼年份	2017	2018	2019	2020
快递业务量（亿件）	400.6	507.1	635.2	833.6
快递收入（亿元）	4957.1	6038.4	7497.8	8795.4
件均收入（元）	12.37	11.91	11.80	10.55
业务量年增长率（%）	28	26.6	25.3	31.2
收入年增长率（%）	24.7	21.8	24.2	17.3

（四）国家邮政局先后实施“9571”“9792”工程成效显著

2020 年，我国快递行业电子运单基本实现全覆盖，节约胶带封装比例达 95%，电商快件无须二次包装率达 70.1%，循环中转袋使用率达 91.5%，包装废弃物回收装置的邮政快递网点达 7.6 万个。全系统全行业深入践行绿色发展理念，把绿色低碳、节能减排贯穿行业各领域、各环节。在产品研发和推广方面，连续两年组织开展行业绿色产品、绿色技术和绿色模式公开征集。在生产作业节能减耗方面，组织北京等十个省（直辖市）开展绿色网点和绿色分拨中心建设试点，持续推进绿色办公。在绿色运输方面，着力推进行业运能结构调整，持续推进邮件快件上机、上车工程，提升甩挂、高铁等运输方式在行业运输中的比重，其中邮政企业一级干线甩挂邮路占比近 80%。截至 2020 年，全行业共有新能源车辆达 4.69 万辆。

（五）“十三五”期间快递行业地位作用日益凸显

“十三五”期间我国快递业务量和业务收入分别增长 3 倍和 2.1 倍，包裹快递市场规模继续稳居世界第一。五年新增就业 100 万人以上，年支撑制造业产值超过 1.2 万亿元，带动工业品下乡和农产品进城总价值超过 1.5 万亿元，对第一、第二、第三产业支撑更加有力，在打赢脱贫攻坚战、实施国家重大战略等方面取得一批重要成果，为打通大动脉、畅通微循环作出积极贡献。“十三五”期间，快递行业发展质效显著增强。湖北鄂州顺丰等国际枢纽加快建设，快递专业类物流园区数量大幅增加。高铁快递取得重大突破，航空快递运能不断增强，全行业专用货机从 71 架增加到 124 架。人工智能、大数据、物联网、区块链和北斗卫星导航等新技术、新产品加快应用，配备全自动分拣系统的分拨枢纽超过 370 个。快递电子运单、循环中转袋基本实现全覆盖，绿色发展初见成效。快递企业加快改制上市，形成 3 家年业务量超过 100 亿件、收入规模超过 1000 亿元的品牌快递集团。

（六）我国快递业助力脱贫攻坚成效显著

截至 2020 年 9 月，全国 97% 的乡镇有了快递网点。2019 年，农村地区收投快件超过 150 亿件，2020 年 1—8 月达到 200 亿件，农村地区快递处理量增速比城市高 10 个百分点以上。截至 2019 年年底，邮政快递业已培育出业务量超百万件的快递服务现代农业“一地一品”优质项目 163 个，其中，业务量超千万件的金牌项目有 37 个。2019 年，各地邮政企业还培育“一市一品”项目 712 个，配送农（特）产品进城 49 万吨。自 2014 年以来，邮政快递业共解决农村地区 150 万人的就业问题。仅2020年1—8月，全行业就为农村地区新增就业岗位15万人，帮助504个国家级贫困县的10万户贫困户增收1亿多元。

三、2020年中国快递行业大事记

（一）顺丰入围全球品牌价值500强榜单

2020年3月，英国品牌评估机构Brand Finance发布了《2020年全球最具价值品牌500强报告》，有76个中国品牌上榜。在快递物流领域，顺丰入围，排名第462名。

（二）圆通国际跨国驰援物资，累计运送近200架次、7540吨

2020年4月初，圆通国际受英国合作伙伴Uniserve（英国本土较大的货运代理公司之一）的委托，参与中英跨国运送新冠肺炎疫情防疫物资项目。截至6月底，圆通国际从上海、北京等几个国内大城市，向英国境内累积运送近200架次、共7540吨的防疫物资，助力英国各大医疗机构抗击新冠肺炎疫情。

（三）义乌—维尔纽斯中国邮政专列首发

2020年5月4日，中欧班列（义乌—维尔纽斯）中国邮政专列首次从义乌西站驶出，于13天后抵达立陶宛，随即分拨发往西班牙、法国、德国、瑞士等36个欧洲国家。此次专列是继中欧班列（义乌—马拉舍维奇）专列之后中国邮政国际邮件疏运的新通道。

（四）丰巢收购中邮速递易交易正式完成

2020年5月，中邮智递科技有限公司（中邮速递易的运营主体）由深圳市丰巢网络技术有限公司100%控股，丰巢收购中邮速递易的交易正式完成。

（五）中通快递采购2300辆定制快递车交付完成

2020年5月，江淮格尔发重卡交付中通快递2300辆格尔发K7快递车，中通快递运营负责人介绍，此次交付中通快递的格尔发K7快递车是针对中通快递的使用需求，定制打造的运输车辆。

（六）顺丰航空全球通航城市将突破70个

2020年6月，顺丰航空成为自大兴机场启用以来，首个降落大兴机场的货运航空公司。下半年，顺丰航空全球通航城市与地区突破70个。

（七）圆通速递江苏新总部（智创园）正式启用

2020年6月，位于南京空港经济开发区内的圆通速递江苏新总部暨南京智创园正式启用，场地大幅扩容、设备全新升级，将为圆通速递旺季服务提供强有力的支持。

（八）中通快递全国商业总部落户江苏常熟

2020年7月，中通快递商业总部及长三角电商快递产业园区域总部项目签约落户江苏常熟服装城。该项目总投资超过4亿美元，将进一步助力常熟服装城“大商贸、大物流、大市场”升级之路，并以常熟服装城为据点，打造长三角地区物流枢纽体系。该项目将分两期建设，总占地面积约566亩。项目一期为长三角电商快递产业园区域总部项目，占地面积182亩，总投资近1亿美元，将打造为中通快递业务、快运业务分拣转运中心。

（九）顺丰在英国设立首个配送中心

2020年8月，普洛斯宣布与顺丰国际在北安普敦物流园（G – Park Northampton）签订8300多平方米的租赁协议。普洛斯北安普敦物流园位于莫尔顿工业园内，共有三个单体物流设施和一个定制物流设施，面积从5000平方米到15000平方米不等。这些高标准物流设施获得英国建筑研究院绿色建筑评估体系

（BREEAM）的“优秀”评级，适合快递、第三方物流、零售、快消品和制造业等各类客户。

（十）韵达与英特尔成立智慧物流实验室

2020 年 9 月，韵达 - Intel 智慧物流实验室剪彩仪式在上海举办。韵达 - Intel 智慧物流实验室旨在通过发挥双方优势，探索区块链、无人机、无人仓、无人车等在高科技领域的发展和应用，深度赋能快递物流发展，加速构建智慧物流服务体系，进一步满足广大客户和消费者更高水平的需求。

（十一）顺丰快运产品全面升级，全网提速 5 小时

2020 年 10 月 10 日，顺丰快运宣布其产品全面升级，“小票零担”更新为“标准零担”，“大票零担”更新为“大票直送”，“重货专运”更新为“整车直达”。顺丰快运有超过 7.5 万辆运营车辆，超过 1600 辆快运干线、9100 条快运专线，场站面积超过 209 万平方米，可做到“点到点”直达，全网提速 5 小时。

（十二）圆通速递华北转运中心（智创园）全面启用

2020 年 10 月，圆通速递华北转运中心引进 1 套双层、4 套三层自动化快件分拣设备，最高日处理量预计可达 600 万件，是圆通速递在北方地区最大的转运中心。该中心坐落于河北省廊坊市永清县经济开发区，是圆通速递北方总部基地项目，总占地面积 500 多亩，总投资 35 亿元，主要包括圆通速递华北转运中心、跨境电商服务中心、商贸集散中心等板块。

（十三）中通快递又一总部项目落户桐庐富春未来城

2020 年 10 月，桐庐富春未来城、中通快递、米其林、康明斯项目合作签约仪式举行，标志着中通快递携手米其林、康明斯共同打造的中通快递中国区物流后市场总部项目正式落户富春未来城。至此，中通快递拥有服务网点 12000 余家，直接网络合作伙伴 3700 余家，全国共开设分拨中心 68 个，区县覆盖率超过 97%，拥有 5900 余台干线运输车辆，日发货量突破 25000 吨，日发件量突破 100 万件，运力达 38000 吨/日。

（十四）顺丰无人机运海鲜 12 分钟“上天出海”，运输效率提高 15 倍

2020 年 10 月，在浙江省舟山市政府主办的“2020 东海开渔节暨舟山远洋渔市节”上，舟山顺丰进行了无人机首飞仪式。舟山顺丰此次投入了多种无人机机型支持运营。其中方舟 40 型无人机基于其 64.2 升的超大货仓设计，可载重 10 千克，续航 20 余分钟，航程可达 18 公里，原本需要 3 小时水路运输，现在最快 12 分钟即可“上天出海”，运输效率提高了 15 倍。

（十五）申通国际上海分拨中心正式启动

2020 年 11 月 4 日，申通国际新址在上海市青浦区落成，上海分拨中心也正式启动。当日正式启用的申通国际上海分拨中心根据现有业务情况主要从事进出口货物的揽收、库内操作及网内进出口件的操作，目前日处理件量 5 万票左右。同时，分拨中心还为跨境电商平台客户提供前置仓的服务。

（十六）“双十一”当天全国处理 6.75 亿件快件，同比增长 26.16%

2020 年 11 月 1—11 日，全国邮政、快递企业共处理快件 39.65 亿件，其中 11 月 11 日当天共处理快件 6.75 亿件，同比增长 26.16%，再创历史新高。

（十七）申通快递在广东最大的转运中心全面启用

2020 年“双十一”期间，申通快递在广东最大的转运中心——增城转运中心全面启用。该中心从开始建设到投入生产用了不到 70 天，

操作面积超过5万平方米，全新引进3层交叉带、摆臂、伸缩机等自动化分拣设备，“双十一”期间最高日处理量预计可达1000万件，相比原场地产能提升了50%。集包产能46万单/小时，相比原场地集包能力提升1100%。

（十八）顺丰国际海外仓澳大利亚悉尼仓正式启用

2020年11月，顺丰国际海外仓——澳大利亚悉尼仓正式启用。悉尼仓位于悉尼西南区，距班克斯敦机场仅3.2公里，距离悉尼码头约25分钟车程，交通便利。该仓库面积约为6000平方米，日处理货物量2万票。仓库硬件设施齐全，可以提供托盘货物以及普通货物的储存。适合跨境电商以及当地电商库内操作以及末端配送。

（十九）顺丰航空开通首条美洲全货运航线“深圳—杭州—洛杉矶”

2020年11月7日，顺丰航空首条美洲全货运航线“深圳—杭州—洛杉矶”正式开通。B747－400ERF载货从深圳宝安国际机场起飞，在杭州停场上货后于北京时间11月8日04：37顺利飞抵美国洛杉矶国际机场，将满载的包括普货、电商快件等在内的货物运抵洛杉矶，这是顺丰航空成立以来开通的第5条洲际航线。

（二十）圆通速递单日最高投入环保袋162万个

圆通速递发布2020年“双十一”绿色快递相关数据，通过加大环保袋投入量、回收箱使用量，提升包材“含绿量”，降低碳排放量等工作，圆通速递“减碳增绿”成绩显著。截至2020年11月20日，圆通速递全网环保袋投入总量达760万个，使用量同比增长超过50%；最高使用峰值是在11月12日，单日使用162万个；2020年以来，圆通速递全网环保袋循环使用总次数已达2.23亿次。

（二十一）韵达国际推出CN－UAE全球快递，覆盖阿联酋大部分区域

2020年12月1日起，阿联酋取消对外国投资者在当地注册公司的持股比例限制，外商可百分百持股当地企业，韵达国际宣布推出CN－UAE全球快递。韵达CN－UAE全球快递为全链路自营，覆盖阿联酋大部分区域，平均时效5～7个工作日，用户可在官网随时追踪包裹运输情况。

（二十二）天津市快递专用电动三轮车通行获法律保障

2020年12月，天津市出台全市快递专用电动三轮车具体管理措施，对全市快递专用电动三轮车实行统一编号和标识管理。其快递专用电动三轮车安装、使用符合国家标准的行驶记录仪或北斗卫星导航系统，并接入天津市寄递安全信息服务平台，实现车辆的实时监控，促进快递专用电动三轮车安全、文明、规范行驶。

（二十三）韵达韩国“仁川—临沂”直飞首航顺利完成

2020年12月8日，由韵达韩国公司、天津航空公司、长龙航空公司合作的“仁川—临沂”双向纯货物直飞航班在临沂启阳机场顺利完成首航。该线路为临沂启阳机场首条国际货运线路，标志着临沂市正式打通国际航空物流通道，同时大幅度缩短中韩两国货运运输时间。

（二十四）中国邮政开通“大连—首尔”往返货邮包机航线

2020年12月16日12时1分，中国邮政航空公司CF231航班从大连周水子国际机场起飞，13时飞抵韩国首尔仁川国际机场，标志着中国邮政“大连—首尔”往返货邮包机航线正式开通，也是中国邮政的第9条国际（地区）

航线。

（二十五）百世快递将在越南启用胡志明市大型转运中心

2020 年 12 月 17 日，百世快递启用胡志明市大型转运中心。该项目总投资额达 800 万美元，占地面积约 35000 平方米，相当于 5 个足球场。该中心配备小包裹交叉带自动分拣系统、矩阵自动分拣系统等先进物流设备，最大日处理单量达 100 万件。

（二十六）中国邮政航空公司第四架波音 737 – 800BCF 投入运行

2020 年 12 月 23 日，中国邮政航空公司第四架、编号 B – 5131 的波音 737 – 800BCF 飞机从济南太古飞机维修公司调机飞抵南京禄口国际机场邮政自主机坪，标志着该架飞机正式入列邮航机队。中国邮政航空公司先后运行“运八”、波音 737 – 300F/400F、波音 757 – 200F，目前机队总运力为 32 架。

（蜂网投资　徐勇）

2020 年中国航空货运业[①]

2020 年是我国民航发展史上极不平凡的一年，民航全行业以习近平新时代中国特色社会主义思想为指导，全面贯彻中共十九大和十九届二中、三中、四中、五中全会精神，全面落实习近平总书记关于疫情防控重要指示批示精神和国务院联防联控机制的决策部署，扎实做好"六稳"工作，全面落实"六保"任务，准确把握新冠肺炎疫情形势变化，科学决策，创造性应对，因时因势精准施策，在统筹抓好疫情防控和行业安全发展的工作中取得显著成绩。

一、民航行业运输生产稳健恢复

2020 年，新冠肺炎疫情对全球民航业带来了巨大冲击，我国民航行业按照"认真、科学、冷静"的原则，落实"保安全运行、保应急运输、保风险可控、保精细施策"的防控工作要求，准确识变、科学应变、主动求变，使我国民航行业在全球率先触底反弹，国内航空市场成为全球恢复最快、运行情况最好的航空市场。

民航运输生产总体稳健恢复。2020 年，全行业完成运输总周转量 798.51 亿吨公里，完成运输飞行小时 876.22 万小时，完成运输起飞架次 371.09 万架次，分别恢复到上年的 61.7%、71.2%、74.7%。在新冠肺炎疫情初期行业运输生产断崖式下跌的情况下，行业运输规模恢复逐季回升态势。第四季度，运输总周转量、运输飞行小时和运输起飞架次分别恢复到上年同期的 76.3%、88.9%和 94.5%。

民航货邮运输规模恢复处于较高水平。2020 年，全行业完成货邮运输量 676.61 万吨，恢复到上年同期的 89.8%。分航线看，国内航线货邮运输量恢复到上年同期的 88.7%，国际航线恢复到上年同期的 92.2%，均处于较高的恢复程度。2020 年 11—12 月，国际航线货邮运输增速连续两个月实现正增长。

二、民航行业基本盘稳中有进

面对新冠肺炎疫情对民航业造成的巨大冲

① 截选自《2020 年民航行业发展统计公报》。

击，民航局打出了一套统筹民航疫情防控和稳定发展的“组合拳”，出台政策稳发展、复工复产稳投资、采取措施稳就业，民航行业发展基本盘实现了稳中有进，整体抗风险能力经受住了考验，显示出我国民航行业的坚强韧性和巨大潜能。

机队规模稳中有升。截至 2020 年年底，我国共有运输航空公司 64 家，比上年年底净增加 2 家。全行业运输飞机期末在册架数 3903 架，比上年年底净增加 85 架。在全球大量航空公司因疫情停航或申请破产的情况下，我国航空公司机队规模在保持稳定的基础上略有增长。

固定资产投资规模创新高。2020 年民航固定资产投资总额为 1627.6 亿元，其中，民航基本建设和技术改造投资 1081.4 亿元，比上年增加 11.6%，规模首次超千亿元。截至 2020 年年底，我国境内运输机场达到 241 个（不含香港、澳门和台湾地区），比上年年底净增加 3 个。全行业全年新开工、续建机场项目 114 个，新增跑道 4 条，停机位 377 个，航站楼面积 170.8 万平方米。

专业技术人员队伍不断加强。截至 2020 年年底，中国民航驾驶员有效执照总数为 69442 本，比上年年底增加 1489 本；全行业持照机务人员 60335 名，比上年增加 1211 名；持照签派员 8994 名，比上年增加 550 名；空管行业四类专业技术人员共 33102 人，比上年新增 2138 人，其中空中交通管制人员 15001 人，比上年新增 1173 人。民航专业技术人员队伍保持稳定，规模不断扩大。

三、民航行业高质量发展不断取得突破

民航行业牢固树立新发展理念，并将新发展理念贯穿各项工作的全过程，在行业崇尚创新、统筹协调、倡导绿色、厚植开放、促进共享，以贯彻新发展理念引领推动民航的高质量发展。

不断推进创新发展。民航全行业加快高水平科技创新人才队伍和民航特色新型智库建设，助推民航科技自主创新研发和成果示范。2020 年，民航行业承担国家重点研发计划项目立项 3 项，共验收科技成果 98 项，评选中国航空运输协会民航科学技术奖 41 项。航行新技术应用进一步推广，2020 年，全行业具备 HUD 运行能力的航空公司和运输飞机分别达到 20 家和 1278 架，具备 PBN 飞行程序的运输机场达到 237 个。

不断推进协调发展。通用航空恢复快于运输航空，2020 年，全行业完成通用航空生产飞行 98.40 万小时，恢复至上年同期的 92.4%，高于运输航空 21.2 个百分点。无人机飞行小时快速增长。2020 年，参与民航局无人机云交换系统的无人机飞行达到 183 万小时，较上年增加 58 万小时。区域民航更加均衡，西部地区旅客吞吐量恢复至上年同期的 69.2%，恢复程度最高；中部地区货邮吞吐量比上年增长 10.0%，是唯一实现正增长的地区。

不断推进绿色发展。民航行业坚定不移走绿色发展之路，2020 年我国民航吨公里油耗为 0.316 千克，较 2005 年（行业节能减排目标基年）下降 7.1%。全年共有 28.97 万架次航班因使用临时航路节省燃油消耗 6.65 万吨，减少二氧化碳排放约 20.95 万吨。截至 2020 年年底，机场场内电动车辆设备约 6700 台，充电设施 3300 个，电动车辆占比约 16.3%。机场能源清洁化水平稳步提升，电力、天然气、外购热力占比达到 86.8%，太阳能、地热能等清洁能源占比约 1.0%。

不断推进开放发展。民航高水平对外开放持续推进，2020 年，我国先后与 11 个国家或地区举行双边航空会谈或书面磋商。截至 2020 年年底，我国与其他国家或地区签订双边航空运输协定达到 128 个，比上年年底增加 1 个（欧盟），与我国建立双边适航关系的国家或地区达到 39 个。

不断推进共享发展。2020 年，玉林福绵机场、于田万方机场、重庆仙女山机场等新增运输机场及实现迁建的安康富强机场均处于西部地区。我国航空紧紧把握供给侧结构性改革，做好需求侧管理，国内民航航线条数达到 4686 条，较上年增加 118 条。我国民航服务覆盖经济总量、地级行政单元、人口分别达到 93%、92%、88%，服务范围更加广泛。

四、民航治理效能显著提升

民航行业积极应对新冠肺炎疫情，着力增强安全管控能力、应急处突能力、风险抵御能力、依法治理能力、协同配合能力，深入践行真情服务理念，全力优化服务品质，民航治理体系更加完善，治理效能显著提升。

民航安全运行平稳可控。截至 2020 年年底，我国民航运输航空百万架次重大事故率十年滚动值为 0，亿客公里死亡人数十年滚动值为 0，安全水平稳居世界前列。2010 年 8 月 25 日至 2020 年年底，运输航空连续安全飞行“120 + 4”个月，累计安全飞行 8943 万小时。同时，民航空防持续安全，我国民航实现 18 年空防安全零责任事故纪录。

应对疫情扶持政策精准有力。2020 年，民航行业宏观政策调控体系和应急治理体系更加完善。面对突如其来的严重疫情，民航局与相关部门沟通协调，在行业政策、财政支持、税费减免、金融信贷等方面，及时出台一揽子“16 + 8”项“点穴式”的扶持政策为企业纾困，给民航企业年减负约 100 亿元，为航空公司争取银行流动资金优惠贷款 1100 亿元。为有效应对疫情，民航行业在实践中形成了一整套全方位行业应急治理体系，为推进行业治理体系治理能力现代化进行积极探索。

民航服务质量持续提升。2020 年，全年航空货运电子运单使用突破 182.16 万票。12326 民航服务质量监督电话开通以来，国内航空公司投诉响应率达 100%。

法规和信用体系更加完善。2020 年，民航法律法规体系进一步健全，民航行业共有 1 部行政法规、9 部规章完成制定、修订或废止；民航信用管理进一步推进，全年全行业共发生行政处罚案件 325 起，共 22 个自然人因严重失信行为而被列入民航行业严重失信人名单，4999 名旅客被列入限制乘坐民用航空器特定严重失信人名单。

第四部分

行业物流

2020年中国制造业物流①

一、2020年中国制造业发展主要特点

（一）工业、制造业年初增速骤降，后期逐渐回升

根据国家统计局统计，2020年全国规模以上工业增加值同比增长率为2.8%，其中制造业增长3.4%。工业特别是制造业总体呈现稳步恢复、逐季回升的态势。分季度看，规模以上工业增加值4个季度同比增速分别为-8.4%、4.4%、5.8%、7.1%。受新冠肺炎疫情对经济的显著影响，第一季度规模以上工业增加值呈现负增长。第二季度以来，全国规模以上工业增加值增长率开始呈现正增长态势，并逐渐回到正常的增长水平，这表示我国工业生产企稳回升，复产水平持续向好。第四季度各月的工业增加值增长率与2017—2019年同期相比都有所提升，说明制造业经济在年末呈回升向好态势。

从全国规模以上工业企业的资产及营业水平来看，2020年11月末，规模以上工业企业资产总计126.70万亿元，同比增长6.9%（按可比口径计算）。1—11月，规模以上工业企业实现营业收入94.22万亿元，同比增长0.1%；全国规模以上工业企业实现利润总额57445.0亿元，同比增长2.4%，其中，制造业实现利润总额48995.2亿元，增长6.1%，表现出较为强劲的增长势头。上述数据表明，尽管2020年年初我国经济受到新冠肺炎疫情的较大冲击，但在统筹疫情防控和经济社会发展工作的保障下，我国工业经济运行稳定恢复，下半年以来回升向好的趋势显著，企业盈利情况有所好转。

（二）PMI逐渐趋于稳定，制造业继续稳步恢复

PMI是国际上通行的宏观经济监测指标体系之一。

2020年PMI全年平均水平为49.9%，低于荣枯线，但较2019年PMI全年平均水平（49.7%）略有回升。其中，2月PMI大幅下降，仅为35.7%，反映新冠肺炎疫情对我国经济运行产生了严重冲击，该异常数据也导致了2020年PMI的全年平均水平处于荣枯线之下。

① 本文受国家社科基金重大项目（NO.18ZDA060）资助。

事实上，得益于工业和信息化部出台的大量用于防止产业链及供应链中断的政策和措施，2020 年除 2 月以外其他月份的 PMI 均不低于 50%。从全年走势来看，在新冠肺炎疫情持续存在的情况下，这些政策和措施正在逐渐见到成效，我国制造业经济复苏势头总体持续向好，复苏速度不断加快。

从 PMI 的构成指数来看，生产指数除 2 月外，均保持在 50% 以上，说明制造业生产扩张持续加快。从重点行业看，高技术制造业全年 PMI 始终高于制造业总体，这表明高技术制造业产需两旺，用工需求持续增长，对制造业总体复苏的带动较为显著。12 月新出口订单指数和进口指数分别为 51. 3% 和 50. 4%，继续位于景气区间，进出口指数连续四个月保持扩张。上述 PMI 分项指数表明，制造业经济年末有所回暖，趋势稳中有升。

（三）着力强链、固链、补链，保障后疫情时代供应链安全

2020 年，面对新冠肺炎疫情冲击以及复杂严峻的国内外环境，中国市场的主要任务是根据全球疫情变化，主动适应全球产业链、供应链和价值链的调整，维护产业链安全稳定。因此要在固链、补链、强链等方面下功夫，补齐短板，强化关键环节、关键领域、关键产品保障能力。

第一，优化升级，巩固产业优势。数字化技术是企业提升竞争力、降低成本的重要途径，对于提升产业链供应链的竞争力有着不可替代的作用。我国制造能力虽然强大，但也面临要素成本上升的压力，需要不断推动优化升级，再造基础产业链。

第二，改革创新，推进新产业新业态。在新冠肺炎疫情防控中，远程办公、在线教育等新产业形态方兴未艾。近年来“互联网 +”、数字经济等一定意义上已经成为我国的长板领域。我国需进一步强化巩固优势，发挥“互联网 +”的作用，积极支持发展新模式、新业态，加快新型基础设施建设。

第三，补齐短板，提升产业链质量。当前我国部分关键零部件的进口依赖度过高，部分产业链供应链的可替代性较强，供应保障能力存在欠缺。在新冠肺炎疫情影响下，这些短板更加凸显。针对上述问题，需要进一步打通堵点、连接断点，加快关键核心技术攻关进程，持续提升产业基础能力和产业链现代化水平，维护我国供应链安全①。

（四）工业新动能快速成长，制造业高质量发展

中共十九大明确指出：“建设现代化经济体系，必须把发展经济的着力点放在实体经济上，把提高供给体系质量作为主攻方向，显著增强我国经济质量优势。”制造业高质量发展是经济高质量发展的重要内容，是全面建成小康社会、全面建设社会主义现代化国家的关键战略支撑。

从装备与高技术产业来看，工业发展继续由量的扩张向质的提升转变，装备与高技术制造业继续快速发展。2020 年，装备制造业增加值同比增长率为 6. 6%，增速与 2019 年基本持平，高于全部规模以上工业平均水平 3. 8 个百分点，第三、第四季度均实现两位数增长，有力支撑工业增长稳步回升。规模以上高技术制造业增加值增长率为 7. 1%，继续保持较快增长。

① 齐慧．提升产业链供应链竞争力——优化稳定产业链系列述评之三［EB/OL］．(2020 - 05 - 22)［2021 - 01 - 24］．https://www. ce. cn/xwzx/gnsz/gdxw/202005/22/t20200522_ 34955663. shtml.

同时，高技术制造业利润也保持较快增长，全年高技术制造业实现利润占规模以上工业企业的比重为17.8%，比2019年提高1.9个百分点，有力推动了工业利润结构的不断优化。

新产业、新业态、新产品快速发展，工业增长的动能不断增强，一些新产品增长势头非常强劲。在装备制造业，工业机器人、新能源汽车、集成电路等主要产品市场实现高位增长，产量增速分别为19.1%、17.3%、16.2%；在高技术制造业，许多产品大幅增产，3D打印设备、智能手表、集成电路圆片等新兴产品市场实现高速增长，增速均在1倍以上。由于中国工业拥有联合国行业门类中所有的大类行业，两百多种产品产量居世界第一，产业配套能力强，且具有较大的市场规模，新工业产品具有较好的发展前景。

（五）全面贯彻“六稳”“六保”，供给侧结构性改革成效继续显现

2020年，中共中央、国务院不断推进“六稳”“六保”任务落实，继续贯彻执行供给侧结构性改革，并取得了一定成效。

去产能方面，2020年产能利用率逐季回升，改革取得显著成效。2020年，全国工业产能利用率为74.5%，第一至第四季度分别为67.3%、74.4%、76.7%、78.0%，呈逐季回升态势，第四季度产能利用率已提升至2013年以来高点，去产能成效继续提升。降能耗方面，经过初步核算，2020年单位GDP能耗比上年下降0.1%，扭转了前三季度上升的态势；规模以上工业单位增加值能耗下降0.4%，降幅比前三季度扩大0.3个百分点，有效实现了去产能、降能耗的供给侧结构性改革目标。去杠杆方面，2020年年末，规模以上工业企业资产负债率为56.1%，比2019年年末下降0.3个百分点，去杠杆措施的效果逐步显现。去库存方面，2020年年末，规模以上工业企业产成品存货周转天数为17.9天，比上年年末增加1.2天，但较2020年年初大幅缩短，去库存效果逐渐改善。降成本方面，2020年规模以上工业企业每百元营业收入中的成本为83.89元，比2019年减少0.11元；每百元营业收入中的费用为9.17元，比2019年增加0.14元，两者较2020年年初均有所下降。补短板方面，2020年，高技术制造业投资增长11.5%，占全部制造业投资的比重比上年提高2.8个百分点，持续拉动全部投资增长。上述数据表明，尽管2020年我国经济受到新冠肺炎疫情的冲击，但在“六稳”工作的推进和“六保”任务的落实下，全年制造业经济不断恢复，供给侧结构性改革效果持续加强。

（六）新一代信息技术蓬勃发展，智能制造助推高质量转型

2020年6月30日，中央全面深化改革委员会第十四次会议审议通过了《关于深化新一代信息技术与制造业融合发展的指导意见》，指出要加快推进新一代信息技术和制造业融合发展，提升制造业数字化、网络化、智能化发展水平，这为我国制造业融合发展指明了方向。12月16日，工业和信息化部信息技术发展司进一步提出，两化融合是新型工业化道路的集中体现，是当前阶段推动工业经济向数字经济演进、加速新一代信息技术与制造业融合发展的主线和路径。其中，发展电子信息产业为制造业两化融合提供了强有力的技术和产业支撑。2020年，中国电子信息制造业综合发展指数总得分为123.06，比2019年上升3.94，增幅略有收窄；此指数近五年实现连续平稳增长，平均上升幅度为4.99。这表明我国电子信息制造业经受住了考验，整体产业仍然呈现良好的发展态势，推动产业融合的作用进一步增

强，有力支撑了两化融合水平快速提升。

二、2020 年中国制造业物流发展主要特点

（一）工业物流需求平稳恢复，中国物流业景气指数稳中向好

2020 年，新冠肺炎疫情在全球蔓延，国内外工业物流风险挑战明显增加，但我国在疫情得到控制后快速修复经济，国民经济运行总体恢复平稳。据国家统计局发布的通知，2020 年前三季度物流运行已实现平稳修复并稳步提升。1—11 月，物流需求延续稳定恢复态势，增速进一步上升，全国社会物流总额为 266.2 万亿元，按可比价格计算，同比增长 3.0%，增速比 1—10 月提高 0.5 个百分点。其中，工业品物流总额同比增长 2.3%，增速比 1—10 月提高 0.5 个百分点、比 1—9 月提高 1.1 个百分点，增速实现三连升。与此同时，工业物流需求增长平稳，进口物流需求增势良好，民生消费相关的新动能需求持续快速发展。高技术制造业物流需求加快增长，11 月同比增长 10.8%，较上月上升 4.5 个百分点，物流需求全面回升。

物流行业的整体发展形势，可以用物流业景气指数反映。2020 年年初受新冠肺炎疫情影响，物流活动严重受阻，物流业景气指数出现大幅回落。但随着疫情防控和经济社会发展系列政策的实施，企业有序复工复产进程不断加快，物流业景气指数有了大幅回升，并逐步稳中向好。在此背景下，物流运行总体平稳的大趋势没有改变。2020 年，物流业景气指数平均为 51.7%。其中 11 月为 57.5%，较上月上升 1.2 个百分点，回升至年内最高水平。11 月新订单指数为 56.8%，业务活动预期指数为 58.9%，显示出 2020 年物流市场仍保持较快发展趋势，业务需求旺盛，物流业整个活动呈现逐步回升走势，物流业经济保持较好的运行态势。

（二）物流需求结构持续优化，降本增效力度加大

国家统计局公布的数据显示，2020 年 1—11 月工业品物流总额同比增长 2.3%，11 月工业品物流总额增长 7.0%，增速比上月提高 0.1 个百分点，高于上年同期 0.8 个百分点，制造业物流需求增速升至 2019 年 4 月以来最高。其中，高技术制造业、装备制造业和消费品制造业物流需求全面回升。高技术制造业物流需求加快增长，11 月同比增长 10.8%，较上月上升 4.5 个百分点；装备制造业物流需求增长 11.4%，较上月上升 0.6 个百分点，连续 5 个月保持两位数增长，对工业物流稳定向好的支撑作用持续增强，物流需求结构持续改善。

2020 年 6 月 2 日，《国务院办公厅转发国家发展改革委　交通运输部关于进一步降低物流成本实施意见的通知》（以下简称《意见》）中提出六个降低，以降低物流成本，推动体制机制改革。《意见》的提出进一步加大我国物流业的降本增效力度，为中国制造业物流发展提供了有力的政策支持。随着新一轮科技和产业革命的蓬勃兴起，数字经济风起云涌。在工业品物流方面，数字经济的出现让企业可以利用平台对环节进行优化，从而大大提升企业效率，降低成本。

（三）物流技术持续升级，企业向智能制造转型速度加快

近年来，“智能制造” 成为制造行业的热门词汇，也成为推动制造物流智能化发展的重要引擎。与此同时，人工智能、物联网、5G 等技术的发展，推动了制造业供应链效率的提

升，越来越多的制造企业物流开始向自动化、柔性化、智能化转型，并着手开展智能物流系统及智慧供应链建设。除此之外，阿里巴巴、京东、顺丰等电商和物流巨头也纷纷进入智能制造市场，加强智慧物流体系建设，加速物流平台化、智慧化转型。

随着智能化时代的到来，物流行业正在发生深刻的变化。客户需求、企业转型和社会发展均要求供应链效率的提升，而技术发展则为物流转型升级奠定了基础。2020 年 9 月 16 日，阿里巴巴全新的智能制造平台“迅犀”上线。同日，阿里新制造一号工程“犀牛智造工厂”也在杭州正式投产。该平台早在 2017 年 8 月就启动了数字化智能制造，主要面向中小企业，阿里巴巴表示，“犀牛智造工厂”相比传统的工厂可以缩短 75% 的交货时间、降低 30% 的库存，甚至可以减少 50% 的用水量，在提升生产效率的同时增加生产灵活性，为中小企业带来数字化升级。

2020 年 8 月 13 日，京东物流与新宁物流共同投资设立上海京新智造供应链管理有限公司，主要提供以生产物流为核心的综合物流业务及配套的智能装备和供应链增值业务。本次投资设立合资方的目的是以 5G、物联网、云计算等新兴技术为基础，助力制造业数字化、智能化转型升级。新宁物流将依托合资方拓展服务场景，加强技术创新，结合合资方的优势，共同打造工业级的智能物流产品和透明化、可视化的供应链大数据协同平台，以供应链服务带动技术输出，以物流科技引领供应链升级，极大地推动了智能制造的发展。

（四）制造企业生态供应链建设明显加速

2020 年 2 月，国家发展改革委、工业和信息化部等 11 部委联合发布《关于印发〈智能汽车创新发展战略〉的通知》中提出，到 2025 年，中国标准智能汽车的技术创新、产业生态、基础设施、法规标准、产品监管和网络安全体系基本形成。实现有条件自动驾驶的智能汽车达到规模化生产，实现高度自动驾驶的智能汽车在特定环境下市场化应用。我国积极推进新能源汽车发展进程，不仅能提升汽车生产制造企业的创新能力，也极大地推进了以汽车行业为代表的制造企业的生态供应链建设。

当前，物联网、大数据、人工智能、5G 等高科技的发展，为物流和供应链带来巨大变革，一些具有前瞻性战略思维的企业开始加速生态供应链的建设。新基建智能工程事业部是中铁武汉电气化局集团有限公司城铁分公司于 2020 年 6 月 28 日新成立的事业部，推动制造企业生态供应链建设，将生产过程与新一代信息技术融合，着力推进模式创新与业态创新，实现由传统制造向智能制造、数字制造转型，以满足消费者个性化、多样化消费需求。为此，企业应充分利用互联网、大数据、云计算等信息技术改造传统制造业，形成智能生产和智慧制造蓬勃发展的局面，提高传统制造业的智能化、数字化水平，构建互利共生的制造业产业生态。

（五）“走出去”制造企业的物流成本波动明显

2020 年 7 月开始，受新冠肺炎疫情的影响出口贸易回暖迹象明显。根据国家统计局公布的数据，2020 年 11 月出口总值同比增长 21.1%，创年内新高。但从全年来看，制造企业的物流成本仍存在明显波动，2020 年年初，国内疫情严重，海外客户催促国内企业复工复产以保障供应链整体正常运行。随后，全球市场均受到疫情影响，订单确认速度减缓，有些企业甚至要求延期交货或取消订单。同时，跨境物流价格飞涨，国外航运运力下降，海运时效难以保障，导致制造业出口物流成本大幅上升。此外，西方国家当地的政策变化也对制造业的出口成本产生着一定的影响。西方国家存在贸易壁垒导致进出口标准不断变化，企业在生产中不断调整产品和技术，无形中增加了费用。

与以上情况相比，更为严重的是不断上升的离岸成本。受新冠肺炎疫情影响，很多出口企业无法预订到运输设备。以集装箱运输为例，通常预订价格要达到往常的几倍甚至十几倍，铁路运输费用也上涨2.5倍左右。这样的涨幅不仅影响了出口企业，也大大提升了西方国家当地的收货成本。随着西方国家疫情蔓延，港口的清关速度大幅下降，满载的集装箱经常空箱返回，进一步加剧了物流成本的问题。

（六）制造业与物流业融合发展进程稳步推进

2020年9月，国家发展改革委会同工业和信息化部、公安部、财政部、自然资源部、交通运输部、农业农村部、商务部、市场监管总局、银保监会、国家铁路局、民航局、国家邮政局、国家铁路集团有限公司联合印发了《关于印发〈推动物流业制造业深度融合创新发展实施方案〉的通知》（发改经贸〔2020〕1315号），从紧扣关键环节、突出重点领域、加强统筹引导三个方面提出了十六条政策措施，指出了两业融合发展的主要任务。这十六条政策措施内容精练、措施具体，为下一步改善两业市场环境，促进行业健康稳定发展奠定了政策保障。

2020年，我国两业融合向制造业服务化和物流业产业化两个方向发展。一方面，制造业通过与物流业融合，优化自身内部结构、提高整个产业链的效率，促使制造业高端化、数字化和服务化发展；另一方面，物流业利用制造业提供的先进技术和现代化设施装备，对接制造业转型升级需求，扩大物流市场，创新物流服务模式。其中，智慧物流生态链是以数据共享、信用机制、物联网技术为支撑，以平台运营中心为核心，由供给生态群、物流生态运营商以及需求生态群组成的链状结构，如今已经成为物流发展的新阶段与新模式。

与此同时，两业融合发展仍旧面临一些问题。首先，制造业企业生产端柔性制造的能力需要加强。目前制造企业在生产端柔性制造能力较弱，需要通过与物流平台系统对接等方式实现柔性化生产，做到因时制宜、以需定产，实现消费端和制造端的互联互通和产业生态共建。其次，物流企业专业物流服务能力及客户满意度需要进一步提升。制造业企业需要通过物流外包的形式获得更好的服务能力，但当前物流外包领域主要集中在传统业务，专业物流能力较低，客户满意度也尚未达到较高水平。最后，物流智能化改造存在较大困难。技术开发和硬件设施升级具有较高成本，且智慧物流行业主体缺少意愿，一定程度上阻碍了企业进行物流智能化改造。

（天津大学管理与经济学部　刘伟华　刘馨允　王婧锟　袁超伦）

2020 年中国钢铁物流

2020 年作为中国“十三五”规划的收官之年，政策红利下中国经济快速复苏，钢铁行业下游需求逐渐恢复，带动钢铁产量显著增长，在需求内强外弱下，钢材出口量进一步下降，进口量显著回升；高位社会库存贯穿全年，原料价格明显抬升企业生产成本，行业整体盈利水平继续下滑。钢铁行业仍面临铁矿石等原料成本高企、环保压力巨大、国际竞争加剧、市场动荡等风险。

一、2020 年中国钢铁产业运行情况

（一）2020 年我国钢铁市场震荡运行

2020 年，国内钢铁市场呈现宽幅震荡、波动上行格局。其中，第一季度因新冠肺炎疫情影响震荡下行，第二季度以来随着需求恢复震荡上行，11—12 月因铁矿石、焦炭主要原料价格上涨，带动市场明显“翘尾”，年底在需求旺季与淡季承接不畅下冲高回落。兰格钢铁云商平台监测数据显示，截至 2020 年 12 月 31 日，兰格钢铁综合钢材价格指数为 170.5，同比上升 16.6%。其中，建材价格指数为 176.6，同比上升 14.3%；板材价格指数为 165.2，同比上升 20.2%；型材价格指数为 170.3，同比上升 13.7%；管材价格指数为 173.3，同比上升 12.0%。就波动幅度来看，2020 年兰格钢铁综合钢材价格指数在 134.5～180.9 运行，波动幅度为 46.4，明显高于 2019 年 12.7 的波动幅度。就全年均值来说，2020 年兰格钢铁综合钢材价格指数均值为 146.5，较 2019 年下降 2.3%。2017 年 12 月 31 日至 2020 年 12 月 31 日兰格钢铁价格指数走势如图 1 所示。

（二）需求带动钢铁产量同比继续上升

2020 年第一季度受新冠肺炎疫情影响，钢铁需求明显萎缩；但随着第二季度国家复工复产、经济刺激政策的逐步发力，经济稳定复苏，下游需求逐步恢复，带动钢铁企业生产积极性高涨，钢铁产量同比进一步上升。国家统计局数据显示，2020 年，中国粗钢产量 106476.7 万吨，同比增长 7.0%；钢材产量 132489.2 万吨，同比增长 10.0%。2001—2020 年粗钢产量及同比增速如图 2 所示。

2020 年我国粗钢日产再创新高。就年度日均产量来看，2020 年粗钢平均日产 291.7 万吨，

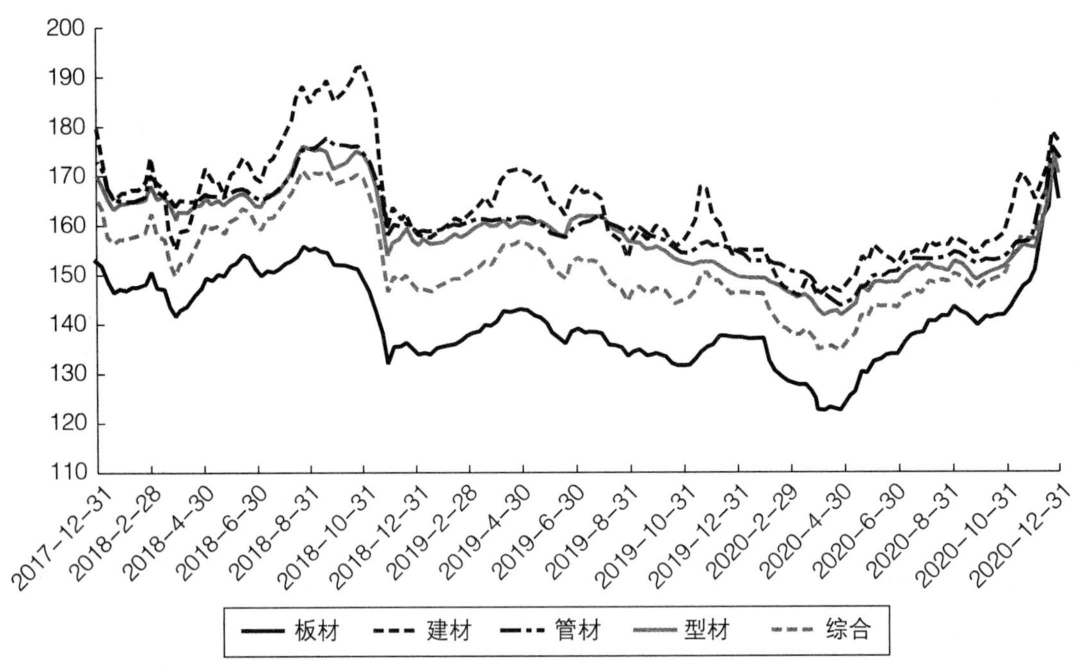

图1 2017 年 12 月 31 日—2020 年 12 月 31 日兰格钢铁价格指数走势

资料来源：兰格钢铁研究中心。

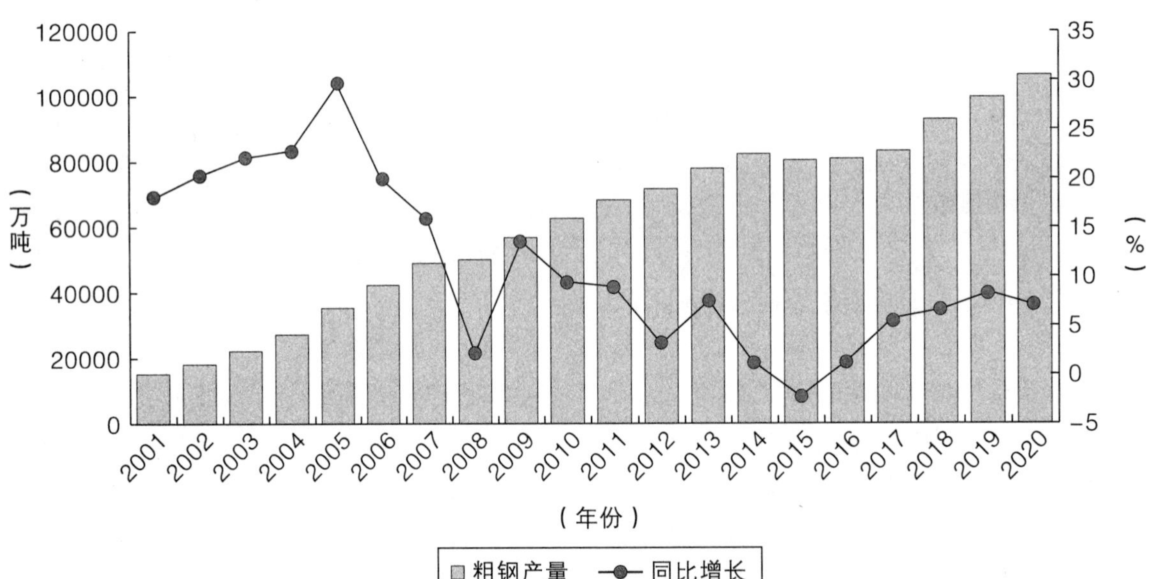

图2 2001—2020 年粗钢产量及同比增速

资料来源：国家统计局，兰格钢铁研究中心。

较 2019 年全年平均日产 272.6 万吨增加了 19.1 万吨；就月度平均日产来看，2020 年 9 月粗钢日产 308.5 万吨，创历史新高，年化粗钢产量为 11.26 亿吨。

（三）矿焦上涨推升钢企生产成本，钢铁行业盈利进一步下滑

2020 年，铁矿石生产受到一定制约，在中国钢铁产量保持增长以及国外企业复产的情况

下，市场呈现阶段性供需偏紧，加上资本炒作，使得铁矿石价格短期内大幅上涨。兰格钢铁云商平台监测数据显示，截至2020年12月31日，普氏铁矿石价格指数为159.2美元/吨，较年初93.2美元/吨上涨66.0美元/吨，涨幅70.8%。此外焦炭价格因环保、去产能等原因也出现供应偏紧现象，较2019年年底有明显上涨，2020年12月31日，唐山地区焦炭价格为2400元/吨，较年初上涨500元/吨，涨幅26.3%。铁矿石价格飙升以及焦炭价格上涨使得钢铁生产成本出现回升，钢铁企业盈利能力被严重削弱。据国家统计局数据显示，2020年，黑色金属冶炼及压延加工业实现营业收入72776.9亿元，同比增长5.2%；营业成本67104.2亿元，同比增长5.6%；利润总额2464.6亿元，同比下降7.5%（见图3）。

重点大中型企业盈利情况好于全国水平，实现同比增长。据中国钢铁工业协会统计数据显示，2020年中国钢铁工业协会会员钢铁企业实现销售收入47033亿元，同比增长10.86%；利润2074亿元，同比增长6.59%；累计销售利润率4.41%，同比下降0.18个百分点。

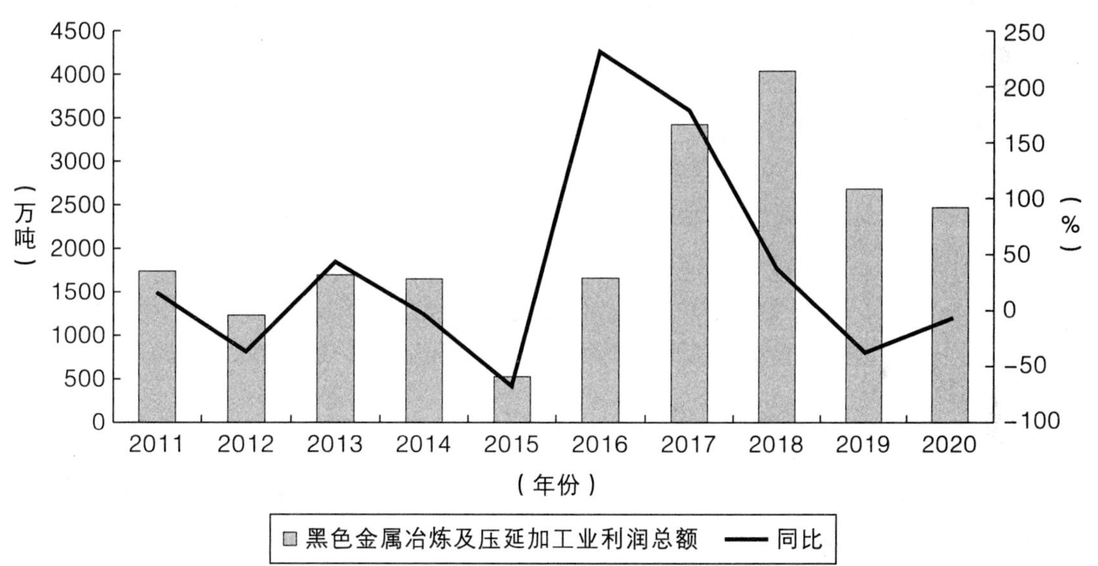

图3 2011—2020年我国黑色金属冶炼及压延加工业利润

资料来源：国家统计局，兰格钢铁研究中心。

二、2020年我国钢铁物流发展情况

2020年第一季度，受新冠肺炎疫情影响，我国钢铁物流行业受到较严重冲击，省际公路运输接近停滞，内陆地区钢铁企业原料采购及成品材跨区域流动受到严重影响，相对而言沿海、沿江地区的钢铁企业所受的影响较小。第二季度，随着新冠肺炎疫情得到控制以及国家逆周期调节政策力度的加大，经济稳步恢复，市场流通逐渐顺畅，去库存进程加快，钢铁流通市场景气度保持良好，钢材出口量下降幅度进一步减缓，铁矿石进口量明显增长。

（一）2020年钢铁流通市场保持良好运行态势

2020年，我国决策部门密集出台了多项逆周期调节政策，包括连续多次“降准”、扩大

发行专项债规模、继续降税减负、集中批复投资项目等措施，政策落实下带动钢铁行业呈现供需两旺特点，粗钢表观消费量达到 10.48 亿吨，同比增长 11%。钢材产品在分销流通环节流通量进一步扩大。据中国钢铁工业协会数据显示，2020 年重点大中型企业通过分销环节销售的钢材量为 27960.6 万吨，同比增长 9.7%。在流通规模扩大的同时，钢铁流通业景气指数仍保持良好运行态势。兰格钢铁云商平台统计发布的钢铁流通业 PMI 数据显示，2020 年该指数有 4 个月高于 50%，与 2019 年持平，反映钢铁流通市场景气指数仍然保持良好运行态势。2019—2020 年各月我国钢铁流通业 PMI 变化情况如图 4 所示。

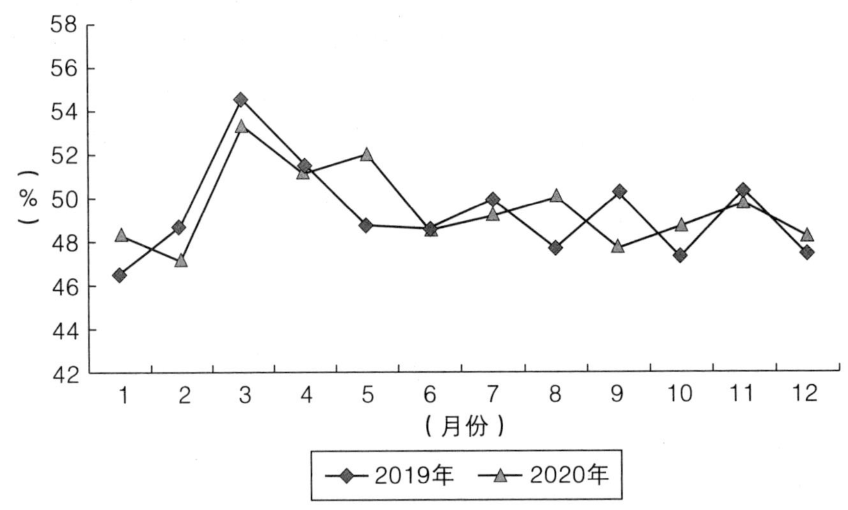

图 4　2019—2020 年各月我国钢铁流通业 PMI 变化情况

资料来源：兰格钢铁研究中心。

（二）累库遇新冠肺炎疫情及高产量背景下，高库存贯穿全年

2020 年，钢铁行业受新冠肺炎疫情及产量增长影响，钢材社会库存量高位运行，并呈现新的特点。

（1）春季库存创历史新高。在下游行业复工达产率低、需求疲软和物流受限的情况下，春节后国内钢材社会库存量持续大幅回升，不断创下新的历史纪录。兰格钢铁网监测数据显示，2020 年 3 月 13 日，钢材社会库存量到达年内高点，为 2312.7 万吨，较上年高点增加 669.7 万吨。

（2）去库存速度高于上年。第二季度随着需求的快速恢复，尽管库存量同比增长，但去库存速度高于上年。6 月 19 日，达到去库存低点，钢材社会库存量为 1302.1 万吨，较库存高点下降 43.7%，去库存速度较上年同期提升 3.7 个百分点（2019 年同期去库存速度为 40.0%）。

（3）淡季累库周期长。因产量高位释放、需求明显减弱，自 6 月中旬钢材社会库存量开始回升，直至 9 月中旬到达累库阶段性高点，上升周期长、升幅明显。9 月 11 日，钢材社会库存量为 1394.1 万吨，较上年同期上升 34.3%。

（4）年底库存量仍高于上年同期。2020 年 12 月，尽管在铁矿石大幅上涨带动下，下游及中小贸易商备货需求被激发，使得钢材社会库存量持续下降，但由于前期累库基数高，

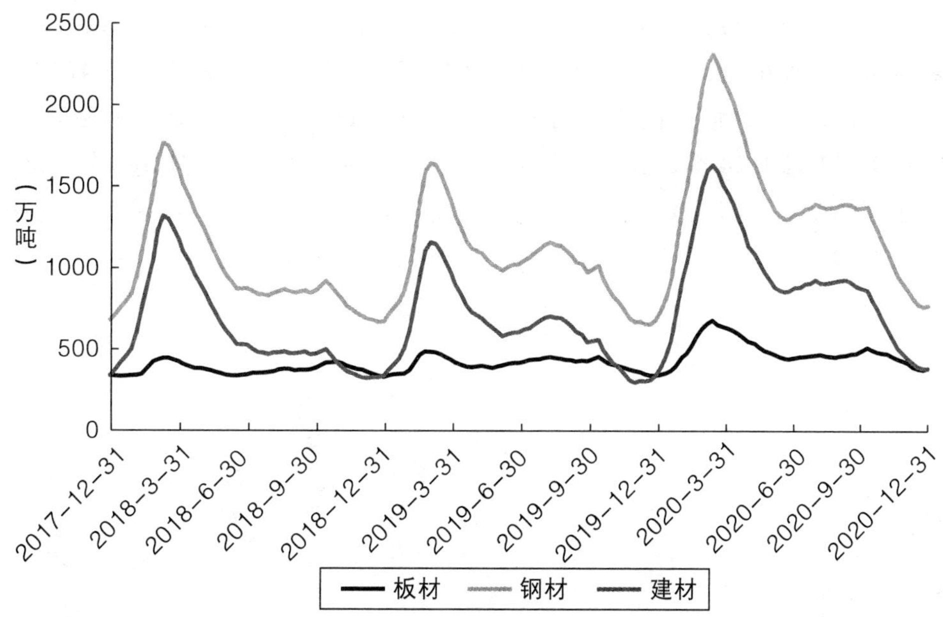

图5　2017 年 12 月 31 日至 2020 年 12 月 31 日我国钢材社会库存量变化情况

资料来源：兰格钢铁云商平台。

整体库存量仍高于上年同期。截至 2020 年 12 月，钢材社会库存量为 763.2 万吨，同比增长 12.0%。其中，建材社会库存量为 385.2 万吨，同比增长 13.3%；板材社会库存量为 378.0 万吨，同比增长 10.7%。

2017 年 12 月 31 日至 2020 年 12 月 31 日我国钢材社会库存变化情况如图 5 所示。

（三）钢材出口量同比明显下降，进口量大幅回升

2020 年，新冠肺炎疫情蔓延使得全球经济下行，在钢材需求内强外弱、钢材出口价格优势减弱的情况下，我国钢材出口量再现大幅度下降，而钢材进口量则显著回升。海关统计数据显示，2020 年，中国累计出口钢材 5367.1 万吨，同比下降 16.5%，降幅较上年同期扩大 9.2 个百分点；中国累计进口钢材 2023.3 万吨，同比增长 64.4%，由降转升；同期累计进口钢坯 1833.46 万吨，较 2019 年增加 1527.85 万吨。据兰格钢铁研究中心监测数据显示，2020 年中国净出口折算粗钢 1688 万吨，较 2019 年减少 3482 万吨，同比下降 67.4%。

2020 年，在国外经济下滑、需求不振、钢厂生产受限等影响下，中国钢铁行业遭受较为严重的贸易摩擦。据兰格钢铁研究中心监测数据显示，2020 年，中国钢铁出口产品遭遇来自 18 个国家和地区发起的 32 起贸易救济调查，涉及反倾销调查案件 19 起，反倾销、反补贴合并案件 6 起，反规避立案调查 1 起，保障措施案件 6 起。与 2019 年相比，发起贸易救济调查的国家数量增加 4 个，案件数量上升了 28%。2010—2020 年我国钢材进出口变化情况如图 6 所示。

（四）铁矿石进口量价齐升，进口多元化有所提升

2020 年受我国钢铁产量大幅增长带动，铁矿石进口进一步攀升。据海关总署数据，2020 年我国累计进口铁矿石 117010.02 万吨，同比增长 9.5%；进口金额 1189.4 亿美元，同比增长 17.4%；全年进口铁矿石平均价格为 101.7 美元/吨，同比上涨 7.3%。

进口铁矿石分国别结构方面，澳大利亚仍是我国铁矿石进口的主要国家，2020 年从澳大利亚进口铁矿石 71298. 58 万吨，占总进口量的 60. 93%，较 2019 年下降 1. 24 个百分点；巴西是我国铁矿石进口的第二大国，2020 年我国进口巴西铁矿石 23569. 47 万吨，占总进口量的 20. 14%，较 2019 年下降 1. 15 个百分点；从其他国家及地区进口铁矿石 22141. 97 万吨，占总进口量的 18. 92%，较上年提升 2. 38 个百分点，反映我国在铁矿石进口多元化方面取得一定成效。2010—2020 年我国进口铁矿石变化情况如图 7 所示。

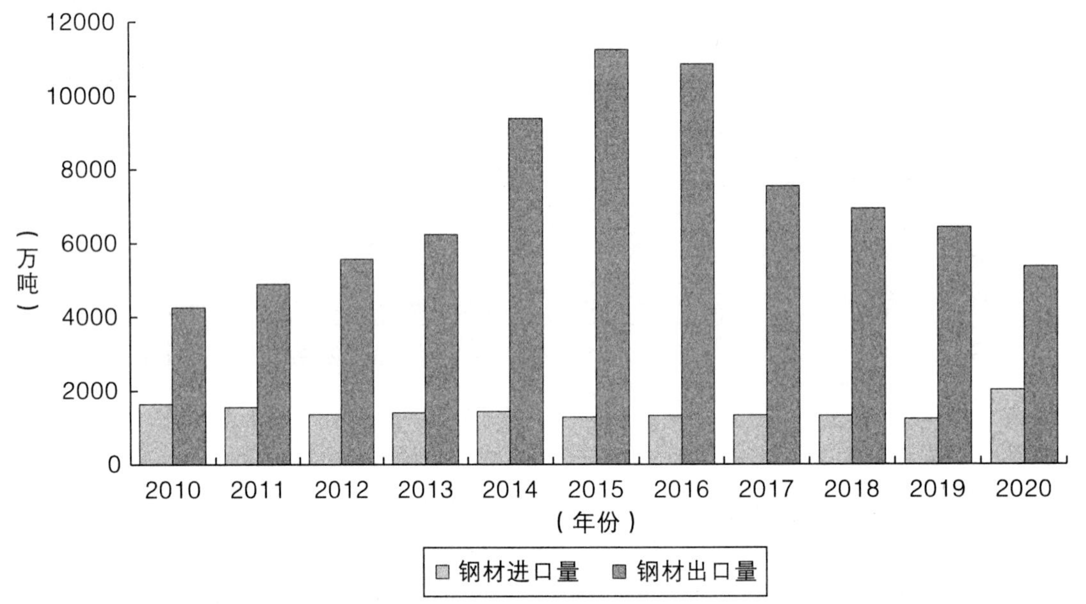

图 6　2010—2020 年我国钢材进出口变化情况

资料来源：中国海关，兰格钢铁研究中心。

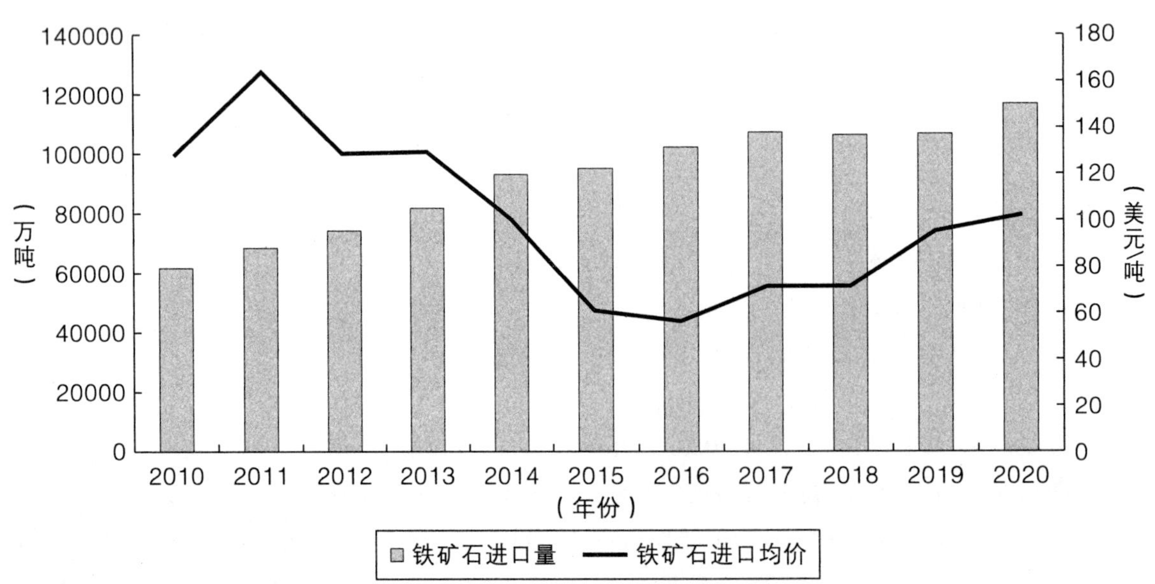

图 7　2010—2020 年我国进口铁矿石变化情况

资料来源：兰格钢铁研究中心。

三、2020年钢铁物流发展的新亮点

2020年钢铁物流呈现新气象，两项钢铁行业物流标准实施，填补了国内空白；钢铁物流应用清洁能源开启，数字化给钢铁行业物流带来新的发展机遇。

（一）两项钢铁行业物流标准实施

2020年8月1日，中国金属材料流通协会团体标准《汽车板材料物流配送服务技术规范》（T/CAMT 4—2020）、《钢铁物流道路运输服务评价指标》（T/CAMT 5—2020）由国家标准委审核备案，标准文稿由冶金工业出版社出版发行，标志着两项标准正式实施。《汽车板材料物流配送服务技术规范》团体标准起点高，涉及汽车板上中下游企业及物流、技术服务机构，填补了我国汽车板材料物流配送领域的空白。标准规定了汽车板材料物流配送各个环节，如汽车运输、船舶运输、火车运输、装卸搬运、仓储存放、包装配送、信息传递等方面的管理要求，对于进一步提升汽车板材料物流配送服务的综合管理水平，促进汽车板材料物流配送行业质量管理能力和服务水平升级等方面将产生积极的推动作用。

《钢铁物流道路运输服务评价指标》聚焦物流成本管控、物流效率提升、物流质量保障等关键核心，以前瞻视野体现应急保障、绿色环保、节能低碳发展趋势，快速跟进新产品、新技术、新业态，助力科技成果产业化，彰显了领先的技术水平，制定全方位标准化的技术参考，满足企业定制化的个性需求，同时坚持市场主导，全力促进产业高质量可持续发展，引导产业链和供应链上下游高效协同，助力企业竞争力提升。

（二）钢铁物流清洁能源利用启航

2020年5月，宝武清能科研性示范加氢站（宝钢股份）工程启动。这是中国宝武第一个氢能产业示范项目，也是宝武清能成立以来的第一个建设项目，标志着宝武清能在成为清洁能源行业引领者道路上迈出坚实的第一步。2019年以来，宝钢股份在宝山基地开展物流运输环节升级改造工作，将部分柴油运输车替换为氢能车，力争实现钢铁物流运输过程中污染物排放量控制处于世界领先水平。宝武清能成立以来，充分利用中国宝武内部能源资源，聚焦氢能、工业气体、天然气、再生能源等战略产业，践行中国宝武绿色发展理念，致力于成为清洁能源行业的引领者。

（三）钢铁物流拥抱数字化

2020年，《河北省钢铁行业数字化转型专项行动计划（2020—2022年）》明确了主要目标：到2022年，钢铁行业数字化转型取得突破性进展，数据资源得到广泛采集、数据应用得以示范推广、数据安全保障能力明显提升，基本形成以大数据、数字化车间、全流程智能制造、行业云平台为支撑的钢铁数字化发展新格局，主业劳动生产率在1000吨/（人·年）以上，首钢迁钢、河钢石钢等重点企业建成全国钢铁行业数字化转型示范引领企业。

在数字化转型发展的大旗下，河钢集团积极推进产业数字化、数字产业化，从建成国内钢铁行业首家智能制造示范工厂到输出自主研发的数字产品。依靠在数字化、智能化领域的强大品牌实力，河钢集团也在数字化服务市场打开了新天地。河钢集团铁铁工业品超市，是河钢集团打造的钢铁行业备品备件领域集采购交易、在线结算、金融增值

服务于一体的服务平台，上线以来已汇聚34大类15万余项商品，入驻优质供应商2000余家，以供应链创新推动产业链协同，一个上下游企业"互联互通、共享共赢"的产业生态圈正加速形成。

（北京兰格电子商务有限公司　王国清　刘陶然　刘长庆）

2020 年中国粮食物流

2020 年，我国粮食总产量达到 66949 万吨（约合 13390 亿斤），比 2019 年增加 565 万吨（约合 113 亿斤），同比增长 0.9%，创历史最高水平。其中，谷物产量 61674 万吨（约合 12335 亿斤），比 2019 年增加 304 万吨（约合 61 亿斤），同比增长 0.5%。全国粮食播种面积 17.51 亿亩，比上年增加 1056 万亩，全国粮食单位面积产量 382 千克/亩，比 2019 年增加 0.9 千克/亩，同比增长 0.2%。分季节看，夏粮、早稻、秋粮纷纷增产，夏粮产量 2857 亿斤，比上年增加 25 亿斤；早稻产量 546 亿斤，比上年增加 21 亿斤；秋粮产量 9987 亿斤，比上年增加 67 亿斤。分品种看，稻谷、小麦产量增加，玉米产量略减。稻谷产量 4237 亿斤，比上年增加 45 亿斤，同比增长 1.1%；小麦产量 2685 亿斤，比上年增加 13 亿斤，同比增长 0.5%；玉米产量 5213 亿斤，比上年减少 2 亿斤。从供需总量看，我国粮食综合生产能力不断增强，取得历史性的“十七连丰”，连续 8 年总产量稳定在 6 亿吨以上，为确保国家粮食安全提供了坚实支撑。

近年来，我国小麦产需平衡有余，稻谷供大于求，部分谷物进口主要用于品种余缺调剂，口粮供应并不依赖国际市场，“饭碗”仍然牢牢端在自己的手上。但品种结构性矛盾依然突出，粮食供求在未来还将长期处于紧平衡状态，大豆和玉米产需缺口明显，对外依存度较高，2020 年我国粮食累计进口量 14262.1 万吨，同比增加 3117.5 万吨，增幅达到 27.97%，不论是进口量还是增幅都创近几年新高，其中大豆进口量达到创纪录的 10032.7 万吨，比 2019 年增长 13.4%；2020 年玉米进口量达到 1130 万吨，比上年提高 135.7%。

2020 年，面对百年未有之大变局和全球新冠肺炎疫情大流行，中共中央发出了 21 世纪以来第 17 个指导“三农”工作的一号文件，调整完善稻谷、小麦最低收购价政策，推进稻谷、小麦、玉米完全成本保险和种植收入保险试点，稳定粮食生产，保障重要农产品有效供给和促进农民持续增收。国家有关部门认真落实中共中央决策部署和国务院联防联控机制具体安排，全力做好粮油保供稳价工作，广大粮油企业积极复工复产，有效满足城乡居民消费需求，在各方共同努力下，我国粮油市场始终保持了供应充足、价格稳定、运行平稳的良好态势，为打赢疫情防控人民战争、总体战、阻击战提供了有力支撑。

一、粮食市场运行调控成效显著

确保粮食安全始终是治国理政的头等大事。为夯实农业基础，稳定农民基本收益，引导农民合理种植，加强田间管理，促进稻谷、小麦稳产提质增效，综合考虑粮食生产成本、市场供求、国内外市场价格和产业发展等因素，国家继续在稻谷主产区和小麦主产区实行最低收购价政策。2020 年生产的早籼稻、中晚籼稻和粳稻最低收购价格分别为每 50 千克 121 元、127 元和 130 元，早籼稻、中晚籼稻比 2019 年上调 1 元，粳稻保持 2019 年水平不变。2020 年生产的小麦（三等）最低收购价格为每 50 千克 112 元，保持 2019 年水平不变。粮食收购事关种粮农民切身利益，各地严格执行稻谷、小麦最低收购价政策，积极引导多元主体开展市场化收购，主产区入统企业累计收购秋粮 1.1 亿吨，同比增加 500 万吨，主产区收购均价为每吨中晚籼稻 2796 元、粳稻 2802 元、玉米 2560 元、大豆 5250 元，市场化收购比重达到 98%，比上年提高了 8 个百分点，粮食市场活力持续增强。国家有关部门加大政策性粮食投放力度，持续发挥政策性收购托底作用，2020 年累计竞价销售成交政策性粮食 1.2 亿吨，比 2019 年增加 7000 多万吨，有效保障了市场粮源供应。全国粮食交易平台体系发挥调控载体作用，中国粮食交易大会逐年优化，各地建立了形式多样、长期稳定的产销合作关系。

二、粮食应急保障能力持续加强

面对粮食市场结构性矛盾突出、市场化程度提高的新情况，国家粮食和物资储备局不断丰富粮食调控“工具箱”，加强粮食应急保障体系建设，做好粮食应急保供各项工作，全国共有粮食应急供应网点 44601 个、应急加工企业 5388 个、应急配送中心 3170 个、应急储运企业 3454 个。健全监测预警体系，建立了国家级粮食市场信息直报点 1072 个、地方粮食市场信息监测点 9206 个，覆盖了重点地区、重点粮食品种，能够密切跟踪粮食供求变化和价格动态，在应对各类突发应急事件时发挥了重要作用。综合运用轮换吞吐、库存拍卖和预期管理等手段，确保中央储备粮规模保持稳定，地方储备能够满足产区三个月、销区六个月、产销平衡区四个半月的市场供应量。积极应对人民恐慌囤粮现象，国家粮食和物资储备局全力做好新冠肺炎疫情期间应急保供，建立重点地区联动保障机制，组织粮食应急加工企业复工复产，定向投放政策性粮食，持续稳定供应。当前我国粮食库存处于较高水平，小麦、稻谷等口粮品种能够满足一年的消费需求，大中城市成品粮油库存保障能力都在 20 天以上，企业商品库存明显增加，创近 15 年来的最高水平。

三、粮食产业高质量发展加快推进

国家粮食和物资储备局以“粮头食尾”“农头工尾”为抓手，加快延伸产业链，着力提升价值链，积极打造供应链，深入实施优质粮食工程，多措并举，加快发展粮食产业经济。截至 2019 年年底，全国纳入粮食产业经济统计范围的各类企业达 2.4 万家，全年实现工业总产值 3.15 万亿元，11 个省份的粮食产业工业总产值超千亿元，其中山东省最高，超过 4000 亿元，粮食产业强省的地位更加巩固。近年来，中央财政资金累计投入 215 亿元，带动地方和社会投资600多亿元，统筹推进优质粮食工程建设。截至2020年年底，各地重点实施9238个优质粮食工程项目，其中已开工建设8888个、完工7798个，开工率96.2%、完工率84.4%。建成粮食产后服务中心4000多个，新建和改造提升粮食质检机构1500余个，扶持中国好粮油示范县389个。全国标准化储粮装具建设总规模近1000万套，全国标准粮食仓房仓容达到6.8亿吨，较“十二五”时期末增加1.2亿吨，仓储条件总体达到世界较先进水平。“吉林大米”“山西小米”“水韵苏米”“广西香米”“齐鲁粮油”“皖美粮油”“天府菜油”“荆楚大地”等一批区域公共品牌的美誉度和市场占有率不断提高；鼓励支持企业增品种、提品质、创品牌，一批骨干企业做优做大做强，一批特色园区集聚集约发展，实现了粮食增产与提质并重。

四、粮食流通执法检查力度不断强化

2020年，全国各级粮食和储备执法督查机构共开展执法检查8.3万次，查处违规违法问题290个，给予警告以上行政处罚277例。12325监管热线接收投诉举报上万件，受理有效投诉举报227件，帮助兑现拖欠农民的售粮款1200余万元，协调出库粮食约6.1万吨，避免了5000多吨不合格粮食流向口粮市场。2020年，国家粮食和物资储备局组织开展了涉粮问题整改“回头看”专项行动，对政策性粮食进行库存数量和质量大清查，发现问题的整改情况进行拉网式大排查，中储粮系统中央储备粮承储企业超轮空期等突出问题得到有效整改，轮换外商业性经营行为得到有力遏制，租赁企业风险隐患逐步整治，企业内控治理水平不断提升，保障中央储备粮棉和中央事权粮食安全的基础更加稳固。加强执法督查能力建设，建立了规模500人的国家级执法督查专业人才库，强化督导调度，组成10余个督导组分赴粮食收购重点省份，督促指导各地压实监管责任。截至2020年，未发生区域性“卖粮难”和“打白条”等问题，粮食收购工作总体平稳有序。

（中国粮食行业协会　韩兆轩）

2020 年中国汽车物流

2020 年是我国全面建设小康社会的决胜之年也是“十三五”规划的收官之年，我国经济遭遇新冠肺炎疫情严重冲击和复杂国际形势严峻挑战。在中共中央、国务院带领下，我国疫情防控取得重大战略成果，经济运行总体平稳，经济结构和区域布局继续优化。2020 年汽车物流行业同样面临着新冠肺炎疫情和汽车产业下行压力的影响，汽车供应链上下游企业积极响应党和国家的号召，同心协力保障汽车行业正常生产经营，汽车物流行业基本实现平稳运行，运输结构进一步优化，零部件供应链服务能力提升，国际物流服务稳定发展，企业合作不断推进，行业技术创新能力持续增强。

一、我国汽车物流市场总体运行平稳

（一）全年汽车产销降幅收窄，市场运行平稳

作为全球最大的汽车生产消费市场，我国汽车产销量连续三年出现负增长，叠加新冠肺炎疫情影响，2020 年我国汽车市场依然面临较大下行压力。据中国汽车工业协会统计，2020 年我国汽车产销量分别完成 2522.5 万辆和 2531.1 万辆，分别同比下降 2.0% 和 1.8%，降幅比上年分别收窄 5.5% 和 6.3%，市场运行平稳。分季度来看，2020 年第一季度受疫情影响，国内汽车产销量分别为 347.4 万辆和 367.2 万辆，同比分别下降 45.2% 和 42.4%，但随着我国汽车行业逐渐加速复工复产，整体产销量开始逐步回暖，自 4 月起销量持续保持增长，连续 7 个月增速保持在 10% 以上，行业整体表现好于预期。汽车市场持续走低也带来了汽车销售端的变革，低成本、分散式、多模态（O2O 结合、汽车超市、网上售车等）融合模式逐渐显现。汽车物流行业作为汽车产业的重要支撑，受汽车市场的影响，经营压力加大，行业企业面临业务结构调整、服务转型升级的新需求。2016—2020 年我国汽车年产销量及其增长速度如图 1 所示。

（二）汽车细分市场增降不一，商用车、新能源车涨势明显

据中国汽车工业协会统计，2020 年我国乘用车产销量为 1999.4 万辆和 2017.8 万辆，分别同比下降 6.4% 和 6.0%，占汽车产销量比重分别达到 79.3% 和 79.7%。受国民经济快速恢

复以及“两新一重”投资加快推进、国三标准汽车淘汰以及治超带动产品升级、城市物流业快速发展等因素影响，我国商用车市场快速增长。我国商用车产销量分别达 523.1 万辆和 513.3 万辆，分别同比增长 20% 和 18.7%。与上年相比，货车市场增势尤为明显，增长 21.7%，客车产销量呈小幅下降。2020 年全年，我国新能源汽车产销量分别完成 136.6 万辆和 136.7 万辆，分别同比增长 7.5% 和 10.9%。其中，纯电动汽车和插电式混合动力汽车产销量均高于上年。尤其是下半年，新能源车市场快速回暖，其中五批“新能源汽车下乡”活动起到了很好的推动作用。2020 年我国乘用车、商用车销量市场份额如图 2 所示。

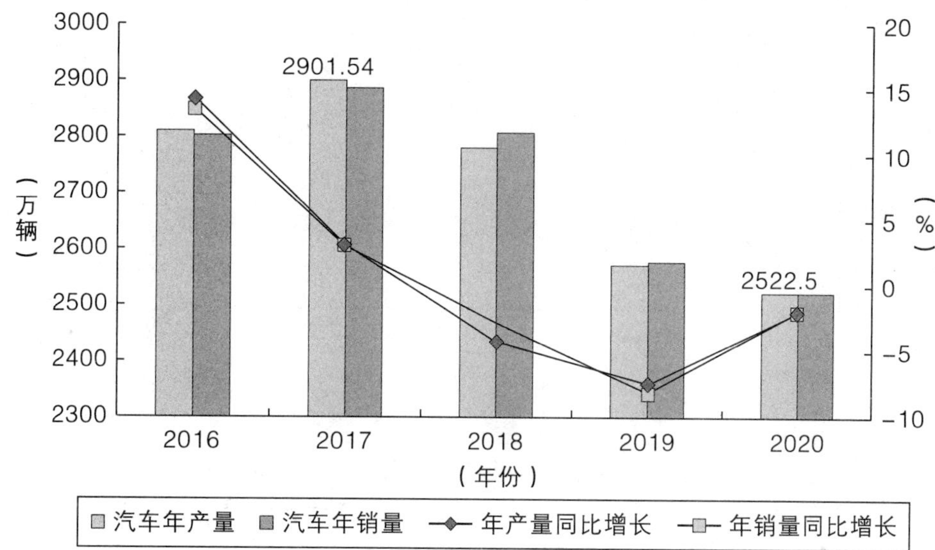

图 1　2016—2020 年我国汽车年产销量及其增长速度

资料来源：中国汽车工业协会。

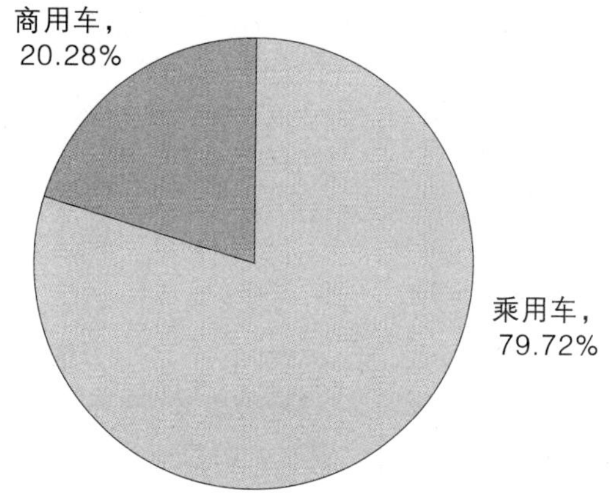

图 2　2020 年我国乘用车、商用车销量市场份额

资料来源：中国汽车工业协会。

（三）二手车跨区域流通业务发展稳定，拥有较大的发展空间

据中国汽车流通协会统计，2020 年全国累计完成交易二手车 1434. 14 万辆，同比下降 3. 9%，降幅收至 4% 以内，二手车跨区域流通情况较上年相比略有下降，全年二手车转籍总量为 393. 8 万辆，转籍比例为 27. 5%，同比下降 0. 41%。2016—2020 年我国二手车市场交易量情况如图 3 所示，2016—2020 年我国二手车异地转移登记比例如图 4 所示。

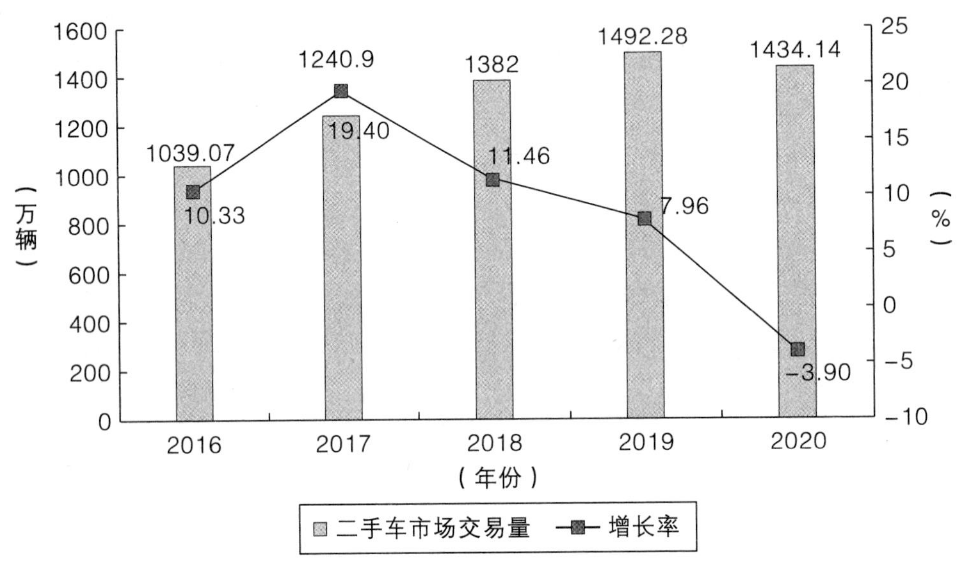

图 3 2016—2020 年我国二手车市场交易量情况

资料来源：中国汽车流通协会。

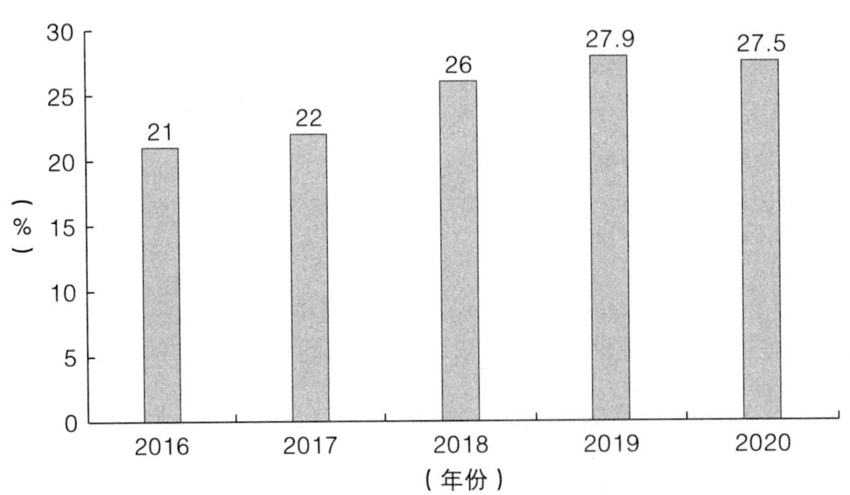

图 4 2016—2020 年我国二手车异地转移登记比例

资料来源：中国汽车流通协会。

分季度来看，第一季度受新冠肺炎疫情影响较大，但随着疫情防控常态化以及复工复产的不断推进，从第二季度开始跨区域流通整体呈现缓慢增长的趋势，7—12 月连续 6 个月好于上年同期。为稳定和扩大我国汽车消费市场，2020 年 4 月财政部、税务总局正式联合发布了

《财政部 税务总局关于二手车经销有关增值税政策的公告》，表明自 2020 年 5 月 1 日至 2023 年 12 月 31 日，从事二手车经销的纳税人销售其收购的二手车，由原按照简易办法依 3% 征收率减按 2% 征收增值税，改为减按 0.5% 征收增值税。随着二手车增值税减税政策落地与全面取消二手车限迁政策的逐步落实，二手车市场流通活力逐步被激发，向规模化、规范化方向发展，为汽车物流提供了更大的发展机遇。

（四）汽车存量市场不断扩大

从汽车保有量来看，2020 年我国机动车保有量达 3.72 亿辆，较 2019 年增加了 0.24 亿辆，同比增长 6.9%。其中汽车保有量达 2.81 亿辆，较 2019 年增加了 0.21 亿辆，同比增长 8.1%，我国汽车后市场的物流服务需求进一步扩大。2016—2020 年我国汽车保有量如图 5 所示。

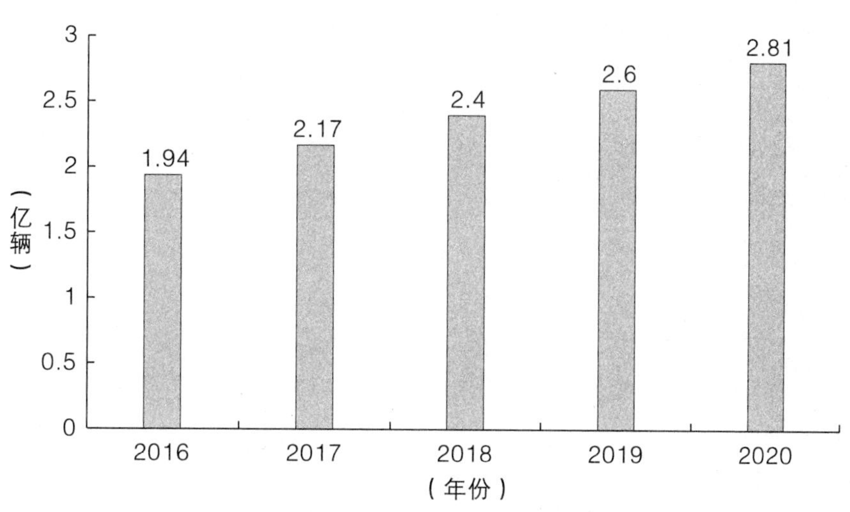

图 5　2016—2020 年我国汽车保有量

资料来源：公安部交管局。

二、整车物流运输结构进一步优化，向高质量服务升级

我国运输结构已进入新一轮的优化调整期，铁路运输、水路运输充分发挥了其低成本、大批量的运输优势，承担更多中长距离的批量干线运输业务，公路运输重点转向中短途运输和两端短驳，逐渐形成分工合理、节能高效的汽车整车综合运输网络。

（一）公路运输方面

2020 年新冠肺炎疫情暴发后，由于我国部分地区道路不通畅，公路运输受阻；公路运输受跨地域流动隔离政策影响，用工人数减少、成本提高，导致行业整体面临运输车辆周转率降低、用工难度大、经营成本不断提升等问题，公路整车运输企业生存压力加大。但随着国家多部门出台减免过路费、过桥费等政策措施，有效纾解了物流企业压力，助力物流企业复工复产。随着疫情逐步得到有效控制，汽车市场回温，整车公路运输业务量逐渐增加，并且充分发挥了小批量、多频次的运输特点，在中短途运输、区域内分拨配送、铁水联运两端“门到门”短途接驳等方面发挥了主要作用，是汽车整车综合运输体系的重要组成部分。

（二）铁路运输方面

2020 年，全年共计完成汽车整车铁路发运 617 万辆，占乘用车市场运量的 30% 以上。中铁特货运输有限责任公司作为我国汽车整车铁路运输的主要承担者，目前在全国拥有 160 余个商品汽车装卸作业点，以及 190 余个物流基地和铁路货场，可同时储存 26 万辆商品汽车；班、专列比例达 60%，平均每周开行 120 列。汽车铁路运输业务开展至今，商品汽车专用运输车已经发展至第 9 代，目前拥有 JSQ5、JSQ6、JSQ7、JSQ8、JNA1 等型号车辆，各车型总保有量已达 19979 辆，能够匹配各类商品汽车整车铁路运输需求，年运输能力达 700 万台，为汽车铁路运输持续发展提供强有力的保障。随着铁路运输业务量的不断增加，铁路运输模式逐渐呈多样化发展，主要有站到站、站到店、站到库、厂到店等，尤其是铁路商品汽车“库前移”模式，在整体物流运作上可以有效发挥铁路批量运输和场地仓储优势。2016—2020 年我国汽车整车铁路运输量如图 6 所示。

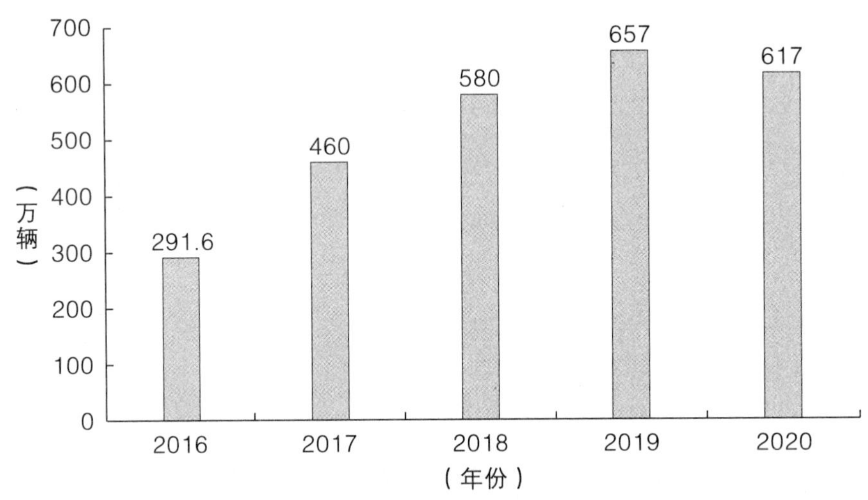

图 6　2016—2020 年我国汽车整车铁路运输量

资料来源：中铁特货运输有限责任公司。

（三）水路运输方面

汽车整车水路运输仍以滚装运输模式为主，少量采用集装箱运输模式。2020 年共完成汽车整车滚装运输量 312 万辆，其中沿海滚装 225 万辆，长江滚装 87 万辆。截至 2020 年年底，我国江海滚装船共计 88 艘，其中江船 58 艘，海船 30 艘，此外还有 4 艘海船在建，在役船舶共计 12.43 万额定车位数，其中 2020 年新增 1 艘江船下水，3 艘滚装船拆解退出市场。我国汽车滚装码头经过多年发展已形成规模，目前大连、广州新沙、武汉江盛、重庆果园等部分港口码头拥有港口铁路专用线，具备实现公铁水联运发展的条件；上海海通、天津滚装/环球、大连、广州南沙、武汉江盛等主要滚装码头拥有较为完善的口岸汽车物流服务体系，可以提供物流增值服务。汽车滚装码头逐步建立以多式联运为重点的港口集疏运体系，以促进不同运输方式间有效衔接，进一步发挥汽车滚装码头在汽车物流综合运输体系中的连接作用。2016—2020 年我国汽车整车水路运输量如图 7 所示。

三、汽车零部件供应链备受关注，零部件物流服务需求加深

汽车零部件物流可以细分为零部件供应商物流、入厂物流和售后服务备件物流，既连接

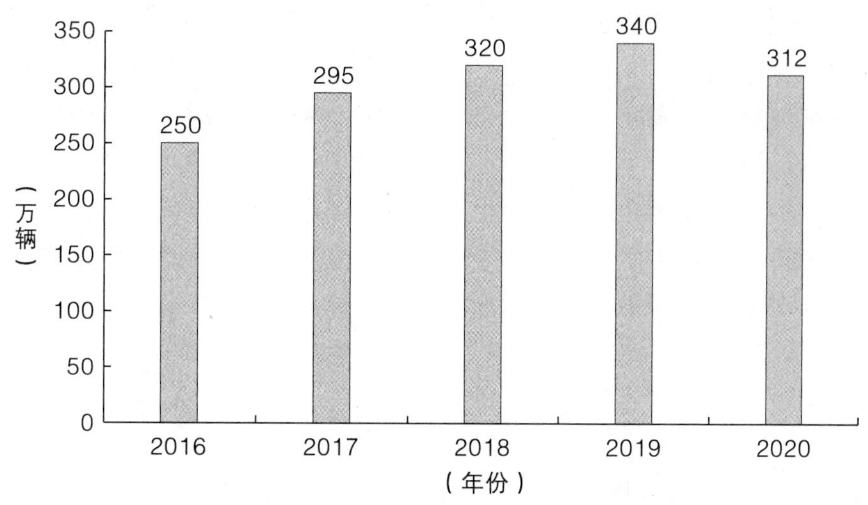

图7　2016—2020年我国汽车整车水路运输量

零部件供应商与主机厂，又连接着主机厂与经销商，是汽车零部件供应链上重要的环节。

（一）零部件供应链的安全稳定备受重视

新冠肺炎疫情初期，受国内零部件供应商与物流企业停工停产影响，部分企业出现零部件供应链断链、零部件交付周期延长等系列问题，直接影响企业生产运营。为应对以上问题，零部件供应链上下游企业充分运用新技术、新装备提升服务能力，以数据化、智能化办公提高效率，保障汽车供应链有序运行，助力汽车市场恢复。如华晨宝马的零部件供应商武汉盖瑞特公司，通过与华晨宝马高度协同的供应链信息，提前对产能和供货情况进行调配，确保华晨宝马顺利生产。一汽轿车在复工复产时急需一批武汉生产的汽车零部件，经交通运输部协调后通过铁路运输运达长春，保障企业顺利复产。风神物流研究了无接触备件配送体系，确保备件交付畅通。随着我国疫情防控进入常态化模式，构建安全稳定的零部件供应链成为行业关注重点，零部件物流将发挥其在保障汽车供应链安全中的重要作用。

（二）汽车售后服务备件物流市场广阔

2020年，我国机动车保有量达到3.72亿辆，这带来了维修、装饰、金融等汽车后市场服务的旺盛需求。物流作为满足消费者需求不可或缺的服务环节越来越受到重视。汽车售后服务备件物流具有面向全国市场、网点数量多、终端需求量小、备件品种多等特点，售后备件物流体系的建设、备件物流效率如何提升等成为企业关注的重点。但目前汽车售后备件市场呈现小、散、杂的特点，在原有汽车配件城、4S店等售后配件市场服务的基础上，电商平台、品牌直营等多渠道的汽车备件服务日渐增多，随着汽车后市场的充分竞争与发展，售后服务备件供应体系日益完善，随之带来的多样化物流需求对于我国汽车售后服务备件物流发展有着积极的推动作用，这也是汽车物流企业重要的发展机遇。

四、汽车物流国际服务能力提升，海外市场布局进一步拓展

汽车产业是典型的国际化、市场化行业，

其产业链具有链条长、分工细等特点，综合考虑制造成本、运营效率、风险管控等因素，汽车产业全球化发展已成为趋势。

（一）提升汽车进出口物流服务，深耕汽车国际物流

随着“一带一路”倡议的推进，中亚、中欧业务发展愈加迅速，其中以中欧班列为代表的铁路运输以其相对快捷的运输效率和较低的成本，为汽车国际供应链打开一个新的窗口。特别是受部分港口码头停工停产、进港隔离等因素影响，国际航运船期减少、运费上浮、装卸效率低，传统海运受到了极大限制的同时，铁路运输以其稳定，高效、成本低、人工操作少等特点，为国际物流稳定运行发挥了非常积极的作用。据国铁集团数据显示，2020 年中欧班列累计开行 1.24 万列、运送 113.5 万标准箱，分别同比增长 50%、56%。汽车整车通过中欧班列进出口的方式已经得到广泛采用，以西安陆港为例，其在 2020 年业务增长迅速，中欧班列“长安号”全年共计发运 3720 列，汽车整车进出口 3.7 万台，较 2019 年增长了 160%。除集装箱运输外，铁路 JSQ6 型车也实现了跨境蒙古国运输，即 JSQ6 型车在中国国境站更换转向架出境运输。JSQ6 型车具有适装车型多、装载量大、装卸效率高的优势，同时也是国内铁路整车运输的主力车型。JSQ6 型车跨境运输的顺利开通，为未来我国铁路专用车运输走向俄罗斯市场，乃至整个欧洲市场奠定发展基础。

（二）维护汽车国际供应链的稳定

在全球贸易一体化的背景下，全球汽车供应链没有国界之分，新冠肺炎疫情对汽车国际供应链造成较大冲击，尤其是零部件国际供应链面临了极大的安全风险。各国疫情发展不一，导致不同时间段出现企业停产、物流能力不足、运输环节受阻等一系列的问题，特别是海外零部件供应在一段时间内出现短缺或运输断链等情况，导致汽车企业国际零部件采购与供应、零部件供应商国际销售均受到影响，进而引起一系列全球汽车产业供应链格局的近远期变化，包括近期供应链稳定性调整和远期商务合作关系、供应链组织方式变革等。在此情况下，面对全球汽车产业供应链网络重构等情况，我国汽车物流企业需要围绕风险防控、安全库存、稳定供应、及时响应等方面，运用新技术、新模式来增强自身综合服务能力，进而维护汽车国际供应链的安全稳定。

（三）海外布局进一步拓展，物流国际服务能力增强

近几年各大汽车企业积极布局海外市场，尤其是东南亚、西亚、中东、东欧等地区。吉利除中国外全球布局七大工厂，覆盖白俄罗斯、英国、印度尼西亚、埃及、乌拉圭、斯里兰卡、埃塞俄比亚等；长城全球化生产体系则涵盖马来西亚、厄瓜多尔、伊朗、突尼斯、保加利亚等，2020 年收购通用印度工厂进军南亚；上汽在海外构建了包括创新研发中心、生产基地、营销中心、供应链中心及金融公司在内的汽车产业全价值链，形成了泰国、英国、印度尼西亚、智利、澳大利亚、中东、印度 7 个规模级海外市场。中国汽车企业本身从经济体量和企业能力等方面已经达到了一定水平，有条件进行海外布局，而新冠肺炎疫情的暴发，也促使企业多元化布局，汽车企业需要在国际供应链竞争中做好准备，以实现分散风险和全面发展。随着主机厂布局海外的脚步加快，一方面我国物流行业将围绕人才培养、技术应用、业务能力等多方面提升我国汽车物流国际化服务水平；另一方面，企业放眼国际，积极拓展当地物流市场，加快推动我国物流企业走出国门，服务全球。

五、企业整合持续推进，行业合作不断加深

汽车物流行业企业规模大、市场化集中度高，2020 年共有 4 家企业入选“2020 年度中国物流企业 50 强”，还有多家企业获评 5A 级物流企业，涌现出一批行业领军企业。在领军企业的带领下，行业企业整合持续推进，行业合作不断推陈出新。如东风物流于 2019 年 6 月 23 日提出对物流业务进行整合重组，2020 年 11 月，东风物流整合集团内物流资源，正式成立东风物流集团股份有限公司，形成了“专业化分工，集约化运营”的协同优势，不仅有利于开拓国内外市场，提升市场份额；同时将提升业务效率、效益，加强供应链核心能力，形成产业竞争优势。除企业内部整合优化，行业内企业也在积极开拓外部合作。如安吉智行与中都物流对标交流、柳州菱鑫与广州中远海运成立合资公司等，通过企业间的对标与合作，延伸了企业服务链条，提升了企业服务能力，最终达到互利共赢的局面。

六、行业技术创新应用不断，加速向智慧物流转型升级

目前，伴随新一轮科技革命和产业变革的深入推进，汽车物流行业向“共享、绿色、智能”的高质量物流服务迈进。在整车物流、零部件物流创新技术装备创新应用不断升级。汽车整车物流行业加快从传统模式向智慧物流转型，从传统的运输、仓储等物流基础服务逐步向信息、数据、金融、保险、包装、装备等物流增值服务方向转变，因此需要更为专业化、系统化、智能化、信息化的设备来适应行业与企业的发展。越来越多的智慧物流项目在行业中得到应用，如整车仓储数字化平台、整车无人运转项目、5G 智慧港口等，新技术、新装备在汽车物流领域中的大范围应用，将推动我国汽车整车物流向数字化、平台化、智能化方向转型升级。汽车零部件物流技术装备需求快速增长，主要体现在零部件包装器具创新、自动化装备创新应用、无人设备创新应用等方面。近几年，行业内通过无人驾驶技术、自动化立体库、自动装卸技术、关节式机器人等机械化、自动化技术与设备大量替代人工，“无人收货柜”“无人仓”“黑灯工厂”涌现。汽车零部件物流技术装备需求快速增长，呈现出标准化、智能化、自动化、无人化和绿色化的趋势。汽车物流行业整体技术创新能力不断加强，其从生产方式、经营方式到管理模式均发生了重大变化。

七、汽车物流标准体系不断完善，推动汽车物流健康发展

2020 年，汽车物流行业标准工作持续推进，国家标准《汽车整车物流多式联运设施设备配置要求》（GB/T 39448—2020）与两项行业标准《汽车成套零部件出口包装和集装箱装箱作业规范》（WB/T 1101—2020）、《汽车售后服务备件仓储作业规范》（WB/T 1102—2020）正式发布。另外，《汽车制造零部件物流标签规范》《汽车成套零部件出口包装质量检测规范》《汽车零部件托盘包装的打包要求》三项行业标准已于 2021 年发布。行业标准的持续完善，有利于推动汽车物流行业健康有序发展。

（中国物流与采购联合会汽车物流分会）

2020 年中国书业物流

2020 年突如其来的新冠肺炎疫情，让中国出版业遭遇了前所未有的非常期，处于其中一环的中国书业物流也是如此。面对新冠肺炎疫情大考，书业物流化危为机，把其当作加速发展、深度转型的倒逼机遇。

一、从“暂停键”切换到“快进键”

据“商报·奥示数据”显示，2020 年上半年，图书零售市场整体销售数量同比下降 17.01%，销售码洋同比下降 9.66%。其中，实体书店销售数量同比下降 30.28%，销售码洋同比下降 32.40%；网店销售数量同比下降 9.69%，销售码洋同比下降 3.26%。令人略感欣慰的是，随着新冠肺炎疫情的有效防控，书业供应链积极挽损、回暖，实体书店同比降幅逐渐收窄。行业第一季度和上半年受到新冠肺炎疫情影响较大，下半年开始恢复元气，零售市场的跌幅一路收窄，从年初的负十几个点，追至年末的负几个点。上半年图书零售市场降幅窄于同期全国社会消费品零售总额 11.4% 的降幅。线下实体书店的受创程度重于线上网店，回暖难度大于线上网店。物流运输的中断、发货受阻、上市延迟等，对图书电商也产生了较大影响。但 2020 年书业物流经受住了新冠肺炎疫情的考验，迅速从“暂停键”切换到“快进键”。

2020 年 1 月 23 日，浙江省新华书店集团在全国新华系书店中率先宣布次日起全部门店暂停营业。在做好疫情防控的同时，浙江新华开展了“闭店不停服务”行动。“率先全部闭店，率先全面复业。”3 月初，浙江省新华书店集团旗下 200 多家实体门店相继恢复营业，成为新冠肺炎疫情期间全国新华系书店中首个全部同时闭店、首个在短期内率先全面恢复营业的实体书店，创造了新华书店经营史上的特殊纪录。

一方面恢复实体书店经营，另一方面加快业务上“云”，推出线上购书平台。2020 年 2 月 21 日，浙江新华“浙里有书”网上购书平台正式上线，共上架 30 万种图书，其中精选 1.5 万余种教材教辅、工具用书，为读者打造了“家中的新华书店”。开通时间不到 1 周，平台订单超过 4200 余单，实现销售码洋 31 万元。杭州市店积极筹备入驻外卖平台，探索图书闪送新消费场景。

2020 年，短视频平台抖音、快手，内容社区小红书，内容平台哔哩哔哩在自身用户量不断攀升的同时，也全部加入图书销售赛道。当前，抖音与拼多多已有超过百家出版机构入驻，出版机构对哔哩哔哩、快手及小红书的入驻步伐也在进一步加快。据不完全数据显示，2020年有200余家出版单位入驻直播、短视频平台，累计发布作品3万多个，累计直播超过1万多场。而整个读书领域创业者数量也已经超过了2万个，总粉丝数更是达到了1.3亿名，作品总曝光量超643亿次。其中，创作者图书销量达224万册，总交易额超过了6700万元。

各地新华发行集团和馆配商开展云馆配，书业物流在其中发挥了重要作用。受新冠肺炎疫情影响，原定3月初举行的浙江省馆藏图书展示会调整为线上采购的新模式，600家供应商、20多万品种齐聚线上，成为全国馆配行业积极应对后疫情时期的首创之举。2020年，浙江新华举办了两次云馆配，是目前国内规模较大、品类较全、信息化程度较高的专业性图书展会之一。凤凰新华推出了2020年春季凤凰新华馆藏图书订货会“云专场”。4月，福建新华发行（集团）有限责任公司举办云馆配，开启线上图书选采服务。还有广东新华2020年春季线上馆配会、北京百万庄图书大厦2020年全国春季网上馆配订货会、2020年全国馆配商联盟春季图采会、第十六届春季全国地方版线上图书博览会、第16届中国（深圳）国际文化产业博览交易会等，均转至线上召开。

无论是线上购书、直播带货还是云馆配，2020年图书销售出现种种新变化，但信息流、货源保障、配送离不开书业物流的运营，新变化加速物流配送转型协同。例如，在外地员工到岗率严重不足的情况下，浙江新华物流公司组建了由党员、员工骨干等组成的电商发货突击队，复工首日完成发货6400单，并迅速突破1万单的单日包装量，峰值期的作业量恢复到平日的90%，体现了物流公司从传统书业物流向电商物流的深度转型。

二、融合发展加速向智慧物流迈进

融合发展是时代给书业物流提出的要求，向智慧物流前进是趋势。2020年尽管受新冠肺炎疫情影响，但书业物流融合速度加快，物流与科技融合、物流与市场融合、物流与产业融合等，通过互联网思维和现代物流技术高度融合，以互联网、物联网、云计算、大数据等先进信息技术为支撑，以智能化机械技术、计算机技术、射频识别技术、条码技术等为基础，江西新华、江苏新华、浙江新华、新华文轩、湖北新华、深圳出版发行集团等拥有较大物流优势的发行集团，已完成了由传统物流向现代物流转型，并初显成效。

新华发行集团现有业务模式多样，除了传统的图书发行、书店销售渠道，还有电商渠道，经营品类也有图书和非图书两大类商品，而图书类又包括教材、一般图书、出版社代发、印刷品等多种类型，这些不同品类、不同业态的商品要求不同的仓配管理模式和作业流程。如何才能相融和谐没有排异？书业物流在建设的时候，就对此重点考虑。用科技打基础，强化流程管理，以智能化提高效率。

2020年8月28日，山东新华书店集团有限公司物流二期项目（智能化自动化联合工房）奠基开工，该项目是山东新华书店集团提升核心竞争力的重点项目。项目采用自动化、人工智能、大数据等前沿技术，包括6.9万平方米智能化自动化联合工房，和与之配套的信息及自动化系统两个子项目，总建设资金3.56亿元，建设期2年。项目建成后，山东新华物流园区的总建筑面积将达到 18 万平方米，综合运营能力全面升级，将成为山东新华书店集团聚焦主业、打造高效供应链的筑基工程。山东新华书店集团物流二期项目的核心信息化系统采用富勒 WMS 智慧仓储解决方案。该方案作为书店集团智能化物流中心的核心系统，协同各类智能设备，满足书店集团图书及非图物流业务需求，实现高度信息化、自动化和智能化管理，提升物流中心整体运营效率，支持山东新华书店集团年出库码洋超 100 亿元的业务规模。

面对业务发展带来的转型需求，2020 年，云南出版集团依托自动化、智能化、可视化、网络化、柔性化的 IT 系统，构建“一盘棋、一张网、一张卡”文化商业贸易智能物流配送体系，带动集团数字化转型。用统一的编码、业务平台，建立集团内部统一的标准（一张卡）；整合利用云南现有 16 个地州、128 个县所有仓储节点、配送节点编织成全省无缝配送及物流网络（一张网）；以物流带动整个集团的产业转型（一盘棋），以出版物流智慧信息云平台为起点，全面深化集团全业态发展战略。随着仓储资源实现有效活化和运输资源的高效整合，云南出版集团的业务吞吐量大规模提升，预计产能将实现全年流转额 100 亿元，年流转品种达 30 万种，常备库存品种达 10 万种，发货包件达 800 万件。在服务本业需求的基础上，可为社会提供第三方物流，真正做到立足西部、辐射东南亚，成为“一带一路”的重要参与者。

中国出版集团旗下的新华联合物流中心建立了低能耗、高效率的穿梭车立库、货到人拣选系统，2018 年新华联合日均发货件数 8505 件，2019 年日均发货件数近两万件。现代化的物流设备和智能化的信息系统相得益彰，使得新华联合物流中心在国内出版行业极具竞争优势。新华联合物流中心将依托物流中心，积极发挥四维库存管控指标和出版经营决策辅助系统的效用，持续提升服务能力，逐步扩大物流规模。

三、合作抱团优势互补

2020 年，部分省市新华书店物流与电商和社会物流加强合作，优势互补。2020 年，河南省新华书店发行集团有限公司与京东签署战略合作协议。双方将共享资源、统筹规划，针对图书行业打造数智化转型升级方案。签约当日，由中原出版传媒集团倾力打造的云书网文化电商平台 2. 0 版也正式上线运营。作为全新上线的电商平台，云书网以“互联网 +”文化为核心，以文化教育服务为特色，发挥主业优势，汇聚大众图书、教材教辅、文化创意、教育装备等文化服务产品，力求为广大读者提供全方位的文化生活新需求。为了积极推进河南新华书店电商物流事业的新发展。京东物流将向河南新华书店开放领先的仓配体系、产品和技术。一方面，京东为河南新华书店优化其平台系统、数字园区系统、数字化供应链物流管理系统，打造智能供应链管理平台，构建全链路一体化运营、全场景智能化管理、全渠道集约化服务的新型供应链管理体系；另一方面，京东物流的5G、无人仓、区块链、物联网、人工智能等创新技术将在河南新华书店实现智能场站、园区管理、链上签等场景化应用，从而为图书领域提供创新应用案例。双方将携手在“互联网 +”文化创新中积蓄力量。根据规划，三年内，双方将在河南省全境建立图书领域的仓配网络，并将以三大自营仓为基础，应用5G、无人仓、区块链、物联网、人工智能等前沿技术。

2020 年，浙江宁波新华书店集团与中通物流携手共建的智能共配中心启用，双方签订了战略合作协议。近年来，宁波新华书店集团逐步调整促进业务优化转型、拓展图书业务渠道、扩大多元商品规模，同时开发培育新的项目板块，由传统图书销售商向教育装备、办公用品、婴童用品、教育培训等泛文教商品和服务供应商转变，积极搭建“微生物”网络销售平台，进而打造成为宁波重要的文化产品供应商、文化服务提供商和文化业态集聚平台。随着图书和多元业务的不断拓展，宁波新华书店集团对搭建一个集约、高效、智能的物流体系的需求愈加迫切。在今后的合作中，宁波新华书店集团将借助中通物流在物流服务网络、物流运营管理、供应链服务能力等方面的资源与优势，加快发展新华书店集团物流业务。此次两家宁波本土行业龙头企业牵手开展战略合作，未来双方将在品牌、资源、人才、业务、网络、运营等方面实现优势互补，在中盘物流、供应链标准化等业务领域开展长期合作，共同打造宁波地区规模最大、智能化程度最高、系统集成能力最强的出版物物流中心。

（《中国出版传媒商报》社　穆宏志）

2020 年中国冷链物流

2020 年，全球遭遇新冠肺炎疫情冲击，各行各业的发展均受到了不同程度的打击。我国冷链物流业在国家各相关部委的关怀和指导下，冷链物流市场总规模约 3832.0 亿元，比上年增长 440.8 亿元，同比增长 13.0%，保持稳定增长态势。

一、我国冷链物流行业发展特点

（一）冷链物流市场需求稳定

近年来，随着居民收入水平稳步提升，城乡居民消费水平和消费能力不断提高，对冷链物流的需求日趋旺盛。构建符合我国国情的“全链条、网络化、严标准、可追溯、新模式、高效率”的现代化冷链物流体系，可满足城乡居民消费升级需要，促进农民增收，保障食品消费安全。2020 年，尽管受到新冠肺炎疫情影响，但进口食品市场逆势增长，海关总署数据显示，2020 年中国肉类（含杂碎）累计进口 991 万吨，同比增长 60.4%。其中猪肉进口量 439.22 万吨，同比增长 108.34%；速冻食品市场需求旺盛，以三全、思念、安井、海欣为代表的龙头企业，上半年营收同比增长均在 20% 以上，利润同比增长均在 50% 以上；生鲜电商市场获得爆发式增长，上半年生鲜电商交易额达到 1821.2 亿元，同比增长 137.6%。

中国物流与采购联合会冷链物流专业委员会（以下简称“中物联冷链委”）通过对蔬菜、水果、肉类、水产品、乳制品和速冻米面这六大类食品（其他类食品产量较少或基本不采用冷链物流方式流通，故没有计算在内）的年产量进行统计，并结合各品类的冷链流通率，测算 2020 年我国食品冷链物流需求总量为 2.65 亿吨，比 2019 年增加 3200 万吨，同比增长 13.73%。

（二）冷链物流资源配置进一步完善

伴随着国家支持冷链物流发展的相关政策出台，冷链物流项目纷纷上马，各类冷链物流相关资源配置进一步完善。2020 年在新冠肺炎疫情影响下，各级政府更加重视冷链物流业的发展，加快推进冷链物流基础设施布局成为很多地方政府的发展重点。伴随着冷链新基建政策的逐步深入，冷链物流两端及流通环节的各类基础设施及服务能力进一步完善，逐步向体系化、系统化方向发展。据中物联冷链委不完全统计，2020 年我国冷库容量突破 7080 万吨

（折合约 1.77 亿立方米），同比增长 17.1%；2020 年全国冷藏车市场保有量达到 28.67 万辆，较上年增加 7.2 万辆，同比增长 33.54%。

（三）冷链物流行业监管趋严

通过研究新冠肺炎疫情等一系列突发特殊事件对冷链物流业的影响，政府对于冷链物流发展的关注度进一步深化，冷链行业监管力度加大，标准化体系建设逐步完善。国务院、海关总署、交通运输部先后针对进口冷链食品出台多项法规和指南要求，搭建全国进口冷链食品追溯监管平台。由国家食品安全风险评估中心、中物联冷链委等单位共同起草了《食品安全国家标准　食品冷链物流卫生规范》（GB 31605—2020），这也是目前为止我国食品冷链物流领域首个强制性国家标准。

（四）冷链物流行业政策、标准环境趋好

中共十九届五中全会提出了“加快构建以国内大循环为主体、国内国际双循环相互促进的新发展格局”的重大战略部署，推动我国冷链物流高质量发展，促进冷链物流进入以国内大循环为主体、国内国际双循环相互促进的新发展格局。2020 年，我国在疫情防控期间出台的新冠肺炎防控类相关冷链政策多达 7 条。据不完全统计，2020 年国家层面出台的冷链相关政策、规划超过 56 项，从多维度指导部署推动冷链物流行业健康发展，其中国务院出台的相关政策和规划超过 37 项。

冷链物流相关国家强制性标准《食品安全国家标准　食品冷链物流卫生规范》（GB 31605—2020）已于 2020 年 10 月 13 日发布，国家标准《电子商务冷链物流配送服务管理规范》（GB/T 39664—2020）已于 2020 年 12 月 14 日发布。2020 年共发布冷链物流相关行业标准 4 项、冷链物流相关团体标准 2 项。

二、我国冷链物流行业主要问题

（一）冷链物流基础环节建设方面

1. 冷链物流基础设施建设结构失衡

当前我国冷链基础设施体量依然无法满足市场需求，盲目建设冷库、购置车辆、扩充网络等问题依旧严重。我国冷链基础设施建设地域性差异明显，从冷库分布上来看，全国冷链发展主要集中在华东、华南、华北、华中地区，其中，上海、山东、广东、江苏等地，冷链网络及体系相对健全；中部农牧业主产区和西部特色农业地区冷库则较为短缺，承担全国 70% 以上农产品批发交易功能的大型农批市场、区域性农产品配送中心等关键物流节点缺少相配套的冷冻冷藏设施及设备，造成农产品冷链物流在生产源头缺乏预冷。

2. 冷链相关设施设备市场混乱

国内商用制冷设备行业规模小而散，缺乏高品质、规模型企业，且针对制冷行业的监管体系有待完善。随着多地区、多领域出台涉及冷链物流政策，冷链物流标准化体系将逐渐完善，冷藏车行业监管将逐渐加强，并向标准化和规范化方向发展，但就目前而言，冷藏车行业监管体系仍存在诸多短板。冷藏车改装未形成专业化、系统化规模，仍以个体改装为主，冷藏车生产市场散乱，缺乏相关行业标准。同时当前在国内部分地区存在数量庞大的二手海柜改装基地，二手海柜改装技术指标达不到国家要求，安全性差。低价二手海柜挤压了冷藏半挂车市场空间，影响合规冷藏半挂车的销售及使用。

3. 冷链物流运输网络搭建成本高

目前冷链物流整体运输网络搭建主要依靠各自企业搭建，整体投入资源较多。同时由于行业内企业间的联动发展不足，也造成了运输网络搭建过程中的资源浪费。从目前来看，冷链物流运输网络搭建环节整体投入相对较大。行业内企业为缓解此问题，减少自身企业资本投入，优先以自身现有业务为基础，围绕自身业务情况进行冷链物流网络搭建。此模式利于独立企业发展，但不利于整体行业网络的打造，难以形成联动发展机制。

4. 冷链物流终端宅配环节发展仍需完善

目前冷链宅配环节多为“泡沫箱 + 冰袋”的“伪冷链”模式，无法保证运输全程冷链不断链。冷链宅配面临着两方面的问题，一方面是城市中社区周边的小型冷库建设问题；另一方面是季节性导致的波峰波谷，以及由此而带来的设备和设施资源以及人力资源的冗余和紧张的波动问题。

（二）冷链物流规划及运营管理方面

1. 冷链物流供应链结构还需优化，项目建设与实际需求存在不匹配

生鲜食品行业上游货源相对分散，导致食品货源供应风险系数较高，并且在送达消费者手中前要经过多层转运、多处储存，导致中间环节损耗增加。中物联冷链委调研走访发现部分冷链园区、冷库的建设较为盲目，前期行业调研不足、设施布局和实际作业需求不匹配，导致招商困难以及实际运营环节出现各种问题。

2. 制冷剂选择缺乏理性

目前部分企业反馈在选择制冷剂时专业知识不足，且更多考虑政府批准方面的优势，在项目投资成本、制冷费用、节能环保方面则关注不足。同时由于前期氨制冷冷库出现安全事故，造成政府方面对于氨制冷冷库的建设审批进一步收紧，限制了制冷剂的选择。

3. 冷链物流行业人才缺乏

目前冷链物流各类环节的人才欠缺较多，从一线操作员工、中层管理人员、专业技术人员到高级管理人员均存在缺口。冷链管理需要复合型的人才，既要懂物流也要懂制冷，还需了解相关商品的知识，在行业内，真正兼具物流和冷链的复合型人才寥寥无几。信息化、自动化等技术在物流领域的应用日益成熟，但是对于冷链物流环节，由于受温差变化、技术环境、业务场景、操作主体等限制，在国内冷链物流的信息化、自动化应用整体发展还相对落后，还有较大的发展空间，此方面专业人才的储备不足问题也逐步凸显。

4. 冷链物流行业监管有待完善

伴随着冷链物流的快速发展，有关部门关注度日益提升，整体监管及营商环境也在逐步优化，但就目前实际监管政策而言，仍存在诸多限制因素，制约了行业的整体发展。如冷链物流通行限制较多、行业资源投入及审批复杂等。由于冷链涉及多政府部门的多个监管主体，且各地方与国家层面政策存在差异，执行上均以当地政策为标准。例如，不同省市动物检疫、限号、绿色通行等规定不同，政策执行标准有差异，给企业在经营运作中带来一定困难。同时现有的较多生鲜产品相关标准大多是多年前修订的行业标准，随着社会的发展及产品品种的更替已无法满足当前需求，冷链物流标准和实际操作存在不匹配的情况。

（三）技术赋能冷链物流发展

1. 冷库设计建造、节能环保水平有待提升

冷库从土建结构设计到保温结构设计是一个系统工程，由于系统配置和设备选型设计的局限性，导致集中供冷系统的整体效率低下。制冷系统设计选型及其组合方式均有待进一步完善，制冷剂选择缺乏理性、制冷系统的施工及维护保养不规范等因素是导致冷库项目存在质量和安全隐患问题的重要源头。国内部分消防法规并不利于库内降氧这类在国外已经较成

熟的节能新技术的运用，目前快速建造技术的成本仍然较高，这在一定程度上制约了快速建造技术的大规模推进。

2. 冷藏车生产、研发技术有待提高

目前冷藏车生产企业仍普遍采用20世纪90年代引进的德国湿式制法和意大利干式制法，工艺水平改进效果不明显、制冷方式单一，在结构、材料、通风、悬挂、物品固定装置、质量水平等方面与先进地区相比还存在明显的差距。高顶双卧冷藏车安装进口独立冷机需要后移或者割顶，这将增加质量问题。新能源冷藏车技术尚不成熟，受到续航里程、充电桩等配套设施覆盖率的影响，但存在较大发展空间。

（四）疫情防控常态化背景下，冷链物流面临的挑战

1. 疫情防控常态化背景下，上下游产业变动影响冷链物流发展

疫情防控常态化背景下，旅游业受限、餐饮业发展受挫，对冷链行业也造成了一定影响。整体货品流动性变慢，仓储积压量增加，造成资源占用，冷链物流整体发展受限。近年来，社会突发事件较为集中，冷链物流得到了广泛关注，但是目前从全社会的角度来看，对于冷链物流的认知仍然存在偏差，易产生误解。

2. 冷链物流应急联动体系不够完善

近期国内各类突发情况较多，而冷链物流直接关系到基础民生保障，因此应急联动体系的搭建，对解决突发性事件、稳定社会发展、保障民生具有极大的积极意义。目前灾害相关数据库建立并不完备，在应急情况发生时，无相关信息可供参考，对于相关应急工作的筹备造成较大困难，同时造成各类资源的过度和重复投入。

3. 跨境冷链形势严峻

冻品、海鲜产品外包装样本核酸检测结果呈阳性时有发生，给跨境生鲜进口增加了不确定性，部分进口商遭受一定程度的经济损失，信心受到影响，国内订单、货量有所减少。国内多地区上线进口冷链食品追溯平台，但企业反馈仍面临条码应用成本高、货物消杀及人员定期核酸检测方面暂无政府补贴等问题。

（五）冷链物流消毒消杀环节问题凸显

1. 运作成本提升

现阶段消毒杀菌环节所产生的成本大部分由企业自行承担。涉及进口业务或在口岸进行业务布局的企业，此部分问题更为严重（消杀要求更严、全覆盖/六面消毒、货量更大、成本压力更为显著）。随着疫情防控常态化，冷链消杀要求逐步严格且呈长期存在状态，部分企业受到自身操作能力限制且运营成本增加，导致业务受限、经营风险加大。消毒杀菌环节成本存在向供应链上下游转移的风险。

2. 缺乏标准化体系

目前冷链消杀操作尚无官方标准规范，针对不同冷链消杀环节、消杀操作规范、消毒试剂、消杀方式、验收标准等均缺乏明确标准要求。由于标准不明、各地执行情况不一，易导致重复消杀。目前存在政策一刀切的情况，部分冷链产品若实行全部消毒，操作难度较大。同时行业内目前仍缺乏针对相关操作过程的标准培训及第三方消毒团队的官方认证。

3. 作业效率影响

由于增加消杀环节带来作业时间延长，以及受到作业人员数量、消杀设施设备、场地空间等限制，导致排队等待现象时有发生，影响冷链作业效率。不同地区消杀结果不互认，致使出现重复性的消杀操作，影响了流通时效性。目前消杀操作多以人工作业为主，操作人

员面临感染风险以及其他健康风险。

4. 食品安全及货损风险

目前多数货品以采用纸质包装为主，喷洒消毒剂后可能出现包装破损、渗透污染等情况，以及存在消毒剂种类或喷洒方式选择不当等问题，导致食品安全风险加大。食品级消毒剂型号、规范用量和稀释程度等缺乏统一标准，且消毒杀菌操作环节易造成断链脱冷的情况，从而影响食品品质，增加了货损风险。同时，消毒剂的使用易对物流设施设备产生影响。

（中国物流与采购联合会冷链物流专业委员会）

2020 年中国危化品物流

2020 年新冠肺炎疫情暴发，传播速度快、感染范围广、防控难度大，在全球范围造成严重冲击。我国举全国之力打响疫情防控战——战疫情、重防护、保复工、助生产，在中共中央、国务院的坚强领导下，统筹推进疫情防控和经济社会发展，切实维护社会稳定，各行业也得以迅速调整产业结构与发展布局，顺应新的发展格局。

一、石化行业发展情况

石化行业作为国民经济支柱产业，在新冠肺炎疫情的严重冲击下，面对全球经济的巨大挑战与机遇，强劲突围。据国家统计局数据显示，截至 2020 年年底，国内石油和化工行业规模以上企业有 26039 家，其中，化工板块（含煤化工）企业 22973 家，全年实现营业收入 11.08 万亿元、同比下降 8.7%，利润总额 5155.5 亿元、同比下降 13.5%，进出口总额 6297.7 亿美元、同比下降 12.8%。总体来看，随着疫情得到有效控制后各行业高效复工复产，石化行业经营状况回转，主要产品产量及销量稳步增加。由此可见，化工产品市场需求将持续增长，将为化工物流发展带来巨大的市场需求。

全国重点化工园区或以石油和化工为主导产业的工业园区共有 601 家。其中国家级（包括经济技术开发区、高新区）61 家、省级 315 家、地市级 225 家。目前，现代化的专业码头和化工物流园已经在沿海经济区的化工园区周围逐渐建立起来，将拉动整个石化产业链上下游及周边产业集中度与专业化逐步提高。

二、危化品物流行业发展情况

2020 年，我国社会物流总额达到 300.1 万亿元，按可比价格计算，同比增长 3.5%。物流业总收入 10.5 万亿元，同比增长 2.2%。物流需求结构继续优化，消费领域新动能持续发力。得益于石化行业的迅速发展，工业物流需求呈现企稳的良好态势。2020 年我国全危化品物流行业市场规模超 2 万亿元，第三方物流市场占有率达到 30%。2014—2020 年我国危化品物流市场规模如图 1 所示。

从市场运输能力进行分析。2020 年，我国危化品公路运输量约为 12 亿吨，占比 69%；铁路运输量约为 1.3 亿吨，占比 8%；水路运输量约为 4 亿吨，占比 23%。整体来看，国内危化

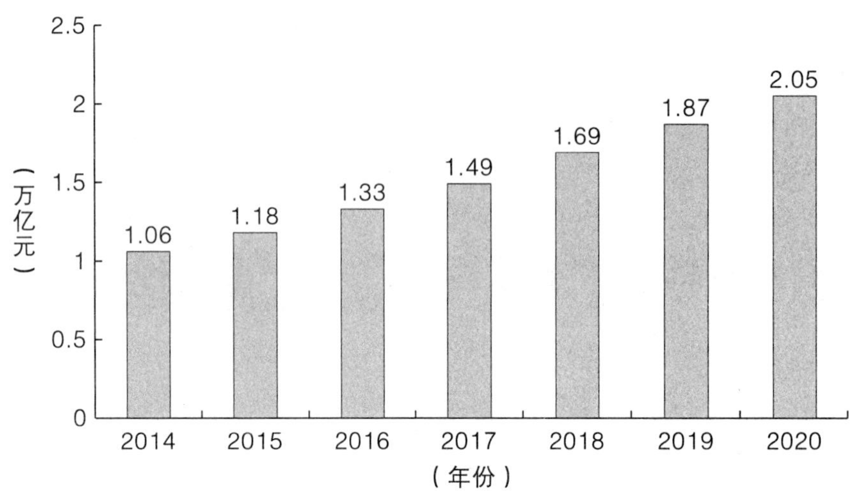

图 1　2014—2020 年我国危化品物流市场规模

资料来源：中物联危化品物流分会。

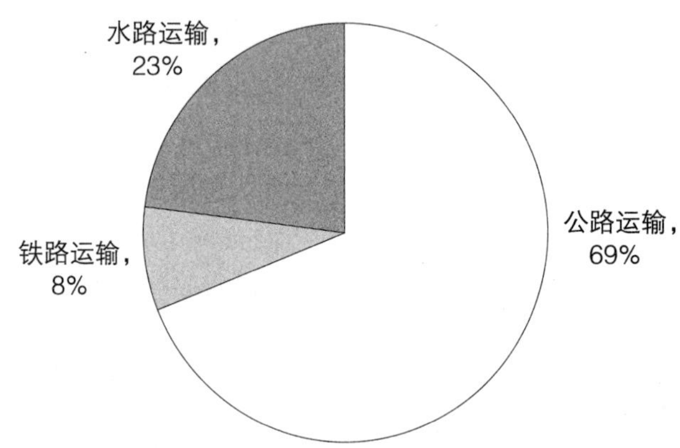

图 2　2020 年我国危化品市场运输能力占比

资料来源：中物联危化品物流分会。

品物流中公路运输占据主要地位。2020 年我国危化品市场运输能力占比如图 2 所示。

从区域及规模分布来看。我国危化品物流企业大部分集中在华东地区，占比 46%；华南地区占比 25%。由于依托服务主体分布趋势，90% 以上的危化品物流客户为化工企业，市场消费企业大部分集中在东部沿海地区，华东地区和华南地区合计占据着全国 70% 以上的市场比例。2020 年我国各区域危化品物流规划及产值占比如图 3 所示。

2020 年，中物联危化品物流分会调研的危化品物流企业中，39% 的企业业务辐射全国，25% 的企业业务仅辐射本省及周边，只有 6% 的企业业务跨国。2020 年接受调研危化品企业的业务辐射范围分布如图 4 所示。

按从业情况分析，我国从事危险货物运输的企业有 1.3 万户，占比仅 0.33%。其中，从事道路危险货物运输业的经营户（以盈利为目的）数量合计约 12783 户，比 2019 年增加约 600 户，非经营性户数为 205 户。其中，辽宁、广东、江苏、山东等省从事危险货物公路运输业的企业较多；青海、海南、西藏企业较少，均不足100户。2020年全国各省、自治区、直辖市（不含港澳台）危险货物公路运输业企业户数统计如表1所示。

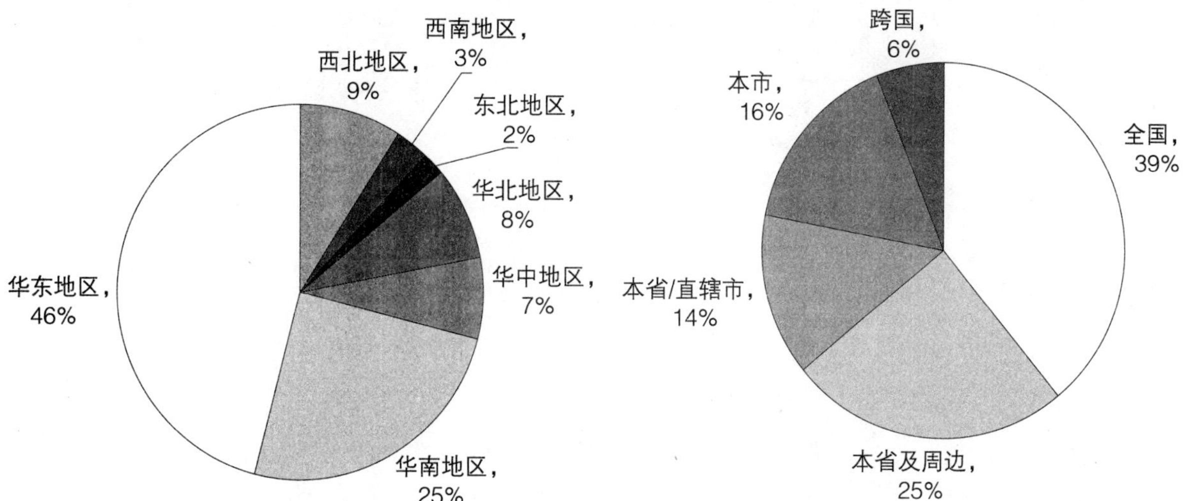

图3　2020年我国各区域危化品物流规划及产值占比

资料来源：中物联危化品物流分会。

图4　2020年接受调研危化品企业的业务辐射范围分布

资料来源：中物联危化品物流分会。

表1　2020年全国各省、自治区、直辖市危险货物公路运输业企业户数统计

排名	地区	户数（户）	排名	地区	户数（户）
1	辽宁省	1102	17	福建省	313
2	广东省	971	18	甘肃省	300
3	江苏省	925	19	安徽省	294
4	山东省	867	20	湖南省	293
5	河北省	802	21	上海市	286
6	浙江省	726	22	宁夏回族自治区	271
7	陕西省	564	23	广西壮族自治区	263
8	吉林省	475	24	贵州省	247
9	黑龙江省	441	25	云南省	223
10	四川省	440	26	北京市	200
11	新疆维吾尔自治区	440	27	天津市	196
12	内蒙古自治区	384	28	重庆市	178
13	江西省	365	29	青海省	78
14	湖北省	356	30	海南省	43
15	河南省	346	31	西藏自治区	36
16	山西省	341	32	总计	12783

资料来源：中物联危化品物流分会。

从事危险货物运输行业的人员总数超过165.65万，驾驶员、押运员和装卸管理员的总数量排名前五位的省份为山东省、江苏省、辽宁省、广东省和河北省，西部等地占比仍然较低。2020年我国危险货物公路运输人员数量如图5所示。

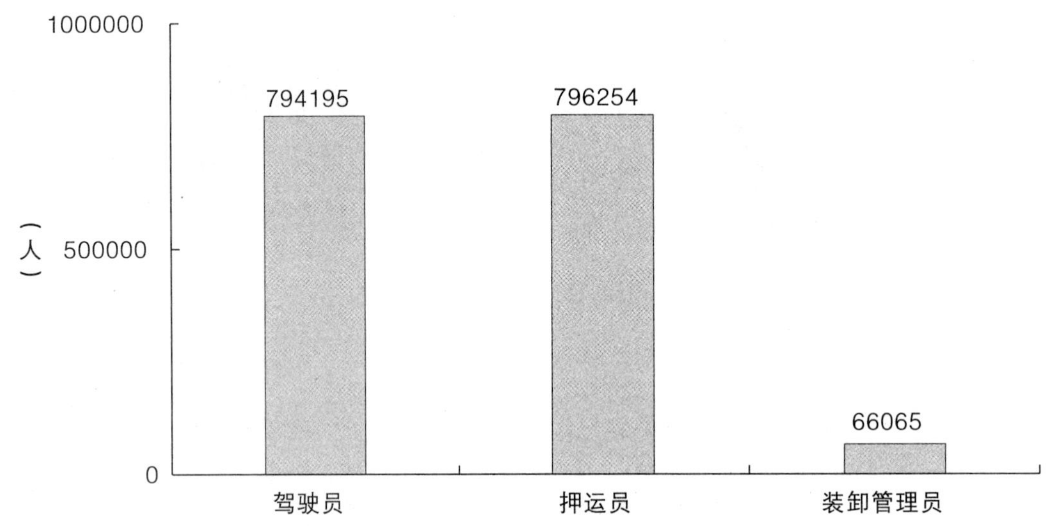

图5 2020年我国危险货物公路运输人员数量

资料来源：中物联危化品物流分会。

从运力规模来看，2020年拥有车辆50辆及以上的危化品货运企业3.47万户，比上年末增长10.6%，所占比重比上年年末提升0.3个百分点；50辆以下的企业47.87万户，比上年年末减少10.4%，所占比重比上年年末提升2.9个百分点，可见危化品运输企业仍然以中小企业为主。

从运输装备进行分析，截至2020年第三季度末，全国从事危险货物运输的各类车辆共计426287辆，其中挂车232721辆，货物运输汽车193566辆，比2019年整体增加约5万辆。

危险货物运输汽车总吨位达到1880777吨，其中车辆数量排名前五位的分别是广东省、辽宁省、江苏省、安徽省和江西省，2020年我国各省、自治区、直辖市（不含港澳台）第三季度道路危险货物运输汽车情况如表2所示。

表2 2020年我国各省、自治区、直辖市第三季度道路危险货物运输汽车情况

序号	地区	数量（辆）	吨位（吨）	序号	地区	数量（辆）	吨位（吨）
1	广东省	14248	155591	5	江西省	11233	130683
2	辽宁省	13159	102254	6	四川省	10957	116278
3	江苏省	12337	121794	7	浙江省	9346	59927
4	安徽省	11736	192040	8	河南省	9127	123480

续 表

序号	地区	数量（辆）	吨位（吨）	序号	地区	数量（辆）	吨位（吨）
9	河北省	8424	80555	21	福建省	4639	36993
10	陕西省	7817	96641	22	吉林省	4103	24774
11	湖南省	6763	41918	23	山西省	3415	23788
12	云南省	6384	80323	24	上海市	3392	27948
13	新疆维吾尔自治区	6216	49248	25	甘肃省	3079	30174
14	湖北省	6007	47097	26	北京市	2592	15388
15	贵州省	5994	57866	27	天津市	2340	14375
16	广西壮族自治区	5640	36920	28	宁夏回族自治区	1251	14110
17	山东省	5518	56274	29	青海省	1098	8658
18	内蒙古自治区	5365	39223	30	西藏自治区	875	9124
19	黑龙江省	4995	37654	31	海南省	652	4778
20	重庆市	4865	44900	总计		193566	1880777

资料来源：中物联危化品物流分会。

其中，大型车辆 126310 辆、中型车辆 22760 辆、小型车辆 44496 辆，分别占比 65.25%、11.76% 和 22.99%，2020 年全国各省、自治区、直辖市（不含港澳台）第三季度危险货物公路运输汽车类型及吨位统计如表 3 所示。

表 3　2020 年全国各省、自治区、直辖市第三季度危险货物公路运输汽车类型及吨位统计

地区	大型				中型		小型	
	数量（辆）	吨位（吨）	重型					
			数量（辆）	吨位（吨）	数量（辆）	吨位（吨）	数量（辆）	吨位（吨）
北京市	1106	12614	629	9528	395	1405	1090	1369
天津市	1117	12348	820	10546	181	594	1043	1432
河北省	5419	74316	3909	64673	1063	3534	1941	2706
山西省	1821	21086	1363	18351	367	1185	1227	1518
内蒙古自治区	3955	36824	2504	28507	236	854	1173	1545

续 表

地区	大型				中型		小型	
	数量（辆）	吨位（吨）	重型					
			数量（辆）	吨位（吨）	数量（辆）	吨位（吨）	数量（辆）	吨位（吨）
辽宁省	7435	89872	4123	72277	2198	7313	3527	5070
吉林省	1806	20814	1054	15937	350	1171	1947	2789
黑龙江省	3494	34778	2296	27765	385	1311	1115	1565
上海市	2638	26408	1670	20561	207	734	548	806
江苏省	10556	117085	7214	97881	1011	3460	770	1249
浙江省	4973	50900	3093	39963	1548	4968	2825	4059
安徽省	7567	185725	6208	177720	1483	4988	2685	1327
福建省	2351	32539	1625	28467	668	2375	1620	2079
江西省	7090	120796	4155	103866	1838	6727	2305	3160
山东省	4312	53431	3412	48415	545	1836	661	1008
河南省	7161	119180	6388	114395	879	3166	1087	1134
湖北省	3677	42178	2590	35572	927	3094	1403	1824
湖南省	3027	33699	2158	28412	1625	5787	2111	2432
广东省	9183	146007	6911	133204	1088	3775	3977	5809
广西壮族自治区	2676	31299	1862	26267	1035	3600	1929	2022
海南省	321	4172	229	3638	67	226	264	379
重庆市	2959	41698	2031	36163	580	2005	1326	1197
四川省	8110	110590	5765	97946	1103	3608	1744	2081
贵州省	3846	52274	2678	44688	1040	3812	1108	1780
云南省	4767	77520	3944	72516	473	1620	1144	1184
西藏自治区	746	8871	612	7858	33	128	95	124
陕西省	6159	93174	5434	88664	604	2097	1054	1370
甘肃省	2208	28999	1958	27463	101	340	770	836
青海省	677	7987	604	7624	115	382	307	290
宁夏回族自治区	986	13641	822	12655	99	310	166	159
新疆维吾尔自治区	4165	45668	2437	35370	515	1675	1536	1905
总计	126308	1746493	90498	1536892	22759	78080	44498	56208

资料来源：中物联危化品物流分会。

2020 年，全国危险货物挂车车辆达 232721 辆，吨位达 6761209 吨，山东省、辽宁省、河北省、江苏省、河南省车辆数量排名前五。其中，大型车辆 229804 辆、中型车辆 2741 辆、小型车辆 176 辆，大型车辆占比达到 98.75%。

从政策层面来看，国家出台了一系列政策以支持化工物流行业发展，推动行业内资源的优化配置、促进企业有效竞争、加强企业的创新动力、引导行业的技术升级，国家政策引导对于促进化工物流产业持续健康发展具有重要意义。

2020 年 1—12 月，据不完全统计，国家或行业协会等相关监管机构共出台危化品相关政策约 116 条，各级地方政府或行业协会共出台危化品相关政策约 120 条。

三、危化品仓储需求与供给

随着我国石油、石化、煤化、化工等产业的迅速发展，危化品的品种和数量日益剧增，对储存、运输的需求猛增。由于危化品仓储存在基础建设投资大、技术门槛高、审批周期长、安全风险大等原因，危化品仓储能力一直滞后于市场需求的步伐。

根据对部分企业的调查数据统计分析，我国现有仓库中自有仓库（罐）自用企业约占 50%，多为生产或流通企业；自有仓库（罐）对外服务企业约占 30%，多为公共仓储企业或流通企业仓库；租库自用自管企业约占 15%，多为生产和流通企业；租库对外经营企业和仓储地产业二者占总量的不足 5%。

目前，我国石化仓储企业平均资产为 2.3 亿元，平均占地面积约 20 万平方米，平均建筑面积 3.2 万平方米以上，平均储罐库容量约 5 万立方米。2020 年，中物联危化品物流分会调研的几十家企业中，每个企业平均拥有库房 2.87 个，较 2019 年增加 0.23 个。近几年，虽然危化品仓库储存能力有所增加，但仍难以满足市场需求，供需缺口在 30% 以上，部分区域甚至更高，尤其是对危化品高端仓储的需求缺口更大。

在石化行业的高速发展及其下游产品市场的带动下，石化仓储行业在华东、华南等沿海、沿江地区占我国危化品仓储企业的 70% 以上，但石化仓储行业普遍具有方式单一、集中度低等特点。在仓储方面，我国建筑面积在 1000 平方米以下、储罐库容量在 10000 立方米以下的小规模危险品仓库约占总量的 40%。从我国危化品仓储能力分布看，我国中西部地区危化品仓储能力不足 30%，且大多分布在大中城市和能源产地，地域性集中分布的特点非常明显。

危化品仓储相关法规/标准层面，目前国内明确需要对危险化学品储存进行监管的最高级别法规文件为《危险化学品安全管理条例》（国务院令第 591 号），其中影响力较大的一段规定：危险化学品应当储存在专用仓库、专用场地或者专用储存室内（引自第二十四条）。除国务院令第 591 号以外，国内关于危险化学品储存的法规/标准还包括《常用化学危险品的安全贮存通则》（GB 15603—1995，预计将于 2021 年正式发布）、《易燃易爆性商品储存养护技术条件》（GB 17914—2013）、《腐蚀性商品储存养护技术条件》（GB 17915—2013）、《毒害性商品储存养护技术条件》（GB 17916—2013）、《危险化学品经营企业安全技术基本要求》（GB 18265—2019）、《建筑设计防火规范》（GB 50016—2014）、《精细化工企业工程设计防火标准》（GB 51283—2020）、《石油化工企业设计防火规范》（GB 50160—2008）、《危险化学品重大危险源辨识》（GB 18218—2018）、《危险废物贮存污染控制标准》（GB 18597—2001）、《工业建筑防腐蚀设计规范》（GB 50046—2018）、《港口危险货物安全管理规定》。

根据危化品储存的法规/标准要求，危险化学品储存时还应额外注意的相关事项具体有：一是危化品应当储存在专用仓库、专用场地或者专用储存室内，由专人负责管理；二是危化品仓库（针对易燃易爆类化学品）的建设应按照 GB 50016—2014 要求执行，包括耐火等级、仓库层数面积、防火间距等；三是建立危化品追溯管理信息系统，包括出入库记录，库存危化品品种、数量级库内分布，数据保存不得少于 1 年，且可异地实时备份；四是危化品仓库应有全覆盖的视频监控系统；五是有明显安全警示标志，有消防设施与消防器材；六是危化品不得露天存放；七是危化品摆放要合理，禁忌物品需根据 GB 15603—1995 执行；八是不同危险特性的危化品应根据标准进行储存，储存方式主要取决于存放物质的危害特性。

四、行业发展存在的问题

虽然危化品物流市场规模获得快速增长，企业管理、服务、技术和信息化能力也逐年有所提升，但行业基本状态没有改变。主要表现在以下几个方面。

（1）物流效率较低。全行业的平均装载率约为45%，危化品运输车辆一年约有55%的时间处于停驶或空驶状态，行业效率不高。

（2）小、散、乱的格局仍存在。据不完全统计，当前全国共有约 38.6 万辆危化品运输车辆、1.2 万个车队，每个车队的平均规模是 35.5 辆，规模小、集约化程度较低。

（3）整体监管水平亟待提高。一方面多头监管导致危化品物流跨部门、跨行业安全管理协作不足；另一方面监管有余但服务不足，基础配套措施建设方面不健全。

（4）多式联运作用未得到充分发挥。通过进一步简化优化铁路审批审核流程，加快提升铁路运输量，发挥水路运输的成本优势，减少公路长途运输，提高接驳和短途高效精准配送服务。

（5）信息化、数字化水平不高。一是信息化建设长远考虑不足，重复建设率高，无法协同工作，还会造成数据散乱，无法应用创造价值；二是企业重投入、重建设、轻运营；三是服务网络和信息系统不完善，大大影响了物流服务的准确性与及时性。

（6）专业人才短缺。从事化工物流的人员相应地缺乏安全知识、安全理念及专业技能。缺乏专业化规范化的人才培育途径，企业短期的培训仍然是目前从业人员培训的主要方式，缺乏系统性、实际可行性的专业技能培训体系。

危化品物流行业的发展需要有针对性地解决以上的问题，并坚定不移地走高质量发展之路，以新思想引领高质量发展。牢固树立贯彻创新、协调、绿色、开放、共享的新发展理念。通过物流设施投入与网络优化，形成布局合理的化工物流网络设施布局；通过服务创新、技术创新、组织创新、方式创新和体制创新，实现以创新驱动化工物流高质量发展的动力变革；通过提高物流服务的专业化、标准化、网络化、一体化、智慧化的服务能力，不断提高化工物流供应链的服务质量和服务效率。

（中国物流与采购联合会危化品物流分会秘书长　刘宇航）

（本文中数据统计范围不包括香港特别行政区、澳门特别行政区、台湾地区）

2020 年中国医药冷链物流

一、我国医药冷链物流行业发展现状

（一）医药冷链物流市场规模持续增长

医药冷链物流行业具有安全性要求高、需求突发性强、成本高及专业性强的特点。近年来，我国医药冷链行业快速发展，据中国物流与采购联合会医药物流分会（以下简称“中物联医药物流分会”）不完全统计，2020 年，我国医药冷链市场销售额达 3903.4 亿元，同比增长 14.97%。2018—2020 年我国医药冷链市场销售额如图 1 所示。

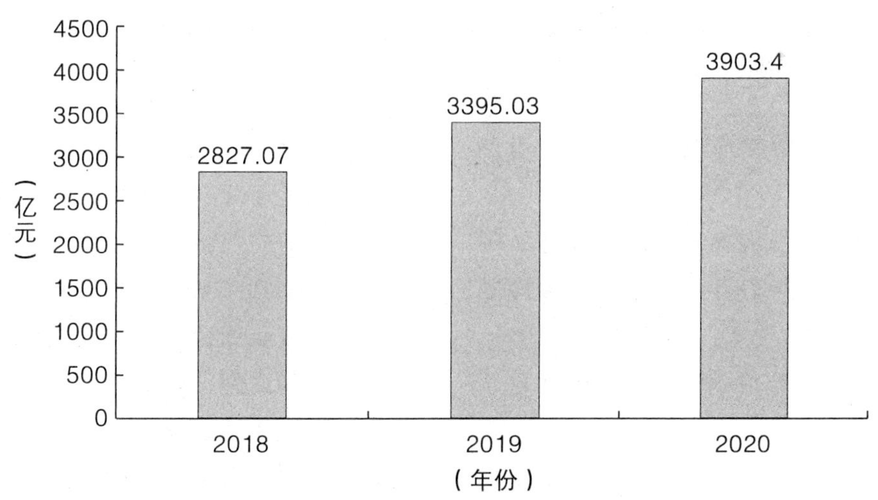

图 1　2018—2020 年我国医药冷链市场销售额

资料来源：中物联医药物流分会。

从细分产品来看，我国医药冷链市场运输产品包括疫苗、血液制品、生物制品、IVD、医疗器械（IVD 除外），其中疫苗占比为 10%、血液制品占比为 13.86%、生物制品占比达到 40.74%、IVD 占比达 24.9%、医疗器械（IVD 除外）占比为 10.5%。

（二）医药冷链物流费用规模不断扩大

据中物联医药物流分会不完全统计，

2020 年我国医药冷链物流费用规模为 173. 17 亿元，同比增长 25. 80%。医药冷链物流费用增长的原因一是我国冷链医药增长全面恢复，血液制品、疫苗等生物制品市场规模持续增长，拉动医药冷链物流费用的增加；二是新冠肺炎疫情催化了“互联网 + 医疗”、医药电商等新模式的发展，医药供应链订单碎片化、终端进一步下沉，短链、柔性化等需求强烈，对医药冷链物流行业提出了更高的服务要求；三是新冠肺炎疫情对于医药冷链应急物流的需求增加，各类定制化、个性化的冷链物流解决方案需要更高的物流费用。2018—2020 年我国医药冷链物流费用规模如图 2 所示。

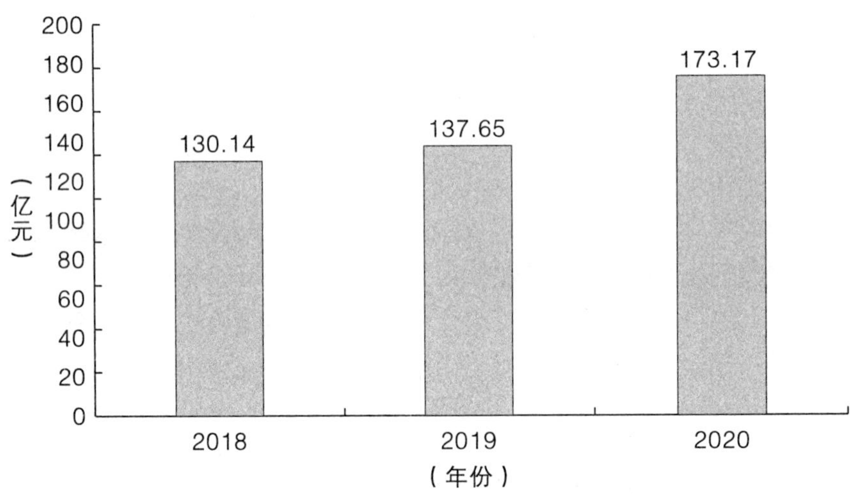

图 2　2018—2020 年我国医药冷链物流费用规模

资料来源：中物联医药物流分会。

（三）医药冷链物流基础设施设备体量逐年增加

医药冷链行业的发展离不开基础设施的不断完善。数据显示，2020 年我国医药冷藏库的面积为 88.66 万平方米，同比增长 10%。2018—2020 年我国医药冷链行业冷藏库面积增长变化情况如图 3 所示。

我国医药冷链企业自有冷藏车数量也呈现增长趋势，为医药冷链运输提供有力保障。据中物联医药物流分会不完全统计，2020 年我国医药冷链企业自有冷藏车数量达到 10671 辆，同比增长 31%。2016—2020 年我国医药冷链企业自有冷藏车数量及增长率如图 4 所示。

国家利好政策支持疫苗冷链物流能力建设。2020 年 7 月，《财政部　国家卫生健康委　国家中医药局关于下达 2020 年公共卫生体系建设和重大疫情防控救治体系建设补助资金预算的通知》（财社〔2020〕99 号）中，明确加强疫苗冷链物流能力建设。在此文件中，提出资金预算支持和设施设备数量要求，备受关注的疫苗冷链物流体系建设将迎来转折性的改变；冷链能力建设工作任务表中明确冷库、冷藏车、冷藏箱、医用冰箱、温度监控、扫描枪等设备的数量要求。

企业加强冷链物流基础设施投资。针对我国新冠疫苗冷链物流保障工作，国家发展改革委、交通运输部、工业和信息化部等部委高度关注，在各部委指导下，自 2020 年 9 月起，中

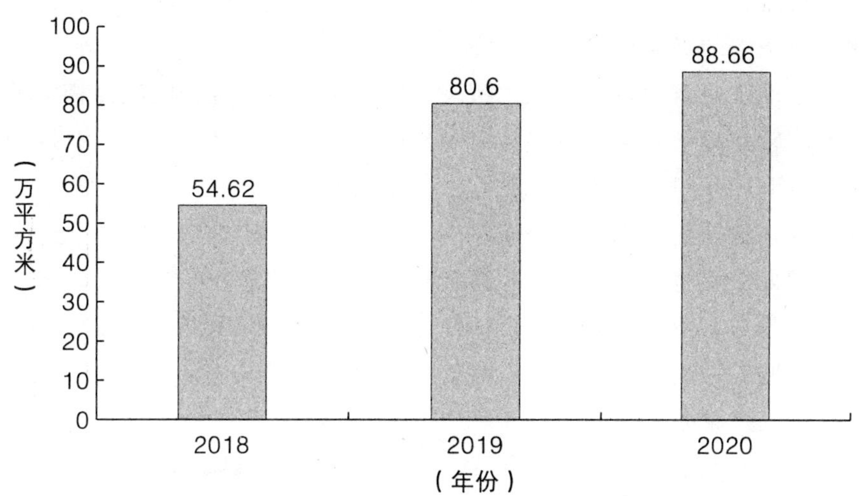

图 3　2018—2020 年我国医药冷链行业冷藏库面积增长变化情况

资料来源：中国物流与采购联合会医药物流分会。

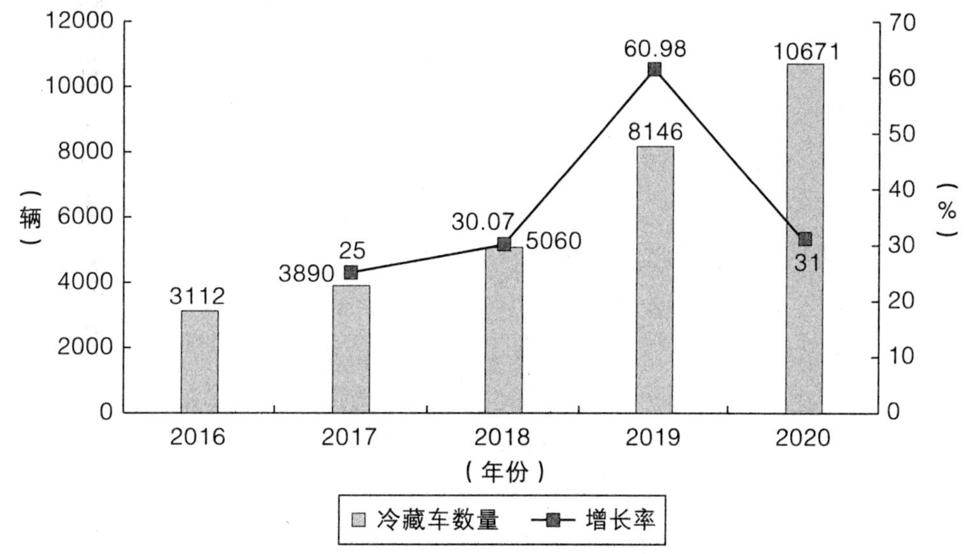

图 4　2016—2020 年我国医药冷链企业自有冷藏车数量及增长率

资料来源：中物联医药物流分会。

物联医药物流分会对部分会员企业展开调研，据不完全统计，约 60% 的企业已制订计划在 2021 年新增冷藏库，其余 40% 企业表示会根据具体业务发展情况对冷库进行扩容扩建；约 70% 的企业已经有计划在 2021 年新增冷藏车，其余 30% 企业表示会根据具体业务发展情况再新增冷藏车；被调研的冷箱企业表示当前的产能是根据目前订单需求而设计的，如果市场需求增加，可及时调整扩大产能，提升产量；国内已有成熟企业生产超低温冷藏箱，如澳柯玛、中科都菱、中科美菱、海尔等，可满足深冷环境下的疫苗运输需求。

（四）医药冷链第三方物流模式日趋成熟

自从 2016 年取消药品第三方物流审批限

制，降低了第三方物流企业进入药品物流领域的门槛，作为物流业务中的高端场景，医药冷链物流利润率及稳定性高于普通物流。在政策和万亿市场规模的双轮驱动下，越来越多的第三方医药冷链物流企业正积极参与进来。医疗物流领域从之前国药物流、上药物流、华润医药、九州通为主到现如今盛世华人、华欣、康展、中集冷云等专业第三方冷链物流企业全面入局后的百花齐放，同时也有顺丰、京东、邮政速递等大型社会物流企业进驻。

国内医药冷链运输以公路为主，航空为辅。经过多年发展，公路运输模式逐渐成熟，这也是符合医药冷链运输特点的主流运输方式，而航空运输由于成本高、环节多、“最后一公里”难度大等限制，航空医药冷链运输较少，成为公路运输模式的补充。

（五）行业协会引导企业标准规范运输

中国物流与采购联合会牵头组织制修订的国家标准《药品冷链物流运作规范》于 2012 年 11 月发布，同年 12 月实施。截至目前，共开展 14 批试点企业工作，448 家成功入选；9 批达标企业工作，121 家企业成功入选；3 批示范企业工作，22 家企业成功入选。随着此项标准的推行，行业企业提供药品冷链服务的能力大幅度提升，有效确保了冷链药品的储运安全。各地药监部门飞检、招投标时已将此标准列为重要参考条件。

二、我国医药冷链物流仍然面临诸多挑战

（一）政策滞后于市场的发展需求

市场瞬息万变，因此政策制定要跟市场和企业的诉求相配套。如医药冷链的标准化，现在逐步形成框架体系，迫切需要进一步落实到具体细化的执行层面，指导行业和供应链的发展和优化。行业协会、政府主导打通了各省市区对于医药物流仓储运输相关的行业政策，形成统一政策意见，推动行业持续降低成本，满足末节下沉渠道的全面覆盖。

（二）信息共享程度不够

信息共享程度会制约未来产业发展。目前我国医药冷链未形成规模效应，全链条信息渠道没有完全打通，存在信息孤岛，很难实现共享。

（三）冷链成本较高

为了保证医药冷链物流的安全，企业投入成本较高。降低冷链成本成为冷链物流企业发展的痛点。冷链成本主要包括如何控制能源、控制波峰波谷、与社会资源合作、做到专业分工与分工合作等方面。

（四）尚未形成全产品线的全国网络布局

当前我国医药监管部门没有放开医药冷链全国网络的政策或者多仓联动的政策，因此企业在设置多个仓库过程中就会遇到问题。企业采用不同的方案规避，如一事一例设置分仓，但并没有形成全产品线的全国网络布局，依旧无法打通行业的数据，无法形成集约效益，无论是在库存计划还是运输回程满载率，都没有得到优化。

（五）基础设施以及资产仍然不足

医药冷链基础设施及资产严重不足，尤其是高标准温控仓，2020 年新冠肺炎疫情暴发，对温控仓的需求暴增，很多仓供不应求。

（六）普通疫苗配送痛点依然存在

1. 疫苗城市配送受限

一方面，我国城市路段通常在白天对冷藏车等货车限行，白天正常工作时间冷藏车无法在市区通行，但疾控中心或疫苗接种点大部分在市区内，并且只在白天收货，造成送货与收

货时间不匹配；另一方面，根据国家法规要求，接受疫苗配送委托的企业不得再次委托，需使用本企业牌照车辆进行疫苗运输，存在一车发全国的现象，受各地限行政策影响，为了保障时效，导致车辆不得不在市区限行时间内配送，从而产生罚款、扣分等额外成本。

2. 终端收货验收标准有待进一步统一完善

由于疫苗运输具有“小、散、多”的特点，疫苗在运输过程中，会发生短暂超温的现象。当前疾控机构对于短暂超温疫苗的收货标准不统一。例如，有的疾控机构对于短暂超温的疫苗，如果生产厂家能够出具质量安全证明，则可收货。有的疾控中心在接收疫苗时，只认可全程的车载温度数据，对于车辆在接驳过程中出现的短暂时间间隔不予接受，拒绝收货。

3. 应急救援体系不完善

目前的疫苗运输应急救援体系不完善，无全国性或区域性救援联盟，无统一的救援标准，全部由企业自身进行应急处理，因业务覆盖范围问题，容易导致救援不及。

三、医药冷链物流业发展潜力巨大

目前，随着我国经济的发展、医疗保障水平的提高，对医药产品的物流要求也逐步提高，尤其是需要低温贮藏医药产品的快速发展，下游行业对医药冷链运输中的温度控制提出越来越多的需求，有－25℃～－15℃、－10℃～－2℃，甚至出现了－160℃的需求。随着我国对医药产品的物流要求逐步提高，以及新研发的药品对于温度区间的要求提升，医药冷链物流市场发展前景巨大。

（中国物流与采购联合会医药物流分会）